드라마, 일상성의 미학

드라마, 일상성의 미학

초판 인쇄 2024년 2월 1일
초판 발행 2024년 2월 13일

지은이   김윤정, 박미란, 박상은, 백두산, 송아름, 양근애, 이광욱, 이영석
          이지인, 이진주, 이홍이, 임 혁, 조보라미, 조서연, Sun Fengqin
펴낸이   박찬익
편집   이기남
책임편집   권효진
펴낸곳   ㈜박이정   ▌주소 경기도 하남시 조정대로 45 미사센텀비즈 F827호
전화   031-792-1195 ▌팩스 02-928-4683
홈페이지   www.pijbook.com ▌이메일 pijbook@naver.com
등록   2014년 8월 22일 제2020-000029호
ISBN   979-11-5848-931-1 93680

가격   18,000원

드라마, 일상성의 미학

김윤정 박미란 박상은 백두산 송아름 양근애 이광욱 이영석
이지인 이진주 이홍이 임 혁 조보라미 조서연 Sun Fengqin

박이정

머리말을 대신하여:

기억과 공동체, 그리고 일상성

OTT의 시대가 도래하면서 이제 안방이나 거실에 놓인 텔레비전으로 드라마를 보는 시대는 지났나 싶지만, 여전히 '드라마'의 위력은 크다. 매해 수십 편의 새로운 드라마가 쏟아져나오고 시청자들은 시간을 들여 드라마를 고르고 즐기며 자기 취향을 구성한다. 그동안 텔레비전 드라마 연구도 꽤 진척되었다. '킬링 타임'용 드라마를 연구한다는 사실 자체에 의문을 품은 시대도 있었지만, 어느새 텔레비전 드라마는 '힐링 타임'을 넘어 문화산업의 중심축으로, 문화예술의 폭과 깊이를 갱신하는 '작품'으로 연구의 장에서 자주 소환된다. 심지어 드라마 방영 직후 바로 학술적인 논의가 나올 정도로, 지금 텔레비전 드라마에 관한 관심은 감상을 넘어 동시대를 해석할 수 있는 중요한 문화적 의미와 가치를 찾는 작업이 되었다. 이렇듯 텔레비전 드라마는 이미 일상에 깊숙하게 들어온 매체로 우리 삶의 변화와 함께 유동하고 있다.

『드라마, 일상성의 미학』은 텔레비전 드라마가 일상성을 핵심으로 한 매체라는 점에 주목하여 드라마에서 기억과 공동체, 사랑과 가족, 사회와 역사 등을 폭넓게 그리는 양상을 살핀 책이다. 이미 짐작한 독자도 있을 터, 이 책은 양승국의 『일상성의 미학에 이르는 길: 텔레비전 드라마 연구방법론』(박이정, 2019)에 힘입어 나올 수 있었다. 이 책은 기존의 드라마 이론에 기대어 텔레비전 드라마를 분석하는 관습적 독해에 문제를 제기하고 문학·연극·영화·라디오 드라마와 같은 인접 장르와의 비교를 통해 텔레비전이라는 매체의 특성을 토대로 '일상성의 미학'이라는 방법론을 정립한다. 텔레비전 드라마와 영화는 모두 연극에서 출발하여 언어 대신 영상을 통해 이야기를 재현하고 상상력을 구현한다는 점에서 비슷해 보이지만 집 안의 일상 공간 속에서 작은 화면을 개별적으로 시청하는 텔레비전 매체의 일상적 특성은 텔레비전 드라마만의 독자적 미학을 낳은 것이다.

이 책에 따르면, 무엇보다 텔레비전 드라마는 기억의 형식이다. 텔레비전 드라마의 등장인물은 과거의 사건에 깊이 사로잡혀 있으며 과거의 기억을 들추는 다양한 양태가 지체되는 과정이 서사의 핵심을 이룬다. 그리고 이러한 등장인물의 기억은 시청자 자신의 기억을 끄집어내도록 이끈다. 텔레비전 드라마의 이미지와 발화는 대부분 현실 세계의 범주 안에 있으며, 심지어 역사나 판타지 세계를 그리는 드라마에서 활동하는 인물의 삶도 생활세계의 지각을 크게 벗어나지 않는다. 이런 일상성은 거울과 같아서 시청자는 드라마 속에서 자신의 모습을 발견하게 되는 것이다. 나아가 시청자는 텔레비전 드라마 속에서 나를 발견하고 타자와의 관계성을 숙고하면서 끊임없이 세계와 소통하며 공동체의 일원임을 자각하게 된다. 이것이 바로 텔레비전 드라마의 힘이자 이 책이 말하는 일상성의 미학이다.

『드라마, 일상성의 미학』은 일상성에 관한 이 책의 방법론을 토대로 하면서도, 개별 작품에 관한 필자들의 애정과 관심으로 그 방법론에 한정되지 않는 새로움을 발견하고자 한 고투를 함께 담았다. 1부와 2부의 제목, '생활세계Lebenswelt의 존재자들'과 '시공간을 넘는 현실성actuality'은 양승국의 책에서 원용한 개념이다. 1부에서는 특히 기억을 통해 주체성을 확인하고 공동체의 의미를 되짚는 드라마들을 다루었다. 2부에서는 시간과 공간을 이동하거나 일상과 유리되거나 일상을 초월하고 있다고 여겨지는 드라마에서 어떻게 현실성을 확보하는지에 주목하였다. 이 책에서 다루는 드라마의 스펙트럼은 넓다. 시기적으로 〈여명의 눈동자〉부터 김수현 드라마를 거쳐 최근에 방영했던 〈우리들의 블루스〉까지, 장르적으로는 가족, 로맨스, 역사, 공포, 판타지 드라마까지 다양하다. 중요한 것은 그 주제나 소재가 무엇이든, 장르나 이데올로기가 무엇이든 드라마가 지칭하는 시간은 언제나 지금, 곧 생활세계가 진행되는 현재라는 사실이다. 우리는 드라마를 거울삼아 지금-여기의 현실 세계를 본다. 다양한 드라마를 다룬 이 책을 읽으면서 독자들이 다시 떠올릴 현실의 이야기도 궁금해진다.

아이러니하지만, 퇴임을 '기념'하는 책을 내는 일을 한사코 거절하신 지도교수님 덕분에 『드라마, 일상성의 미학』을 기획할 수 있었다. 어느새 성장하여 자기 분야에서 각자 연구하는 제자들이 텔레비전 드라마 연구에 뜻을 모을 수 있었던 것은, 21세기가 도래하자 "텔레비전 드라마가 본격적인 학문의 대상이 되었다, 그러니 제대로 된 텔레비전 드라마 연구가 필요하다."라고 역설하신 스승의 말씀이 암암리에 끼친 영향이 컸다는 뜻일 테다. 『일상성의 미학에 이르는 길: 텔레비전 드라마 연구방법론』이 더 널리 읽히고 그 옆에 『드라마, 일상성의 미학』이 놓여 함께 읽힌다면 더 바랄 것이 없겠다.

필자들을 대신하여 김윤정, 양근애, 이진주

머리말을 대신하여: 기억과 공동체, 그리고 일상성_ 5

1부_ 생활세계Lebenswelt의 존재자들

관계의 회복을 지향하는 일상의 공유:
〈우리들의 블루스〉 ·· 13

'엿듣기'를 통한 치유와 성장:
〈나의 아저씨〉 ·· 31

트라우마를 통한 현실 세계의 구축:
〈작은 아씨들〉 ·· 47

결핍된 일상과 '죽음을 향한 존재'의 미학:
〈디어 마이 프렌즈〉 ·· 66

낯설지만 익숙하고 싶은 세계:
〈청춘의 덫〉, 〈불꽃〉, 〈내 남자의 여자〉 ············· 80

1990년대 중산층 가족 형상의 변화와 재생성:
〈사랑이 뭐길래〉 ·· 91

공생하는 시청자와 유희하는 웹:
〈스토브리그〉 ·· 108

2부_ 시공간을 넘는 현실성actuality

환상과 반전이 만들어내는 공감과 위로:
　〈눈이 부시게〉 ·························· 129

추억이 되지 못한 기억이 빚어낸 비극:
　〈도깨비〉 ·························· 147

역사드라마는 왜 로맨스를 필요로 하는가:
　〈미스터 션샤인〉 ·························· 161

'악'은 어떻게 구현되는가:
　〈손, The Guest〉 ·························· 178

내러티브를 추동하는 음악의 힘:
　〈밀회〉 ·························· 195

추리드라마 속 '믿을 수 없는 화자':
　〈째즈〉 ·························· 213

민주화 이행기 텔레비전 드라마와 분단의 재현:
　〈여명의 눈동자〉 ·························· 228

웹드라마의 세계에서 K드라마 팬픽션 만들기:
　〈드라마월드〉 ·························· 241

참고문헌_ 259
미주_ 269

01

생활세계의 존재자들
Lebenswelt

관계의 회복을 지향하는 일상의 공유:

〈우리들의 블루스〉

임 혁

진부하지만 특별한 이야기

tvN의 20부작 TV드라마 〈우리들의 블루스〉(김규태·김양희·이정묵 연출, 노희경 극본, 2022.4.9~6.12.)는 옴니버스식 구성을 통해 다양한 인물들이 오해와 갈등, 포용과 화해를 거쳐 관계를 회복해 가는 과정을 재현함으로써, 모든 삶의 목적이 지금 이 순간의 행복을 누리는 데 있다는 점을 역설한 작품이다. 작가는 삶이 때로는 축복이 아니라 한없이 버거운 것이기 때문에, 모든 삶을 향해 최대한 행복하라는 응원을 보내고 싶었다는 의도를 밝히기도 했다.[1] 어쩌면 진부할지도 모를 주제를 내세웠던 이 작품은 마지막 회의 시청률이 14.6%를 기록할 정도로 큰 관심을 받았는데, 이는 공동체의 동력으로 작용하는 정(情)과 연대에서 느낄 수 있는 인간성이 여전히 시청자들에게 작지 않은 공감과 위안을 불러일으켰기 때문인 것으로 평가되기도 한다.[2]

〈우리들의 블루스〉가 행복이라는 키워드로 수렴되는 평범하고 보편적인 이야기를 다루고 있음에도 불구하고 호평을 받는 드라마로 회자될 수 있었던 것은 통상적인 옴니버스식 구성을 탄력적으로 융통성 있게 구사한 방식이 주효했기 때문이다. 옴니버스식 구성은 하나의 주제를 중심으로 여러 개의 독립된 짧은 이야기들을 연결해 일관된 분위기를 만들어내는 형식으로서, 이 방식 자체가 시청자들의 관심을 끄는 요소로 작용하기도 한다.[3]

주인공을 중심으로 드라마를 관통하는 단일한 서사를 갖지 않는 〈우리들의 블루스〉는 15명의 중심인물들이 바뀌며 진행되는 개별 에피소드들의 조합으로 구성된다. 그러나 이 작품의 독특한 구성은 각각의 에피소드가 독립적으로 완결되지 않고 순차적으로 진행되지 않으며, 복잡한 관계를 맺으면서 연결되고 중첩된다는 측면에서 전형적인 옴니버스식 형식과 구별된다.[4]

〈우리들의 블루스〉의 이러한 특성을 두드러지게 하는 것은 매회 첫머리를 여는 오프닝 시퀀스라 할 수 있다. 이 작품의 개별 에피소드는 구체적인 서사를 이끌어 가는 중심인물의 이름을 해당 에피소드의 소제목으로 부여하고 한 장면으로 삽입한다. 예컨대 첫 회는 '한수와 은희 1'이라는 자막이 등장하는 장면 이후, 당연히 한수와 은희의 관계를 중심으로 한 이야기가 펼쳐지는 식이다. 그런데 첫 회를 제외한 거의 모든 에피소드의 오프닝 시퀀스는 소제목 이후에 전개되는 서사나 그 중심인물과는 전혀 다른 정보를 제한적으로 보여주는 방식을 취한다. 오히려 첫 회의 오프닝 시퀀스가 시청자의 흥미와 궁금증을 유발할 수 있고, 이 작품 전체의 기본적인 설정을 짐작하게 할 수 있는 정보를 제공한다는 점에서 평범하다. 제주의 바다와 풍경을 전체적으로 조감하는 장면을 통해 이 작품의 공간적 배경을 제시하고, 이 제주에서 하루하루 열심히 일상을 살아가는 주요 인물들을 스케치해 보여주는 것이다. 예컨대 새벽부터 경매장에 들러 장사 준비를 하는 은희와 이를 돕는 선장 정준, 항구를 동분서주하며 갓 잡은 생선 상자에 분주하게 얼음을 붓는 호식, 그리고 물질을 나가기 위해 춘희와 혜자 등 늙은 고참 해녀들을 자신의 차에 태우고 가 정준의 배 '전진 1호'에 함께 오르는 영옥 등은 〈우리들의 블루스〉가 이야기의 실마리를 풀어가기 시작하는 최소한의 정보에 해당한다.[5]

그러나 2회부터 오프닝 시퀀스는 해당 에피소드의 중심인물이 이끄는 서사와는 전혀 관계없는 내용으로 채워지면서, 다른 에피소드의 중심인물들이 이끌어 갈 또 다른 서사의 일부를 보여준다. 한수와 은희의 이야기가 본격적으로 전개되는 2회의 오프닝 시퀀스는 동석을 중심으로 한 이야기의 조각을 보여준다. 여기서 동석은 7년 전 선아에게 호감을 표현했다가 거절 당하고 지금은 트럭 한 대에 온갖 잡화를 싣고 제주의 고향 주민들에게 요긴한 물건을 파는 만물상 일을 하고 있는 것으로 그려진다. 이 과정에서 아주 가볍고 함축적인 방식으로 차후에 이어지는 동석을 중심으로 한 에피 소드들과 관련된 핵심적인 정보를 던져준다. '동석과 선아'(6회, 9~10회, 11회 일부)를 통해 알 수 있는 이 두 사람의 관계와 구체적인 서사에 대한 물음이 여기에서 시작된다. 또한 어려운 여건 속에서도 제주 인근 작은 섬에 사는 주민들에게 생필품을 제공해 온 동석이, 주민들이 다른 만물상에게 장을 봤다는 것을 알고 서운함과 배신감에 다시는 오지 않겠다고 화를 내고 가는 장면은 동석의 투박하고 거친 성격을 드러내는 데만 그치지 않는다. 즉, 미안하고 곤란한 마음에 어쩔 줄 몰라 하는 단골 할머니들을 뒤로 하고 트럭을 몰아 섬을 떠나는 동석은 낮은 목소리로 "내가 내 어멍하고도 연 끊고 사는데, 저 할망들하고 연 못 끊을까? 다신 여길 오나 봐라, 썅!"6이라 말하고 오프닝 시퀀스는 끝난다. 이 대사는 동석이 사십 대 초반이 되도록 자신의 어머니 옥동과 연을 끊고 살고 있다는 중요한 정보를 전달해 줌으로 써 시청자들에게 그 이유를 궁금해하게 만드는 동시에, 자신과 옥동의 관계 에 대한 고민에 비하면 조금 전 벌어졌던 실랑이처럼 장사하면서 겪는 사소 한 다툼들은 아무것도 아니라는 점을 넌지시 알려준다. 이 작품 전체의 대 미를 장식하며 긴 여운을 남겼던 '옥동과 동석(18~20회)'의 에피소드는 이미 여기서 출발하고 있던 것이다.7

'지금·여기'의 생활세계(Lebenswelt)의 존재자들인 우리의 삶을 뚜렷이 드 러내는 것8이 노희경의 작품이 갖는 장점이라고 할 때, 〈우리들의 블루스〉 는 오프닝 시퀀스의 짧은 이야기와 중심인물이 해당 에피소드의 그것과 연 결되지 않는 형식의 반복을 통해 그 장점을 더욱 명확히 드러낸다. 왜냐하 면 이러한 방식은 '내'가 중심이 되는 세계가 제각각 중심이 되는 다른 세계 들과 공존한다는9 일상성의 본질적인 측면을 효율적으로 재현해내기 때문 이다. 또한 〈우리들의 블루스〉는 중심이 여럿인 개별적인 세계가 모여 일상성을 구현한다는 점을 오프닝 시퀀스와 본편의 어긋남에서만 보여주지 않는다. 이 작품의 등장인물들은 가족, 친구, 이웃 등으로 복잡하게 얽혀 있기 때문에 특정 에피소드의 중심 서사가 진행되는 와중에도 다른 에피소드의 서사 전개에 필요한 정보들을 곳곳에서 자연스럽게 노출할 수 있었다. 이 글은 바로 〈우리들의 블루스〉에 나타나는 이러한 개별 세계들의 중첩과 겹침의 방식들이 일상을 효과적으로 재현할 수 있었다는 점에 주목하여, 다양하고 복합적인 관계들이 갈등하고 회복하는 양상을 검토함으로써 이러한 지점들이 시청자들이 느낀 공감과 위안의 원천이었다는 점을 논의할 것이다.

'동창회'와 '오일장', 이야기들의 중첩을 허용하는 극적 장치들

첫 회의 오프닝 시퀀스는 새벽 경매장에서 물건을 떼 온 은희가 자신의 가게에서 분주하게 해산물을 파는 장면으로 끝난다. 끈질기게 가격을 깎으려는 손님을 흘겨보며 더이상 흥정은 없다고 단호하게 거절하는 은희의 얼굴을 비춘 후 '한수와 은희 1' 자막이 삽입되며 본격적인 이야기가 시작된다. 여기서 시청자는 오프닝 시퀀스에서 짐작할 수 있는 다른 인물들과 관련된 이야기의 단초들을 잠재적으로 인식한 채, 억센 장사꾼으로 살고 있는 은희가 한수라는 인물과 만들어가는 이야기가 펼쳐질 것으로 기대하며 드라마를 시청하게 된다. 즉 오프닝 시퀀스에서 육지에서 온 영옥은 제주 사람들과 살갑게 지내면서도 테왁에 핸드폰을 묶어두면서까지 누군가의 연락을 기다리는 미심쩍은 면을 보이는데, 영옥이 밝히지 않은 이야기는 무엇이며 정준이 이러한 영옥에게 관심을 보이며 시작될 것으로 예상되는 두 사람의 관계는 어떻게 될 것인가 하는 문제들이 시청자들의 인식에는 남아 있게 된다.

'한수와 은희'의 에피소드는 〈우리들의 블루스〉 전체 방영분 중 첫 3회에

할당되었기 때문에 여러 등장인물들의 개별 세계가 중첩되는 양상을 본격적으로 활용하기에는 어려운 여건에 놓여 있다. 그보다 주목되는 것은 한수와 은희의 서사 진행을 방해하지 않으면서, 이후 전개될 개별 에피소드들을 자연스럽게 중첩해서 이해하는 데 필요한 설정들을 풍부하게 제시하는 방식이다. 특히 2회는 '한수와 은희'의 두 번째 에피소드로, 한수가 동창회에 참석한 이후 은희와 함께 경매장을 들른다거나 드라이브를 하면서 옛 추억을 나누다가 목포 여행을 제안하고 배에 오르는 과정을 보여주고 있지만, 이 드라마 전체에 대한 밑그림을 집약적으로 제시하는 기능을 하기도 한다. 즉, 2회의 전반부는 이후 〈우리들의 블루스〉에 등장하는 인물들의 크고 작은 이야기와 관련된 실마리를 시청자에게 알려주는 데 할애되고 있으며, 한수와 은희의 본격적인 서사는 후반부부터 이어진다고 할 수 있다.

2회 전반부가 동창회 장면으로 구성된 것은 친구로 설정된 주요 인물들이 이 에피소드의 극적 개연성에 큰 영향을 주지 않으면서 등장할 수 있다는 점에서 다수 인물들이 맺고 있는 관계를 제시해 주는 데 적합하다. 시청자는 여기에서 한수와 은희를 제외한 다른 인물들이 어떤 이유로 현재와 같은 관계를 맺고 있으며 앞으로 그 관계가 어떻게 변화할지 흥미를 갖게 된다. 예컨대, 명보는 동창회에 아직 도착하지 않은 한수에게 독촉 전화를 하며 화장실로 들어가는데 여기서 인권과 호식이 오랜 기간 앙숙으로 지내왔다는 것, 그리고 쉽게 화해하기는 어려운 과거의 사건이 있었다는 것이 제시된다.

명보	(그 사이에 들어가 말리며) 고만하라게! 이것들은 만나면, 싸우고 지랄들 하고.
인권	(눈 부라리고, 명보 호식 번갈아 보며, 버럭) 안 싸우게 되시냐? 내가 젊엉(젊어서) 노름하는 저 새끼, 정신 차리고 노름하지 말랜 노름돈 안 빌려준 걸 가지고 평생 앙심을 품고, 나가 얼음장사도 하게 시장에 빽 썽 해줘신디, 그 은공도, …(중략)…

| 호식 | (명보 수건 빼앗아, 코 풀고, 보며, 속상해, 강조하며) 일 년 꿇고 학교 온 게 자랑이냐? 너네들도 인권이한테 형이랜 안 하멍(하면서), 무사 난 해야 되는디? 그리고 천하에 (강조) 순하디순한 내가, 인권이한티만 송곳니 드러냉 으르렁델 땐, 나도, 나름, 무지무지무지한 사연이, 있겠지? 어시크냐(없겠냐)? 어? (하고, 가는) |
| 명보 | (가는 호식 보며) 뭔 사연인지 말을 하든가! 임마. (하다가, 이미 호식 나간 걸 알고, 단란주점으로 들어가는데, 생각나는)10 |

    적어도 이 장면에서 한수와 은희의 서사는 잠시 뒤로 물러나고 인권과 호식의 관계와 그들 뒤에 숨겨진 이야기에 대한 암시가 전경화된다. 시청자는 '인권과 호식'(7, 8회)의 에피소드에 가서야 이 장면의 의미를 재삼 확인할 수 있다. 인권과 호식은 만나기만 하면 소란스럽게 다투고, 명보와 은희 등 친구들은 앙숙 같은 이 둘을 지겹게 봐 온 탓에 대충 말리며 상황을 정리한다. 하지만 호식과 인권 사이에는 친구들의 중재로는 해소될 수 없는 또 다른 오해가 있다는 점이 제시되면서, '인권과 호식' 에피소드를 추동하는 동력이 이미 준비되고 있다. 즉 인권은 과거 노름에 쓸 돈을 빌려주지 않아 호식이 평생 앙심을 품은 것으로 생각하고 있지만 호식은 그보다 더 중대한 이유로 인권에게 적대감을 드러내고 있음을 명보와의 대화로 드러낸다. 시청자는 호식이 다른 친구들 누구에게도 말하지 않는 "나름, 무지무지무지한 사연" 때문에 인권과 갈등하고 있음을 순간 알아차리고, 이 사연이 밝혀져야 두 인물의 오해가 해소되리라는 기대를 품을 수 있다.

    한수와 은희의 서사가 시청자의 시야에서 벗어나 있는 동안 제공되는 정보는 인권과 호식의 관계에 대한 것만이 아니다. 위의 인용에 이어지는 장면에서는 명보가 동창회가 한창인 주점으로 다시 들어가다가 문 앞에서 자신을 노려보며 서 있는 아내 인정을 보고 깜짝 놀란다. 때릴 것 같은 시늉을 하며 적당히 놀고 오라며 타박을 하는 인정과 겁을 내며 위축되는 명보의 모습은 아주 짧게 지나가는 익살스러운 일상의 장면으로 보이기도 하지만, 이 장면은 '미란과 은희 2'(13회)에 드러나는 명보와 인정의 심각한 관계에 개연성을 부여하는 기능을 한다. 표면적으로는 부부 사이의 단순한 잔소리와 말다툼 정도로 보였지만, 사실 인정은 거리낌 없이 남편을 구타할 정도로 의부증을 갖고 있었고 명보는 이혼까지 결심하게 된다.

이렇게 보면 2회는 '한수와 은희 2'라는 소제목이 무색할 정도로 이 에피소드에서는 보조적 역할을 하는 인물들에 대한 정보가 상대적으로 큰 비중을 차지한다. 눈여겨볼 것은 이러한 방식이 한수와 은희의 주된 서사의 진행을 완전히 단절시키거나 조각내지 않으면서도, 이 작품 전체의 그림을 그려 보게 하는 개별 요소들을 어색하지 않게 받아들이게 한다는 점이다. 〈우리들의 블루스〉가 제주 푸릉에서 나고 자란 친구와 선후배 누구나 참여할 수 있고 과거의 추억을 함께 떠올리며 서로의 안부를 나눌 수 있는 동창회를 초반에 배치한 것은, 시청자로 하여금 각 에피소드가 그와 무관한 다중의 이야기를 포함하는 방식11을 수용할 수 있게 하는 일종의 정지(整地) 작업이라고 할 수 있다.

사실 〈우리들의 블루스〉는 동창회 장면 이외에도 각 에피소드에서 중심인물의 중심서사가 진행되는 중간중간에 다른 인물들의 서사를 삽입하는 방식을 취하고 있다. 동창회가 이러한 방식을 무리 없이 활용할 수 있게 하는 큰 기반이라면, 제주 오일장과 영옥의 가게는 이를 적재적소에 수시로 활용할 수 있게 하는 공간적 장치라고 할 수 있다. 오일장은 〈우리들의 블루스〉에 등장하는 거의 모든 인물들이 생계를 위해 땀 흘려 일하는 공간이자 서로의 일상을 나누는 공간이다. 오일장에서 이들은 각자가 하는 일에 열심이면서도 서로의 안부와 사정에 늘 관심을 갖는다. 이들은 언제나 동선이 겹칠 수밖에 없고 서로의 시야에서 크게 벗어날 수 없으며 귀 기울이지 않아도 서로의 소식을 듣게 된다. 그래서 이 오일장은 〈우리들의 블루스〉에 등장하는 어떤 인물의 어떤 서사라도 보여줄 수 있는 공간이 된다. 은희가 한참 생선 손질을 하다가 한수 생각에 일이 손에 잡히지 않아도, 한수의 여동생 한숙이 갑자기 인권의 식당에 나타나 소주를 마시며 인권에게 오빠 한수의 뻔뻔함을 한탄해도, 또 호식이 옥동과 춘희에게 국밥을 가져다주면서 엄마를 보고 인사도 안 하는 동석을 나무라더라도 크게 어색하지 않다.

오일장이 생계와 노동의 현장으로서 주요 인물들의 일상이 공유되는 공간이라면, 영옥의 가게는 하루 일과를 마무리한 후 보다 더 내밀하고 개인적인 차원에서 일상을 공유하는 공간이다. 여기서 등장인물들은 술잔을 기울이고 진솔한 대화를 나누면서 서로의 일상에 다양한 수준으로 개입하기도 한다. 때로는 과도하게 사적인 영역에 개입하는 것으로 보이기도 하는 이러한 장면은 은희가 "옆집에 빤스 쪼가리가 몇 장인지, 숟가락 젓가락이 몇 짝인지도" 안다며 지긋지긋해하는 제주의 궨당문화를 보여주는 것이기도 하다. 특기할 것은 이 궨당문화에 기반한 인물들의 성격과 행동들이 드라마의 서사 진행에 일정한 역할을 한다는 점이다.

'한수와 은희' 에피소드에서 서사 진행의 핵심은 매우 단순하다. 한수가 옛 감정을 이용해 은희에게 큰돈을 빌릴 수 있을까 하는 것. 이 서사에서 갈등이 고조되고 해결되는 데 결정적인 계기는 은희가 한수의 거짓과 의도를 알아채는 것인데 주목할 것은 이 과정에서 주변 인물 즉, 친구들의 개입이 적극적으로 이루어진다는 점이다. 한수와 은행에서 함께 일하는 명보는 타지에 있는 또 다른 친구에게 한수가 돈을 빌리려 했다는 것, 자식을 골프 선수로 키우고 있는 은행 고객으로부터 한수 아내가 미국 한인사회에서 돈을 빌리고 다닌다는 소문을 듣고 한수에게 의구심을 품는다. 그리고 이 소문을 전해 들은 인권과 호식 역시 은희를 데리고 목포로 여행을 간 한수의 본심을 강력하게 의심하고 이 일에 개입하는 것이다.

명보, 인권, 호식이 영옥의 가게에서 스피커폰으로 목포에 있는 은희에게 전화를 하는 장면을 보면, 지극히 사적인 일과 관련된 통화를 공개적으로 하는 것에 대해 영옥과 정준에게 핀잔을 받고 이내 전화를 끊지만 세 친구들은 진지하고 속상한 마음으로 한수가 아내, 딸과 즐겁게 안고 찍은 사진을 은희에게 전송한다. 그리고는 다시 은희와 통화하며 한수가 지금 처해 있는 상황과 돈을 빌리려고 은희와 목포에 간 한수의 본심을 확인시켜 준다. 이렇게 모든 상황을 알게 된 은희는 분노와 배신감에 허탈해하면서도, 한수의 고민과 솔직한 심경을 듣고는 안타까움으로 한수를 이해하기도 한다. 요컨대, '한수와 은희' 에피소드의 서사 진행은 영옥의 가게에 모인 명보, 인권, 호식의 개입으로 인해 단순하고 밋밋함에서 벗어나 다채로운 색깔을 띠게 된다. 한수와 은희의 관계가 둘만의 오해와 갈등으로 설명되는 것보다 주변의 다른 친구들과 얽히면서 변화되는 이러한 과정이 시청자들의 흥미를 더욱 끌 수 있는 것은 물론이다. 이렇게 주변 인물의 개입으로 중심 인물의 에피소드에서 서사 진행을 풍부하게 하고 시청자가 복합적으로 서사를 받아들이게 하는 방식은 〈우리들의 블루스〉의 주요 에피소드에서도 활용된다.[12]

지금까지 살펴봤듯이 첫 3회분을 차지하는 '한수와 은희'는 주로 특정한 두 인물의 관계를 중심으로 하는 개별 에피소드들로 구성된 〈우리들의 블루스〉가 여러 인물들이 서로의 에피소드를 넘나들며 관계를 맺고 다른 서사에 개입하더라도 균형을 잃지 않게 하는 기본적인 장치를 뚜렷이 보여준다. 동창회가 드라마 전체의 초입에서 그 초석 역할을 한다면 오일장과 영옥의 가게는 이후 에피소드들에서도 적절히 활용된다.

누적되는 이야기의 조각들

'한수와 은희' 에피소드는 복수의 등장인물들과 연관된 복잡한 관계들과 개별 에피소드들을 복합적으로 구성할 수 있게 하는 극적 장치를 능숙하게 활용하고 있다. 이러한 장치들은 〈우리들의 블루스〉 초반에 시청자들에게도 익숙한 공간으로 제시됨으로써 이어지는 다른 에피소드들에서도 지속적으로 활용된다.

〈우리들의 블루스〉의 이러한 특성은 옴니버스 형식임에도 불구하고 특정 에피소드, 특히 중후반부에 배치된 '영옥과 정준 그리고 영희'와 '옥동과 동석'의 서사에 상대적으로 큰 무게감을 부여한다. 해당 에피소드에서 본격적인 이야기가 전개되기 전, 이미 영옥과 동석은 다른 에피소드의 서사 전개에 적절히 관여하면서 동시에 자신들과 관련된 핵심적인 문제들에 대한 단서를 조금씩 드러낸다.

영옥은 누군가의 연락을 계속 기다리는 듯 한시도 핸드폰을 손에서 놓지 않는 데다 아무 남자에게 웃음을 던지는 행동 등으로 인해 혜자 삼촌과 같은 주변인물로부터 진실하지 못하고 헤픈 사람으로 비난을 받는다. 활달하고 밝지만 지나치게 가벼워 보이는 성격, 그리고 육지에 무언가 사연을 갖고 있을 듯한 비밀스러운 모습 때문에 영옥은 어딘가 제주 푸릉 사람들과는 마음의 거리를 두고 있는 것으로 보인다. 후에 밝혀지기는 하지만 이러한 방식, 즉 사람들과 원만한 관계를 맺고 즐겁게 지내되 항상 적당한 거리를 유지하며 자신만의 영역을 고수하는 모습은 영옥이 어디서든 지금까지 사람들과 관계를 맺어온 방식이기도 하다. 앞서 살핀 '한수와 은희' 에피소드 중 영옥이 스피커폰으로 은희에게 전화를 하는 인권과 호식에게 싫은 티를 내는 것은 지극히 개인적인 일상을 본인의 동의도 없이 공개하는 무례함을 나무라는 것이기도 하지만, 궨당문화에 익숙한 제주 푸릉 사람들과는 다른 방식으로 살아가는 영옥의 모습을 단적으로 보여준다.

18회에서는 옥동이 암에 걸려 얼마나 살지 모른다는 사실을 알게 된 은희, 호식, 인권이 동석에게 이를 알리고 옥동이 원하는 대로 목포에 같이 가 '종철·종우 아버지' 제사를 챙기라고 다그치는 장면이 나온다. 인권, 호식, 은희는 옥동과 동석의 관계를 어린 시절부터 보아왔기 때문에 대강은 알고 있었다. 즉, 동석의 아버지는 조업 중에 죽고 누나 역시 물질하다 생을 마감한 뒤 생계가 막막했던 옥동은 동석을 데리고 첩살이를 시작했던 것이다. 그런데 첩살림을 들어간 곳이 한 동네에 있던 집으로, 동석에겐 친구의 아버지이자 아버지의 친구인 종철·종우네 집이었다. 동석이 상처를 받았던 것은, 열다섯 살이었던 자신이 유일하게 의지할 수 있는 대상은 엄마뿐이었음에도 불구하고, 옥동이 그 집으로 들어가면서 자신을 엄마라고 부르지 말라고 했던 순간이었다. 동석은 누구에게도 이 말을 한 적 없이 지금까지 옥동을 엄마라고 부르지 않으며 지근거리에서 수시로 마주치면서도 말 한 번 섞지 않았다. 그랬던 옥동이 동석에게 전화를 걸어 종철·종우 아버지의 제사를 지내러 같이 목포로 가자고 하니 동석으로서는 받아들일 수 없었던 것이다. 동석이 눈물을 그렁거리며 은희, 호식, 인권에게 아무것도 모른다고 일갈하는 것은 누구와도 공유하지 못하고 마음에 묻어 두었던 과거 때문이다.

이 장면에서 영옥 역시 상황을 공유하고 은희, 인권, 호식의 편에 서서 귀를 기울인다. 하지만 동석이 모두에게 아무것도 모른다고 하는 말을 듣고, 영옥은 "우리가 모르는 뭔가가" 동석에게 있을 것이니 은희, 인권, 호식에게 할 만큼 했다며 위로하고 자리를 정리하려 한다. 영옥이 동석에게 차마 말하지 않았던 이야기가 있을 것이라고 생각할 수 있었던 것은 영옥 자신 역시 그 누구에게도 말하지 못하고 감춰 왔던 이야기가 있기 때문이었다.

그러나 영옥이 간직하고 있는 비밀스러운 이야기는 '영옥과 정준 그리고 영희' 에피소드(14, 15회)에 가서야 밝혀진다. 그전까지 영옥의 서사는 정준과의 로맨스가 무르익어 가는 과정에 초점을 맞춘다. 1회부터 비춰지는 영옥의 성격, 그리고 쉽사리 드러나지 않는 정체는 많은 일상을 공유하고 사는 푸릉 사람들과 갈등을 일으키는 요소로 작동한다. '영옥과 정준' 에피소드(4회)에서는 이러한 모습이 극대화된다. 특히 해녀 공동체에서 영옥은 "보는 남정네들마다, 꼬릴 치고 동네 물"을 흐릴 뿐 아니라 자기 부모에 대해서도 거짓말을 하는 수상한 여자로 여겨진다. 즉 항구 편의점 주인에겐 자신의 부모를 화가라고 했다가 해녀 혜자에게는 동대문에서 장사를 한다고 하는 한편 또 다른 해녀에겐 부모가 없다고까지 말했다는 사실이 해녀들 사이에서 밝혀진다. 그중에도 혜자는 영옥을 가장 못마땅해 하며 해녀 공동체의 큰 어른 격인 춘희에게 영옥을 쫓아내야 한다고 주장하기도 한다.

무덤덤한 척하며 큰 관심을 보이지 않던 춘희는 영옥이 한 몸처럼 일사분란하게 움직이는 해녀 공동체의 규칙을 어겨 모두에게 곤란을 끼치는 일이 거듭 벌어지자 결국 그녀에게 물질을 그만두라고 말한다. 처음 영옥이 물질 종료시간과 구역을 지키지 않고 돌아갈 시간에 물 밖으로 나오지 않았을 때에도 춘희는 영옥을 바로 내쫓지는 않았다. 다만 영옥이 제풀에 물질을 관두도록 관심을 끊고 말도 걸지 않기로 한 것이다. 영옥은 건성으로 사과는 했지만 해녀들의 반응을 지나치게 예민한 것으로만 받아들이고 대수롭지 않게 여긴다.

영옥을 생각하는 달이가 해녀 공동체의 특성을 재차 강조하지만 영옥이 보기에 그것은 허울 좋은 핑곗거리에 불과하다. 자신이 생각하는 것처럼 더 많은 해산물을 잡아서 수입을 올리는 것이 해녀들의 주된 관심이라는 생각이다. 영옥은 계속 물질을 하기 위해서라도 달이의 권유를 받아들여 마지못해 사과를 하러 춘희의 집으로 간다.

영옥은 춘희에게 다시는 물질 구역을 벗어나지 않고 종료 시간도 어기지 않겠다며 어렵사리 사과를 하고 내일 아침에 모시러 오겠다고 하지만, 춘희는 단칼에 오지 말라고 답한다. 충분한 사과라고 생각한 영옥은 단호한 춘희의 거절을 이해하기 어려운데, 춘희가 의외로 진실하지 못한 자신의 태도를 문제 삼자 더욱 당황해 자리를 피해 버린다. 즉, 춘희가 인내 끝에 영옥을 거부하는 근본적인 이유는 단순히 물질할 때 규칙을 어겼기 때문이 아니라 해녀 공동체 안에서 거짓말을 하면서 자신의 본래 모습을 드러내지 않기 때문이다.[13] 영옥이 왜 거짓말을 일삼는지, 그리고 자신이 어떤 사람인지 솔직하게 밝히지 않으면 춘희와 영옥의 관계는 회복되기 어렵고 영옥은 해녀 공동체의 일원이 될 수 없다. 여럿이 한 몸처럼 움직여야 하는 해녀 공동체는 거짓된 관계로는 유지될 수 없는 것이며 이는 무엇보다 거친 바다에서 죽음과 삶을 가르는 문제와 직결될 수 있다는 것을 해녀들은 자신들의 경험으로 알고 있다. 결국 영옥은 자신의 이야기를 숨김없이 춘희와 해녀들에게 내놓아야 해녀 공동체 내부에서 온전한 관계를 형성하고 물질을 계속해 갈 수 있는 것인데, 춘희의 집 돌담 앞에서 망설이는 장면이 보여주듯 아직까지는 자신을 전부 드러내 보일 수 없는 것이다.

그럼에도 불구하고 영옥은 돌담을 가운데 둔 것만큼 춘희와 거리를 둔
채 물질을 계속해 간다. '미란과 은희 1'(12회) 에피소드의 오프닝 시퀀스는
영옥이 다른 해녀들과 말도 섞지 못한 채 해산물을 많이 채취하는 데만
골몰하며 지내왔을 거라는 점을 말해 준다. 영옥의 관심은 능숙한 해녀들처
럼 숨비소리를 배워 물 속에 더욱 오래 머무르며 해산물을 많이 건져 올리
는 데 쏠려 있다. 그러던 중 영옥이 그물에 걸려 물속에서 꼼짝 못하는 일이
발생하는데 춘희와 혜자의 도움으로 위기를 넘긴다. 이 과정에서 혜자도
그물에 걸려 위급한 상황에 처하지만 춘희가 침착하게 그물을 끊고 육지로
복귀한다. 하마터면 영옥은 물론 춘희와 혜자까지 큰 사고를 당할 뻔한 일
이 벌어지자 춘희는 끝내 영옥에게 그만 나오라고 통보한다.

이 사건은 춘희의 말대로 "그저 성게만 보민, 돈이다 싶"어서 "죽는 줄도
모르고 물질을 하"는 영옥이 그야말로 죽음의 문턱을 체감한 사건이다. 영
옥은 자신의 욕심이 본인은 물론 다른 해녀들의 생사에도 영향을 줄 수
있다는 사실을 절실히 깨닫고 춘희에게 사과하고 다시는 그러지 않겠다는
다짐을 하지만, 춘희는 "천지사방 거짓말을 하고 다니는 년"을 믿을 수 없
다며 다시는 물질을 나오지 말라고 못 박는다. 이러한 큰 사건과 갈등 끝에
영옥은 그제야 자신은 거짓말을 한 적이 없다며 본인의 이야기를 풀어 놓는
다. 즉, 화가였던 부모는 가정 형편 때문에 동대문에서 옷 장사를 했었는데,
교통사고로 돌아가셨다는 것. 영옥은 굳이 다른 사람들이 묻지 않는 일에
대해 말하지 않은 것뿐이지 거짓말을 한 적은 없다고 주장한다. 그리고 "아
무도 왕삼춘처럼 돌아가셨냐고 묻지 않았"음을 덧붙이며, 누군가 먼저 관심
을 보이며 다가왔다면 곁을 내주며 자신을 드러냈을 수도 있었다는 점을
넌지시 고백한다. 춘희도 해녀들이 영옥에 대한 소문들에 귀를 기울여 왔을
뿐 영옥에게 더 가까이 다가가려고 애쓰지는 못했다는 것을 깨닫고 영옥이
어린 시절 부모를 잃었다는 말에 순간 당황한다. 춘희는 이내 영옥에게 물
질하며 욕심을 내는 이유와 매일 전화를 해오는 이의 정체까지 묻고 들어간
다. 영옥은 잠시 고민 끝에 자신에게 발달장애를 가진 쌍둥이 언니 영희가

있다는 것, 장애인 보호시설에 있는 영희에게 돈이 많이 든다는 것을 고백하고, 앞으로는 함부로 물질을 하지 않겠다고 다짐한다. 그런데 다른 등장인물은 물론 시청자까지 영옥의 정체를 의심하게 만든 이 정보는 여기서 공개되지 않는다. 영옥이 언니 영희에 대해 춘희에게 고백하는 장면은 창밖에서 대화를 나누는 두 사람을 비추면서 영옥의 대사를 묵음으로 처리한다. 대사가 없는 화면은 창문에 반사되어 희미하게 비치는 바다의 파도소리와 잔잔한 배경음악이 채운다. 이러한 분위기에서 눈물을 닦으며 영희의 이야기를 하는 영옥과 공감하며 이야기를 듣는 춘희, 돌담을 두고 이 둘 사이에 존재했던 거리는 이제 사라지게 된다.

이렇게 〈우리들의 블루스〉는 영옥의 이야기를 단번에 시청자들에게 전달하지 않는다. 시청자는 영옥에 대한 의심을 일부 풀기는 했지만 여전히 춘희에게만 들려준 영옥의 이야기는 알 수 없다. 〈우리들의 블루스〉는 이 장면 이후 영옥이 춘희에게 고백한 이야기를 차근차근 풀어냄으로써, 영옥이 발달장애인 가족을 돌보면서 타인과 관계를 맺어나가는 과정에서 겪었던 어려움과 고민 등을 보여주는 한편, 새로운 공동체 안에서 그러한 고충이 이해되는 과정을 동력으로 삼는다. 영옥의 이야기는 '미란과 은희 2'(13회)에서 혜자에게만 공유되었으며 그것도 구체적으로 드러나지 않는다. 혜자는 춘희가 자신에게만 영옥의 이야기를 전했으며 원치 않으면 다른 사람에게도 이야기하지 않겠다면서 영옥을 이해한다. 혜자는 "내 손주도 좀 그래"라는 말로 영옥과 비슷한 처지에 있다는 점을 고백하고, 그간 영옥이 돈을 벌기 위해 욕심을 낸 사정에 공감해 주면서도 앞으로는 절대 안전에 유의할 것을 당부한다.

"대체 느 부모는 죽어서, 살아서?"라는 춘희의 물음에 영옥이 자신의 이야기를 진솔하게 공유하기 시작하는 순간부터 영옥은 푸릉의 해녀들과 더욱 깊은 관계를 맺으며 그 공동체 안으로 편입될 수 있었다. 영옥의 정체를 알지 못할 때는 앞장서서 그녀를 배척했던 혜자도 영옥의 속사정을 알고는 든든한 조력자를 자처한다. 비록 시청자들은 영옥의 구체적인 이야기의 내용을 알지는 못하지만, 누구나 하나쯤 갖고 있을 각자의 슬픔과 상처에 서로 공감하는 것이 관계의 개선과 확장에 필요하다는 점을 읽어낼 수 있다.

영옥에게 돌봐야 할 발달장애인 언니 영희가 있고, 지금까지 영옥이 사람들과 관계를 맺는 과정에서 이 사실이 알게 모르게 걸림돌로 작용해왔다는 점은 '영옥과 정준 그리고 영희' 에피소드(14, 15회)에 가서야 시청자들에게 밝혀진다. 이제 시청자의 관심은 춘희, 혜자가 영옥을 이해했던 것처럼 정준도 영옥의 마음과 처지에 함께 공감할 수 있는가, 그래서 두 사람의 사랑이 이루어질 수 있는가 하는 문제로 수렴된다. 영옥은 몇 번의 경험을 통해 영희의 존재로 인해 자신의 사랑이 실패할 수밖에 없다고 확신하며, 정준과의 관계가 더 깊어지는 것을 심히 경계한다. 영옥은 예전 남자친구들처럼 정준도 자신을 이해하지 못하고 결국 떠날 것이라 짐작하고 영희의 존재를 끝까지 비밀로 하려 했지만, 영희는 제주로 내려와 정준은 물론 푸릉 사람들과 함께하게 된다. 이 과정에서 영옥은 여전히 경계하고는 있지만 자신이 우려했던 것과는 달리 영희에 대한 따스하고 편견 없는 시선들에 안도감을 느끼기도 한다. 어떤 순간에는 자신이 영희를 회피하기도 했다는 것, 하지만 끝내 완전히 외면하지는 못했다는 것을 정준에게 고백하기도 한다. 정준은 영희에게도 진심을 다하는 한편, 그동안 상처받았던 영옥의 마음까지 보듬고 껴안는다. 두 사람의 사랑은 정준의 부모가 영옥을 인정하고 공감을 표하는 것으로 굳건하게 지속된다. 19회에서 정준은 영옥을 부모에게 소개하는데 식사자리에서 내심 냉담하게 대하는 듯했지만, 정준의 엄마는 준비한 닭고기를 손으로 발라 영옥에게 주면서 부모 없이 혼자 장애 있는 언니를 거둔 영옥의 노고에 눈물로 공감을 표현한다. 결국 영옥은 자신 안에 감춰왔던 내밀한 이야기를 푸릉 사람들과 공유함으로써 새로운 공동체의 완전한 일원이 될 수 있었고 정준과의 사랑을 이루는 데도 성공할 수 있었다.

이처럼 〈우리들의 블루스〉에서 영옥의 이야기는 첫 회를 시작으로 '영옥과 정준'(4회), '영옥과 정준 그리고 영희'(14회, 15회) 에피소드를 중심으로 전개되었다. 이 드라마의 특징으로서 앞서 살폈듯이 다른 인물들이 중심이 되는 에피소드에도 영옥의 이야기는 틈틈이 삽입되어 있기 때문에 시청자의 입장에서 영옥의 이야기는 첫 회부터 15회에 이르기까지 계속되는 것으로 받아들여진다.

이러한 맥락에서 동석의 이야기 역시 시청자들에게는 이 드라마 전체 흐름에서 가장 인상적으로 기억에 남을 수밖에 없는 위상을 부여받게 된다. 동석은 〈우리들의 블루스〉 초반부, 즉 2회 오프닝 시퀀스부터 등장해 본인을 중심으로 한 두 가지 에피소드인 '동석과 선아'(6회, 9회, 10회), '옥동과 동석'(18~20회)의 서사를 이끌어간다. 영옥의 이야기는 정준과의 로맨스, 그리고 언니 영희와의 관계를 능숙하게 결합함으로써 장애인과 그 가족들이 겪어내야 하는 사회적 시선이나 내적 갈등을 다루고 있다.

동석의 이야기 역시 선아를 향한 변치 않는 사랑, 그리고 평생 그리워하면서 증오할 수밖에 없었던 엄마 옥동과의 갈등과 화해를 효과적으로 엮어 시청자들에게 큰 여운을 남긴다. 특히 '옥동과 동석' 에피소드 3편이 〈우리들의 블루스〉의 마지막에 배치되었다는 점에서 동석과 옥동의 이야기는 시청자들에게 가장 빈도 높게 노출되면서 이 드라마 전체 흐름의 기저에 자리 잡을 수밖에 없다. 더구나 친구 또는 연인 사이의 갈등과 관계 회복을 다룬 여느 에피소드에 견주어 볼 때, 어린 소년시절부터 엄마와 절연하고 살아온 인물이 중년의 남성이 되도록 화해하지 못하고 있다는 설정은 그 자체로 더욱 복잡하고 무겁게 다가올 가능성이 크다.

지금 그리고 여기에서 행복하기

〈우리들의 블루스〉는 옴니버스 형식을 취하고 있음에도 불구하고, 결과적으로 영옥이나 동석과 관련된 에피소드에 무게중심이 실린 것으로 느껴진다. 이는 텔레비전 드라마가 기본적으로 다회(多會)로 구성된 복수의 텍스트로서 지속과 연속이라는 특성을 갖는다는 점을 생각했을 때, 이 작품의 개별 에피소드들 중 영옥이나 동석이 관여하는 에피소드의 조각들이 시청자들에게 계속해서 노출되고 누적된 결과라고 볼 수 있다.

하지만 이러한 인상이 '영옥과 정준 그리고 영희' 또는 '옥동과 동석' 에피소드가 이 드라마 전체를 이끌어 가는 핵심적인 서사 역할을 한다는 의미는 아니다. 오히려 어떤 인물들에 초점을 맞추느냐에 따라 이 에피소드는 다른 에피소드로 충분히 대체될 수 있었다는 점에 주목해야 한다. 티격태격하지만 그에 못지않게 잘 어울리는 친구로 보이기도 하는 인권과 호식의 이야기, 또는 누구에게나 있을 법한 어린 시절 할머니와의 추억을 떠올리게 하는 춘희와 은기의 이야기도 더 충분히 노출되면서 구체적으로 전개되었다면 시청자들에게 보다 더 큰 여운을 남길 수 있었을 터이다. 실제 우리의 삶과 일상이 그러하듯, 〈우리들의 블루스〉에 등장하는 인물들이 살아내는 희로애락은 각자에게 가장 중요하고 절실한 것으로 그 나름의 세세한 이야기를 품고 있지만, 함께 엮여 살아가는 공동체 안에서 어디에 집중하느냐에 따라 누군가의 이야기에 더욱 눈과 마음이 쏠리기도 하는 것이다.

그럼에도 불구하고 옥동과 동석의 이야기를 작품의 처음부터 끌고 간 끝에 마지막 에피소드로 배치한 이유를 짐작해 보려면, 모든 삶을 향해 최대한 행복하라는 응원을 보내고 싶었다는 작가의 의도를 다시 한번 되새겨야 할 듯하다. 이 작품의 개별 에피소드는 여러 인물들이 맺고 있는 다양한 형태의 관계들이 오해와 갈등 끝에 감동적으로 개선되는 흐름을 보여준다. 이들이 갈등을 겪는 이유는 대동소이하다. 자신의 가슴속에 쌓인 깊은 상처를 상대에게 쉽사리 털어놓지 못해 화해하지 못했기 때문이다. 결국 이들이 오해를 풀고 갈등을 해소하는 유일한 방법은 자신의 진심을 털어놓고 상대의 마음을 듣는 길이었다. 앙숙으로 지내던 인권과 호식이 그러하고, 친구이자 옛사랑이었던 한수와 은희도 다르지 않다. 한때 절친이었던 미란과 은희도 결국은 진심 어린 대화로 이전의 관계를 회복한다. 그렇게 회복된 관계는 다시 행복하게 지속될 수 있었다.

그러나 옥동과 동석은 긴 세월 동안 이어졌던 단절만큼 관계를 회복하고 진정한 화해로 나아가는 데 더 많은 시간이 필요했을 터인데, 그들 사이는 죽음이 가로막고 있었다. 다른 에피소드들이 오해와 갈등이 있더라도 진정한 소통이 가능하다면 관계는 다시 회복될 수 있음을 보여주고 있다면, 마지막에 배치된 '옥동과 동석' 에피소드는 그것을 한없이 미룰 수는 없다는 것을 보여준다. 동석은 과거에 옥동이 왜 자신을 외면했는지, 그러고도 미안한 마음을 왜 표현하지 않았는지를 평생 궁금해하며 살아왔다. 사실 동석은 옥동에게뿐 아니라 선아에게도 궁금한 것을 물어보지 못하고 속으로 배신감과 서운함을 느끼며 살았다. 옥동에게도 버림받고 선아에게도 배신을 당했다는 생각으로 행복과는 무관한 삶을 살아온 동석은 하루라도 빨리 그 물음들을 던졌어야 했다. 결국 선아의 공감과 조언으로 옥동에게 자신이 가져왔던 물음을 던지고 옥동을 이해하게 되지만 남은 시간은 길지 않았다. 〈우리들의 블루스〉는 지금 그리고 여기에서 행복하기 위해 우리는 자신에게 그리고 서로에게 더 늦지 않게 묻고 답해야 한다고 말하고 있다.

'엿듣기'를 통한 치유와 성장:
〈나의 아저씨〉

조보라미

엿듣기(eavesdropping), 엿듣는 주체(eavesdropper)의 삶을 바꾸다

엿듣기는 타인의 삶을 궁금해하는 인간 욕망의 자연스러운 발로로, 문학을 포함한 예술 영역에서 광범위하게 발견된다. 그럼에도 인간을 고귀하고 월등한 존재로 보는 오래된 경향과 시각중심적 사고의 영향으로 많이 주목되거나 연구되지 못한 것이 사실이다.[1] 이런 상황에서 A. 게일린은 문학에 나타난 엿듣기를 본격적으로 연구한 인물로 주목된다. 그는 엿듣기를 고의적으로 엿듣는 경우(intentional eavesdropping)와 우연히 엿듣는 경우(inadvertent eavesdropping) 두 가지로 구분하고, 전자의 경우 엿듣는 자가 자신의 이익을 위해 결과물을 활용하고, 후자의 경우 우연히 엿들은 자가 엿들은 결과물을 질서 회복에 기여함으로써 도덕적 정당성을 갖는 경향이 있다고 분석하였다.[2] 그리고 이것은 휴대폰, 인터넷, 스파이 위성 등 다양한 수단을 통해 엿듣기가 일어나는 오늘날의 문학에서도 크게 다르지 않다고 본다.[3] 그런데 이 두 가지 모두 엿듣기가 작품 속에서 갈등을 일으키거나 해결하는 기능자로 활용되는 경우라면, 드물지만 엿듣기가 엿듣는 주체의 삶을 바꾸는 경우가 있다. 텔레비전 드라마 〈나의 아저씨〉(박해영 극본, 김원석 연출, 2018.3.21-5.17. 총 16화, tvN)가 바로 그러한 사례다.

주지하듯 〈나의 아저씨〉는 많은 이들에게 인생 드라마로 꼽히는 것은 물론 2018년 한국방송작가상과 더 서울어워즈 드라마부문 대상, 2019년 백상예술대상 TV부문 극본상 및 작품상을 수상한 화제작이다. 〈나의 아저씨〉는 부모님의 빚을 떠안고 사채업자에게 시달리며 물질적·정신적으로 피폐한 삶을 사는 이지안이 삼안 E&C의 파견직 근로자로 일하면서 자의반 타의반 회사 내 권력 암투에 연루되는 이야기이다. 지안은 삼안의 현 대표인 도준영의 편에서 그의 반대편에 있는 박동훈의 폰에 도청장치를 심고 그의 일거수일투족을 '엿듣기' 시작한다. 그리고 이때 엿듣기의 시작과 끝은 드라마의 갈등이 시작되고 해결의 실마리가 되는 패러다임의 주요한 두 계기가 된다.

이러한 방식의 엿듣기는, '소리와 듣기'의 역사를 근대성의 차원에서 재해석하고자 한 연구[4]에서 보듯 회사 내 권력구도와 애정구도 아래 동훈을 지배하고 통제하려는 '근대적' 욕망에서 시작되었다. 그러나 이와 대조적으로 엿듣기의 실질적 주체인 지안은, 엿듣기가 기반하고 있는 '소리와 듣기'의 자연적 본성[5]에 지대한 영향을 받는다. 즉 엿듣기의 대상인 발화자의 내면과 의식이 (엿)듣는 자에 관통되고 침투됨으로써 감정이입적이고 공유적인 일체화가 이룩되는 것이다. 그리고 이러한 경험은 트라우마로 점철되었던 지안의 삶을 치유와 성찰로 이끄는 데 핵심적 기능을 한다.

트라우마에 대한 공감과 성찰

기실 '치유, 성장, 회복'은 〈나의 아저씨〉 해석의 키워드이다. 기존 연구에서도 이 극이 양심적이고 선한 인간(동훈)의 자기실현 과정[6]이자 경쟁사회에서 도태된 이들을 향한 위로[7]라는 점이 지적되었다. 그러나 이에 반해 지안의 치유와 성장은 간과되고 축소되어 온 것이 사실이다. 그리고 그 이면엔 지안이 동훈에 의존적이고 종속적이며, 더 나아가 동훈 성장의 매개에 불과하다고 보는 관점이 존재한다.[8] 그러나 과연 그러한가. 이 글에서는 일면 당연하고 뻔하여 논할 가치가 없다고 인식되어 온 지안의 치유와 성장의 서사를 다루어 보고자 하며, 이 과정에서 '엿듣기'의 기능과 효과에 주목하게 될 것이다.

이때 먼저 살펴보아야 할 것이 지안이 지닌 상처와 아픔이다. 앞에서도 언급했듯 지안은 어렸을 때 어머니가 사채빚을 잔뜩 진 채 죽음으로써 사채업자들의 폭력과 협박에 시달리며 힘겹게 살아왔다. 유일한 가족으로 할머니(봉애)가 있으나 청각장애에 거동마저 불편함으로써 지안은 성인이 된 현재까지 닥치는 대로 일하고 버는 족족 사채빚을 갚는 고단한 삶을 이어온다. 흔히 '외상'이라 불리는 트라우마는 대인관계적이고 반복적일 때, 가학적이고 악의적 의도로, 아동기에 발생할수록 광범위한 영향을 미치는데,[9] 사채업자들에게 지속적으로 시달려온 지안이 바로 그러하다. 그리고 그 외상의 한가운데 사채업자 중 가장 악랄했던 광일 아버지를 우발적으로 살해한 사건이 있다. 이것은 당시 상황과 지안의 나이를 고려하여 무죄로 판결났지만, 성인이 된 현재까지 이 기억이 침습할 때면 꼼짝없이 얼어붙는(freezing)[10] 상태가 될 정도로 커다란 상흔으로 남아있다. 이런 상황에서 어느 날 갑자기 회피하고 싶던 기억이 침습(intrusion)[11]하는 사건이 일어난다.

지안은 퇴근하는 지하철에서 며칠 듣지 못한 동훈의 녹음파일을 돌려듣는다(4화). 녹음의 첫 부분은 빌라 청소를 시작한 상훈이 빌라 사장(강용우)에게 갑질을 당하고 그것을 어머니가 보면서 벌어진 "삼형제의 파란"이다. 그리고 그 다음 날(지안이 녹음파일을 듣고 있는 당일) 동훈은 강용우 사무실을 찾아가 구조기술자로서의 지식을 십분 활용하여 가족을 대신한 복수와 응징에 나선다. 그리고 그 과정에서 '나는 무슨 모욕을 당해도 되지만, 그걸 식구가 보면, 식구가 보는 데서 그러면 죽여도 이상할 게 없다'고 하는데(아래 인용 밑줄), 이것을 들은 지안은 과거 자신의 트라우마적 사건을 떠올린다. 광일 아버지가 자신에 이어 봉애를 무차별 폭행하자 부엌칼을 들고 광일 아버지를 찔렀던 기억이다.[12]

S71. 강용우 사무실(낮)
동훈, 차분히 말을 이어간다.
동훈   와중에도 다행이다 싶은 건, 우리 가족은 아무도 모른다는 거.
          아무렇지 않은 척 먹을 거 사들고 집으로 갔어. 아무렇지 않게
          저녁을 먹고.
생각하는 동훈의 얼굴에서 회상.
[INS] 윤희, 싱크대 쪽에서 뚱하니 돌아보며 "더 줘?"
동훈   <u>아무 일도 아냐. 내가 무슨 모욕을 당해도 우리 식구만 모르</u>
          <u>면, 아무 일도 아냐. 어떤 일이 있어도, 식구가 보는 데서 그러</u>
          <u>면 안 돼. 식구가 보는 데서 그러면, 그땐, 죽여도 이상할 게</u>
          <u>없어.</u>

S72. 지안 집(밤)
지안의 눈에서 눈물이 뚝.
[INS] 과거. 으헉 소리를 내며 허리가 뒤로 접히면서 나가떨어지는 봉애.
봉애를 날려버린 건장한 사내의 등짝이 보이고. 얻어터진 얼굴을 하고
부엌 쪽에 있던 지안은 방에서 벌어진 광경에 심장이 멎어버리는 듯. 시
선은 할머니를 보면서, 손은 싱크대 위 부엌칼을 집어들고 사내에게도
전진.
용우   (E) 에이씨, 거 말 드럽게 많네. 그래서 뭐? 뭐? 어쩌라고?

　해당 시퀀스, 즉 동훈이 가족을 대신하여 분노하고 복수하는 것을 지안이
엿듣는 장면까지(S 67-S 82) 동훈과 지안은 10번 이상 교차편집되며 "그 소
리에 멈춰지는 지안!" "긴장해서 듣는 지안", "가만히 듣는 지안." 등의 지시
문을 통해 지안이 이것을 숨죽여 듣고 있음을 드러낸다. 그리고 위 인용문,
동훈의 이 사건과 지안의 트라우마 기억이 겹치는 장면은 지안을 정면에서
미디엄 쇼트로 잡는 것으로 시작해 카메라가 줌인하여 지안이 눈물을 흘리
는 클로즈업까지, 지안의 고양된 감정을 효과적으로 보여준다.
　여기서 어젯밤부터 오늘밤까지, 이틀에 걸쳐 벌어진 에피소드를 지안이
한자리에서 몰아 듣도록 설정한 이유는 분명하다. 동훈의 현재적 사건과
과거 지안의 트라우마적 사건을 오버랩시키기 위해서이다. 기실 살인은 지

안 자신에게도 너무나 충격적이라 그는 자신의 내면을 잠잠히 바라보며 이 사건을 자신의 생애와 기억 속에 위치시키지 못했던 것으로 보인다. 이런 상황에서 가족을 대신하여 분노를 표출하고 복수하고 응징한 동훈의 사건을 엿듣는 것은 지안에게 억눌러왔던 트라우마적 사건을 떠올리게 한다. 그리고 이것은 두렵고 수치스럽던 트라우마적 사건을 이해할 가능성을 던진다. 주지하듯 트라우마 치유는 트라우마적 기억을 제거하는 것이 아니라 자신의 삶에서 의미있고 정서적으로 견딜 수 있는 경험으로 위치지우는 것이다.[13] 이렇게 볼 때 지안이 자신과 유사한 사례를 '거리'를 두고 엿들은 것이 오히려 자신의 경험을 '주체적으로' 반추하는 기회가 되었을 수 있다.[14] 물론 이때 "식구가 보는 데서 그러면, 그땐, 죽여도 이상할 게 없다"는 식의 동훈의 말과 행동은 객관적이고 보편타당하다고 볼 수 없는 일종의 '과잉'[15]이다. 그러나 역설적으로 동훈의 이러한 '과잉' 덕에 지안은 자신의 트라우마적 사건을 '그럴 수 있는 것'으로 새롭게 바라보는 데 도움을 받게 된다.

이것을 트라우마적 기억을 자신의 삶에서 이해하고 납득하도록 하는 '인지적 재구성'의 일종으로 본다면, '인지적 재구성'은 트라우마를 이해받고 공감받는 경험 이후에 따르는 것이 일반적이다. 그러나 지안의 경우 '인지적 재구성'의 가능성을 먼저 충격적으로 경험한 후 뒤이어 트라우마에 대해 이해받고 공감받는 경험이 뒤따르는 역순으로 전개된다. 주지하듯 모든 트라우마 치유에서 자기노출은 필수적이다. 즉 트라우마 치유가 타인의 공감과 이해를 통해 가능하다고 할 때 이것을 위해서는 일차적으로 자기노출이 필요하다.[16] 그러나 지안은 사람들과의 교류도 없고 매사에 방어적이다 보니 자신의 트라우마를 노출할 기회를 갖기란 거의 불가능하다. 이런 상황에서 동훈은 춘대를 찾아가 지안의 과거사를 듣고, 오지랖 넓게도(이것 역시 '과잉'이다) 지안에게 남아있는 빚이 얼마냐고 따져 묻는 과정에서 광일이 "그년이 내 아버지를 죽였다"는 사실을 폭로한다(9화). 이것을 실시간으로 엿들은 지안은 동훈과 광일의 싸움의 현장-영광대부업 사무실-으로 달려가던 것을 멈춘다. "동훈이 그대로 가만… 지안도 그대로 가만… 지안은 모든 것이 무너지는 타이밍… 끝났다 싶은 타이밍… 지안이 조용히 포기하듯 돌아서는데 동훈은 맞은 얼굴로 처연하게 앉아 있다가 조용히 말한다." "나 같아도 죽여. 내 식구 패는 새끼들은 다 죽여!"

지안은 과거에 자신과 가까웠던 사람들이 이 이야기를 듣고 멀어졌던 것을 경험해 왔다. 바로 그렇기에 살인의 기억은 지안에게 가장 큰 두려움과 외로움을 안겨준 트라우마적 사건이라 해도 과언이 아니다. 그런데 이 이야기를 듣고 지안이 이제 동훈과의 관계도 끝났다며 체념하려는 순간 동훈이 오히려 지안 편을 들어준 것이다. 주지하듯 울음은 공감을 경험한 트라우마 피해자의 자연스러운 발산 방식이다. 지안이 길거리에 쪼그리고 앉아 오열하는 모습이 클로즈업·롱테이크로 길게 잡힌 것은 이 사건이 지안에게 격한 감동으로 다가왔음을 잘 보여준다. 그리고 다시 롱쇼트 하이앵글로 지안을 작게 아래로 잡음으로써 지안에 대한 연민과 조망을 유도하며 회차를 인상적으로 마무리한다.

이러한 과정을 거쳐 지안은 자신의 가장 큰 비밀, 회피하고 싶던 과거, 그녀를 가장 괴롭히던 트라우마로부터 점차 자유를 얻는다. 그리고 이 모든 것이 엿듣기로 말미암았다는 사실은 다시 한번 강조될 필요가 있다. 엿듣기가 아니었다면 지안은 동훈 가정의 내밀한 풍파를 알지 못했을 것이며, 동훈이 광일을 찾아간 것은 춘대의 전화를 통해 알았을지언정 동훈이 광일을 통해 '그 사건'에 대해 듣고 반응한 구체적인 내용은 알 수 없었을 것이다. 이처럼 엿듣기는 지안의 트라우마를 치유하는 데 있어 없어서는 안 될 기능을 수행한다.

정서의 이해와 표현을 통한 성장

트라우마가 기본적으로 정서의 문제라고 할 때, 즉 정서 때문에 곤란을 겪는 것이라고 할 때 정서를 짓누르기보다 계발할 필요가 있다. 정서에 대한 이해는 정서를 효율적으로 조절하는 데 도움이 된다. 따라서 트라우마를 치유하기 위해서는 정서에 대해 아는 것, 그 적응적 가치뿐 아니라 복잡성과 다양성에 대해 아는 것이 중요하다.[17] 〈나의 아저씨〉의 경우 지안의 이러한 정서 계발은 동훈의 삶 일반을 엿듣는 것에서 가능했다. 지안은 직장에서도 출퇴근길에도 집안일을 하면서도 이어폰과 스피커폰을 활용하여 엿듣기를 계속한다. 이로써 지안은 동훈의 거의 모든 삶을 엿보는 기회를 갖는데, 이때 동훈은 혼자만의 단독적인 삶이 아니라 상훈·기훈 등 삼형제와 밀착해있음은 물론 후계동 친구들과 공동체적 존재[18]로 살아간다. 따라서 동훈의 삶을 엿듣는 것은 곧 동훈을 둘러싼 수많은 사람들의 이야기를 접하는 것인바, 지안은 사람들 사이에 있을 수 있는 기쁨, 유쾌, 의기소침, 슬픔, 분노 등 다양한 정서를 간접 경험한다.[19] 그리고 이것은 어린 시절부터 학대와 방임을 겪은 지안에게 무엇이 정상적이며 허용가능한 것인지 배울 수 있는 기회를 제공한다.[20]

더불어 이것이 단순히 정서 계발에만 머무는 것은 아니다. 여기서 한발 더 나아가 지안은 타인의 정서를 헤아리고 공감하는 과정을 겪는데, 이것은 인간 성장에 있어 매우 중요한 요소이다. 다른 사람의 삶과 감정을 밀착하여 경험함으로써 그의 마음을 헤아리는 것은 심리 치료에서 매우 중요한 경험이다. 트라우마에 시달리는 사람은 트라우마에 처한 자신의 마음을 들여다보고 헤아림으로써 그것을 납득할 수 있는 것으로 만드는 것이 필요하다. 일반적으로 트라우마 피해자는 상담자로부터 마음을 헤아리는 도움을 받는데, 이것이 역이어도 유용하다. 다른 사람의 마음을 헤아리는 것은 궁극적으로 자신의 마음을 헤아리는 데에도 도움이 되기 때문이다.[21]

이것을 잘 드러내는 것이 5화 회식 사건이다. 여기서 동훈과 도준영의 불편한 관계가 불거지며 동훈이 공개적으로 모욕을 당한다. 이에 동훈이 먼저 자리를 뜨고 지안도 뒤따라 집으로 가는 길에 동훈을 엿듣는다. 비틀거리며 걷던 동훈이 철도 건널목 앞에서 문득 멈춰 서는데, 이때 동훈의 발과 지안의 발, 눈발을 맞는 지안과 동훈의 모습이 교차편집되며 두 사람 사이의 교감, 보다 정확히는 동훈에 대한 지안의 공감을 보여준다. 그러던 중 갑자기 동훈이 대차게 자빠지는 소리가 들리고 지안이 이내 뛰기 시작하는데, 이때 시작되는 음악은 동훈을 향한 지안의 걱정스럽고 간절한 마음을 대신한다. 그리고 이 음악은 동훈이 걸어가는 뒷모습을 지안이 바라볼 때까지 지속되며, 그 지안이 숨을 헐떡이는 소리와 동훈의 거친 숨소리가 동시에 겹쳐 들린다. 동훈의 마음에 대한 지안의 공감을 장면의 매치와 소리의 매치, 음악으로 표현한 것이다.

한편 동훈에 대한 지안의 마음 헤아림은 공감을 넘어 말과 행동으로 동훈을 돕는 것으로도 표출된다. 그리고 이것은 외상으로 말미암아 자기가치감이 낮아진 지안이 스스로의 가치감과 효능감을 높이는 기회를 제공한다. 기실 자기가치감과 효능감을 높이기 위해서는 학업이나 일에서의 성취도 방법이 될 수 있다. 그러나 그 어느 것도 친밀한 관계 속에서 자신을 적극적으로 표현하고 다른 사람으로부터 이해 받음으로써 다른 사람이 자신의 마음을 염두에 두고 있음을 인식하는 것만큼 큰 것은 없다. 그리고 이 역시 양방향적이어서, 이러한 대우를 받는 것만이 아니라 다른 사람에게 이 같은 효과를 전해준다면 이 또한 자기효능감과 가치감에 기여한다.[22]

이것을 잘 보여주는 것이 윤희의 불륜사실이 상훈, 기훈에게 알려지면서 삼형제가 술집골방에서 회합하는 장면이다(13화). 이때 삼형제가 느끼는 분노와 우울, 슬픔이 뒤섞인 현장을 지안은 "이어폰을 끼고 안타까운 마음으로 듣고 있다". 그러던 중 지안은 기범이 경찰에 쫓기고 있다는 전화를 받고, 자신에게까지 경찰의 포위망이 좁혀져 오는 것을 눈치채곤 (a)"마지막 인사를 해야 할 것 같은 느낌에 핸드폰을" 든다.

S65. 달리는 택시 안＋지안 집 (밤)
상훈은 앞좌석, 동훈과 기훈은 뒷좌석에 앉아 있고. 동훈이 착잡한
  눈빛으로 창밖을 보는데

(a)# 지안은 마지막 인사를 해야 할 것 같은 느낌에 핸드폰을 들고
문자 착신음에 동훈이 핸드폰을 보면, 지안의 문자.
(b)[내일 인터뷰 잘하세요.]
이어 들어오는 문자.
(b′)[아무것도 아녜요.]
그 문자를 보내고 가만히 있는 지안.
그리고 그 문자에 출렁이는 동훈의 마음. 기훈이 이지안이라는 이름을
  힐끗 보고는 창밖을 보고. 지안은 답을 기다리는데, 동훈은 그냥 핸드
  폰을 내리고 밖을 본다. 그렇게 창밖을 바라보다 혼잣말처럼…
(c)동훈   고맙다…

이어폰을 꽂고 그 소리를 들은 지안.
기훈   … 그럼 들리냐?
동훈   …
기훈   문자해 고맙다고.
동훈   …
기훈   왜? 내외해?
이어폰을 꽂고 있는 지안 위로, 다음 신의 동훈 대사가 선행되고…

S66. 동네 일각 (새벽, 동 틀 무렵)
동이 터오기 시작하고, 지쳐 걷는 삼형제 모습 위로
(d)동훈   (걸으며) (E)죽고 싶은 와중에, 죽지 마라, 당신 괜찮은 사람이
          다, 파이팅해라… 그렇게 응원해주는 사람이 있다는 것만으
          로.. (멈춰진 긴 숨을 내쉬고, ON) 숨이 쉬어져…
동훈은 울컥하는 걸 참고, 지안에게 새삼 고맙고. 상훈과 기훈도 왠지
덩달아 숙연해지고.
지안의 눈에선 후록 눈물이 떨어지고.
동훈   (다시 걷다가) 이런 말을 누구한테 해? 어떻게 볼지 뻔히 아는데.
기훈   … 뭐, 그렇다고 고맙다는 말도 못해? 죽지 않고 버티게 해주
          는데. 고맙다는 말도 못해? 해. 해도 돼. 그 정도는.
(e)동훈   … (걷다가 조금 가뿐한 마음으로) 고맙다. 옆에 있어줘서.
동훈은 그 말을 하며 아주 편한 얼굴이 되는데,
(f) # 지안은 동훈의 그 말에 거의 쓰러지겠다. 도망가야 하는데 가지

말라고 하는 격.

　여기서 지안이 동훈에게 보낸 문자 (b), (b′) 중 특히 후자, "아무것도 아녜요."는, 그 옛날 아버지가 해주던 '아무것도 아니다'라는 위로와 격려의 말이 자신에게 필요하다는 동훈의 말에 따른 것이었다. 회사에서 갑질당하고 아내마저 불륜을 저지르며 게다가 불륜의 당사자가 도준영이라는 사실. 삼중고 속에서 동훈은 그래도 살아갈 힘을 아버지의 그 말에서 찾고자 한다. 그러나 동훈이 말했듯 그 말을 자신에게 해줄 사람이 없었는데, 그걸 엿들은 지안이 모른 척 동훈이 필요로 했던 말을 전하는 메신저가 되는 것이다.

　그리고 진중하고 신중한 사람이기에 결코 그 속을 알 수 없었을 동훈의 반응을 지안은 다시, 엿듣기를 통해 듣는다: (c)"고맙다." 이 말을 들은 지안은 뜻밖이다. 지안이 받은 감동은 클로즈업 화면과 예의 지안의 감정이 고조됐을 때 흘러나오는 지안의 테마송으로 표현된다. 그리고 이 음악은 공간을 달리하여 이어지는 동훈의 말(d)이 나올 때까지 계속된다. 여기서 '당신 괜찮은 사람이다, 파이팅해라'는 이전에 지안이 동훈에게 했던 말이었기에 지안은 새삼 자신의 말이 동훈에게 유효했음을 알게 된다. 그리고 그 다음 말, (e)"고맙다. 옆에 있어줘서"는 더욱 지안의 심금을 울릴 수밖에 없다. 앞의 (c)'고맙다'가 지안이 보낸 문자에 관한 것이었다면 (e)'고맙다'는 동훈의 옆에 있어주는 지안의 존재 자체에 대한 고마움의 표현이다. 동훈과 지안의 소통과 교감이다. 이것은 직접적이 아닌 간접적인 방식의 그것이지만, '인간 내면을 관통하고 침투하는 전방위적인 몰입의 경험'[23]이 아닐 수 없다. 어쩌면 이어폰을 낀 지안이 혼자서, 밀착하여 동훈의 목소리를 생생히 들을 수 있었기에, 대면하여 이 말을 들었을 때보다 더 감정이입적이고 공유적인 일체화[24]를 이루는 경험이었을 수 있다. 텍스트에서 이것은 (f)"지안은 동훈의 말에 거의 쓰러지겠다. 도망가야 하는데 가지 말라고 하는 격"이라는 다소 과장된 지시문으로, 실제 영상에서는 폰을 붙들고 철철 우는 지안의 모습이 미디엄 샷과 롱샷으로 반복하여 표현된다. 실로 정서적으로 그리고 상호교류적으로 마음을 헤아리는 것은 마음 헤아림 중에서도 가장 도전적인 경험이다.[25]

　지안은 이렇듯 엿듣기를 통해 동훈의 마음을 헤아리고 그에게 필요한 도움을 주며, 또한 그에 대한 동훈의 반응을 통해 간접적이나 생생한 교감을 느끼는 경험을 한다. 그리고 이로써 자기효능감과 자기가치감이 변화된 것을 알 수 있는데, 이는 상무 심사과정 중 지안이 동료 인터뷰이로 호출된 장면(12화)에서 잘 나타난다.

S69. 회사 대회의실(낮)
열댓 명 되는 위원회 사람들 앞에 앉아 있는 지안.
지안　　　(a)배경으로 사람 파악하고, 별 볼 일 없다 싶으면 빠르게 왕
　　　　　따시키는 직장 문화에서, 스스로 알아서 투명인간으로 살아
　　　　　왔습니다. 회식 자리에 같이 가자는, 그 단순한 호의의 말을…
　　　　　박동훈 부장님한테 처음 들었습니다. 박동훈 부장님은, 파견
　　　　　직이라고, 부하 직원이라고, 저한테 함부로 하지 않았습니다.
윤 상무　　(비아냥) 그래서 좋아했나?
지안　　　…네.
모두 (정적)
지안　　　좋아합니다. 존경하고요.
　　　　　　　　　　　　(중략)

S71. 대회의실 (낮)
지안의 얘기가 계속되고 있다.
지안　　　무시, 천대에 익숙해져서 사람들한테 별로 기대하지도 않았
　　　　　고, 인정받으려고, 좋은 소리 들으려고 애쓰지도 않았습니다.
　　　　　(b)근데 이젠… 잘하고 싶어졌습니다.
회장이 조용히 들어오자, 사람들은 소리 없이 술렁이는 분위기인데, 회
장은 계속 진행하라는 듯 한쪽 구석에 조용히 앉아 눈 내리깔고.
지안　　　제가 누군가를 좋아한 게 지탄의 대상이 될 수 있는지는 모르
　　　　　겠지만, 전 오늘 잘린다고 해도, 처음으로 사람대접 받아봤

고.. (c)어쩌면 내가.. 괜찮은 사람일 수도 있겠다는 생각이
들게 해준 이 회사에.. 박동훈 부장님께.. 감사할 겁니다. 여기
서 일했던 삼 개월이 이십일 년제 인생에서 가장 따뜻했습니
다. 지나가다 이 건물만 봐도 기분이 좋아지고, 평생… 삼안이
앤씨가 잘되길 바랄 겁니다.

여기서 지안은 (a)"배경으로 사람 파악하고, 별 볼 일 없다 싶으면 빠르게
왕따시키는 직장 문화에서, 스스로 알아서 투명인간으로 살아왔"다고 말한
다. 그리고 무시, 천대에 익숙해져 사람들한테 별로 기대하지도, 인정받으
려, 좋은 소리 들으려 애쓰지도 않던 자신이 (b)"이젠… 잘하고 싶어졌"고,
(c)"어쩌면 내가… 괜찮은 사람일 수도 있겠다는 생각이 들"었다고 말한다.
장기적이고 반복적인 외상은 자기의 모든 구조, 즉 신체 이미지, 내면화
된 타인의 이미지, 목표와 일관성을 갖게 하는 가치와 이상을 훼손시키고
무너뜨린다. 즉 외상의 결과 많은 사람들이 '나는 무가치하다'는 매우 낮은
총체적 자존감에 초점을 맞추고 자기를 손상시킨다. 따라서 치료적 관계에
서 이러한 자기가치감이 점진적으로 변화되는 것이 목표가 되는데,[26] 지안
의 경우 '중요한 타인'인 동훈에게 트라우마를 공감받고 정서를 교류하고
그를 도움으로써 자기효능감을 고양하는 기회를 가진다. 그리고 이로써 부
정적이고 우울하며 어두움으로 점철되었던 자아상이 긍정적이고 희망적인
것으로 바뀌고 있음을 알 수 있다. 특히 위의 인용에서 (a)'스스로 알아서
투명인간으로 살아왔다'는 것은 과거, (c)'내가 괜찮은 사람일 수도 있겠다'
는 것은 현재, (b)'이젠 잘하고 싶어졌다'는 미래에 대한 진술로, 지안은
과거-현재-미래의 삶을 조망하는 가능성을 엿보이는데, 이는 드라마 마지
막에 자신의 삶에 대한 보다 구체적이고 통합적인 인식으로 확대된다.

과거-현재-미래를 잇는 삶에 대한 통합적 인식

이처럼 드라마가 진행되면서 지안은 과거로부터 자유로워지고 자신에 대해서도 긍정적인 인식을 키워나가게 된다. 그러나 이것은 이대로 지속적인 확장이 불가능했으니 바로 엿듣기의 불법성과 비도덕성 때문이다. 지안이 도준영으로부터 대가를 받고 도청한바 그 불법성은 자명하다. 더불어 비도덕성 역시 마찬가지다. 엿듣기를 통해 지안은 내면의 상처를 치유하고 성장해간바 엿듣기가 들통난다는 것은 지안의 삶을 다시 원점으로, 아니 그보다 더한 마이너스 상태로 돌릴 수 있는 비중을 지닌 것이었다. 이것은 동훈에게도 마찬가지다. 동훈이 자신의 폰이 도청되었음을 알게 된 때는 윤희의 불륜이 드러나고 상무심사 과정이 종결된 이후였다. 그리고 그 과정에서 지안의 내외적 도움을 받은바 동훈이 지안에게 고마움을 품은 때였다. 이에 지안이 도준영의 끄나풀이었다는 사실은 동훈에게 커다란 충격으로 다가온다.

그러나 동훈의 변화가 '성장이 아니라 회복'이라 보는 견해[27]가 있듯 동훈은 진정 '어른'의 면모를 지닌 사람[28]이었다. 그는 이러한 충격적 상황에서도 지안이 자신을 도와줬던 것을 기억하고 지안을 용서한다. 그리고 불법 도청과 관련된 법적 문제의 해결을 돕고, 지안을 후계동 공동체와 연계시켜 사람들의 따뜻한 사랑 속에 봉애의 장례식이 치러지게끔 한다. 그 결과 지안은 트라우마로부터 회복(recuperation)되는 것을 넘어, 트라우마를 자신의 삶의 역사에 유의미하게 자리매김하는 통합(integration) 단계에 다다른다.[29] 다음은 이것을 잘 보여주는 장면이다(16화).

S42. 장례식장 주차장 (밤)
(전략)
기훈은 창피해서 미치겠고… 동훈도 합류해서 공을 차는데, 그 모습에서
슬로우가 되면서.. 동훈을 보는 지안의 얼굴에서..
(a) *# 1신의 회상 장면. 봉애가 멀리 있는 동훈을 보며*

       봉애   (수화) 참 좋은 인연이다./귀한 인연이고.
(a′)<u>지안   … (동훈을 보고)</u>
(b) *봉애   (수화) 가만히 보면/모든 인연이 다/신기하고/귀해.*
(b′)<u># 장례식장 주차장. 지안은 그런 생각에 모두를 본다. 동훈, 상훈,</u>
     <u>기훈, 정희… 다시 동훈이 뛰는 모습에서</u>
(c) *봉애   (단호한 표정으로, 수화) 갚아야 돼./행복하게 살아./그게 갚*
            는 거야.
       지안   (다부지게 고개를 끄덕)
(c′)<u># 장례식장 주차장. 그런 생각들을 떠올리며 공 차는 동훈을 바라보</u>
     <u>는 지안의 모습에서.</u>

  장례식장에서의 마지막 날 밤, 지안이 계단에 앉아 주차장 공터에서 축구를 하는 후계동 사람들을 바라본다. 지안과 대화를 나누다 축구에 합류하러 들어가는 동훈을 바라보며, 지안은 요양원에서 할머니를 마지막으로 만난 날을 떠올린다. 그러면서 과거(a, b, c. 이탤릭체 표시)와 현재(a′, b′, c′. 밑줄 표시)가 교차편집되는데, (a)과거 요양원에서 할머니는 "멀리 있는 동훈을 보며" '참 좋은 인연, 귀한 인연'이라 했다. (a′)장면은 다시 현재로 돌아와 지안의 얼굴에 이어 동훈이 POV 쇼트로 잡힌다. 그리고 다시 (b)과거 할머니가 '가만히 보면 모든 인연이 다 신기하고 귀하다'는 말이 흐르고 (b′)현재 지안이 비춰지며 POV 쇼트로 상훈, 기훈, 제철, 권식, 정희, 유라, 그리고 다시 삼형제 순으로 모습이 잡힌다. 이로써 지안은 동훈을 비롯하여 동훈 형제와 후계동 사람들의 후의가 자신에게 귀한 인연이라는 것을 깨닫고 자신의 현재를 긍정과 감사로 채우게 된다. 그런데 여기서 지안의 눈길이 동훈 한 사람이 아니라 후계동의 여러 사람들에게로 옮겨지는 것은 의미심장하다. 이것은 동훈이 지안을 소유하지 않고 후계동 공동체로 이어줌으로써 지안이 더 큰 세계로 나아가게끔 하는 '다리'(bridge)[30] 역할을 했음을 보여준다. 그리고 마지막으로 (c)과거 할머니가 '행복하게 사는 것이 갚는 것'이라고 한 말을 떠올리는데, 이때 다부지게 고개를 끄덕이는 지안의 모습은 (c′)현재 지안의 모습으로 이어진다. 즉 자신의 현재가 좋고 귀한 인연

들로 채워져 있으며 앞으로 행복하게 사는 것이 고마움을 갚는 길이라는 것. 이것은 앞에서 트라우마를 털어낸 지안이 자신의 현재를 긍정과 감사로 바라보고 미래를 희망과 기대로 전망한다는 점에서 '외상 후 성장'하고 자신의 삶을 통찰하는 새로운 내러티브를 도출했음을 드러낸다.[31]

이런 점에서 납골당에서 지안이 상훈에게 장례식이 자신에게도 "기똥찬 순간"이었다고 하는 말은 헛말이 아니다. 그리고 고마움을 "꼭 갚겠다"고 하는데, 이것은 제철이 우려한 것과 같이 '고마움은 꼭 갚아야 한다'는 식의 삶의 부담만은 아니었을 터이다. 지안에게 장례식의 일련의 과정은 삶에 대한 새로운 내러티브를 도출한 시간이었다는 점에서 '기똥찬 순간'이었으며, '꼭 갚겠다'고 하는 것은 자신의 미래에 대한 다짐과 결의에 다름 아니다. 마지막 에필로그에서 지안이 편안함에 이르렀다는 보이스 오버는 이것이 현실화되었음을 보여주며 시청자에게 만족감을 안긴다.

〈나의 아저씨〉의 엿듣기, 텔레비전 드라마의 은밀한 미학 드러내기

이로써 〈나의 아저씨〉에 나타난 지안의 서사를 재구해 보았다. 먼저 동훈의 '과잉'적 대응은 지안에게 트라우마적 사건을 인지적으로 재구성할 계기가 됨은 물론, 공감과 치유의 기회가 된다. 또한 동훈과 동훈을 둘러싼 사람들의 삶을 통해 다양한 정서를 이해하고 조절하는 데 도움을 받게 된다. 그리고 엿듣기를 통해 가정과 직장에서 위기를 맞은 동훈을 돕고, 자신의 도움이 동훈에 긍정적 영향을 미쳤음을 다시 엿들음으로써 자기효능감과 가치감이 상승된다. 그리고 그 결과 지안은 자신의 불행한 과거로부터 자유를 얻고, 과거-현재-미래를 잇는 삶의 통합적 내러티브를 도출한다.

이러한 지안의 서사에 엿듣기가 핵심적 기능을 함은 물론이다. 주지하듯 지안의 엿듣기는 공적인 권력구도와 사적인 애정구도에서 동훈을 지배하고자 하는 이른바 '근대적' 목적으로 시작되었다. 그러나 엿듣기의 실질적 주체인 지안은 엿듣기가 기반하고 있는 '소리와 듣기'의 원초적 성격에 크게 영향 받는다. 즉 지안은 엿듣기를 통해 발화자의 내면과 의식이 관통되고 침투됨으로써 감정이입되고 공유적인 일체화를 이루는 경험을 한다. 또한 자신의 트라우마적 사건과 유사한 사례를 '거리'를 두고 엿들음으로써 트라우마를 '주체적으로' 반추할 기회를 얻는다. 이로써 지안은 인간에 깊이 공감하고 교감함으로써 자신과 타인의 마음을 헤아리고 성찰하게 된다. 기실 오늘날 문학예술 속 엿듣기는 첨단기술을 통해 시간과 장소의 구애를 받지 않고 이루어지는바 엿듣는 인격적 주체가 지워지고 잊혀지기(erased and forgotten) 십상이다.32 이런 상황에서 〈나의 아저씨〉는 엿듣기가 엿듣는 주체의 삶을 변화시키고 성장시키는 드문 사례 중 하나로 자리매김된다.

아울러 이 극에서 '소리와 듣기'의 영향력 아래 치유받고 위로받는 지안의 모습은 드라마를 보는 시청자의 모습과 겹쳐진다. 일찍이 W. 옹은 텔레비전을 소리의 세계를 복원하고 말의 청각적 감각을 회복하는 '제2의 구술성'의 매체라 했다. 여기서 '제2의 구술성'은 그 속에 사람들이 참가한다는 신비성을 지니며 현재의 순간을 중히 여긴다는 점에서 원래의 구술성과 유사하다.33 아닌 게 아니라 텔레비전 시청자는 연극, 영화와 달리 '지금·여기'의 삶의 감각을 유지한 채 드라마를 감상한다.34 이렇게 볼 때 TV드라마 시청자들은 '영상이 덧입혀진 소리'35에 몰입하여, 마치 지안이 그러하듯 삶을 위로받고 공감받으며 내일을 살아갈 새 힘을 얻는 것은 아닐까. 그리고 이런 점에서 〈나의 아저씨〉의 엿듣기가 텔레비전 드라마의 은밀한 미학을 드러낸다고 한다면 지나친 과장만은 아닐 것이다.

트라우마를 통한 현실 세계의 구축:
〈작은 아씨들〉

이영석

영화 같은 드라마의 시대

정서경 작가는 2005년 〈친절한 금자씨〉로 이름을 알린 후, 〈싸이보그지만 괜찮아〉(2006), 〈박쥐〉(2009), 〈아가씨〉(2016), 〈헤어질 결심〉(2022) 등 대부분의 작품을 박찬욱 감독과 공동 집필하며 시나리오 작가로서 명성을 쌓아 왔다. 박찬욱 감독은 그들의 공동집필 방법을 이렇게 묘사한다. "컴퓨터 하드는 공유하면서 모니터와 키보드를 각자 한 벌씩 가졌다. 한 사람이 자판을 두드리면 상대 모니터에도 글자가 쳐진다. 감독이 쓰면 작가가 지우고, 작가가 주어를 쓰면 감독이 목적어를 쓰고."[1] 그러므로 그들의 작품은 명실공히 공동의 창작물이라고 볼 수 있다. 그런데 영화적 상상력의 측면에서도 박찬욱은 "여성성, 아이다운 천진함, 동화적인 아름다움, 낙관주의, 설레임, 감사하는 마음, 쓸데없는 공상 같은 것들이 들어 있다면 그건 정서경에게서 비롯한 것이다. 내게서 나온 아이디어들이 없지는 않겠지만 그조차도 정서경에 의해 일깨워진 것"[2]이라고 말한다. 이처럼 집필에서나 영화적 상상력에서나 그들은 실제적으로 하나였다고 볼 수 있다.

그들의 영화에서는 환상성과 이국성, 엽기성을 어렵지 않게 찾아볼 수 있다. 그것은 비현실적인 상황(〈싸이보그지만 괜찮아〉, 〈박쥐〉)에 전제되어 있으며, 내면의 결핍을 엽기적 행동으로 해소하려는 인물들(〈친절한 금자씨〉, 〈헤어질 결심〉)로 구축되어, 상식과 예상을 뛰어넘는 행위와 사건을 통해(〈아가씨〉, 〈헤어질 결심〉) 구성을 얻는다. 그 결과 현실 세계를 보여주는 듯한 시공간적 배경은 이국성과 판타지를 속성으로 하는 미장센을 구축하기 위한 밑그림의 역할을 하게 된다. 여기에 정서경-박찬욱은 강렬한 색채미, 현실과 판타지의 혼종성, 엽기적 그로테스크, 시공간의 상징성을 통해 그들만의 독특한 영화 세계를 구축한다.

그런데 최근 정서경 작가는 〈마더〉(2018, tvN)에 이어 〈작은 아씨들〉 (2022. 9.3-10.9, tvN)로 잇단 드라마 작품을 선보이고 있다. 여기에서도 위와 같은 정서경 작가의 특징은 계속 이어지고 있으며, 첫 작품이자 일본 원작의 리메이크인 〈마더〉에 비해 두 번째 〈작은 아씨들〉에서 그것은 더욱 여실히 드러나고 있다. 그렇다면 이는 정서경 작가의 영화 문법이 텔레비전 드라마 안에 편입된 것일까, 아니면 기존의 드라마 문법에 어떤 근본적인 변화를 야기할 만큼의 내밀한 영향을 미치고 있는 것일까?

전통적으로 '텔레비전 드라마'란 라디오 드라마를 원형으로 시작된, 텔레비전 수상기를 통해 수용되는 대중적 영상물의 한 종류를 뜻했다. 한국에서 텔레비전 드라마는 1950년대 연극을 녹화 상영하는 것으로 시작한 이래, 70여 년의 역사를 통해서 점차 연극, 영화와 변별되는 독자적인 대중 예술 장르로 발돋움해 왔다. 그런데 2010년대 말부터 글로벌 OTT 서비스가 본격화되면서 개방적이며 전방위적인 제공 방식과 향유 방식이 확산되었고, 소비자의 지속적이고 충성도 높은 이용을 견인해 내면서[3] 영상 시리즈물로서의 '드라마'의 제작 규모는 급격히 확대되었다. 이에 따라 제작 방식, 영상물의 형태, 표현 문법에서 많은 변화가 이루어지고 있다. 최근 '영화 같은 드라마'라는 말은 이러한 변화를 직관적으로 표현하고 있다.

구체적으로 그것은 전체와 개별 회차에서의 스토리의 완결성, 작품별 스타일의 구축, 대량 물량과 거대 제작비, 초고화질의 해상도와 미술적 완성도, 영화적 스타일의 콜라주, 그리고 이를 구현하기 위한 영화감독들의 드라마 연출을 뜻한다. 또한 과거에 비해 짧아진 한 회 분량과 전체적으로 줄어든 회차 수 역시 드라마의 영화화 경향의 하나로 이해되고 있다. 이러한 변화에 주목하여 최근, 기존의 '텔레비전 드라마'와는 다른 'OTT 드라마'의 차별성을 규명하려는 연구가 이루어지고 있다. 이들 연구는 소재의 다양성과 다양한 장르로의 확장[4], 감상자의 개별화되고 집중화된 영상 수용 방식[5], 시즌제를 중심으로 한 유연한 회차 구성[6], 시네마적 체험의 도입[7] 등을 그 특징으로 꼽는다.

이들 연구가 OTT 드라마를 중심으로 이루어진 것은 사실이지만, 현재 이러한 변화가 텔레비전 드라마에서도 일반적인 현상으로 자리잡아 가고 있다는 점에 유념할 필요가 있다. 텔레비전 드라마 제작의 경우에도 OTT에서의 상영이 이미 전제되어 있으며, 기존의 텔레비전 드라마와 달라 보였던 OTT 드라마의 특징을 텔레비전 드라마가 흡수하면서 현재 그것은 '드라마' 일반의 경향으로 확산되고 있는 것이다.

이처럼 OTT의 등장과 영화화 경향으로 더 이상 '텔레비전'이라는 매체가 장르 규정에 근본적인 요건이 되지 못하지만, 그럼에도 불구하고 '드라마'는 영화와는 다른, '텔레비전 드라마적'인 무언가를 여전히 지니고 있는 것으로서 지칭되고 있다. 즉 거기에는 오랜 기간 '텔레비전 드라마'를 통해 형성되어 온 근본 속성과 미학이 담겨 있다고 할 수 있는 것이다. 그렇다면 그것은 과연 무엇일까?

정서경 드라마는 이를 고찰하는 데에 유용한 대상이라 할 수 있다. 〈작은 아씨들〉이 "비현실적 요소와 현실적 요소가 섞여 있는 세계"[8]라는 정서경 작가의 말을 참고한다면, 그의 영화 이력이 단순히 외적 스타일이나 기법적 활용이 아니라 영화를 통해 구축해 왔던 장르 인식의 차원에서 이어지고 있다고 볼 수 있기 때문이다. 그가 〈작은 아씨들〉의 미술 파트에 〈박쥐〉, 〈아가씨〉, 〈헤어질 결심〉에서 함께 했던 류성희 미술감독을 '꼭 필요로 했다'[9]는 점은 그가 드라마에서 구축한 세계의 이미지가 영화의 그것과 크게 다르지 않다는 것을 시사한다. 한편 정서경 작가는 드라마를 '모두가 한 사람이 되어 밤에 꾸는 꿈'으로, 영화를 '한 사람의 깊은 꿈'으로 비유하여 양자를 분명하게 구분하는 나름의 인식을 보여준다.[10] 즉, 그가 드라마에 영화적 상상력을 도입했다 하더라도 자신이 직관적으로 파악한 드라마의 장르적 속성을 분명하게 의식하면서 이를 창작에 반영했다고 볼 수 있는 것이다.

그렇다면 그의 드라마는 단순히 외적 미장센의 측면에서보다 더욱 내밀하게, 영화와 드라마의 장르적 속성이 공존 혹은 길항했을 가능성이 높다. 만약 그 결과 정서경 드라마가 여전히 '드라마적'인 것으로 드러난다면, 이에 대한 분석은 영화적 스타일이 주도하고 있는 현재, 무엇이 드라마의 근본 속성으로서 작동하고 있는지를 밝히는 일이 될 것이다. 이를 정서경의 영화적 스타일과 모티프가 선명히 이어지고 있는 〈작은 아씨들〉을 통해 살펴보자.

텔레비전 드라마의 현실 재현

양승국에 따르면 텔레비전 드라마는 현실 세계의 재현 형식이다.[11] 그는 이때의 현실 세계를 후설의 '생활 세계(Lebenswelt)'의 개념을 통해 이해해 볼 것을 제안한다.[12] 후설에 따르면 생활 세계란 우리가 "언제나 그 속에서 살아가고 있는 세계"[13]이며, "개별적인 모든 경험의 토대로서, 경험의 세계로서의 모든 논리적 작업 수행에 앞서서 직접적으로 미리 주어져 있는 것으로서의 세계"[14]이다. 어쩌면 우리는 생활 세계 전체 즉, "가장 포괄적인 의미에서 서로 이해 가능한 공동체 속에 존재하는 '인류에 대한 생활 세계'"[15] 전체를 모두 알 수 없을지도 모른다. 하지만 우리는 일상을 살아가는 자연인으로서 사람과 사건, 그 밖에 무수한 것을 만나며 나름대로 자신을 둘러싼 세계의 '사물들의 총체'를 인식해 간다.

또한 일상을 살아가는 사람들의 "생활 세계가 그때마다 변화하여 상대적일 수 있음에도 불구하고 모든 생활 세계는 나름대로의 시간적인 구조와 공간적인 구조를 가지고 있는 공간적이며 시간적인 세계"[16]라고 말할 수 있다. 왜냐하면 그 생활 세계 역시 모든 것에 앞서서 주어져 있는 전체 생활 세계에 기반하고 있기 때문이다. 그런 이유로 일상의 생활 세계 안에서 내가 하는 행위는 다른 사람에게도 이해 가능한 것으로 수용될 수 있다. 텔레비전 드라마가 그리는 현실 세계란 이렇듯 일상을 살아가는 사람들이 공유하고 있다고 느끼는 '사물의 총체'로서의 세계라 할 수 있다.

현실 세계와의 관계에서 영화와 텔레비전 드라마는 각기 다른 지향성을 가진다. 영화의 경우 이미지와 사운드의 운동을 통해 관객들이 현실 세계와는 다른 '영화적' 세계를 발견할 것을 지향한다. 영화에서 관객은 자신이 보고 있는 화면의 공간 구조 밖으로 나갈 수 없다. 대신 카메라가 움직인다.[17] 그렇기에 영화에서는 카메라가 본 세계를 관객이 의심 없이 쫓아가도록 하기 위해 다각도의 편집이 이루어진다. 편집은 카메라의 눈을 통해 본 세계에 운동성, 속도감, 깊이, 지속성 등을 부여하여 하나의 작품 속 세계를 구성해 낸다. 그러므로 영화의 시각적 리듬이 매우 복합적인 것은 당연한 일이라 할 수 있다. "영화에는 공간에 시간 차원이 복합되어 있으며 음향과 영상의 상호관계가 부가되어 이 모든 요소가 마침내 정적이고 불변하는 것이 아닌 연속 동작 속에 혼합되어"[18] 있는 것이다.

물론 텔레비전 드라마의 화면 역시 인위적으로 구성된 것들이다. 그런데 텔레비전 드라마는 카메라 눈의 운동성보다 카메라의 위치 바꿈을 통한 쇼트 구성을 기본 문법으로 삼는다는 점에서 영화와는 큰 차이를 보인다. 최근 영화적 기법이 텔레비전 드라마에 대거 수용되면서 그 경계가 흐려지기는 했으나 인물 간의 대화, 그리고 이를 시각적으로 표현하기 위한 쇼트들은 여전히 텔레비전 드라마의 중심을 이룬다. 그리고 이 쇼트들은 일상생활에서 경험하는 시선 변화와 그 각도에 자연스럽게 부합하도록 구성된다. 또한 드라마의 시간은 시청자의 물리적 시간과 거의 동일한 속도로 진행된다. 그것은 텔레비전 드라마가 있는 그대로의 일상적 세계를 보여주는 것을 자신의 기본 문법으로 삼기 때문이다.[19] 특별한 시공간인 영화관에서 태어난 영화와 달리 텔레비전이라는, 가정의 생활 환경 내의 전자기기이자 매체에 의해 가능해진 텔레비전 드라마는 수용자의 일상 세계와 동떨어지지 않은 '현실 세계'의 재현을 지향한다.

요컨대, 영화가 현실 세계를 배경으로 하더라도 이를 넘어서는 상상의 세계를 지향한다면, 텔레비전 드라마는 오히려 반대 방향으로 극적 상상의 내용을 '지금·여기', 시청자들의 현실 세계의 일로 공유하고자 하는 것이다. 그러므로 수용자가 영화에서 기대하는 것은 영화라는 '특별한 형식'을 빌어 일상의 체험을 넘어서는 것이며, 텔레비전 드라마에서 기대하는 것은 일상 너머의 일이라 하더라도 일상적 '현실 세계의 형식'으로 향유하는 것이라 할 수 있다.

현존재로서 시청자와 등장인물

텔레비전 드라마는 현실 세계 내 존재의 이야기를 시청각적 방법으로 '들려주는' 것을 자신의 기본 형식으로 삼는다. 라디오 드라마를 모태로 생겨난 텔레비전 드라마는 근본적으로 대사를 중심으로 하는 청각적 매체로서 시청자의 일상 세계 내에서 이루어지는 타자의 대화이자 이야기라 할 수 있는 것이다. 영화에서는 다양한 구도의 카메라 워크와 이를 극대화하는 편집이 영화 진행을 주도하지만, 텔레비전 드라마에서는 인물의 얼굴, 눈, 그리고 대사의 교차가 실제적인 진행 형식이라 할 수 있다. 텔레비전 드라마에서 클로즈업이 많은 것은 등장인물의 '시청자를 향한 자기 이야기하기'의 시각화이자, 효과적인 구현 전략인 것이다. 실로 인물의 얼굴이 "관계와 심리적 거리, 서사까지 주도"[20]하기에, 드라마의 핵심은 "인물의 설정과 표현 방법"[21]에 있다 해도 과언이 아니다.

그런데 일상 속 시청이라는 향유 방식, 현실 세계의 재현이라는 양식적 속성이 모두 시청자의 일상 세계를 강하게 지향하므로, 텔레비전 드라마의 인물에게는 강한 현실성이 요청된다. 물론 모든 대중적 오락물이 그러하듯, 평범한 일상성은 흥미의 대상이 되지 못하며 특별한 사건과 그 주인공으로서의 개성 있는 인물의 구축은 필수적이다. 그러나 텔레비전 드라마는 이러한 '드라마틱'한 인물과 사건을 부단히 시청자가 살아가는 일상의 현실 세계로 견인해 낸다.

그런 점에서 텔레비전 드라마는 등장인물을 "영상 이미지의 빈 존재가 아니라 나와 '함께'하는 현존재"[22]로 구성해 낸다고 할 수 있다. 우리 인간은 다른 인간 존재뿐만 아니라 다양한 유형의 존재에 대해서 나름대로 이해를 지니면서 살아간다. 그런 점에서 인간은 자신의 내부 세계에 갇혀 살아가는 것이 아니라, 다양한 존재에 근원적으로 열려 있다. "'현존재(Dasein)'란 표현에서 '현(現)'에 해당하는 독일어 'da'는 바로 우리 인간이 어떤 특정한 상황에서 다양한 유형의 존재에 대해 열려 있는 상태를 지칭하는 표현이다."[23] 그래서 하이데거는 "현존재는 본질상 공동존재"[24]라고 말한다. '공동존재'란, 하나의 현존재에는 이미 다른 현존재와의 관계가 포함되어 있으며 서로가 서로를 동시에 구성하고 있다는 것을 의미한다. "이렇게 되면 타인들에 대한 존재 관계란 자기 자신 스스로에게 관계하는 각각의 자기 존재를 '또 다른 타인 안에' 투사하는 것이 된다. 그러므로 타인은 자기의 복제이다."[25]

이러한 하이데거의 설명을 적용한다면, 시청자는 텔레비전 드라마의 세계를 자신의 주위 세계의 확장으로 발견하고 그 안의 인물들을 자신과 같은 세계-내-존재들로 바라보며 그에게 자신을 투사한다고 볼 수 있을 것이다. 이렇게 드라마의 세계와 시청자의 세계는 서로를 향해 열려 있는 상태로 발전하게 되며, 이런 관계가 성립, 반복, 강화된다면, 시청자와 인물은 상호적인 '현존재'가 되는 것이다.

그렇다면, 이것이 가능하기 위해 본질적으로 극적 구성물에 지나지 않는 등장 인물에게 어떤 속성을 부여해야 할까? 그것은 시청자가 자신을 하나의 현존재로 여기게 되는 근본 이유, 바로 '기억'이라 할 수 있다. 본질적으로 인간에게는 '지금'만이 주어져 있고, 직전의 지금에 대한 기억이 끊임없이 현재로 투사되며 시간을 의식하는 것이라면, 기억은 시간을 인식하는 핵심적인 의식 작용이다.[26] 이러한 기억을 통해서 한 존재는 시간성을 얻게 되며, 비록 긴 시간의 흐름 속에서 많은 변화를 겪는다 하더라도 자신을, 그리고 자신이 바라보는 세계를 동일한 것으로 여기게 되는 것이다. 일상적 시간성의 세계인 텔레비전 드라마에서 등장 인물에게 요구되는 것 또한 무엇보다 이것, 즉 일련의 기억인 것이다.

텔레비전 드라마에서 '기억의 주체로서의 인물'이 중요한 이유는 그것이 시청자의 수용 및 반응에 직결되기 때문이다. 자신과 다를 바 없다고 여겨지는 인물들을 바라보며 시청자는 자신의 기억 및 트라우마를 환기하게 되고, 때로 그것을 인물에게 투사한다. "텔레비전이 보여주는 일상적 세계는 우리가 경험적으로 체화한(embodied) 내용을 우리 내에 지니고(embedded) 있다가 발현하는 은유와 환유의 세계이다."[27] 연속극의 형태를 통해 되풀이 제시되는 삶의 은유와 환유를 보면서 시청자들은 등장인물의 삶의 여정에 자신의 그것을 포개어 본다. 매회 되풀이 등장하는 인물들을 마주하며 반복 학습한 결과 시청자의 기억 속에는 인물의 성격을 인지하기 위한 틀이자 모형으로서의 '정신 공간(mental space)'[28]이 형성되고, 그것이 자신의 의식적/무의식적 기억과 관련을 맺을 때 관객은 공감과 감정이입이라는 방식으로 인물에 반응한다. 그것이 연속적 시리즈물이라는 긴 길이의 형식에도 불구하고 텔레비전 드라마가 시청자들의 관심과 반응을 유발, 유지할 수 있는 이유이다. 그런 점에서 텔레비전 드라마는 인물의 기억의 형식이자, 시청자의 자기 기억에 의한 공감의 형식이라 할 수 있다.[29]

세 가지 세계의 공존

〈작은 아씨들〉은 옥탑에서 사는 가난한 세 자매가 막대한 돈을 얻게 되는 것을 기본 내용으로 한다. 이 과정에서 최고위층 집안의 엽기적인 살인 행위가 드러나고, 그것이 신비한 난초에 의한 것임이 밝혀진다. 일확천금의 획득, 시청자의 일상적 세계와는 전혀 다른 세계의 상식적으로 납득하기 어려운 인물들, 유희로서의 살인, 난초의 마력 등 이 드라마는 비현실적 요소들로 가득하다. 그것을 현실 세계에서 충분히 가능한 일로 그려내는 것에 이 드라마의 성패가 있다고 해도 과언이 아니다. 이를 위해 이 드라마는 가장 평범한 일상의 세계를 구축하고, 이어 권력과 부를 향한 집착만이 지배하는 욕망의 세계를 그것에 병치시킨다. 그리고 신비한 힘을 발휘하는 난초의 초현실적 세계를 전체 이야기의 기반으로 삼아 사건의 최초 동기이자 마무리에 위치시킨다.

전체 드라마는 이들의 상호작용을 통해 전개되기에, 시청자는 자신이 속한 일상적 생활 세계, 정서경-류성희 스타일이 십분 발휘된 영화적 기호의 세계, 그리고 그 실재성을 의심하게 되는 상징적 오브제의 세계를 오가게 된다. 〈작은 아씨들〉은 전체 미장센의 차원에서 환상성을 지닌 미술, 영화적 카메라 워크와 편집에 기대어 드라마와 영화의 경계를 허물고 정서경식의 일관된 스타일을 보여주고자 노력했지만 위의 세 가지 세계에 따라 일정한 편차가 있으며, 이는 재현 대상으로서 상이한 세 개의 세계가 공존하고 있다는 점에 기인한다.

이러한 상황에서 작품 전체가 '현실 세계'의 일로 받아들여지기 위해서는 세 가지 세계의 속성이 현실의 지평 위에서 통합될 필요가 있다. 먼저 현실적인 텔레비전 드라마의 세계가 시청자들에게 수용의 지평을 제공한다면, 영화적 세계는 그 지평 안에서 구성되어야 하고, 상징적 초현실의 세계는 현실의 인물들과 접속되어야 한다. 〈작은 아씨들〉은 이 점에서 일관된 방법을 보인다. 그것은 바로 기억과 트라우마를 통해 세 가지 세계와 관련된 인물들의 현재의 욕구와 행동을 구축하는 것이다.

부채 의식과 인정 욕구

〈작은 아씨들〉에서 전통적인 텔레비전 드라마의 세계를 대표하는 인물은 세 자매의 큰언니 오인주(김고은 분)이다. 그에게는 텔레비전 드라마의 '현실적' 지평을 마련하며 시청자들이 드라마의 서사를 따라오게 하는 역할이 맡겨진다. 즉, '드라마적 현실성'이 요구되는 것이다. 일견 모순된 표현이지만 일상의 평범함을 지녔으되 거액을 손에 넣게 되는 횡재 모티프를 힘 있게 전개할 수 있어야 한다는 뜻으로 이해할 수 있을 것이다. 오인주의 평범함은 본인의 입을 통해 "2년제 회계학과에, 흙수저, 그리고 이혼녀"(1화)로 소개된다. 그러나 그것으로 인해 자동적으로 시청자와 공감대가 형성되는 것은 아니다. 시청자에게 공감의 초점이 되는 현실성은 가족들, 특히 동생들에 대한 책임감과 부채 의식이다. 그런데 그 이면에는 어린아이일 때 급작스럽게 죽어버린 동생, 셋째 인선의 죽음의 트라우마가 담겨 있다.

제3화에서 인선의 죽음과 관련된 오인주의 회상 장면은 길고 강력한 이미지로서, 자아를 찾는 요가의 심호흡 속에서 재발견하는 것으로 그려져 그의 가장 안쪽에 자리 잡은 강력한 트라우마로 제시된다. 이 트라우마는 지금 남아 있는 동생들이 앞서 죽어버린 셋째와 같은 일을 겪게 하지 않겠다는 의지로 바뀌어 위기를 마주하거나, 나약해지거나, 윤리적 갈등에 빠질 때에 어김없이 작동한다. 오인주는 지독한 가난을 인선의 죽음의 원인으로 이해하기에, 가족애는 쉽게 부를 향한 욕망과 연결된다.

그런데 가족을 위한다는 것으로 부를 향한 오인주의 욕망이 모두 해명되지는 않는다. 텔레비전 드라마가 시청자의 일상의 삶과 기억에 대한 "개인적인 은유의 체계"[30]라면 오인주의 욕망은 시청자의 그것과 닮아있어야 한다. 이 지점에서 정서경 작가는 오인주에게 더욱 근본적인 욕구를 부여한다.

드라마의 전개 과정에서 오인주는 가난했기 때문에 하지 못한 것들과, 돈이 생기면 하고 싶은 것들을 되풀이하여 언급한다. 그것은 생일잔치, 고급스런 외식으로부터 시작해서 최종적으로 아파트 구매에 이른다. 여러 역경을 겪지만, 그의 꿈은 모두 실현된다. 특히 오인주가 300억을 받게 되는 결말은 서민들의 복권 당첨의 로망을 대변한다.

그런데 시청자가 〈작은 아씨들〉을 보며 은근히 기대하던 바가 주인공의 돈의 획득으로 모두 이루어지는 것일까? 사실상 오인주의 하이라이트는 숨은 갑부로서 싱가포르의 난초 대회에 참가해 경매에 나서는 대목에 있다. 왜냐하면 이 과정에서 그는 존재감이 없는 그저 보통의 사람에서 '세계에서 가장 중요한 사람'으로 아찔한 신분 상승을 경험하기 때문이다.

특별한 존재감 없이 주어진 일에 충실하게 살아가는 것이 대부분의 시청자일 것이지만, 강력한 인정 욕구 또한 누구나 보편적으로 가지고 있는 기본적인 욕구의 하나라면[31] 시청자들의 진정한 로망은 거액의 돈에 있기보다, 자신의 존재가 가치 있는 것으로 인정받는 것에 더욱 가깝다. 이러한 로망을 〈작은 아씨들〉은 싱가포르라는 이국적 배경 속에서 모험의 과정을 통해 실현해 낸다.

하지만 싱가포르에서의 신분 상승이란 원상아(엄지원 분)의 기획에 의한 가짜였으며 그 결과 신기루처럼 사라져 버린다. 그렇다면 시청자의 인정 욕구는 여기에서 멈추어야 하는 것일까? 이 지점에서 인선의 죽음이 오인주에게 남긴 트라우마에 대한 재음미가 필요하다. 그것은 가난으로 표상되지만, 그 진정한 내용은 가족의 죽음을 막지 못한 자신의 무능력과 무력감에 있다고 할 수 있다. 이 무기력함의 반대쪽 끝에 문제를 해결해 내는 자신에 대한 추구가 있다. 오인주가 진화영의 죽음의 이유를 끝까지 해명하려고 하는 것은 과거에 그러지 못했던 자기 무능과의 싸움이라 할 수 있다. 그러므로 이 드라마는 전체적으로 오인주가 무력감의 트라우마를 극복하고 집요한 문제 해결 의지를 발휘하는 성장 서사를 핵심으로 한다. 그리고 그것은 자신의 능력을 발휘하여 당면한 현실의 문제를 해결하고자 하는 시청자들의 자기 인정의 욕구에 맞닿아 있다.

애정결핍과 죄의식

오인주와 그의 가족이 가장 평범한 사람들의 일상과 인정 욕구를 대변한다면, 그 반대편에 원상아의 가족이 있다. 그들은 부와 권력의 소유자이며, 위태로운 정신의 캐릭터들로서 상식적 시선으로는 정상으로 볼 수 없는 인물들이다. 물론 우리는 현실 세계에서 위선적인 정치인, 정신적 공황을 낭비벽으로 해소하려는 갑부들, 그리고 정서적 안정감을 상실한 그들의 자녀들을 자주 발견한다. 그런 점에서 그들은 일차적으로 '현실 세계'의 인물들이라 할 수 있다. 그러나 다른 드라마의 권력층과는 달리 〈작은 아씨들〉에서 그들이 한껏 더 멀게 느껴지는 이유는 무엇인가?

그 일차적 이유는 미장센에 있다. 오인주가 속한 생활 세계와는 달리, 원상아의 가정은 수많은 방들로 이루어진 미궁의 세계, 두꺼운 문들로 상징되는 단절과 감금의 세계, 방마다 대조적인 색감의 벽지들이 암시하는 분열증적 세계이다. 이러한 위태로운 정신세계를 표현하는 데에 류성희 미술감독의 스타일이 한껏 발휘되고 있다. 즉 원상아와 그의 가족들은 물질적 현실 세계라기보다는 가상의 정신세계의 존재들인 셈이다.

그런데 이들이 생활 세계 존재들로 여겨지지 않는 더욱 내밀한 이유는 이들이 관계 맺는 방식이 현실적 의사소통의 지평을 벗어나 있기 때문이다. 하버마스에 따르면 의사소통의 행위가 가능하기 위해서는 참여자들이 공유하고 있는 '생활 세계'가 의사소통 행위의 배경이 되어야 한다. 왜냐하면, "생활 세계는 참여자가 하나의 객관적 세계든, 공통적 사회적 세계든, 혹은 주어진 주관적 세계의 어떤 것에 대하여 동의하거나 토론함으로써 이해의 도달 과정에 지평을 형성"[32]하기 때문이다.

오인주가 돈과 관련된 정보의 공유에서(진화영), 문제 해결의 방식에서(최도일), 돈과 관련된 윤리에서(오인경), 가족에 대한 의무에서(오인혜) 갈등을 빚더라도 그들의 대화는 현 상황에 대한 공통의 이해를 바탕으로 한다. 그러나 이와 달리 원상아의 가족들은 자신의 입장에서 서로를 대할 뿐 사안에 대한 공통의 이해를 형성하지 않는다. 원상아와 박재상의 경우 '원상아의 권력 획득'으로 공통의 이해를 가진 듯이 보이지만, 진정한 의미에서 '가정'이라는 생활 세계를 공유하지 못하고 있으며, 특히 '부부'의 관계에서는 그 격차가 더욱 심하다. 그들은 서로를, 획득의 대상으로서의 아내와 하수인으로서의 남편으로 대하며 근본적인 시각차를 보이고 있는 것이다. 그러므로 그들의 관계는 극단적 싸움과 위선적 봉합, 정신적 공황과 약에 의한 안정을 오갈 뿐이다.

비록 현실 세계의 사람들로 여겨지기 어렵지만, 이들이 드라마에서 하는 역할은 결코 작지 않다. 시청자의 선정적 호기심을 끌고 가는 역할을 하기 때문이다. 물론 그 정점에 있는 것은 단연 원상아이다. 우선 그는 어느 한순간도 진실된 발화를 하지 않는다. 그가 다른 사람 앞에서 하는 모든 행위는 자타 모두에 의해 공히 '연기'로 평가된다.

여기에 의상이 특별한 힘을 지닌 존재로서의 원상아를 시각적으로 구현한다. 고가의, 다소 천박한, 사치스런 의상도 있으나, 다른 일련의 의상은 그에게 동화 속 마법적 힘을 지닌 존재의 이미지를 부여한다. 이러한 이미지는 난초의 주인이라는 점, 나아가 난초 원액을 추출할 수 있는 비법을 알고 있는 유일한 사람이라는 점에서 강화된다. 12화에서 그가 화학 기구를 다루며 살인을 준비하는 장면은 그에게 사악한 연금술사 내지 마법사의 이미지를 부여한다.

하지만 그의 초현실적 이미지를 완성하는 것은 그가 엽기적 살인자라는 점이다. 그는 살인을 자신의 무대미술의 작품 활동으로 여기며 유희로 살인을 저지른다. 이렇게 그는 현실적 지평의 너머에 있는, 상식적인 방법으로는 대응할 수 없는 강력한 빌런의 역할을 수행한다.

그가 드라마를 흥미진진하게 전개하는 데에 큰 역할을 하는 것은 분명하지만, 이로 인해 한편으로는 현실적 서사가 중단되고 정서경의 영화적 상상력이 자주 개입하는 현상을 빚는 것도 사실이다. 그렇다면 〈작은 아씨들〉은 텔레비전 드라마의 세계와 영화적 세계가 공존하며, 서로 필요한 서사를 제공하는 드라마인 것일까? 정서경은 원상아 역시 현실 세계의 인물로 포괄해 내는데, 그것 역시 트라우마의 부여를 통해서 이루어진다.

작품이 말미를 향해 가면서, 원상아의 엽기성의 원인이 드러나기 시작한다. 전체 12부작인 〈작은 아씨들〉에서 9화에 이르러서야 '닫힌 방'에서 지내야만 했던 원상아 어머니의 과거사가 제시되며, 마지막회에서 어머니의 죽음의 진상과 원상아의 죄의식이 그려진다. 그리고 그가 자행한 엽기적 살인이 유희가 아니라 어머니를 죽게 한 것에 대한 자기 처벌이었다는 것이 분명해진다. 원상아는 이 대목에서 〈작은 아씨들〉을 통틀어 거의 유일하게 인간적인 약점을 드러내는데, 그 이유는 가장 내밀한 트라우마가 건드려졌기 때문이다. 그의 인간적 면모는 일차적으로 어떠한 가식이나 '연기'의 목적 없이 어머니에 대한 애증의 일차적인 감정을 표출한다는 점에서 드러나며, 더욱 본질적으로는 살해 직후 공황장애에 시달리는 모습을 통해 제시된다. 여기에서 원상아는 이전의 마녀의 이미지로부터, 어머니한테 버림받은 결핍과 함께 또한 동시에 어머니를 향한 죄의식이라는 이중적 고통에 시달리며 살아 온 불쌍한 딸의 이미지로 변환된다.

비록 마지막회, 마지막 대목에 이르러서야 분명히 표면화되지만 그의 트라우마는 전체 드라마의 중반부터 일련의 맥락을 형성하며 꾸준히 제시되어 왔다. 붉은 구두를 신은 시체의 모티프가 원상아의 집안 어딘가 있다는 사실에서(6화), 대학 졸업 무대미술 작품 '닫힌 방'에서(7화), 자신의 고통의 방을 다시 안 열었다는 원상아 본인의 말에서(7화), 모든 사진에서 어머니를 오려냈다는 점에서(9화), 그리고 오빠의 죽음을 방치하고도 눈물을 흘리는 모습에서(10화) 그의 내면에 풀지 못한 숙제가 있으며 그것은 보통의 정신으로는 감당하기 어려운 것이라는 점이 반복적으로 암시되는 것이다. 이러한 장면들은 원상아의 비현실성에 균열을 내며, 순간이나마 그를 인간적 고뇌가 있는 존재로, 즉 현실 세계의 존재로 끌어내리는 역할을 한다. 마지막 순간, 그녀의 트라우마의 실체가 밝혀질 때, 이러한 편린들이 모여 그녀의 전체 성격을 '현실적'으로 구성하게 된다.

그럼에도 불구하고 시청자들이 원상아에게 공감하기는 어렵다. 아무리 극도로 고통스러운 트라우마를 통해 인간적 면모를 부여했다 하더라도, 권력자의 딸로 비밀 조직을 승계했다는 것, 6년이 넘는 기간 동안 갇혀 생활한 어머니가 있다는 것, 자신이 그 죽음에 원인이 되었다는 것, 살해를 통해 자신을 처벌한다는 것은 여전히 일상생활의 영역에 속하지 않은 선정적, 엽기적 내용들이다. 그러므로 그에게 부여된 트라우마는 시청자의 '정신 공간'에 '가족에 대한 죄의식'이라는 최소한의 접점만을 제공하게 된다. 그 결과 〈작은 아씨들〉에서 원상아의 세계는 '현실 세계'의 테두리 안에 가까스로 포괄되지만, 시청자의 감각에는 여전히 영화적인 것으로 지각된다. 그러나 어쩌면 영화라면 불필요했을 이러한 현실 세계로의 포괄이 이루어졌다는 점은, '현실 세계'의 지평을 시청자들의 수용의 지반으로 삼는 것이 텔레비전 드라마의 장르적 속성임을 재확인해 준다.

박탈감과 신분 상승의 욕구

〈작은 아씨들〉에서 가장 비현실적인 요소는 이 모든 사건의 발단과 결말에 위치하는 것, 즉 '베트남의 유령'이라는 난초이다. 이 난초의 향기를 맡으면 죽음을 두려워하지 않게 되며, 이러한 점을 이용해 자살 혹은 살해 명령을 내릴 수 있을 정도로 그 힘은 막강하다.

아마도 시청자가 큰 놀라움과 함께 난초의 거대한 힘을 발견하게 되는 사건은 박재상의 자살일 것이다. 얼룩진 부정부패, 원상우를 살해한 그의 잔인성이 폭로되었음에도 불구하고 서울시장 투표 출구조사에서 그는 압도적 표차로 서울시장 당선이 확실시된다. 하지만 그 사실을 확인한 후 그는 돌연 자살을 선택한다. 시청자는 그의 목표를 서울시장에 이어 대통령이 되는 것으로 이해하고 있기에 그의 자살은 놀라운 반전으로 다가온다. 그렇기에 그의 자살이 원상아가 난초를 통해 내린 명령이라는 것을 알게 될 때, 난초의 힘에 대한 공포를 실감하게 되는 것이다.

이렇듯 강력한 힘을 지닌 난초를 어떤 지평에 놓는가는 꽤 까다로운 문제라 할 수 있다. 난초에 환각의 힘이 있다 하더라도, 그것이 향기를 맡고 자살을 결행하는 행동까지 강제하는 것은 아니다. 실제로 신현민 이사는 난초의 명령에서 도망가려다 위장된 자동차 사고로 처단된다. 그러므로 난초의 환각적 효과보다는 배신자를 처단하는 정란회(情蘭會)라는 비밀 결사의 성격이 중요해진다. 그들은 '난초에 귀신 들린 사람들'(8화)로서, '보이지 않는 전쟁을 수행'하며(12화), 결국 '모든 것을 차지하려는'(11화) 사람들이다. 부와 권력을 향한 집착의 화신들로서 이들은 약탈 욕망의 살아 있는 메타포들이다.

이렇게 보면, 부도덕할지언정 현실 사회 안에서의 쟁취를 추구하는 정란회는 그저 신비한 힘을 지닌 난초보다 더욱 현실적인 맥락을 갖추고 있다고 할 수 있다. 그러므로 난초의 출처는 정란회의 실체에 비해 상대적으로 덜 중요하다. 그것은 '욕망' 자체를 상징하므로, 권력 지향적인 누군가가 어떤 우연한 기회에 얻게 된 것으로 처리되어도 〈작은 아씨들〉의 핵심 플롯은 큰 변동이 없는 것이다. 하지만 그렇게 된다면 난초는 오인주의 일상 세계와 원상아의 인간적 트라우마가 조성하는 현실성과는 유리된 채 상징적 차원의 소재에 머무르게 된다. 그리고 난초에 관한 한 〈작은 아씨들〉은 욕망에 대한 은유적 성격의 드라마가 될 가능성이 높다. 텔레비전 드라마가 시청자의 기억과 인생 여정에 관한 은유이기도 하지만, 현재 현실의 환유이기도 하다면[33], 난초 역시 현실의 환유로서의 성격을 부여받을 필요가 있다. 여기에서 도입된 현실적 맥락이 곧 역사이다.

난초 '베트남의 유령'은 베트남전 참전 병사들이 정글을 헤매다 죽음을 맞이하려던 순간 발견한 것으로 그려져 있다. 그들은 국가에 의해 무리한 작전에 내몰렸을 뿐만 아니라 작전 중 사망하도록 계획된 처지였다. 그들에게 '베트남의 유령'은 죽음의 공포를 잊게 하는 것은 물론, 국가로부터 버림받은 자신들을 지배받는 자로부터 지배하는 자로 여기게끔 해 주는 힘이자

'정신'이었다. 이러한 난초를 중심으로 탄생한 정란회에 대해 정서경 작가는 기자인 오인경의 입을 통해 "국가가 자신을 배신했다고 믿는 사람들의 비뚤어진 욕망, 원한, 이념"(12화)의 결과물이라는 굴곡진 근대사의 맥락을 부여한다. 그렇게 판타지적 소재인 난초는 역사라는 현실적 지평을 얻는다.

난초와 정란회가 국가가 개인에게 저질렀던 근대사의 폭력이라는 현실적 맥락을 부여받았지만, 그것으로 시청자들이 기대하는 현실감이 모두 충족된다고 보기는 어렵다. 현실적 맥락에서 존재 가능한 것으로서의 개연성보다는, "시청자의 욕망을 반영하는 것이 텔레비전 드라마 판타지의 성격"[34]이기 때문이다. 그런 점에서 난초가 박탈된 기회에 대한 보상, 혹은 신분 상승의 '기회'의 의미를 갖는다는 점이 중요하다. 난초를 '아버지 나무'에 거는 사람들은 모두 자신에게 공정한 기회가 주어지지 않았다고 생각하는 사람들이다. 그런데 이들이 느끼는 불공정의 내용은 기회를 잃은 것이 아니라, 애초부터 기회가 주어진 적이 없다는 근원적 박탈감이다. 원기선 장군의 운전사 아들인 박재상, 힘없이 언론사에서 쫓겨난 기자 조한규, 기회를 얻지 못하는 아이들을 바라본 교장 장사평, 그리고 오인주의 동생 오인혜까지, 그들의 박탈감은 '나에게(그에게) 이런 아버지가 있었다면'이라는 가정으로 표현된다.

한번도 가져본 적이 없는 것에 대한 가정법을 통한 획득. 그것이 텔레비전 드라마가 시청자를 끌어들이는 공감의 방법론이 아니겠는가. 난초는 비현실적이지만, 신분 상승의 기회는 너무나 절실한 현실적인 소망인 셈이다. 그렇게 〈작은 아씨들〉은 난초를 통해서 시청자들의 박탈된 기회의 기억을, 그 트라우마를 건드림으로써, 현실 세계의 드라마를 완성한다.

트라우마를 통한 현실적 드라마의 주조

〈작은 아씨들〉은 오인주로 대표되는 일상의 세계, 원상아가 대표하는 정신적 위태로움의 세계, 그리고 난초 '베트남의 유령'이 대표하는 상징적 힘의 세계로 주조되어 있다고 할 수 있다. 이것은 각각 전통적인 텔레비전 드라마의 현실 재현, 특별한 미장센으로 표현되는 영화적 기호, 그리고 초현실적인 오브제와 조응하고 있다. 그런데 정서경 작가는 이를 '텔레비전 드라마'의 세계로 포괄해 내고 있다. 그 방법은 이 드라마를 보는 시청자들이 이들 세 가지 세계와 '현실적' 접점을 찾도록 하는 것이다. 이를 위해 시청자들에게 잠재되어 있는 가족 및 현실 사회에 관련된 기억과 트라우마를 각 세계에 관련짓는다. 오인주를 통해서는 무력감의 극복과 현실 타개의 의지를, 원상아를 통해서는 사랑의 결핍과 가족에 대한 죄의식을, 베트남의 유령을 통해서는 박탈감과 신분 상승의 소망을 환기하는 것이다.

그런데 이들은 드라마 진행에서 각기 다른 역할을 하므로 그것이 제시되는 방법에서도 일정한 차이를 보인다. 오인주의 경우 진화영 살인 사건의 진실을 추적하는 역할을 하며 그것이 전체 드라마의 중심 플롯이 된다. 그러므로 그의 트라우마는 초반인 3회차에 일찍부터 제시되어 오인주라는 인물의 이후 행동을 전개시키는 근본 동력으로 작용한다.

이와는 정반대로 원상아는 그 실체를 마지막까지 노출하지 않으면서 드라마 전체에 궁금증과 호기심을 유지하는 역할을 한다. 〈작은 아씨들〉은 원상아가 감추고 있는 기억과 트라우마의 실체를 밝혀가는 것을 전체 과정으로 삼음으로써 복합적인 인물 구축에 성공한다. 그것이 밝혀지는 지점에서 원상아가 보였던 모순된 성격, 급변하는 태도와 비상식적 행위들에 설득력 있는 설명이 제공되며, 그것이 가족과 관련된 트라우마였다는 점에서 현실 세계의 인물로 포괄되는 것이다.

난초 '베트남의 유령'은 제1화 진화영의 죽음에서부터 살인의 장소에는 어김없이 등장함으로써 전체 드라마에서 가장 강력한 힘을 지닌 존재로 제시된다. 난초의 등장은 신분 상승을 보장하는 거대 권력의 약속을 상징하는 것에 이어지고, 베트남전과 개발독재라는 한국 근대사를 정란회의 시대적 배경으로 삼으며 마지막회까지 되풀이된다. 즉 난초의 상징성은 신비한 마법에서 시작해, 왜곡된 욕망의 비밀 결사를 거쳐, 시대의 은유로까지 확대되고 있는 것이다. 하지만 그것이 가장 큰 범주로까지 확장되는 것은 시청자의 박탈감과 신분 상승의 로망을 환기하며 '기회의 공정'과 관련된 공정 담론에 이를 때이다. 그런 점에서 난초 역시 현실 세계의 이야기 형성에 참여하고 있다.

이처럼 상이한 세계 지평에도 불구하고 그것에 속한 인물들은 서로 맞물리며 전체 드라마를 힘 있게 전개한다. 그리고 그것을 현실 세계의 일로 위치시키기 위해, 〈작은 아씨들〉은 드라마 속 기억과 트라우마를 시청자의 그것에 연결하고 있다.

결핍된 일상과 '죽음을 향한 존재'의 미학:
〈디어 마이 프렌즈〉

Sun Fengqin(손봉금)

    21세기에는 한국드라마가 발전함에 따라 정치, 직장 및 사회생활의 다양하고 민감한 이슈를 다룬 작품들이 속속 등장하고 있다. 이와 같은 작품들은 현실적이거나 사회 부조리와 관련된 이야기는 물론이고, 휴머니즘과 종교에 관한 이야기에 이르기까지 다양한 소재를 드라마 속에 통합시키고 있으며, 자연스럽게 작품을 둘러싼 사상의 깊이도 확보할 수 있었다. 그중에서 노인(들)을 중심으로 한 노년드라마는 점차 심각해지고 있는 고령화 문제에 대한 가장 직접적이고 직관적인 반응과 숙고의 결과물이라 할 수 있다.

    2016년에 방영된 텔레비전 드라마 〈디어 마이 프렌즈〉(홍종찬·이정묵 연출, 노희경 극본, 2016.5.13-7.2, tvN)는 화제를 불러일으킨 작품이었고, 이듬해 열린 제53회 한국백상예술대상에서 "최우수 드라마상"과 "각본상"을 수상했다. tvN 케이블 10주년 특별기획 금토드라마로 방영된 이 드라마는 인생의 끝을 향해 달려가는 60~80대 노인들, 특히 여성 노인들을 드라마의 중심인물로 삼아 그들의 우정과 사랑, 깨달음을 담아냈다. 그리고 이 드라마는 살면서 누구나 직면해야 할, 혹은 조만간 직접적으로 체험해야 할 노년의 문제를 다루면서 많은 사람들의 공감을 얻을 수 있었다. 또한 과거 드라마에서 그려진 노인들의 모습과 달리, 이 드라마는 여러 양태를 통해 새 시대의 노인들이 보다 주체적인 방식으로 삶에 대응하는 양상을 그려 보여주었다. 즉, 〈디어 마이 프렌즈〉의 인물들은 결핍된 일상에서 온갖 시련을 겪은 뒤 "죽음을 향한 존재"로서 산다는 삶의 자각을 얻게 되며, 남은 인생을 쿨하고 담담하게 보내기로 결심한다는 점에서 노년 이후의 삶에 직면한 시청자들에게 시사점을 줄 수 있었다.

두려움으로 인한 자아존재감의 깨어남

삶을 표현하는 가족 미디어 매체로서 드라마는 필연적으로 일상 생활과 일상 경험을 반영하고 해석해야 한다. 특히 포스트모더니즘 사회에서는 대중문화가 더욱 발전함에 따라 개인적 발화와 개인의 생활영역이 점점 더 중시되고 있다. 일상적 서사를 통해 일상적 미학을 제시하는 텔레비전 드라마 역시 관객 개개인의 문화와 미적 지각의 공간으로 더욱 깊숙이 침투하여 사회문화적 의의를 담는 중요한 예술형태라 할 수 있다.

질병 자체는 항상 죽음이나 인간의 연약함에 대한 은유로 여겨져 왔지만[1], 질병과 사망 사건은 종종 인간이 존재와 비존재(허무)의 경계를 경험하고 인간의 존재 의식을 일깨우는 기회로 작용하기도 한다.[2] 노년의 삶을 소재로 한 드라마인 〈디어 마이 프렌즈〉에 나열되는 수많은 질병이나 죽음과 같은 '사건'들도 일정한 의미에서 인물의 자아존재감을 일깨우는 기능을 갖게 된다.

자신이 세 번이나 암을 앓았다는 영원의 고백에 난희는 그것이 유부남과 살았기 때문에 "천벌 받은 거"라고 비난하지만, 아이러니하게도 난희 역시 결국은 암에 걸리고 만다. 누구나 뜬금없이 '사건'을 경험할 수 있는 세계 속에서 난희는 한편으로 영원을 향해 "너나 나나 엿 같은 인생이야!"라며 분통을 터뜨리고, 다른 한편으로는 딸 박완에게 "말하면 뭐가 달라지는데? 둘 다 평생 내 짐인데... 대신 아파 주기라도 할 거야? 대신 수술대에 드러누워 줄 거야? 뭘 할 거야? 다 내 평생 짐이지, 평생!"이라고 울분을 토하기도 한다. 죽음을 맞이하게 되는 인간이 모두 '고독'과 유사한 심리상태를 겪게 된다는 케이건의 분석처럼3, 그녀 역시 고독을 곱씹으며 죽음을 기다리게 된다.

난희는 평생 '지고지순'한 모습으로 살아왔으며, 친구들 앞에서는 강한 자존심을 드러낸다. 또한 그녀는 '현모양처, 효녀'를 자처하며 노부모와 장애인 동생, 딸을 후회 없이 챙겨줬던 인물이다. 그녀의 이력을 고려하면, 자칫 난폭해 보일 수도 있는 이러한 반응들은 조금 이례적인 것처럼 보이기도 한다. 이것은 닥쳐 오는 죽음 앞에서 난희가 내보이는 위장에 가깝다. 자칫하면 죽을 수도 있는 위험한 수술을 앞두고 그녀는 자신의 몸과 안위를 걱정하면서도, 자신이 감당해 온 사회적 역할 때문에 주변 사람들과 두려움을 나눌 수 없었을 뿐 아니라 수술 이후의 차질을 우려해 미리 뒷수습도 해야 한다고 느낀다. 그런 의미에서 그녀가 내뿜었던 울분과 분노는 엄청난 '외로움'과 '두려움'을 가리기 위한 방편이기도 하다. 그러나 "누가 엄마 혼자 짊어지래?"라고 되묻는 딸 박완의 말에 그녀는 위로를 받았고 비로소 산처럼 억센 엄마의 사회적 신분을 내려놓은 채, 딸 앞에서 연약한 인간으로 돌아올 수 있게 된다. 난희는 "엄마가 너무 무섭고. 억울하고, 너무 살고 싶고...완아, 엄마 무서워."라고 말하며, 어쩔 줄 모르는 아이처럼, 소파에 몸을 던져 통곡하기 시작한다.

난희가 강인하고 편집증적이며 승부욕이 강한 여자라면, 정아의 남편인 석균은 고집스럽고 인색하며 봉건사상이 강한 남성우월주의자이다. 그러나 그 역시 두려움을 인정하며 자아를 되찾는 과정을 거치게 된다. 석균은 가부장적 인물로서 '부모가 첫째, 형제가 둘째'라는 의식을 굳게 실행하고 있으며 남녀가 유별하다는 의식이 매우 강하다. 힘겨운 삶에 지친 그는 묵묵히 가정을 위해 헌신해 온 아내를 각박하게 대하며, 더욱이 아내와 신혼 때 했던 약속은 잊어버린 지 오래다. 수많은 '죄'를 저질러놓고도 모른 척 지내던 그는 어느 날 아내 정아의 갑작스러운 가출 이후 일상의 균형을 잃고 혼란과 공포에 휩싸이게 된다. 낮에는 태연하게 일상적인 삶을 살아가지만 그는 캄캄한 밤이 되면 자꾸 똑같은 악몽을 꾸게 된다. 혼자서 철도 한가운데를 걸어가고 있다가 멀리서 기차 소리가 요란하게 들리자 '위협'을 느끼게 되는 꿈이다. 그때마다 그는 항상 아내를 부르면서 꿈에서 깨어난다.

점차 문제의 심각성을 느낀 그는 아내의 마음을 돌리기 위해 세계여행도 다시 약속해주고, 또한 형제들에게 나눠준 재산을 환수하여 만든 통장도 정아에게 보여준다. 하지만 꿈쩍도 하지 않는 아내를 보며 버림받은 기분을 느낀 석균은 쓸쓸한 마음으로 아내와 신혼여행 때 갔던 허름한 집으로 향했다. 그곳에서 그는 과거의 좋았던 시절을 떠올렸고 또한 꿈에서 자기가 큰 딸과 아내에게 했던 못된 행동들도 떠올리게 되었다. 집으로 돌아가는 밤길에서 그는 꿈에 몇 번이나 나왔던 철로 한복판에 차를 세우고, 젊은 시절 아내와 손을 잡고 철로 위를 걸어다니던 아름다운 화면을 다시 떠올렸다. 그 후 화면은 허황된 장면 하나를 보여준다. 짙은 안개 속에서 외로움과 공허함에 빠진 그는 차창 너머로 환영을 보게 되는데, 한쪽에는 슬픈 눈빛을 하고 자신을 보는 노쇠한 자신의 모습이 있었고, 다른 한쪽에는 눈물을 흘리며 애틋한 표정으로 자신을 향해 걸어오는 젊은 시절 아내의 환영이 있었다. 그는 그 환영들을 한동안 묵묵히 주시하게 된다. 이후 그는 자신의 오만함을 버리고 박완과의 인터뷰를 자청해 저지른 '죄'에 대해 고백하게 된다.

이렇듯, 텔레비전 드라마 〈디어 마이 프렌즈〉는 인물의 두려움과 불안감을 표현할 수 있는 악몽을 장치로 이용해 석균이라는 인물이 자아 정체성을 되찾는 과정을 보여준다. 특히 철로 위에서 울려퍼지는 위협적인 기차 소리는 젊었을 때의 석균과 정아가 철로 위에 걸어갔을 때엔 없었지만 악몽 속에서 새롭게 추가된 장치이다. 이것은 석균의 내면 속에 잠재해 있던 무의식을 소환하는 장치로 볼 수 있다. 평화로운 풍경처럼 보이지만, 그의 내면에 은밀하게 숨어 있던 죄의식과 두려움을 소환하는 감각이 바로 '기차 소리'이다. 이를 통해 석균은 아내와의 관계가 위태로운 상태에 도달했음을 직감하게 되는 것이다. 난희가 죽음의 공포를 느낄 때 비로소 자아의 존재감을 각성하고 질병에 직면할 수 있게 되었다면, 석균은 버려졌다는 공포감과 상실감 앞에서 스스로를 돌아보고 반성하는 행위를 통해 진정한 자아를 되찾을 수 있게 되는 인물이다.

결핍된 일상과의 화해

"텔레비전에서 보여주는 일상적 세계는 우리가 경험적으로 체화한(embodied) 내용을 우리 내에 지니고(embedded) 있다가 발현하는 은유와 환유의 세계"다.[4] 텔레비전 드라마 〈디어 마이 프렌즈〉의 서사를 살펴보면, '결핍'은 극 중 거의 모든 인물에 영향을 미치는 하나의 뚜렷한 은유라 할 수 있다. 그 중에서 '나이듦'으로 인해 생겨나는 '결핍' 현상이 가장 눈에 띈다. 수술로 인한 지체 결손, 노화와 치매로 인한 기억상실, 은퇴 이후 인간관계의 장애 등, 〈디어 마이 프렌즈〉가 보여주는 결핍의 양상은 때로는 구체적으로, 때로는 추상적인 형상으로 재현되며 노년의 잔혹한 일상을 그려낸다.

그러나 텔레비전 드라마 〈디어 마이 프렌즈〉는 이에 머물지 않고, 노인들이 온갖 결핍된 일상을 직면하여 초월하는 과정 또한 보여주면서 생명의 힘과 존재 자체의 의미를 부각시킨다. 아울러, 〈디어 마이 프렌즈〉는 등장 인물들 간의 소통을 통해 상처가 치유되는 과정을 형상화하면서 생활세계의 모든 존재자들이 '타자'를 넘어 진정한 '이웃'이 되는 과정을 재현하는 데에 성공했다.[5] 그리고 이 드라마에서 보여준 치유의 서사들은 하나의 공통점을 가지고 있는데, 바로 서로의 고통을 나누는 과정을 통해 진정한 치유가 이루어진다는 점이다.

우리가 세상에 살면서 외로움을 극복하기 위해서는 늘 친구가 필요하다. 그러나 오해가 계속되고 불신감이 쌓인다면 친구가 더 큰 고통의 제공자로 바뀔 수도 있다. 특히 가장 친한 친구에게 이러한 감정을 느낀다면 강한 배신감 때문에 그 고통이 더 오래 갈 수 있고 그 상처가 마음 속 더 깊은 곳에 새겨질 수도 있다. 〈디어 마이 프렌즈〉는 시작과 종말에서 각각 난희와 영원, 희자와 정아의 모습을 통해 이 문제를 다루고 있다. 자매처럼 친했던 친구 사이가 갈등의 골이 깊어지면서 반목하는 과정을 보여주는 것이다.

물론, 〈디어 마이 프렌즈〉의 초점은 그들이 갈등을 극복하고 다시 우정을 회복하는 과정을 보여주는 데 있다. 그들 마음의 상처를 치료한 묘약은 무엇이었을까? 단지 모든 것이 '오해'라는 점을 깨달아서였을까? 그들이 화해할 수 있었던 진짜 이유는 미워했던 상대방 역시 어떤 방식으로든 고통을 받고 있으며, 서로의 상처를 들여다보며 공감하게 되는 순간을 체험했기 때문이라고 할 수 있다.

〈디어 마이 프렌즈〉에서 난희와 영원은 암을 앓았다는 점에서 공감대를 형성한다. 두 사람은 어렸을 때부터 가장 친한 친구였지만, 난희는 30년 동안이나 영원을 오해하고 많이 원망해 왔다. 이는 자신의 남편이 영원의 친구인 숙희와 바람을 피웠을 때 영원이 자신의 편이 되어주지 않았다는 이유 때문이었다. 그리고 동창회에서 영원이 여전히 숙희와 연락하고 있는 것을 알고는 더욱 분노하게 된다. 어느 날 영원은 난희에게 만신창이가 된 자신의 몸을 보여주면서 암을 세 번이나 앓았던 과거와 왜 숙희와 연락을 하고 지냈는지에 대해 알려준다. 남편의 배신보다 친구에게 배신당한 것이 더 아픈 상처라 여겨 왔던 난희는 영원의 몸에 난 상처를 보고 눈물이 그렁그렁 맺혔다. 난희는 친구와 남편에게 배신당한 비참했던 과거로 인해 자신만 혼자 상처받았으며, 영원은 미국에서 잘 놀고 잘 사는 상황이 불공평하다고 생각해 왔지만, 그동안 친구 영원이도 병고에 시달리며 고통받아 왔다는 사실을 알게 된 것이다. 결국 난희는 영원과 화해하고 다시 좋은 친구가 될 수 있었다.

라캉의 관점에 따르면, 친한 친구나 주변 사람들은 우리의 거울 같은 존재다. 만약 내가 불행에 처하는데, 친구가 행복하게 살고 있다면, 친구의 행복은 나의 불행을 더 곱씹게 만들어 고통을 증폭시킬 것이다. 반면에 친구도 나와 같이 불행한 상태에 빠져 있다면, 우리는 서로 고통을 공유한

"유사자(semblable)"가 되어 하나의 공동체가 될 수 있다는 것이다.6 이러한 관점은, 증상은 다르지만 함께 투병 중이라 할 수 있는 난희와 희자 사이에도 적용해 볼 수 있다.

친구들 앞에서 치매 증상이 폭로된 희자는 자존심이 상한 나머지 한동안 친구들과 거리를 둔다. 그러나 난희의 암투병 소식을 들은 희자는 난희를 꼭 안아준다. 난희는 "나는 언니보다 내가 낫다 생각할게. 우리 그냥 그렇게 생각하자. 이제야 좀 위로가 된다. 병자끼리 있으니까"라고 말한다. 같은 처지와 정서를 경험한 인간끼리 고통을 나누고, 하나의 운명공동체가 되어 결핍된 일상을 직면할 수 있게 된 것이다.

위의 두 사례와 달리, 희자와 정아 사이에 생겨나는 갈등은 인물의 마음 깊은 곳에 숨겨진 상처로부터 생겨나는 만큼 특별한 상황이 닥쳐야 비로소 드러나게 된다. 똑같이 가정에만 얽매여 왔던 두 사람은 〈델마와 루이스(Thelma and Louise)〉라는 영화를 보면서 일상으로부터 일탈하는 여행을 함께 꿈꾸기도 한다. 그러나 자매처럼 친하고, 서로 그림자처럼 붙어다니던 두 사람이지만 서로에게 차마 말하지 못한 비밀도 있었다. 바로 젊었을 때 그들 모두 아들을 잃는 비참한 경험을 한 적이 있었다는 것이다.

희자에게 이 기억은 너무도 무겁고 죄스러워서 치매 증상이 심해진 밤이 되어야만 입 밖으로 꺼낼 수 있게 된다. 그녀가 교회에서 주님께 용서를 빌 수 있는 것은 이때뿐이다. 정아에게 이야기를 털어놓는 것 역시 제 정신이 아닌 상태가 되어야 가능하다. 그녀는 절친 정아를 매섭게 때리면서 "내 아들 살려내, 나쁜 년, 너 친구도 아니야, 이 년아"라고 욕하면서, 그때 자신을 도와주지 않았던 정아에게 원망과 분노를 터뜨린다. 정아 역시 실은 그때 유산을 당했던 아픔이 있으며, 이후 희자의 정신이 조금이나마 돌아왔을 때 자신의 상처를 고백할 수 있었다. 그리고 아들을 잃은 엄마로서 같은 상처를 가진 두 사람은 드디어 서로 끌어안고 화해하게 된다.

제3자인 나의 존재성에 대한 지각으로보터 다시 타자들에 대한 용서와 환대로 나아가는 것, 그럼으로써 내가 타자들로부터 용서와 환대를 받을 수 있다는 것, 이를 통해 인간은 생활세계의 현존재로서 자기성을 확보해 나갈 수 있게 된다.[7] 텔레비전 드라마 〈디어 마이 프렌즈〉는 서로 거울처럼 자신의 모습을 되비쳐주는 친구들의 관계를 배치한다. 또한 친구들의 모습 속에서 자신의 질병과 과거의 고통을 발견하게끔 유도한다. 이러한 과정을 겪으며 더욱 단단해지는 공동체는 잔혹한 일상을 살아가는 인물들에게 자신들의 결여와 화해할 수 있는 힘을 제공한다.

죽기 전에 마지막 태우는 불꽃

〈디어 마이 프렌즈〉에서 미완으로 끝난 박완과 연하 사이의 사랑은 눈물겹지만, 이 드라마의 중심 줄거리는 아니다. 노년드라마로서 이 작품에서 보여준 노인들 사이의 사랑은 특별한 의미를 가지고 있기에 젊은이들의 사랑보다 더 큰 감동을 불러일으킨다.

희자와 성재는 서로의 첫사랑이다. 그러나 그들의 사랑은 이루어지지 못했다. 성재가 약속을 지키지 못했기 때문이다. 50년 후에 교회에서 성재는 희자를 다시 만나게 된다. 3년 전에 부인과 사별한 그는 희자와 인연을 다시 맺으려고 집요하게 그녀를 따라다닌다. 처음에 희자는 그를 모른 척 했지만 나중에 성재가 과거의 약속을 지키지 못했던 이유를 듣고 점차 태도를 바꾸게 된다.

그러나 둘의 관계를 적극적으로 추진하려는 성재와 달리, 희자는 노년기의 연애에 소극적인 태도를 취한다. 성재가 희자에게 같이 여행가자고 제안할 때, 희자는 충남에게 "이상해, 늙은이들이 둘이서 여행가는 것"이라고 이야기한다. 희자는 노년기의 연애에 대한 사회적 시각을 의식하고 있었던 것이다. 이때 충남은 이렇게 답한다. "오늘 갑자기 죽어도 하나도 이상할 게 없는 나이인데 죽기 전에 남자가 좀 만나자는 게 뭐가 이상해, 여행 간다는 게 뭐가 이상해?" 충남은 희자에게 "죽기 전에 마지막 불꽃을 태워라"

말하며 격려해준다.

두 사람의 여행지는 젊었을 때 같이 다니던 장소였다. 그곳에서 그들은 풋풋하고 아름다웠던 청춘의 기억을 같이 떠올렸다. 비 오는 밤에 시골 옛집 안에서 두 사람은 인생에 관한 이야기를 나누게 된다. 세상을 먼저 떠난 배우자에 대한 그리움부터 인생에서 가장 슬프고 기쁜 것이 무엇인지까지. 그렇게 그들은 씁쓸함과 행복이 뒤섞인 다양한 삶에 대한 감정과 깨달음을 공유했다. 그리고 그들은 다음 날 새벽, 산꼭대기에 서서 먼 곳의 태양이 솟아오르는 모습을 함께 바라본다. 희자는 "이런 데 데려와 줘서 고마워."라고 말한다. 그리고 성재는 "나는… 지금껏, 니가 살아줘서 참 고맙다."라고 답한다. 인생에서 온갖 고초와 풍랑을 겪어봤던 이들이기에 보여줄 수 있는 순수하고 소박한 사랑의 장면이다.

나중에 치매가 점차 심해지게 된 희자를 보고 성재는 무척이나 슬퍼하지만, 첫사랑을 잘 지키기 위해, 냉정한 대응책을 세웠다. 의사를 만나 그녀의 병세를 알아보는 것은 물론이고, 그녀의 집에 있는 감시장치와 휴대폰을 연결시키며, 알람을 설치해 희자가 야간 외출할 때면 그녀의 뒤에서 묵묵히 지켜보기도 한다. 심지어 밤중에 잠을 못 자는 희자를 위해 노래도 불러준다. 성재는 희자가 했던 말을 다 마음 속에 두고 있기에 희자가 갑자기 실종되었을 때에도 희자가 했던 말들 중에서 힌트를 얻어 그녀를 발견하기도 한다. 그곳은 희자에게 가장 슬픈 기억으로 남아 있던 고향의 숲길이었다.

나중에 희자의 아들인 민호 역시 성재의 진심을 인정하게 되며, 두 사람의 만남을 더 이상 막지 않게 된다. 성재는 민호에게 자기가 희자를 많이 좋아하지만, "우리는 그냥 친구"라고 이야기한다. 두 노인 간의 친구 같은 사랑은 하나도 이상하지 않으며 오히려 아름답고 따뜻한 느낌을 선사한다. 또한 우리가 인생 끝에 왔더라도 마지막 불꽃을 태우듯 행복을 가질 수 있다는 희망을 보여준다.

성재와 희자 간의 두 번째 사랑이 젊은 시절의 아쉬움을 메우는 것이라면, 난희와 '기타남' 사이에 서서히 싹트는 감정은 난희의 심리적 변화를 반영한다. 외로운 난희는 단골손님이자 근처에 있는 편의점 사장인 '기타남'과 자꾸 스쳐 지나가며 사랑의 감정을 느낀다. 그러나 그녀는 과거의 상처에 갇혀서 누구에게 마음을 줄 여유가 없다. 친구 영원과 화해하고, 딸 박완과 싸우면서 아픈 과거를 직시한 후에야 그녀는 드디어 과거에서 벗어날 수 있게 되었다. 그녀의 심리 변화를 반영하듯, 난희는 어느 날 기타 치면서 노래를 부르고 있는 '기타남'의 앞에 머물며 열심히 노래를 들을 수 있게 되었다. 이렇게 둘은 비로소 대화를 하기 시작하며, 서로의 가족에 대해 이야기를 나눈다. 이후 충남에게 그녀는 자신이 10년 연하남인 '기타남'에게 관심이 있음을 농담처럼 알렸는데, 이제 그녀가 마음의 매듭을 풀 수 있게 되었으며 새로운 삶을 맞이할 마음의 준비가 되어 있다는 점을 암시한다.

갑작스런 간암 선고를 받은 난희는 다시 주저하게 되지만, 다행히 친구 영원의 도움으로 그와의 관계를 진전시켜 나갈 수 있게 된다. '기타남'은 난희를 위해 수술 전의 만찬 데이트를 준비했다. 난희에게 호감을 갖고 있던 '기타남'은 난희의 손을 잡아주며 성공적인 수술을 기원했고, 퇴원 후 다시 만나기로 약속했다. 그와의 만남은 난희에게 큰 위로가 됐고 두 사람의 관계는 더욱 발전할 수 있게 되었다. 과거의 그늘에서 헤어나오지 못한 난희도 드디어 자신의 로맨스를 맞이하게 된 것이다. 난희가 이러한 일상적인 감정을 다시 받아들일 수 있는 것은 고통을 극복하는 과정에서 인생에 대한 새로운 '깨달음'을 얻었기 때문일 것이다.

노인들의 삶에서 깨달음을 얻은 도피자

박완은 난희의 딸이자 노인들 모두의 딸과 같은 인물이다. 젊은 세대의 대표주자인 박완은 보이스오버(voice over)의 서술인으로서 노인들의 이야기의 전달하고 논평하는 인물이기도 하다. 결핍된 일상 생활로부터의 '도피'

는 원래 그녀가 가장 자주 사용하는 방법 중 하나였지만, 노인들이 각자의 결핍된 삶에 대처하는 모습을 바라보면서 새로운 깨달음을 얻게 된다. 그리고 그 깨달음은 본능적인 회피에서 능동적인 접근, 의도적인 도피에서 용기 있는 대면으로 나아가는 질적 변화를 불러일으켰다. 이러한 과정을 겪으며 박완은 마음의 상처를 치유해나갈 수 있었다.

극이 시작되면 어머니인 난희는 노인들의 삶을 주제로 한 소설을 써 보라고 박완에게 제안한다. 그러나 박완은 "요즘 누가 꼰대들의 얘기를 돈 내고 읽"겠느냐며 거절해 버린다. 요즘엔 자기 부모의 이야기조차도 관심이 없다는 것이다. 그녀는 내레이션을 통해 어른들에 대한 반감을 직설적으로 드러내며 "특히 석균 아저씨가 제일 꼴보기 싫다"고 말한다. 희자 또한 "철없는 노인"이라 간단하게 정의될 뿐이다. 정아와 희자가 뺑소니 사고의 책임을 떠넘기려 한다고 오해한 후에는 뒷담화도 서슴지 않는다.

그러나 박완은 죽음을 얼마 남겨두지 않은 노인들이 재미삼아 영정사진을 찍는 모습을 보고는 처음으로 그들에게 호기심을 느끼게 되었고, "우리는 모두 시한부"라는 인식에 도달한다. 그리고 정아와 희자 이모가 결국 죄를 피하지 않고 함께 경찰에 자수했다는 사실을 알게 된 이후, 처음으로 자신의 독선적인 태도를 되돌아보는 한편, 그들의 이야기를 글로 옮기는 일에 대해 생각하게 된다. 그리고 갑작스럽지만 예견되어 있었던 정아 어머니의 죽음을 순리로서 받아들이는 노인들의 모습, 더 나아가 슬픔을 뒤로한 채 난관을 함께 헤쳐나가는 모습은 박완에게 깊은 인상을 남겼다. "어른들이 산처럼 거대하고 위대하고 대단해 보인다"고 여기게 된 박완은 마침내 엄마와 엄마의 친구들에 대한 이야기를 쓰기로 결심한다.

작가로서의 박완은 처음엔 노인의 체면을 살리면서도 젊은 독자들을 즐겁게 하기 위해 노인들의 생활방식을 미화하는 서사적 방법을 사용하려 했다. 그러나 처절해도 좋으니 삶 본연의 모습대로 묘사해 달라는 노인들의 소망을 듣고 아름다워 보이지 않는 어른들의 인생일지언정 있는 그대로 쓰기로 했다. 왜냐하면 박완 역시도 그들과의 대화를 통해 "만약 구질구질한 인생이 어쩔 수 없이 진짜 인생이라면, 어쩔 수 없는 것"임을 깨달았기 때문이다. 박완은 오만한 태도를 버린 채 그들이 스스로의 인생에서 주인공이 될 수 있도록 돕는다. 박완은 겉보기엔 강인하고 독립적으로 보이지만 삶에서 문제가 닥쳐올 때면 늘 비겁하게 도피해 왔다. 하지만 그녀는 노인들의 삶을 지켜보며 얻은 깨달음을 통해 어린 시절의 상처와 연애 과정에서 받은 감정적 상처를 초월하고 치유받을 수 있었다. 어려서부터 엄마의 모든 요구를 기꺼이 받아들인 그녀는 다른 사람의 눈에 착한 딸로만 비쳐지지만, 어린 시절 엄마가 독약을 마시도록 강요했던 기억은 그녀에게 깊은 상처를 남겼다. 유학 시절에 처음으로 자신의 마음에 따라 엄마 몰래 연인인 연하와 동거하다가 혼인 약속까지 했지만, 연하가 갑작스러운 교통사고를 당해 장애인이 되자 그녀는 다시 자신감을 잃게 되었다. 연하가 장애인이 된 이상, 엄마가 절대 이 결혼을 받아들이지 않을 것임을 잘 알고 있고, 또한 그녀 스스로도 장애인을 돌보는 것이 얼마나 힘든지 너무 잘 알고 있었기 때문이다. 그녀는 상처받은 연하를 모질게 버리고 한국으로 돌아와 익숙한 생활 패턴으로 도망쳤다.

귀국 후 3년 동안 그녀는 영상 통화로 연하와 애매한 관계를 유지했지만, 다시 연하 옆으로 돌아갈 것이라는 말을 하지 않았다. 연하는 박완에게 일부러 자기의 다리 상태를 이야기하기도 하지만 그녀는 본능적으로 화제를 피했다. 마침내 박완도 연하의 장애에 대해 이야기하기 시작하며, 여전히 연하를 좋아한다고 강조했지만, 연하의 옆으로 돌아갈 수 없다는 말도 함께 토로했다. 이때 노인들이 정아 어머니의 죽음 앞에서 보여준 의연한 태도는 연하와의 관계를 회피하기만 했던 박완에게 새로운 깨달음을 준다.

박완은 연하를 잊기 위해 잠시 이용했던 대학 선배와의 썸을 끊고, 자신의 인생에 사사건건 간섭해 왔던 엄마와의 전쟁을 선포하면서 가슴속에 쌓인 분노와 원한을 모두 쏟아낸다. 이후 박완은 엄마에게 잘못을 떠넘기는 대신 비겁하고 겁이 많았던 자신의 모습을 깊이 반성하고, 용기를 내서 3년 전 연하를 버린 것에 대해 처음으로 정중하게 사과한다. 자신의 과오를 깨달은 그녀는 마침내 자신의 가장 본질적인 성격으로 되돌아갈 수 있게 된다. 애인과 함께 험난한 미래를 마주할 용기가 생긴 이후, 그녀는 그리워하면서도 주눅이 들어 다가오지 못했던 연하의 앞에 서게 된다. 박완의 용기에 고무된 연하도 난희가 수술하는 동안 비행기를 타고 그녀의 곁으로 날아와 애인을 응원했다. 일상적 삶에서 일어난 우발적 사고로 잠시 방향을 잃어버린 두 젊은이는 노인들의 삶을 지켜보면서 결핍된 일상을 극복할 수 있는 지혜와 용기를 얻을 수 있었다.

인생의 길 위에서 보여준 '죽음을 향한 존재'

텔레비전 드라마 〈디어 마이 프렌즈〉에서의 노인들은 자연스러운 노쇠와 갑자기 닥친 죽음의 위협으로 인해 남은 인생을 어떻게 살아야 후회하지 않게 될 지에 대해 고민하게 된다. 그리고 죽음에 대한 두려움과 투쟁 속에서 그들은 자아를 의식하게 되었고, 원만했던 일상에서는 이해할 수 없었던 삶의 철학을 깨달았다. 결국 그들은 그 깨달음을 실천에 적용했고, "죽음을 향한 존재(Being towards death)"로 변신하여 소탈하게 남은 일상을 즐기는 길을 걸게 된다.

살아 있는 이상 조용히 죽을 때까지 기다릴 수 없다. 치매의 병세가 점차 심해지는 희자는 아이들에게 짐이 되지 않기 위해 충남의 도움을 받아 요양원으로 들어간다. 그러나 어느 밤에 희자는 정아에게 전화를 걸어 이런 말을 남긴다. "네가 그랬잖아. 너는 죽더라도 길 위에서 죽는다고. 정아야, 나도 그렇고 싶어. 감옥 같은 좁은 방 말고". 이는 옛날에 같이 〈델마와 루이스〉라는 로드 어드벤처 영화를 볼 때 정아가 했던 말이다. 전화를 받은 정아는 다음날 바로 요양원으로 가서 희자를 데리고 나온다.

이를 계기로 정아는 다른 친구들까지 불러 '늙은이'들끼리 단체 여행을 가게 되었다. 도중에 갑자기 쏟아져 내리는 비를 피하러 그들은 여관의 작은 방에 둘러 앉았고, 수다를 떨기 시작한다. 노인들의 대화는 자연스럽게 어떠한 죽음을 원하는 지에 대한 토론으로 이어졌다. 자살은 제외하고, 자연사, 독거사, 객사, 사고사 등 다양한 답이 나왔는데, 결국 결론은 객사, 즉, 멋있게 길 위에서 죽는 것으로 정해졌다. 늙어가는 것과 죽음 사이에 놓인 인생의 길에 접어든 그들은 여전히 각각의 일상을 유지하고 있었지만, 그날 이후 캠핑카를 이용해 새로운 '길'로 나아가는 여행도 새로운 '일상'에 추가하게 된다.

하이데거에 따르면, 죽음이란 삶이 끝나는 사건이 아니며 내가 그것을 위해 있고 그것을 향해 있는 존재 방식이다.[8] 질병이나 고통, 그리고 죽음에 대한 새로운 인식으로 재출발한 그들은 인생의 종점에 "그토록 초라하지 않게 가기 위해 지금 이 순간을 너무도 치열하고 당당하게 살아 내고 있"으며, 그것으로 "끝도 없이 죽음을 향해 발걸음을 내딛는다." 그렇게 그들은 초라한 노년의 처지를 초월할 수 있게 된다. 결핍으로 가득한 인생도 결국 박완의 할머니인 쌍분이 말하듯 "별 것 없"는 것에 불과하기 때문이다.

텔레비전 드라마가 연속극(serial)의 형태로, 정해진 시간에 주기적으로 방영되는 것은 '인생은 여행'이라는 '경로 도식'과 관련 있다고 볼 수 있지만, 이와 함께 이 과정에서 시청자 자신의 삶을 반추하게 하는 거울로서의 기능 역시 무시할 수 없을 것이다. 텔레비전 드라마라는 매체를 통해, 시청자들은 등장인물이 결핍된 일상에서 겪는 다양한 '사건'을 바라보면서, 자신의 일상과 일상에 임하는 태도를 되돌아보게 되고, 나아가 삶에 대한 이들의 태도로부터 결핍된 일상에 대처하는 지혜와 용기를 배우게 된다.

이렇게 바라본다면 작품의 제목인 〈디어 마이 프렌즈〉도 의미가 남다르다. "프렌즈"라는 단어가 암시하듯 이웃과의 친밀함은 "그들은 우리와 운명공동체이며, 그들의 삶도 바로 우리의 미래생활"이라는 인식을 심어줌으로써 시청자들로 하여금 노년층과의 운명공동체 의식을 확립시키고 그들의 경험, 감정, 깨달음에 대한 감정적 공감대를 형성하는 데 성공했다. 한국의 대표적 시청률 조사업체인 TNmS와 닐슨코리아에 따르면 〈디어 마이 프렌즈〉의 평균 시청률이 각각 4.67%와 5.09%로 케이블 채널의 미니시리즈로서는 비교적 높은 수치를 보였다는 것 또한 바로 이에 대한 하나의 방증일 것이다.

낯설지만 익숙하고 싶은 세계:
〈청춘의 덫〉, 〈불꽃〉, 〈내 남자의 여자〉

박상은

이야기는 현실로부터 도망쳐 나오는 수단이 아니라
오히려 우리를 싣고 현실을 찾아 나서는 추진체이며
실존의 무정부적인 상태로부터
질서를 찾아내려는 우리들의 가장 진지한 노력이다.
—로버트 맥키

1970년대와 2020년대

김수현 드라마라는 대명사가 지고 있는 무게는 상당히 무겁다. 언어의 연금술사, 마법사, 높은 시청률과 한국인의 정서와 삶을 극에 녹여내는 독보적인 실력은 김수현 작에 늘 동반되었던 수사였다.[1] 김수현 작가는 1968년 MBC 문화방송 개국 기념 라디오 연속극 공모를 통해 등단한 이래 근작인 〈그래, 그런거야〉(2016)에 이르기까지 50여 년에 이르는 기간 60여 편의 작품을 통해 시청자들을 만나 왔다. 김수현은 결코 하나의 '한국'으로 칭할 수 없는 세기의 변화 속에 끊임없이 이야기의 세계를 축조해 왔다.

김수현의 드라마는 대중예술로서 텔레비전 연속극이라는 매체와 장르의 속성을 탄력적으로 활용하면서 익숙함과 낯섦 사이, 현실에 대한 재인식과 대리충족의 욕구 사이에서 수많은 시청자들의 일상 속에 존재해 왔다. 따라서 김수현 드라마의 면면을 살펴보기 위해서는 여러 질문들을 껴안아야 한다. 반세기 동안 이루어진 한국 사회의 급격한 변화상과 재현의 정치에 대한 담론 투쟁들을, 그리고 세대와 성별, 지역과 계층 간 상이한 자기민속지학을, 작가 스스로의 모색 속에 이루어진 드라마 주제와 기법의 다각화된 갱신과 접속하는 작업을 요구하기 때문이다.

그의 작품세계는 크게 "화해하는 가족물과 진지한 연애물",[2] 즉 〈목욕탕 집 남자들〉, 〈부모님 전상서〉, 〈무자식 상팔자〉와 같은 가족드라마와 〈청춘의 덫〉, 〈불꽃〉, 〈내 남자의 여자〉 등의 멜로드라마로 대별된다.[3] 김수현은 사극과 정치물과는 다른 '홈드라마'와 '멜로드라마'라는 개념을 기반으로 여성 시청자의 감각이 중심이 되는 드라마의 시대를 연 작가이다.[4] 1970, 80년대 시청자에게 '역시 김수현'을 되뇌게 한 김수현의 드라마는 2000년대 젊은 시청자들에게는 가부장제 이데올로기를 강화하는 혹은 자신이 소속된 가족의 모습과는 다른 모습을 보여준다는 평가를 받기도 했다. 또 드라마 연구의 장에서 김수현 드라마 분석의 논점은 재현의 정치가 어떠한 방식으로 가능해지며 그 의미의 폭은 어떠한지에 대한 평가를 위주로 이루어졌다.

그런데 활자화되어 출판된 대본 전집을 통해 그의 작품에 접속해보면 생각보다 많은 상념과 질문들을 마주하게 된다. '생각보다'인 이유는 김수현 드라마를 대할 때 세대별, 논해지는 지면별 논쟁점의 전형성—가부장제 이데올로기 및 가족주의의 반영 혹은 자극적이고 과잉된 감정을 이끄는 드라마의 클리셰들과 휴머니즘의 한계—이 분명하게 포착되면서도 해당 해석만으로 유폐되지 않는 지점들이 내재해 있기 때문이다.

즉, 저널리즘에서 반복해 온, 시청률에 기반한 "이제 김수현은 갔다"와 "역시 김수현이다"의[5] 시청률 중심 의미 구축망, 그리고 드라마 연구에서 이루어진 이데올로기 해석에 대한 상반된 평가들을[6] 곁에 두면서 각 시기 텔레비전 앞에 앉아 드라마를 바라보았던 시청자들의 마음의 결들을 그리고 문학성과 통속성의 실체를 적극적으로 읽고 해석할 필요가 있다. 김수현의 드라마는 한국 현대사의 긴 시간의 단락 속에 어떻게 각 시기의 감각에 부합하고 안착하며, 혹은 인간으로서 보존해야 할 가치들을 탐색하고 해방의 공간을 살피며 또 하나의 현실들을 만들어 왔을까. 이 글은 출판된 김수현 전집의 수록 작품7 중 애정물을 위주로 톺아보며 낯섦과 익숙하고 싶음 사이를 들여다보고자 한다.

복수, 불륜, 신데렐라 서사라는 통속의 '클리셰'와 그 너머

사랑과 결혼, 가족의 분리 가능성에 대한 탐색이 비교적 최근의 트렌디 드라마에서 이루어지고 있는 것이라면,8 〈청춘의 덫〉(1978/1999), 〈불꽃〉(2000), 〈내 남자의 여자〉(2007), 〈세 번 결혼하는 여자〉(2013-2014)는9 사랑이 결혼과 가족 제도를 전제로 다루어지며 그 경계에 선 인물들의 갈등과 곤혹, 격정을 다룬다. 각각의 드라마는 출세를 위해 청년기의 순정과 둘 사이에 남겨진 딸을 버리고 떠난 남성에 대한 복수담(〈청춘의 덫〉), 각자 약혼자가 있는 상태의 남녀가 여행지에서 우연한 만남 속에 이루어진 사랑으로 만들어지는 오해와 겹겹의 가족 관계 안에서 만들어지는 갈등을 보여주는 애정담(〈불꽃〉), 친구의 남편과의 불륜 관계를 맺게 되고 탄로 난 후 실제 살림을 차리고 살아가는 과정에서 겪는 우여곡절(〈내 남자의 여자〉), 이혼 후 재혼 생활을 하나 남편의 외도와 아이 양육 문제로 갈등을 겪으며 다시 이혼을 선택하는 젊은 층의 애정 결혼담(〈세 번 결혼하는 여자〉)을 다룬다.

윤희	(조금 웃으며)나 얼마나 뻔뻔스러운지 아니? 이런 일 저질러 놓구 있잖니. 행복하구 싶다구 생각해. 행복하구 편안해지구 싶어.(시선 약간 옆으로) 사랑받구 대우받으면서 살아보구 싶다구…(울먹울먹) 태어나자마자 금방 호적에 올릴 수 있는 아이 낳아/출퇴근 안하구 스물네시간 들여다보면서…(목이 찢어지며) 그렇게 엄마 노릇두 한번 제대루 해보구 싶구…(고개 꺾고 입 꼭 다물고 눈물 돌면서)
수연	…(눈물 함께 돌아나오면서 보는)……

| 윤희 | (손으로 눈물 밀어 닦으면서) 혜림이 보내구 얼마 되지두 않았는데 벌써 이런 생각해. 이렇게 뻔뻔해. |
| 수연 | 뻔뻔한 거 아냐…(저도 눈물 처리하며) 너 이해해. 이해하구 동감해. 그렇게 생각할 거 없어.(〈청춘의 덫〉 24화, 447면.) |

현수	우울한 날들을 견디면 믿으라 기쁨의 날은 오리니.
은수	(오버랩) 나 안 우울해. 그리구 난 삶이 나를 속인 게 아니라 내가 삶을 어떻게 해보려다 실패한 거야. 네에 다시는 안 그러겠습니다. 남자와 함께 꿈 버립니다. 나 자신과 내 딸/ 엄마 아빠 그리고 언니 추가…그 이상 또 인간 관계 사양합니다. 이제부턴 아무 것도 안 할 거야. 지금 얼마나 단순하구 상쾌한데. 진심/진짜야.
현수	그 반지는 뭐니. 요새 패션이야?(결혼 실반지 세 개 겹쳐 낀)
은수	어어…(보여주며) 하나는 첫 결혼 정태원/하나는 두 번째 김준구/또 하나는 세 번째 결혼 오은수, 나/ 나랑 결혼했어 언니. (〈세 번 결혼하는 여자〉 40회, 658면.)

김수현의 멜로드라마에서 "자기 구현적 여성"이 만들어내는 효과는 각별한데,[10] 그 구현의 결은 김수현 드라마 안에서도 역사적인 변화를 보여준다. 초기작인 〈청춘의 덫〉에서는 자신을 버리고 신분상승을 꾀한 남성에 대한 복수가 구원자-남성을 통해 충족된다. 사랑받고 대우받으며 전적으로 아이를 돌볼 수 있는 시간을 보장받는 삶을 꿈꾼다는 윤희(심은하 분)의 고백은 근대화된 모성 담론이 고스란히 재생산되는 풍경을 보여준다. 그녀의 꿈은 자본과 마음 모두를 갖춘 인물인 영국(전광렬 분)을 '통해' 이루어진다. 그런데 2000년 작인 〈불꽃〉에서는 모두가 부러워하는 자본과 매너를 갖춘 종혁(차인표 분)의 사랑은 사랑이 아닌 소유의 차원으로 그려진다. 〈세 번 결혼하는 여자〉의 경우 〈불꽃〉이 채택했던 이루지 못했던 사랑의 재성취가 주는 낭만성도 거부하며 남녀 간 애정이나 결혼과 절연하고 자신과 결혼했다고 선언하는 은수(이지아 분)의 모습을 보여준다. 근작으로 오면서 더욱 신데렐라 서사의 내부를 현실화하고, 여성 인물이 자신의 삶을 지키고자

하는 주체적 결단에 도달하는 모습을 보여준다.

이와 같이 결혼이라는 제도를 전제로 한 멜로드라마적 틀은 2010년대 이후 최근의 드라마에서 주도적인 양식이라 볼 수 없다.[11] 여기에 김수현 멜로드라마의 역사적 대표성과 낯섦이 존재한다. 〈청춘의 덫〉에서 〈세 번 결혼하는 여자〉에 이르기까지 복수와 불륜, 신데렐라의 서사 특유의 "고조된 플롯과 부풀려진 감정들"은 멜로드라마적 상상력을 견인하는 주요 장치이다.[12] 권선징악의 쾌감과 비윤리적 행위에 대한 처단, 신분상승이 보여주는 보상의 원리, 유아기적 인정 결핍의 해소가 멜로드라마 서사의 도식성이 주는 쾌감이기 때문이다. 또 아름다운 배우들과 신분 상승의 과정에서 획득하는 반짝이는 목걸이, 선물들, 자동차와 세련된 의상들에 대한 관심과 매혹이 주요한 견인력이 되기도 한다.

때로는 '막장 드라마' 담론으로 회귀하기도 하는 이러한 장치들은 "그악스러운 현실을 반영하고 내밀한 인간의 본성을 성찰"하도록 한다.[13] 멜로드라마의 자극적인 플롯과 사건들은 때로는 도덕적 엄숙주의에 따른 판단의 대상이 되기도 하지만, 그것은 상징적인 재현으로 기능하기에[14] 의미가 있기 때문이다. 이때 중요한 것은 도식을 변화시키는 "나름대로의 개성과 스타일",[15] 그리고 상징적 재현이 삶에 대한 어떠한 접근과 성찰을 가능하게 하는가에 있다.

현경	(오버랩) 팥쥐나 장쇠나 뺑덕어멈같은 인물이 없다구요.
정감독	아 왜 얘길 꼭 그렇게 하나아.
현경	요새 소위 뜬다는 드라마 다 콩쥐팥쥐 아녜요. 미혼 콩쥐팥쥐 중년 콩쥐밭쥐 늙은 콩쥐팥쥐.(벅벅거리는) 왜 그렇게 단세포 팥쥐들이 많이 나오는 거야 도대체. 덮어놓고 팥쥐야, 태생이 팥쥐야. 도대체가 대관절/도당체/드라마에서 그런 빌어먹을 인물들 자꾸 내놔서 우리한테/ 이 사회에 무슨 보탬이 되자는 거야.
지현	현경아.(흥분하지 마.)

현경	잔머리 눈 돌아가게 굴리구 인간으로는 할 수 없는 비열한 짓 눈하나 깜짝 안하구 해 치우구 그런 인물들이 너무 화면에서 판을 치니까 이제 아예 그게 그냥 보편적인 인간의 모습처럼 됐다구.
지현	얘얘
현경	(상관없다)안 그러구 못 그러면 등신이야. 어디까지 떨어질 거야 도대체가.
지현	그만 해.
정감독	보는데 어떡해요.
지현	보는데 어떡해.(물론 비웃는 거다.)
현경	텔레비전을 뿌셔야지 뭐. (〈불꽃〉, 제6회, 259면)

〈불꽃〉에서 드라마 만들기 서사는 중요한 분량을 차지하며, 여성들의 일을 통한 자아실현 과정의 부침과 함께 드라마에 대한 상업적인 요구와 작가 '의식'과 피디의 흥행 '감'과의 대결에 대한 메타적 인식을 담아낸다. 단편적인 재미만을 만들어내는 서사와 속물적인 인물형들이 만들어낸 세계가 텔레비전이라는 직감적이고 파급력 있는 매체를 통해 전시되는 것을 경계하는 것, 텔레비전 드라마는 상업적이고 예술적으로 가치가 떨어지는 것이라는 인식에 대항하는 것, 김수현이 멜로드라마의 클리셰 안에서 탐색한 동시대 인간성에 대한 요구는 이와 같은 문제의식 속에 이루어졌다.

자기-되기의 지난함과 진리의 구축으로서의 사랑의 강렬함

김수현의 멜로드라마에서 복수, 갑작스러운 상실, 불륜과 같은 통속의 도식은 시청자의 이목을 집중시킴과 동시에 뜬소문의 흥미에 집중하도록 하는 것이 아니라 삶에 다재한 곤경과 불가사의한 측면들, 교차하는 개개인의 내면적 진실의 복잡성을 투영할 수 있는 매개가 된다. 특히 제도를 벗어난 사랑과 복수의 결심, 그로 인해 만들어지는 다양한 갈등들은 인물들로

하여금 자기-되기의 위기를 깊이 자각하게 만든다.

> S# 윤희의 방
> 윤희　　　끄으응(하며 돌아눕는다)…(잠시 두었다가)
> S# 윤희 입 두드리며 혜림아아아아아…하고 혜림 엄마아아아아아하며
> 　　　달려들었던 장면
>
> S# 윤희의 방
> 윤희　　　(아파하면서 뒤척인다)…(신음 가늘게 내면서)…
> S# 미끄럼틀에서 쭈욱 미끄러지고 있는 혜림…
>
> S# 현재/윤희의 방
> 윤희　　　(벌떡 일어나며) 안 돼! 안 돼! 혜림아…(숨 몰아쉬며)…(앉아
> 　　　　　있는데 온 얼굴에 맺힌 식은땀)…(피시시시 눕는다)…(잠시 두
> 　　　　　었다가 다시 덮치듯이)
> S# 눈 오는 날 뺨 후려 맞던 커트/(삼 초)
> S# 육박해 들어오는 냉혹한 동우 얼굴(이 초)
> S# 뒤척이는 윤희(삼 초)
> S# 아냐 못 믿겠어 믿을 수가 없어/(하며 주저앉던 윤희/오디오 삭제)
> S# 혜림 시트 걷어내는/꿈지럭거리지 말고/(삼 초)
> E 물리는 앰뷸런스 소리.
> S# E 혜림아…혜림아아아아…
> M 달콤한 음악으로 교체되면서
> S# 들판을 앞서 뛰는 혜림과 잡는 시늉하며 뛰는 윤희. 오 초
> S# 목욕탕/ 발가벗은 혜림 안고 쪽쪽거리는 윤희와 깔깔거리는 혜림 사 초
>
> S# 현재 윤희의 방
> 윤희　　　(어둠 속에 아파죽겠는 신음 소리 내며)
> 　　　　　　　　　　　　　　　(《청춘의 덫》 제15회, 113~114면)

　《청춘의 덫》은 아이의 갑작스러운 죽음과 신분 상승을 통한 복수의 과정
에서 불안과 모욕들, 죽은 아이에 대한 새록한 기억들, 그리고 새로운 사랑
을 회복해 가는 과정에서 얻어지는 복합적인 감정들을 감내해 가는 윤희의
모습을 생생하게 그려낸다. 아이의 죽음이라는 존재의 상실을 안고 살아나

는 인물의 내적 진실은 함께 했던 일상의 생기들과 강렬한 존재 거절의 충격, 지켜주지 못했음에서 오는 좌절감이 교차하는 꿈과 기억의 방식으로 늘 현현한다. 복수와 응징 서사는 상실의 경험을 대체하고 보상받고자 하는 윤희의 자기-되기의 분투와 관련이 되기에 의미 있는 것이 된다.

〈불꽃〉과 〈내 남자의 여자〉에서 도리에 어긋한 사랑의 장치들도 도덕성의 잣대와 플롯의 흥미성의 차원에 국한된 것이 아니라 극적 긴장을 계기로 사랑과 자기-되기의 관계를 구체적이고 생생한 방식으로 파고든다. 〈불꽃〉에서 이국에서의 사랑은 아름답고 격정적인 방식으로 그려진다. 이는 지현에게 "내가 나기는 한 건지 의심스러"운 경험인데,(〈불꽃〉 1화, 27면) 이후 서사의 주요한 차원은 강욱과의 관계에 대한 소문 혹은 두 사람의 사랑이 이루어질 것인가에 대한 극적인 질문보다 드라마작가와 미니시리즈 쓰기라는, 지현의 자기-되기에 대한 분투와 강렬히 연결된다. '미니시리즈 쓰기'로 상징화된 자기 구현의 의지는 '신데렐라 서사'로 인해 좌절되고 표류한다.

불륜을 정죄하는 자극적인 몸싸움으로 시작된 〈내 남자의 여자〉(2007)에서 불륜이라는 장치 또한 마찬가지이다. 드라마는 불륜 이후 현실들을 그리면서 한국적인 결혼생활의 풍속도의 안과 바깥과 양자 간의 관계에서 진정한 사랑이란 무엇일까라는 질문에 인물들이 얽히고설키며 답을 찾아 가는 데 초점이 맞추어져 있다. 제도 바깥에 있기에 판타지의 영역에 있었던 사랑이 땅으로 내려오는 '과정'은 '감자 삶기'와 같은 사소하지만 현실적인 에피소드들을 통해 탁월한 방식으로 그려진다. 화영(김희애 역)과 지수(배종옥 역) 각각이 겪는 감정을 추적하면서 시청자들은 사랑의 좌절과 이후에 가능한 상실과 성장의 의미를 성찰하게 된다.

이들을 가로지르고 구축하고자 하는 '사랑'은 알랭 바디우가 말한 하나의 세계의 탄생이자 진리의 절차로 명명한 사랑의 개념에 가깝다.[16] "김수현 식의 징글징글한 진지한 연애물"은[17] 특히 이 지점에서 의미가 있다. 바디우는 우연에서 시작되나 지속성과 "난폭한 물음, 견디기 힘든 고통"을 동반하는 경험으로 규정한다.[18] 시작 지점의 황홀함과 자신의 세계를 강요하는 이기주의는 사랑의 본질과 가치가 아니다. 사랑은 지속되고 모험을 견디며 "두 개인의 즉각적인 이해관계를 넘어서는" 하나의 세계를 구축한다.[19] 김수현의 멜로드라마는 진리의 구축으로서 사랑의 과정, 즉 우연에서 시작한 만남, 구축 과정의 난항들, 배신이 주는 세계가 사라지는 충격, 사랑의 기억이 현재를 새롭게 만들어내는 순간들을 연속되는 방영/시청 환경 속에서 촘촘하게 그려낸다. 〈청춘의 덫〉에서 아이인 혜림이 죽는 것은 윤희와 동우가 구축한 세계가 무너져 내렸음을 상징하며 〈불꽃〉의 지현이 종혁의 일방성에 강하게 저항하는 것은 진정한 사랑에 대한 내적 분투를 보여준다.[20]

강욱	무슨 일로 또 그 사람 만나 뭐가 더 남아서.
민경	(머그잔 들고 돌아서며 오버랩)너 걔 꼭 그 사람이라구 하는거 아니? 꼭 그 사람이야 반드시 그 사람.(소파로 움직이며) 그 여자도 아니고 걔는 더구나 아니고 이름도 안 부르고 언제나 그 사람…(앉으며 강욱 보며) 그 사람이라는 세 글짜가 니 입을 통해 나올 때마다 이마가 후끈/치받아. 니가 말하는 그사람에서…뭐랄까 포근한 비단 보자기로 정성스럽게 싸여/니 품에 안겨 있는 걔가 상상돼.

(〈불꽃〉 제14회, 112면)

지현	(돌아보며) 바다 못 가서 어떡해요.
종혁	(앞 보는 채) 바다는 내년에도 거기 있고 후년에도 거기 있어…. 나중에 가지…
지현	…미안해요…성질 부려서…
종혁	(돌아보며) 솔직히 김은 상당히 새….이제 쯤은 내 독선이나 독단 같은 약점…품어줄 때도 되지 않았어?…당신은 송곳으로 아프게 찌르기만 하지 추호도 이해하고 봐주지는 않아. 비판하지 말라는 거 아냐…동지의 비판이었으면 좋겠다는 뜻이야.
지현	종혁씨도 내 일 갖고 뭐라 그럴 땐 동지 같지 않아요.

(〈불꽃〉 제10회, 418면)

한편 김수현 드라마에서 주인공과 주변인물 각각을 추동하는 핵심 동기는 적당한 양보가 없는 맹목적이며 강력한 존재성을 드러낸다. 특히 인물의 내적 갈등이 대화 속에 적실한 언어를 통해 구체화 되는 것을 보는 쾌감은 상당하다. 현실에서 자신의 내적 욕구를 합당한 언어로 발화하기는 쉬운 일이 아니다. 일상에서 여러 관계 속에서 만들어질 수 있는 오해와 불신, 자기가 되지 못함에서 오는 얽매임과 불편함들은 충분히 언어화되지 못하거나 침묵된다. '그 사람', '송곳', '동지의 비판'과 같은 언어의 감각은 민경(조민수 역)과 종혁(차인표 역)의 외로움과 이해받지 못함의 맥락과 결합하면서 각 인물의 마음을 정확하게 대사화한다. 이처럼 김수현의 드라마에서 중심적인 사랑 서사에서 밀려난 이들 혹은 주변부적 인물들의 자기 서사는 적실한 언어를 통해 구체화됨으로써 낯설면서도 간명한 통쾌함과 깊은 자기 이해를 가능하게 한다.

다시금 김수현 드라마가 탐색한 인간학이 텔레비전 드라마의 매체적 환경, 즉 일상 공간에서의 흘낏 보기와 장시간 연속되는 시청의 단위 아래 시청자들이 자서전적 기억과 강한 연결성을 만들어내는 환경 속에 가능했음을 다시 환기할 필요가 있다.[21] 김수현 드라마의 생생한 언어와 자기-되기의 지난한 서사는 거실과 안방이라는 접근하기 쉬운 공간에서 펼쳐졌다. 물론 텔레비전 드라마의 언어는 대사뿐 아니라 얼굴과 표정, 상황 등의 복합체인 "감각을 통한 지각"을 지칭하며 이는 우리의 마음에 의미를 만들어 내는데 특히 직관적이고 효율적이다.[22] 그 효율적인 언어는 일상이라는 관성적인 삶의 흐름 속에서 무심히 흘려보냈던 혹은 억압시켰던 자전적 기억들을 환기시켰을 것이다. 이는 사적인 치유에 국한되는 것이 아니라 세계를 더 나은 방향으로 감각하게 하는 공통의 윤리와 닿아 있다. 그렇기 때문에 김수현의 언어가 대중문화의 상업적 메커니즘 속에서 "바르고 반듯한", "인간 냄새가 나는" 삶에 대한 성찰과 모색으로 집중되었다는 것은 한국 현대 드라마가 만들어 내었을 심성의 역학을 다시 사유케 한다.

김수현 드라마를 지속적으로 현재와 미래 속에 상상해야 하는 이유

　세대별 '자기민속지학'을 발휘해 김수현 드라마에 접속하는 것, 이것은 비단 오랜 시간 시대와 소통하고자 했던 작가에 대한 인정의 의미뿐 아니라 자신이 자각하고 있는, 혹은 자각하지 못한 일상과 도덕률과 소망들의 결들에 접근하겠다는 용기와 관련된다. 자신의 유년기의 한순간, 분명히 자신의 감각과 기억에 아로새겨졌을 김수현 텔레비전 드라마라는 통속의 세계에 재접속할 때 발생하는 반성과 자각과 깨달음의 재미는 무엇일까.

　반세기라는 시간성이 무색하지 않을 만큼, 김수현의 드라마는 사랑의 방식, 가족의 규약, 생활의 공간, 패션과 각종 기계 장치들의 변화와 차이들이 관계성을 어떠한 방식으로 보여주는지에 대한 폭넓은 시선을 요구한다. 즉 김수현 드라마에 대한 "탁월한 동시대성", "통속성의 본질적 속성",[23] "징글 징글한 김수현식 통속"이라는 평가에서 동시대성과 통속의 의미는 대중예술에 대한 해묵은 가치 절하와는 다른 결에서 검토되어야 한다. 그래서 이와 같은 질문을 던져볼 수 있을 것이다. 인물과 극적 갈등, 음악과 영상 및 소도구의 세부항목들 등은 어떻게 배치되고 통합되어 동시대 시청자들의 다층적인 감정적 리얼리티의 지맥들을 견인해 내고, 인간 이해에 관한 작가적 성찰을 강렬하게 반영하는가. 사랑과 죽음, 기억 상실은 인간의 존재성에 대한 성찰을 어떠한 방식으로 견인하는가. 텔레비전이 대중적으로 보급된 이래 드라마가 여성의 장소였다면, 여성에게 익숙한 것으로 부과되었던 돌봄과 견딤의 감각은 어떠한 방식으로 표상되는가. 김수현 드라마가 해당 시기의 특정 연대와 성별의 시청자들에게 강한 현실감을 만들어냈음은 어떠한 사회문화적 함의를 지니는가. 이처럼 김수현의 드라마는 단순한 회고와 회상을 넘어서 자신이 되고자 노력하는 인간들의 고군분투를 마주하며 각자의 시대적이고 가족 구성체적인 감각 등 정체화의 결들 속에서 다시 자기 삶의 이야기로 만드는 꿈틀거리는 해석들을 요청한다.

1990년대 중산층 가족 형상의 변화와 재생성: 〈사랑이 뭐길래〉

이지인

텔레비전 드라마는 연속극의 형태로 제공되는 경우가 일반적이다. OTT 서비스가 대중화된 지금과 달리, 방영시간을 놓치면 재방송 시간을 기다려야하던 1990년대의 텔레비전 드라마는 연속극의 방영 경험을 놓치지 않기 위한 시청자들의 애정과 노력을 요구했다. 이러한 시청자들의 애정과 노력 자체가 화제가 되어 인기 드라마의 경우엔 각종 신드롬을 일으켰는데, 1995년의 인기드라마 〈모래시계〉가 '귀가시계'와 같은 별명을 얻은 것도 마찬가지의 경우라 볼 수 있다. 이처럼 텔레비전 방송 경험은 '시리즈(series)의 논리에 따라 조직된 단편들의 연속을 가정에서 소비하는 것'으로, 우리가 가정 내에서 안식하면서도 끊임없이 세계와 소통하게 만든다. 이러한 점에서 텔레비전은 시청자가 자신을 돌아보는 거울이자 세계로 통하는 창문의 기능을 수행한다고 할 수 있다. 이때 텔레비전의 시청자는 '극장-내-존재'인 영화 관객과는 달리 '화면-앞 존재'이자 '세계-로의-존재'가 된다.[1] 즉, 텔레비전의 시청자는 화면 앞에 존재하면서 동시에, 세계에 '신드롬'과 같은 새로운 의미와 현상들을 생성하는 존재가 된다는 것이다.

다양한 신드롬을 이끈 1990년대의 히트작을 손꼽을 때, MBC 주말연속극 〈사랑이 뭐길래〉(1991-1992) 역시 빼놓을 수 없는 작품이다. 이 작품이 보여준 새로운 세태의 인물 형상과 세계는 거부감 없이 시청자들, 자신의 주변 사회 현상으로 인식되었다. 드라마와 시청자간의 상호작용을 통해,

드라마 자체가 신드롬이 되어 새로운 사회 풍조를 제시했다. "'보수'와 '진보'를 대변하는 두 가정의 부부와 자녀와 할머니들의 일상적 삶을 소재로 한 이 연속극은 주말의 생활방식을 뒤흔들"[2]었다는 평가를 받았다. 시청자들의 욕망을 대리 충족시키는 한편, 드라마 속 형상을 시대를 대표하는 형상으로 재현해낸다.

바로 이 지점에 주목하여, 이 글에서는 드라마 〈사랑이 뭐길래〉가 생성한 1990년대의 새로운 일상성을 살펴보고자 한다. 대립적인 성향의 두 가정의 형태를 통해 1990년대 초반의 성 역할 개념이 어떻게 변화하였는지 살펴볼 것이다. 특히 이 글에서는 중산층 부부의 형상에 집중하여, 당대가 기대하고 받아들인 중산층 인물 형상이 어떻게 재현되었으며, 그 형상이 어떤 의미를 생성했는지 조명하고자 한다.

김수현 신드롬을 이끈 화제작

극작가 김수현은 대한민국 텔레비전 드라마 역사를 논할 때 빼놓을 수 없는 인물이다. 1972년 〈무지개〉로 데뷔한 김수현 작가는 1970년대를 시작으로 2010년대까지도 왕성하게 활동하였다. 특히 1980년, 1990년대는 김수현 작품을 논하지 않고는 대한민국 드라마 역사를 논할 수 없다[3]고 여겨지고 있다. 드라마 〈사랑이 뭐길래〉는 극작가 김수현의 대표작 중 하나로 1991-1992년의 국내 텔레비전 드라마 시청률 1위를 차지했던 작품이다. 국내 최고시청률은 64.9%[4], 평균 시청률 59.6%로 역대 드라마 평균 시청률 1위를 차지한 작품이며[5] 동시에 1997년 중국 공영 CCTV에서 방영되며 한류 드라마 붐을 시작한 작품으로 널리 알려져 있다.[6] 이러한 이유로 이 작품은 한류 드라마의 발전과 흐름을 비교하기 위한 연구들에 등장하였다. 하지만 한류 드라마의 시초로 다뤄지기에 앞서, 이미 이 작품은 국내에서 새로운 장르를 개척했다는 평가를 받았던 작품이다.[7] 또 주말 저녁 8시 시간대에 남의 집에 전화하는 일은 크게 실례라고 할 정도로 온 국민이 이 드라마에 빠져드는 일종의 '김수현 신드롬'을 이끌었다.

이 작품은 드라마의 인기를 넘어 온 국민의 삶과 생활에도 변화의 바람을 몰고 왔다는 평가를 받는다. 예컨대 드라마 삽입곡 〈타타타〉를 부른 무명 가수까지 국민가수[8] 반열에 올랐고, '타타타 증후군'[9]과 같은 용어가 생겨났다. 심지어 드라마 종영 이후, 극중 대쪽같은 아버지상에 대한 향수를 자극하는 대발이 아버지를 연기했던 이순재 배우가 국회의원에 당선[10]될 정도로 그 파급력은 상당했다. 그러나 당대에 신드롬을 불러일으킬 만큼 화제였던 동시에 비판도 존재했다. 대발이 아버지의 가상 이미지와, 배역을 맡은 이순재의 국회의원 출마로 인한 논란[11] 등이 그것이다.

이처럼 다양한 반향을 일으켰던 이 작품은 당대의 삶을 반영하면서 동시에 일상생활과 문화에 큰 영향을 끼쳤다. 철저한 리얼리티는 김수현 드라마의 인기 요인으로도 꼽히는 바, 김수현은 리얼리티를 기본으로 하여 사람 사는 이야기를 통해 인간 본질을 추구하는 드라마 작가라는 평가를 받는다.[12] 이러한 측면은 작가 자신의 생각에서도 잘 드러난다.

> "인간을 씁니다. 스토리를 쓰는 게 아닙니다. 어떤 스토리에다가 인간들을 얹어서 그 인간들의 이야기, 그 인간들의 모습을 그리는 작업입니다. 그렇기 때문에 인간에 대한 이야기나 연민, 애정이나 이게 없으면 드라마 작가로서는 끝입니다. 체온이 없는 드라마, 향기가 없는 드라마가 됩니다."
>
> 『김수현드라마아트홀』 홈페이지

위에 인용한 작가의 드라마관에 견주어 〈사랑이 뭐길래〉를 보면, 1990년대 초의 남녀노소 인물들의 삶과 당대 세태를 충실히 반영한 작품이라 할 수 있다. 이철우는 가족의 의미와 관계에 주목하여 〈사랑이 뭐길래〉를 분석하면서, 이 드라마가 각각 다른 분위기의 두 집안(지은이네와 대발이네)의 관계를 통해 가족의 의미와 역할을 제시함으로써 일반적인 멜로드라마와 차별

화될 수 있었으며, 남녀노소 다양한 연령층을 아우르며 높은 시청률을 낼 수 있었다고 평가한다.[13] 즉 〈사랑이 뭐길래〉가 현실(리얼리티)에 기반하면서도, 작가가 재구조화한 가족의 의미와 역할을 통해 신드롬이 될 정도로 다수의 시청자들에게 큰 공감을 이끌어냈다고 할 수 있다.

이 작품은 1991년 11월 23일부터 1992년 5월 31일까지 6개월여에 걸쳐 총 55부작으로 방영된 장편 드라마로, 주요 등장인물만 해도 21명이나 된다. 극의 중심이 되는 박창규(김세윤 분) 이사의 가정과 이병호(이순재 분) 사장의 가정은 진보와 보수를 상징한다고 일컬어질 만큼, 대조적인 분위기의 가족이다. 대조적인 두 집안의 상황을 통해 동양과 서양, 남성중심의 사회와 여성중심의 사회, 권위적인 가정과 대화 중심의 가정 등 이분법적인 구도를 보여준다.[14] 이 글에서는 작품 속 두 가정이 여순자(김혜자 분)의 안방과 부엌, 한심애(윤여정 분)의 안방과 응접실, 부엌을 중심으로 초점화되었다고 인식한다. 이에 따라 한심애·박창규의 가정(집)/ 이병호·여순자의 가정(집)을 대비하며 설명하고자 한다.

특이하게도, 서구적인 양옥집에 살며 서구적인 가치관을 좇는 가정인 박창규의 가족은 대가족 형태이며, 한옥에서 살며 전통적인 가치관을 표방하며 사는 이병호의 가족은 핵가족 형태로 전도되어 있다. 가풍과 문화가 크게 다른 두 가족이 결합되는 계기는, 여순자의 장남 이대발(최민수 분)과 한심애의 장녀 박지은(하희라 분)의 결혼이다. 크게 다른 이 둘은 여러 갈등을 겪게 되지만 경제적인 문제로 인한 갈등은 발생하지 않는다. 이는 두 가족 모두 같은 중산층이기 때문이다. 드라마의 주요 배경이 되는 공간은 서대문구 홍은동(지은이네-한심애·박창규 가정)과 남가좌동(대발이네-이병호·여순자 가정)으로, 극 중에서는 도보로 10여 분 거리라고 표현될 만큼 가까운 동네다. 아침에 시아버지와 화장실을 같이 쓰기 불편했던 지은이 수세식 화장실을 가기 위해 친정으로 달려가고, 또는 부부싸움 때문에 한밤중에 다시 친정으로 달려갈 만큼 가까운 거리이다. 즉 부의 수준이 크게 차이 나지 않는 가족이라는 것이다. 그러므로 이병호·여순자의 집에서도 남편이 경제적으로 무능해서 먹고 사는 것 자체가 문제가 된다거나 걱정거리가 되지는 않는다. 다만 경제력을 쥔 병호의 근검절약 덕분에 순자의 번거로운 가사노동의 수고와 불만이 쌓일 뿐이다. 거기에 더해 성역할에 대한 가치관 차이와 의견 대립으로 인해 극 중 갈등이 심화되고 반복되는 문제가 있다.

중산층 가정 주부의 혼란스러운 형상, 한심애와 여순자

1990년대 초반의 대중 매체에 등장하는 인물들은 경제적으로 안정된 삶을 영위하는 중산층에 속한 사람들인 경우가 많았다. 텔레비전 드라마뿐만 아니라, 영화와 연극에서도 중산층의 안정적이고 풍요로운 생활상이 단골로 등장했다.[15] 〈사랑이 뭐길래〉는 이러한 분위기를 반영하는 대표적인 작품 중 하나다. 서구적인 가정 형태를 보여주는 박이사 – 한심애 집은 마당이 있는 이층집에 3대가 함께 살고 있다. 한심애의 다정한 남편이자 가장인 박창규는 1회 첫 장면에서 주방의 커피머신 포트로 커피를 내리는 모습을 보여준다. 이 커피는 자신의 아내, 한심애를 위한 커피이다. 커피향으로 아침에 아내를 깨우고, 원두를 사오라는 아내의 심부름에 "킬리만자로 삼에 산토스 하나"(1회)[16]라고 능숙하게 대답할 만큼 이런 모습은 창규와 심애 부부에게 있어서는 특별한 이벤트가 아니라 일상이다.

이와 대조적으로 구옥의 형태에서 근검절약을 외치며 사는 이사장네 집은 다소 소박하고 서민적이라고 비춰질 수도 있지만, 그렇다고 해서 재산이 부족한 것은 아니다. 원하면 파출부를 부를 수도 있고, 직원들을 위한 숙소로 연립을 지어줄 정도의 재력을 갖고 있기 때문이다.(2회)[17]

게다가 같은 중산층이라도 확연히 다른 분위기인 두 집안의 갈등과 결합을 이끄는 이사장네 장남 대발은 소아과 레지던트로 의사이며, 박이사네 장녀 지은은 법학과 석사를 마친 당대에 보기 힘든 재원이다. 그리고 이 두 집안은 각각 장남과 장녀만 대졸 이상의 고학력자인 것도 아니다. 남자는 하늘이고, 여자는 땅이라는 구호를 당당하게 외치는 보수적인 집안이지만 대발의 여동생 성실(임채원 분) 역시 4년제 대학의 졸업을 앞둔 대학생이다. 그리고 지은의 여동생 정은(신애라 분)은 약사로 전문직 종사자이며, 막내 동생 정섭(김찬우 분)도 대학생이다. 즉, 자녀 모두 대학을 보낼 만큼 경제적으로 여유도 있으며, 부모들 역시 자녀 교육에 관심이 있는 집안인 것이다.

창규의 아내이자 지은의 모친인 한심애는 대발의 모친 여순자와 여고 동창 모임 수선화회로 엮여 있다. 고교 동창 중에서도 중산층 주부들이 모여 만든 이 모임은 불우이웃 돕기를 위한 회비를 모으기도 하고, 김장 봉사를 나가기도 하는 등 사회활동에 참여하는 모임이다.(3회)[18] 심애와 순자의 수선화회 활동뿐만 아니라, 중산층 중년으로서 현대적인 교양으로 무장한 아내의 형상은 드라마의 곳곳에서 드러난다. 대학을 중퇴하고 시집왔다는 사실에 콤플렉스를 느끼는 심애이지만, 수선화회 멤버들과 정치·사회에 대해 진지한 토론을 나누는 모습을 보인다. 지금의 가스라이팅과는 조금 다르게 사용했지만, 아들 정섭에게 가스등 이펙트의 사례를 이야기(47회)하는 등 높은 교양 수준을 선보인다.

이는 여순자도 마찬가지로, 남편인 이병호에게 세뇌된 것으로 보이지만 국채에 대해, 사치에 대해 이야기하며 수입 제품을 사용하는 한심애를 강도 높게 비판하는 모습을 보인다. 또 구두쇠인 남편 때문에 어쩔 수 없이 옷을 만들어 입는 것이지만, 양재학원을 다녀 주부로서의 교양을 갖춘 모습을 보여준다.(1회)[19] 무엇보다 순자는 남편이 외출하고 나면, 남편으로 인한 스트레스를 시집 읽는 것으로 해소하는 문학소녀의 면모를 드러내기도 한다. 심애와 순자가 드라마가 방영된 1991년을 기준으로, 스물 아홉 살 나이의 맏이를 둔 50대 중반의 여성이라고 할 때, 1930년대 중후반에 태어나 고등학교 졸업 학력을 가진 이들 역시 동년배들에 비할 때 고학력자라 할 것이다.

이렇게 집안 분위기나 생활하는 모습은 많이 다르지만 공통적으로 중산층 이상의 재력을 지닌 두 가정은 여고 동창인 심애와 순자 외에는 접점

없이 지내던 사이이다. 지은의 모친 심애는 그 시대의 관점에서 봤을 때 서른을 앞둔 노처녀이지만 똑똑한 자신의 딸을 자랑스러워한다. 심애는 자신의 자랑인 큰딸 지은이가 공부를 계속할 수 있도록 함께 유학을 갈 좋은 집안의 사위를 내심 기대한다. 그리고 동창 여순자가 놀러왔을 때, 그런 조건의 선자리도 곧잘 들어온다고 자랑을 한다. 그러나 여순자는 그런 심애에게 지은이처럼 공부를 많이 하고 자기 주장이 강한 여자애는 결혼하기 좋은 조건이 아니라고 빈정댄다.[20] 그렇게 심애의 딸 지은이에 대해 막말을 해놓고, 순자는 남편의 병호의 가부장적인 모습을 그대로 답습하는 의사 아들 대발을 자랑한다. 그러자 이번에는 심애 쪽에서 순자의 말을 전면 반박하고 신랄하게 비판한다.

심애   결혼이 뭐 어디서 노예 하나 들이는 거니? 몸종 들이는 거야?
      허이구 귀 닦아야겠네 정말. 걔 어디 아픈 거 아니니?
순자   늬 집하구 사둔될 거 아닌데 무슨 상관이길래 그렇게 활 내.
      너 여권운동가니?
심애   내가 언제 사둔하쟀니? 어이구 애 농담이래두 그런 소리 마라.
      죽었다가두 벌떡 일어나겠다.
순자   ?
심애   좌우간 여자들이 문제야. 여자들이, 엄마들이 문제라구.
      아니 너는 너 자신두 여자면서 어떻게 아들 녀석을 그렇게
      키워놨니?
순자   얘가 증말. (화난다) 니 딸두 그리 과히 잘 키워논 거 같지두
      않은데 뭘 그래.
                                      〈사랑이 뭐길래〉, 1회[21]

"너 자신도 여자"이면서 아들을 그렇게 키웠냐는 심애의 발언과 심애에게 여권운동가냐며 되묻는 순자의 대사는, 이 시기가 양성 평등 교육 및 여권 운동이라는 개념이 대중에게 널리 알려지기 시작한 시점임을 시사한다. 1990년대 초반은 1986년 시몬 드 보부아르의 동명소설을 정복근이 각

색한 연극 〈위기의 여자〉 이후, 중산층의 가정을 전면에 둔 소위 '여성연극' 붐 현상이 나타나, 무대에서 여성의 삶이 전면에 나타나는 것이 익숙해진 시기였다.

1986년 부천서 성고문 사건으로 여성 인권 문제가 대두되고, 한국성폭력상담소가 창립된 시기가 1991년 4월인 것을 생각하면, '여권 운동'이란 말이 중년 여성인 순자와 심애에게도 낯설지 않으리라 추정할 수 있다. 그러나 극의 초반부에서 순자는 '여권 운동'이라는 말을 심애의 견해를 비난하고, 유난스럽다고 비꼬기 위해 사용한다. 그러나 극의 후반부로 갈수록 이전과 다르게 순자가 자신의 권리를 조금씩 주장하는 모습은, 변화해가는 시대의 흐름 속에서 당대 여권 운동을 비롯한 여성 인권 문제에 대한 사람들(중년 여성들을 포함하여)의 인식이 어떻게 변화하고 성숙해졌을지 유추할 수 있게 한다.[22]

얼핏 처지가 너무나도 달라 보이는 한심애와 여순자의 대조적인 모습은 중산층 주부의 이상과 현실을 보여주는 것 같다. 그러나 그 실상을 세세하게 보면, 주부의 입장에서 이상적인 형상을 제시하지는 않는다. 가령, 편리하고 고급스러운 양옥 주택에 거주하며, 다정한 남편을 둔 한심애는 그런 조건에서는 행복하고 속 편한 주부의 형상으로 보인다. 그러나 삼남매를 키우면서, 시부모님을 모시고 살았고, 시동생들의 결혼 뒷바라지까지 해야 했다. 그리고 이제는 남편을 잃고 혼자된 시어머니의 투정까지 받아줘야 하는 상황이다. 그런데다가 시어머니의 자매들, 곧 시이모님 두 분도 같이 모셔야 하고, 갑자기 들이닥친 만취 상태의 시외숙 학준(창규의 외삼촌)까지도 챙겨야 한다. 그런 사정이다 보니, 심애는 딸들마저 결혼 문제로 속을 썩이자 자신의 삶에 회의를 느끼며, "사랑이 뭐길래."라고 남편 창규에게 한탄한다.

심애   나는 완전무결하게 속은 거구요, 당신 기술에.
박이사   대체 무슨 얘길 하는 거요.

심애   당신 좋죠. 끔찍하게두 애껴주구 맘 써주구……
       다른 남자들하군 틀리게 사랑한다 소리두 많이 해주구, ……
       그치만 한 가지 테크닉으루 날 완전히 당신 손에 조종되는
       인형을 만들었어요.
                                    〈사랑이 뭐길래〉, 22회[23]

　　심애를 안쓰러워하던 창규는 심애를 위로하지만 동시에 자신이 심애를
힘들게 했다는 사실이 고통스럽다며 편지를 남기고 침울해한다. 힘들어하
던 심애는 창규가 다음날까지도 우울해 하자, 되려 자신이 잘못했다고 사과
하며 자신이 했던 말을 정정하기에 이른다.(23회)[24] 이는 단순히 남편 창규
가 상처받는 모습이 싫어서는 아닌 것으로 보인다. 전날 밤 심애는 창규에
게 푸념을 할 때, 시부모와 시동생들에게 인정받는 성공한 인생이라는 창규
의 위로를 바로 반박할 만큼 자신의 상황을 부정적으로 인식하고 있었다.
그러나 다음 날이 되자, 자신이 누군데 이용당하겠느냐며 창규를 사랑한
만큼 최선을 다해 산 것이라며 자신의 전날 발언이 틀렸다고 바로 철회한
다. 이런 심애의 반응은 자신의 선택이 최선이었다고 믿고 싶은 마음의 반
영이자, 화목한 가정을 이룬 성공한 중년여성의 삶을 산다는 인정 욕구,
그러한 자신의 삶을 유지하고자 하는 욕망의 결과라고 할 수 있다. 그러므
로 또래 남편들 중엔 가장 민주적인 축에 속하는 다정한 남편을 달래, 이전
과 다름없는 평화로운 가정을 유지하고자 한다. 이러한 모습이 강박으로
드러나는 것은 엘렉트라 콤플렉스를 가진 것으로 보이는 차녀 정은의 결혼
에피소드에서이다. 결혼하기 싫다는 정은에게 끊임없이 결혼하자고 밀어붙
이며 강제적으로 스킨십을 행한 철진의 행동을 정은을 제외한 정은의 가족
들 모두는 사랑하는 여자를 앞에 둔 젊은 남성의 자연스러운 행동으로 여긴
다. 이러한 문제적인 상황은 별개로 하더라도, 스킨십을 거부하는 정은의
행동을 정신적으로 문제가 있다고 여긴 심애는 앓아눕기까지 한다.

　　심애   그냥 방치해둘 병이 아냐. 혹시 니 잠재의식 속에 무슨 그럴

마난 원인이 있나두 알아보구, 어쨌든, 무슨 일이 있어두 그
이상한 병은 고쳐야지 그대로 놔둘 수 없다. 난 내 자식들이
다같이 완전히 정상적이길 원해. 넌 비정상야.
〈사랑이 뭐길래〉, 33회25

심애는 남편에게 자기 삶에 회의를 느껴 한탄을 했다가도 남편이 속상해 하자, 자신의 내적 갈등보다 남편의 불편한 마음을 더 헤아리고자 한다. 그리고 넉넉한 형편이지만, 파출부 없이 혼자 가사일을 거의 전담하며 대가족의 살림을 꾸려간다. 심애가 이렇게까지 가족을 위해 헌신할 수 있는 내적 동인에 '정상적인' '화목한' 가정의 모습을 지키고자 하는 욕망이 강하게 자리하고 있다고 할 것이다. 그러나 그렇다고 해서 심애의 현실적인 고충과 내적 갈등이 완전히 해결되거나 사라지는 것은 아니다. 그런 점에서 다정한 남편이 있고, 경제적으로 풍족하다고 하더라도, 순자에게는 없는 시집살이의 고단함은 한심애의 삶이 그저 편안하다고만은 할 수 없음을 보여주는 그늘이다. 게다가 심애 또한 순자와 마찬가지로 남편인 창규가 경제력을 쥐고 있으며, 가정의 중대한 문제(딸의 결혼) 또한 남편의 뜻을 따르게 되는 모습을 보인다. 대발의 부친인 병호와 지은의 부친인 창규가 두 남녀를 혼인시키는데에 찬성을 하기 때문에, 모친인 심애와 순자가 극렬히 반대를 했음에도 불구하고 지은과 대발은 결혼을 할 수 있었던 것이다.

극중에서 한심애를 향한 여순자의 질투는, 다정한 남편과 여유로운 중산층의 삶을 욕망하는 중년 여성 시청자들의 욕망과도 닿아 있다고 할 수 있다. 김수현만의 리얼리티는 중년 주부의 삶을 이상적인 중년 주부의 삶과 현실의 고충을 겪는 삶이 혼재된 심애의 형상을 통해 재창조된다. 이러한 양면성을 내재한 주부 형상이 실제 삶과 다소 괴리된 측면에도 불구하고, 당대 시청자들의 욕망을 반영하고 해소시키면서 공감을 이끌어 내는 데 성공할 수 있었던 주요 동인이 되었다.

반면 현실에 있을 법한 권위적인 남편 밑에서 기죽어 사는 순자는 신세대

며느리의 영향을 받아 점차 자신의 목소리를 키워나간다. 작품 초반에서는 지은이 며느리로 들어오는 것을 반대하고, 결혼 후에도 어떻게 시아버지와 남편에게 말대답을 하냐며 되바라졌다고 지은을 못마땅해하는 보수적이고 고지식한 시어머니의 모습으로 그려진다. 하지만 모델 일을 하는 것을 들켜 가출한 딸 성실 때문에 순자는 조금씩 바뀌기 시작한다. 애초에 딸 성실이 병호에게 말한 것처럼 영어학원을 다니지 않고 몰래 모델 학원을 다닐 수 있었던 것은 순자의 지지가 있었기 때문이다. 미스코리아에 나가는 것을 반대하는 남편의 뜻을 거스를 수 없어 딸을 말리기도 했지만 그럼에도 순자는 딸이 자신처럼 하고 싶은 것들을 모두 포기하며 살길 원하지 않는다. 순자는 남편의 뜻에 순종하는 것이, 딸의 꿈을 지지하는 것에 반하는 일이 되자, 남편과 딸 사이에서 갈팡질팡한다.

그러나 성실이 가출을 했을 때(39-40회), 되바라진 며느리로만 여겼던 지은이 성실의 의견을 존중하면서 온건하게 설득하고자 자신의 친정에 성실을 숨겨주게 되면서 순자의 생각과 행동은 조금씩 변하기 시작한다. 남편에게 꾸지람을 들을까봐 관성대로 딸을 불러들이려고 하고, 성실의 외모가 모델을 할 만큼 뛰어나지 않다며 딸의 뜻을 꺾으려 들지만 또 동시에 자신과 다르게 뜻을 펼치며 살게 하고 싶은 욕망이, 병호에게 성실의 거취를 숨기는 데에 일조하도록 만든다. 이렇게 조금씩 달라진 순자는 작품의 중후반부에서 자신이 세상 누구보다 끔찍하게 아끼던 아들 대발이 편이 아니라, 며느리 편을 들기까지 한다.

대발	앤 첨부터 공부냐, 대발이냐 둘 놓구 이대발을 선택한 애예요.
순자	애 아니다. 어른이야. 내 며느리구 니 처야. 말버릇 고쳐.
대발	정말 엄마 왜 이러세요.
순자	여자두 남자랑 똑같은 권리를 타구 났어. (일어서다가) 뭐?
	(중략)
대발	(멍해서 있다가) 좋아요 바루 그거에요. 요점은…… 아니 여자와 남자가 그렇게 똑같다면 남자들이 그런 훌륭한 걸 쓸 동안

똑같이 위대한 여자들은 그럼 뭐하구 있었어요 예?
순자   (일하며) 남자가 할 수 없는 더 위대한 일 하느라구 우린 바빴다.
대발   그게 뭔데요.
순자   너같이 쓸모 없는 자손 퍼뜨리느라구.
〈사랑이 뭐길래〉, 41회26

순자는 아들의 결혼 전, 결혼 이후의 아들은 며느리의 남편이므로, 이전과 같이 대하지 않겠다는 각서를 아들에게 강요당하며, 수모를 겪었었다. 그랬던 순자가 위의 인용에서처럼, 아들을 꾸짖고, 자신의 뜻을 당당히 밝히면서, 아들이 할 말 없게 만들기도 한다. 이러한 드라마의 장면은 인내와 순종을 미덕으로 삼아 살아온 어머니들에게 대리만족을 준다. 이와 같은 통쾌한 장면은 가부장적 권위에 짓눌려 살던 여성에게 대리만족이라는 쾌감을 줄 뿐만 아니라, 앞으로 어떻게 할 것인지 지침과 방향까지 제시한다.

요컨대 김수현 작가의 드라마 〈사랑이 뭐길래〉는 한심애와 여순자라는 두 여성 인물을 통해 1990년대 초반의 이상적인 중년 주부의 삶과 현실 속 중년 주부의 삶을 동시에 보여준다. 이로써 시청자들에게 이상적인 것처럼 보이는 삶도 완벽한 것이 아니라는 위로와 억압적인 삶 속에서도 가부장적인 권위를 뚫고 나갈 수 있다는 응원을 동시에 전한다.

가부장적 남성성의 해체와 '고개 숙인 남자', 박창규와 이병호

일반적으로 '고개 숙인 남자'27의 형상이 한국에 등장한 시기를 1997년 IMF 시기로 인식해왔다. 외환위기로 인해 많은 가장이 명예퇴직을 당하고 거리로 내몰렸던 이때, 김정현의 소설 『아버지』는 대한민국 국민의 심금을 울리며 베스트셀러로 소비되었다. 헤게모니적 남성성28에 기준을 둔 '생계부양자'로서의 남성 개념이 깨진 것이다. 하지만 '고개 숙인 남자'의 형상은 그 이전 시기부터 서서히 그 범위를 확장해왔다. 한국 사회에서 남성이 가족 임금을 벌어오는 생계 부양자일 수 있는 시기는 1970~1990년대에 중산층 가정에서만 부분적으로 진행되었던 매우 찰나적인 현상[29]이기 때문이다.

그러므로 헤게모니적 남성성 자체는 IMF 이전부터 이미 흔들리고 있었다. 1980년대 후반부터 1990년대 초반 시기, 전문 교육을 받은 여성들이 자신이 받은 고등 교육을, 중산층 주부의 교양에서 벗어나 직업 전선의 무기로 활용하기 시작하면서 이러한 현상은 급격화되었다.

이러한 균열은 IMF 시기 이전부터 존재해왔다. 이 드라마의 OST 〈타타타〉로 히트를 친 김국환의 또 다른 히트곡 〈우리도 접시를 깨뜨리자〉(1992) 역시 아내를 위해 설거지를 하자는 신세대 남편의 모습을 담은 경쾌한 곡이다, "접시 깬다"고 "세상이 깨어지"지 않는다고 하면서, 아내에게 아내 자신을 위한 시간을 주자고 하고, 주방(한때 금남의 구역이었던)에서 놀자고 하는, 이 노래의 가사는 남녀 성역할의 변화와 가부장제의 해체가 이뤄지고 있는 세태를 반영한다.[30]

박창규는 드라마 속에서 한심애에게 자신의 권위를 부정당했을 경우, 우울해하며 편지를 쓰거나 심애에게 전화를 하여 심애가 자신의 발언을 철회하며 자신의 권위를 세우도록 만든다.(22-23회) 하지만 사돈인 이병호에게 아내에게 지고 사는 남자라는 발언을 듣자, 그 자리에서는 자신이 옳으며 아내의 뜻을 존중해야 한다고 대응한다. 그러나 그렇게 했던 것과 달리, 정작 집에 와서는 심애의 행동을 자신의 뜻대로 통제하려는 모습을 보인다.

창규는 딸 지은과 대발의 결혼식과 약혼식 일정을 사돈인 이병호와 둘이서만 결정하게 된 상황에서 망설이다가, 아내에게 혼날까봐 겁나냐는 말에 충동적으로 결혼식 일정을 결정하고 만다. 그리고 집에는 결혼식 일정을 일방적으로 통보하면서, 심애의 의견과 마음을 다시 살피지 않은 채, 지은과 대발의 결혼을 진행시킨다.(16회)[31]

드라마 후반부에 가면 창규와 심애는 딸 지은의 부탁으로 모델일 하는 것을 아버지 병호에게 들켜 가출한 '사돈 처녀' 성실을 자신들의 집에 머물도록 해주고, 임시로 보호자 역할을 하게 된다. 그러나 이렇게 창규 부부가 몰래 자신의 딸 성실을 숨겨준 사실을 병호가 알게 되고, 병호와 창규는 가장의 권위와 남성성 문제를 두고 논쟁을 한다. 이때 병호는 창규에게 '부권실종의 시대라는 현상에 자네 같은 부류'가 기여한 바가 크다고 하며 창규가 남자 망신을 시킨다고 비난한다. 창규는 병호의 비난과 주장에 맞서면서, 사랑하는 아내와 가정을 공포에 떨게 하는 병호의 방식을 독재자의 삶의 방식이라고 비판한다.(50회)[32] 창규는 자신의 남성성이 거듭 부정당할 때는 병호의 뜻대로 결론을 내리는 쪽으로 응수하기도 한다. 그러나 다시금 병호에게 자신의 삶이 옳다고 강하게 반박하기를 거듭한다. 그럼에도 불구하고 병호와 대화를 나누고 귀가한 뒤, 창규는 전과 달리 병호와 비슷한 방식으로 자신의 권위를 세우려고 시도하는 모습을 보인다.(50회)[33]

물론 이러한 시도는 사돈 양반하고 어울리지 말라며 웃어넘기는 심애에 의해 가볍게 지나간다. 심애가 창규의 발언을 우스갯소리로 넘기면서, 이전 시대 가장의 권위를 회복하고자 하는 창규의 시도는 실패하게 되는 것이다. 이러한 태도는 장남인 정섭에게도 조금씩 영향을 미친다. 민주적인 가정에서 다정하게 두 누나와 함께, 어머니의 일을 도우며 자란 장남 정섭은, 작품 후반부로 가면 부엌일을 거부하고, 장남으로서 합당한 대우를 해달라고 요구한다. 정섭은 집안 살림 분담을 남성성 침해로 여기고, 남성성 되찾기의 행동적 실천으로 집안일의 수행을 거부한다. 더 나아가 그는 자신의 집 여자들이 너무 세기 때문에 집안 남자들이 맥을 못 추고, 여자도 남자도 아닌 중성이 된다고까지 주장한다.(50회)[34]

정섭의 주장은 여권이 높은 가정의 형태에 대한 반발로 일종의 백래시[35]이다. 하지만 정섭의 주장과 달리 사실 박이사의 가장으로서의 권위는 탄탄하다. 집안의 위기 상황에서 줄곧 최종 결정권자는 창규였기 때문이다. 지은의 결혼 외에도, 차녀인 정은이 결혼을 거부하는 상황에서도 창규는 자신이 정은에게 너무 다정하게 대해서 그녀가 정상이 아니게 되었다는 결론을 내리고 딸에게서 냉정하게 정을 끊는 모습을 보인다. 36회에서 38회에 이

르기까지 창규의 모습과 창규의 결정에 따르는 아내 심애와 딸 정은의 모습
은 겉보기에는 가장의 권위를 상실한 것처럼 보이는 부드러운 남성인 창규
가 여전히 실질적인 가장으로서의 권위를 지키고 있음을 보여준다. 오히려
정섭의 발언으로 인해 신세대 남성을 포함한 당대 남성들이 여권신장에 따
른 가정의 변화를 어떻게 바라봤는지를 분명하게 알 수 있는 지점이다. 그
리고 김수현은 박창규라는 인물을 통해 당대 여성들이 바라던 다정한 남편
의 형상을 그리면서도 동시에 현실적인 가장의 모습을 제시했다고 볼 수
있다.

반면 집안의 독재자로 군림하던 이병호는 딸의 가출과, 연이은 아내의
이혼 요구로 큰 충격을 받는다. 이후 병호는 말없이 외박을 하고, 집에 와서
도 말수가 준다. 가출한 딸 성실에 대한 걱정과 함께, 절대적인 가장의 권위
에도 손상을 입은 것이다. 이 때문에 아내인 순자는 자신의 이혼요구로 인
해 병호가 마음의 병을 얻었다고 여긴다.(45회)[36]

끝까지 권위적이던 병호는 성실의 가출 이후로, 자신을 소외시키고 비밀
을 만든 가족들 때문에 큰 충격을 받는다. 자신을 뺀 가족 구성원 모두가
성실의 공모자가 된 것이다. 이로 인해 자신의 가장으로서 권위가 예전 같
지 않음을 느끼던 병호는 창규와 언쟁을 한 후, 조금씩 달라지기 시작한다.
이전에는 창규와 언쟁을 하더라도 언제나 자신이 옳다고 여기던 병호였지
만, 성실의 가출 이후 자신의 가정을 되돌아보게 된 것이다. 병호는 이전에
는 사치스럽다고 무시하던 아내의 소원(특히 문화주택에 살고 싶어하는 소망)을,
나라 경제가 안정된 이후에 들어주겠다고 말한다. 이러한 병호의 발언에
아내 순자뿐만 아니라 가족 모두가 놀란다.(50회)[37] 절대 변하지 않을 것 같
았던 병호 또한 변화하는 세태 속에서 가족을 자신의 뜻대로 좌지우지 할
수만은 없음을 깨닫게 된 것이다. 드라마의 마지막회는 급기야 병호가 몸살
이 난 순자를 대신해서 쌀을 씻다가 순자가 마당으로 나오자 놀라서 쌀
씻던 그릇을 엎는 것으로 끝난다. 마지막의 병호 모습은 다소 급작스러운
변화이기는 하지만, 병호가 일련의 사건과 부침을 겪으면서 가족에 대한

애정을 적절히 표현하는 것이 가장의 권위를 침해하는 것이 아님을 깨달은 뒤의 변화라는 점에서 의미가 있다. 또한 누구라도 시대의 변화 요구를 거부할 수만은 없다는 점을 명시적으로 보여주는 장면이기도 하다.

가부장제의 해체 속에서 두 가장은 가정이 자신의 통제대로만 이뤄지지 않는 경험을 한다. 창규의 경우, 자신의 권위를 내세워 이를 바로잡고자 하지만 실패한다. 그러나 중심이 되는 의사결정은 자신이 주도하고 있으므로 실질적인 가장의 권위를 유지하고 있다고 볼 수 있다. 반면 더 강하게 가정 내 질서를 주도하고 억압하던 병호의 경우, 딸의 가출과 아내의 이혼 요구에 따라 이전의 위상이 깎인 모습을 보인다. 하지만 동시에 가정을 평화롭게 유지하기 위해서는 보수적이었던 이전의 모습에서 탈피해야만 한다는 변화의 필요성을 깨닫는다. 이처럼 부모 공경 및 근검 절약, 분수에 맞는 청렴하고 소박한 삶을 중시하며, 완고한 가부장의 권위를 고수하면서도, 새로운 시대의 변화를 무조건 거부하지도 않는 이병호의 모습은 시청자들의 큰 공감과 호응을 얻게 된다. 그 덕분에 대발이 아버지는 당시 사람들에게 국회로 보낼만한 이상적인 정치 지도자 상으로 부상하였고, 그러한 인물을 실감나게 연기했던 배우 이순재는 국회의원에 당선되기까지 한다.[38] 이는 드라마가 반영한 현실이, 다시 새로운 일상의 의미를 생성하고 현실에 영향을 미치는 상호작용의 대표적인 사례라고 할 수 있다.

새로운 일상으로 제시된 중산층 부부 형상

텔레비전이란 거대한 매체로 인해 생성된 1990년대 초반의 전형적인 형태의 중산층 가정은 이전보다 더 강력한 세대 갈등을 보여준다.[39] 다양한 가치관이 충돌하고 격변하는 사회에서 드라마 속 기성세대의 인물들은 자신이 정답이라고 여겼던 이전 시대의 가치관과 사고방식이 끊임없이 깨지고 공격받는 경험을 한다. 그리고 이와 동시에 새로운 시대의 성역할과 개

넘을 받아들이지 않으면 안 되는 도전적 상황에 직면한다. 이처럼 변화하는 조건에서 이들은 한편으로는 자녀 세대와 대립·갈등하고, 다른 한편으로는 수용하면서 무엇이 정답인지 저마다의 속도대로 끊임없이 고민한다.

〈사랑이 뭐길래〉는 결말에서 가부장적인 가장의 권위를 고수하며 절대 변화하지 않을 것 같던 인물의 변화를 미약하게나마 제시하면서, 새로운 시대의 변화 속에서 표류할 수밖에 없는 위기에 있는 인물형이 어떻게 변화에 대응해 가는지를 보여준다. 이러한 인물들의 변모를 통해 시청자('화면-앞 존재'이자 '세계-로의-존재'[40])들 역시 새로운 시대와 변화를 받아들인다. 즉, 〈사랑이 뭐길래〉는 시청자가 작품 속 새로운 세태의 인물 형상과 세계를 자신의 주변 사회 현상으로 인식하게끔 했다. 이러한 상호작용을 통해, 드라마 화제작이 가족 관계의 변화 및 세대의 변화, 생활방식의 변화에까지 영향을 끼칠 수 있다는 것을 〈사랑이 뭐길래〉는 보여준다.

요컨대 〈사랑이 뭐길래〉는 새로운 시대에 대응하는 1990년대 초반의 중년 여성과 남성의 형상을 통해, 이상적인 형상과 현실 속의 형상을 혼재시켜 기존 중년 부부의 형상을 재현하는 데에서 더 나아가 작가가 바라보는, 그리고 시청자가 원하는 새로운 형상의 중년 부부 형상을 제시하였다. 이를 통해 1990년대 초반의 가정 내 성 역할의 규범을 새롭게 재생성했다고 볼 수 있을 것이다.

공생하는 시청자와 유희하는 웹:
〈스토브리그〉

이광욱

이것은 '야구' 드라마가 아니다

텔레비전 드라마 속에서는 무수히 많은 인생들이 펼쳐지고 있으며, 시청자들은 등장인물의 모습에서 익숙한 자신의 얼굴을 발견하곤 한다. 표면적인 공통점이 전혀 없는 시청자라 할지라도 등장인물의 이야기를 곧 '자신의 이야기'처럼 받아들이는 경우가 적지 않은 것이다. 그리고 이러한 양상은 유독 텔레비전 드라마에서 강하게 발현되는 것처럼 보이기도 한다.

이것은 텔레비전 화면의 크기가 영화 스크린보다 작기 때문일까? 상대적으로 작은 화면 크기는 시청자들로 하여금 자연스럽게 거울을 들여다보는 것과 같은 인상을 주면서 자기 성찰적 효과를 불러일으킬 수 있다.[1] 그러나 이것은 'N스크린' 수용환경이 보편화된 오늘날에 유효한 접근법이라 하기 어렵다. 아니면 상대적으로 긴 텍스트를 장기간 분할 상영하는 텔레비전 드라마의 속성 때문에 생겨난 현상일까? 즉, 회차와 회차 사이의 시간적 격절은 시청자의 개별적 경험을 개입시킬 수 있는 틈으로 작용한다는 것이다.[2] 물론 이것은 설득력있는 가설이지만, 경험적 지평이 상이한 시청자로부터 자연스러운 '자기반영성'을 이끌어낼 수 있는 원리를 모두 설명해주지 못한다.

연극이나 영화 관객의 존재론과 대조되는 시청자의 특수성에 착안해 본다면 어떨까? 연극은 지각 주체(관객)가 지각 대상(배우)으로부터 역으로 관찰당할 수 있다는 점 때문에 당황스러움을 야기하는 갈래이다. 반면, 영화는 관객과 같은 시공간을 공유하지 않기에 보다 안정적인 관람이 가능하다. 이처럼 관객이 관객임을 들키지 않을 때 존재의 의미가 강화된다면, 영화는 관객의 존재도가 가장 강한 극예술의 갈래이며, 연극은 가장 약한 갈래라고 볼 수 있다. 이러한 관점에서 볼 때 텔레비전 드라마는 배우와 시청자가 거의 대등한 위치에 놓이는 양식에 해당한다.[3] 그리고 텔레비전 드라마의 등장인물들은 시청자에게 끊임없이 말을 걸고, 때로는 정면으로 응시하면서 시청자의 생활세계를 환기시킨다. 이러한 과정을 통해 시청자들은 텔레비전 드라마의 공간을 환유적 공간으로, 시청자의 관여성에 의해 치환된 의미로서 읽어낼 수 있게 된다. 즉, 시청자는 텔레비전 드라마가 보여주는 세계를 자신의 주위세계로 인식하며, 이 세계를 통해 끊임없이 자신의 기억을 소환하고 스스로의 현존재성을 인식한다는 것이다. 이것이 텔레비전 드라마에 내재된 '일상성'의 의미이다.[4]

한국의 텔레비전 드라마는 시청자의 '자기반영성'을 유도하는 '일상성'의 미학을 축으로 하여 나름의 방법론을 발전시켜 왔으며, 〈스토브리그〉(정동윤 연출, 이신화 극본, 2019.12.13-2020.2.14, SBS)는 이를 전략적으로 구현한 작품이라는 점에서 주목해 볼 수 있다. '팬들의 눈물마저 마른' 꼴찌 야구팀 '드림즈'가 새롭게 영입된 단장과 함께 변모해나가고, '우승'을 꿈꾸게 되는 이야기를 담아 낸 〈스토브리그〉는 스포츠드라마의 불모지인 한국에서 이례적인 성공을 거둔 작품이었다. 그런데 이 작품에서 주목하는 것은 흔히 스포츠드라마에서 재현해 왔던 '승부'가 아닌 '팀 운영'의 문제였다. 즉, 야구라는 스포츠에 깊은 관심을 가지지 않는 시청자라면 상대적으로 이해하거나 몰입하기 어려운 소재를 취택했던 것이다. 그런데 상당수의 시청자들은 골수 야구팬이 아닐지라도, 심지어 기본적인 야구 룰조차 모르는 경우에도 〈스토브리그〉를 즐겁게 향유했다는 점에서 흥미로운 문제를 야기한다.

그런 의미에서 〈스토브리그〉가 포스터에서 내세우고 있는 카피는 그 자체로 의미심장하다. 르네 마그리트의 파이프 그림을 연상시키듯 〈스토브리그〉는 "이것은 야구 이야기가 아니다"라는 카피를 부각시킨다. 엄연히 야구단 이야기를 다루고 있는 작품이 "야구 이야기"가 아니면 무엇이라는 것일까? 구기 종목 중 경기 시간이 가장 긴 야구는 승부의 추가 끊임없이 요동친다는 점에서 흔히 '인생'에 비유되곤 한다. 그리고 '스토브리그'는 야구 경기가 없는 겨울철이면 난로 앞에 모여 앉은 팬들이 자신이 응원하는 팀의 앞날을 둘러싸고 이야기를 벌인다는 점에서 유래한 용어이다. 즉, 야구는 곧 '인생'이며, '스토브리그'는 장차 도래할 미래를 '꿈꾸는 시간'인 것이다. 기표와 기의의 결합이 자의성에 기초한다고 강조한 소쉬르의 의견을 참조한다면5, 〈스토브리그〉의 기표는 '야구 이야기'지만, 그것에 결부된 기의는 자의적이다. 또한 그 해석의 장은 개별적 시청자가 투사하는 '인생'과 '꿈'의 지향성에 따라 다양하게 변주될 수 있다. 그리고 생산자는 서사의 핵심적 줄기를 따라 시청자들이 자유롭게 조합할 수 있는 레고 블록을 흩어놓으며 전략적 소통을 시도한다.

연대와 상호인정: '도구적 합리성' 넘어서기

〈스토브리그〉는 '야구 이야기'이면서 동시에 '야구 이야기'만은 아니다. 이것은 역설적인 진술이지만 은유적 구조를 내재한 이야기의 보편적 원리이기도 하다.6 즉, 〈스토브리그〉의 시청자들은 야구단 '드림즈'의 이야기를 향유하지만, 동시에 그것이 함의하는 바를 해석하면서 '인생'의 보편적 원칙을 발견하는 존재들이다. 그렇다면 〈스토브리그〉가 구성해 낸 은유의 핵심적 구조란 무엇일까?

주인공 백승수는 만년 꼴찌팀 '드림즈'의 신임 단장으로 임명된 후, 팀의 전력 강화를 위해 주도적으로 행동하는 인물이다. 흥미로운 것은 백승수가 야구에는 문외한에 가까웠다는 점이다. 대신 그는 핸드볼팀과 씨름단의 단장으로 일하면서 팀을 우승으로 이끈 경력을 가지고 있다. 단장 면접 자리에서도 서슴없이 '드림즈'의 치부를 지적할 만큼 냉철한 판단력을 가진 백승수는 분명 '우승청부사'로서의 자질을 갖춘 인물이다.

그런데 그가 선임된 진짜 이유는 따로 있었다. 드림즈의 모기업인 재송그룹은 적자 경영에 허덕이는 야구단을 해체하려 획책하는데, 권경민 상무는 '우승 후 해체'라는 특이한 이력의 소유자인 백승수를 적임자로 지목했던 것이다. 그러나 '해체'가 아닌 '우승'에 방점을 찍고 있던 백승수는 취임 직후부터 모두의 예상을 깨는 행보를 보여주는데, 무려 팀의 프랜차이즈 스타인 임동규를 트레이드하겠다고 선언했던 것이다. 이 과정에서 그가 준비한 프리젠테이션은 '세이버 매트릭스'로 대표되는 통계적 합리성의 세계에 뿌리를 두고 있다. 백승수는 임동규가 타율에 비해 결승타 개수가 턱없이 적은 '새가슴'이고, 승부처인 여름에 약한 대신 가을에만 잘 치는 스탯관리형 타자에 가깝다고 지적한다. 이와 같은 논리는 임동규의 트레이드 대상인 강두기와 WAR(대체선수 승리기여도) 수치를 비교하는 장면에서 정점을 이룬다. 이처럼 백승수가 지닌 무기는 구체적 수치로 환산 가능한 논리적 합리성이었다.

임동규 트레이드를 시작으로 드림즈의 조직 개혁에 착수한 백승수는 선수 선발 때 뒷돈을 받아 온 스카우트 팀장 고세혁을 해고한다. 드림즈 선수 출신이자 터줏대감과도 같던 고세혁을 몰아낼 수 있었던 것은 야구판에 문외한인 백승수가 외려 조직에 적체된 타성으로부터 자유로울 수 있는 인물이었기 때문이다. 그는 "일하다 보면 필연적으로 생길 수밖에 없는 유대감"이 발목을 잡아서는 안 된다고 믿으며 "휴머니스트와는 일하지 않는 것"을 철칙으로 내세운다.

이러한 행보에 주목한다면 백승수는 합리성을 유일한 준거로 삼아 메스를 휘두르는 냉혈한처럼 보이며, 재송그룹의 가치관과도 큰 차이를 보이지 않는다. 그러나 백승수가 내세우는 합리성은 권경민이 생각하는 합리성과 본질적으로 합치될 수 없는 성질의 것이었다. 백승수가 꿈꾸는 '우승'은 야구단이 지향해야 하는 근본적 목표와 맞닿아 있지만, 권경민은 야구단을 운영하면서 동시에 야구단을 와해시키려는 모순적 목표를 지향하고 있기 때문이다. 백승수가 팀의 미래를 예비하는 가치지향적 합리성을 추구한다면 권경민은 재송그룹의 이익을 지상명제로 삼아 도구적 합리성을 맹목적으로 추구하는 인물로 볼 수 있다. '연간 70억 적자'라는 수치만 바라보는 권경민에게 해체 이후 남겨질 사람들의 삶은 중요하지 않으며, 백승수의 필사적 노력은 곧 멸망할 지구에 "사과나무"를 심는 무의미한 일로 비쳐질 뿐이다.

백승수가 '우승'이라는 가치를 지향할수록 '해체'를 원하는 권경민은 그의 행보를 노골적으로 방해하는데, 선수단 연봉협상을 앞두고 무조건적인 예산 30% 삭감을 강요하기에 이른다. 백승수는 선수단의 반발을 극복하며 연봉협상을 빠르게 마무리지을 수 있었지만, 이것이 불합리한 처사라는 것을 알기에 마냥 기뻐하지 못한다. 불합리한 요구를 암묵적으로 용인해 왔던 백승수는 이 일을 계기로 권경민과 대립각을 세우기 시작한다.

이 지점에서 〈스토브리그〉는 백승수 개인이 지향하던 가치론적 합리성의 세계가 공동체 전체의 목표로 확산되는 과정을 그려낸다. 백승수가 매너리즘에 빠져 버린 드림즈에서 되살리고자 했던 '열정의 불씨'가 점차 가시화되는 것이다. 우승을 향한 백승수의 열망이 진심이었음을 깨달은 드림즈 구성원들은 단장의 편에 서기 시작한다. 백승수 역시 구성원들의 진면목을 조금씩 발견하게 되는데, "배부른 돼지"처럼만 보였던 이들이 나름의 실력과 열정을 갖추고 있었음을 깨닫게 되었던 것이다. 파벌 싸움만 일삼는 것처럼 보였던 코치진은 사실 선수 부상방지를 위해 사비까지 들여가며 연수를 받는 사람들이었고, 불성실해 보이던 마케팅 팀장은 과거 광고 판매를 통해 팀의 재정을 흑자로 만들기도 했던 에이스였다. 백승수가 구성원들의 또 다른 "한쪽 면"을 발견하고 인정하기 시작하는 순간, 그들은 '드림즈'의 목표를 위해 꼭 필요한 퍼즐 조각으로 변모한다.

이와 같은 상호 인정의 구조는 상승효과를 불러온다. 매너리즘과 열패감에 빠져 있던 구성원들은 백승수가 제시한 목표를 받아들이게 되면서 동력을 얻고 다시 열정을 불사르게 되었다. 또한 백승수는 드림즈 프런트의 역량을 확인하는 과정을 통해 자신을 괴롭혔던 '마음의 짐'으로부터 벗어날 수 있게 된다. 항상 누군가를 지켜야 한다는 압박감에 시달렸기에 최고의 성과를 만들어내고자 노력해 왔지만, 그는 결국 팀의 해체를 막아내지 못했다. '우승 후 해체'라는 이력이 반복될수록 백승수는 인간 사이의 유대감을 쌓는 일이 후에 더 큰 상처로 되돌아올 수밖에 없음을 절감했을 것이다. 그러나 백승수는 드림즈에서 외려 그를 지키기 위해 애쓰는 구성원들의 모습을 발견하고 조금씩 변화하기 시작한다.

이야기가 진행될수록 보다 넓은 시야로 세상을 바라볼 수 있게 된 백승수의 면모는 그가 임동규의 '진심'을 깨닫는 장면에서 정점을 형성한다. 〈스토브리그〉의 첫 회부터 백승수와 첨예한 대립각을 세웠던 인물이 바로 임동규다. 백승수는 여전히 드림즈에서 은퇴하는 일에 미련을 가진 임동규를 이해하지 못한다. 만년 꼴찌팀인 드림즈에 머무는 것보다 우승 가능성이 높은 바이킹스에서 뛰는 것이 그에게도 이익이 되리라 생각했기 때문이다. 그러나 임동규에게 돈이나 우승보다 더 중요한 가치는 바로 '팬'이었다.

임동규   (말하며 격앙되는) 중학생 때부터 나한테 천원짜리 한 장씩 쥐어 주면서 우리 동규라고 하던 아저씨, 쥐포 한 장 못 판 날도 나보면 손 흔들고 웃어 주는 쥐포 아줌마, 11년 동안 들은 내 응원가. 그물망에 매달려서 내 이름만 부르는 술 취한 아저씨, 또 졌다고 울다가 나만 보면 홈런 치는 아저씨라고 뛰어오는 꼬마애들. 이런 게 어떨 때는 돈보다 낫다고. 알어? 이기는 거밖에 모르는 새끼야.[7]

1년에 144경기를 치르는 한국 프로야구에서 '백승'을 거둔다는 것은 신화적인 일이다. 그의 이름이 암시하는 것처럼 백승수에게 있어 '이기는 것'은 지상 과제이고, '우승'은 누적된 승리가 보장할 수 있는 최상의 결과일 것이다. 그런 그가 팀의 승리에 도움이 되지 않는다고 내쳤던 임동규는 '팬'이야말로 곧 자신의 존재 이유임을 강변한다. 기실 야구 선수에게 '팬'이 없다면, 그리고 그들이 야구를 통해 투영하는 인생의 스토리가 없다면 야구란 아무 생산성이 없는 '공놀이'에 불과할 수밖에 없다.

〈스토브리그〉에 투사된 도구적 합리성의 세계는 주로 권경민의 말과 행동을 통해 형상화되지만, 사실 그는 재송그룹의 의지를 실현하는 대리자에 가깝다. 그 꼭대기에는 재송그룹 회장 권일도가 군림하고 있다. "사람을 사람으로 안 봐서 여기까지 왔다"고 공공연하게 이야기하는 냉혈한인 권일도는 조카인 권경민이 일을 잘 하면 신뢰하는 듯 보이지만, 그의 심기를 불편하게 하면 즉시 돌아서기도 하는 인물이다. 그렇기에 권경민은 그의 기분을 맞추는 일에 온 신경을 곤두세울 수밖에 없다. 그런 의미에서 재송그룹이 추구하는 '도구적 합리성'은 결국 천박한 욕망에 의해 지배되는 비합리성의 세계를 표상한다.

대놓고 드림즈의 해체를 선언한 권일도에 맞서 백승수는 "투자 의지도, 예의도 없는" 재송그룹을 드림즈의 역사에서 지워 버릴 때가 되었다고 선언한다. 정규시즌을 앞두고 시범경기에 돌입하면서 '스토브리그'의 주요 과업들은 끝났지만, 이제 가장 중요한 과업 즉, '매각협상'이 최종적 과업으로서 제시된다. 이는 '도구적 합리성'과의 절연을 의미한다는 점에서 〈스토브리그〉의 주제를 가장 명징하게 드러내는 국면이기도 하다. 이 과정에서 백승수와 내내 대립해 왔던 권경민이 조력자로 변모하고 결국 재송그룹을 스스로 떠날 수 있게 되었다는 점 역시 의미심장하다.

매각은 성공리에 끝났지만, 백승수에게 부여된 '단장의 시간'은 끝났다. 드림즈를 인수한 PF가 백승수의 파격 행보에 부담을 느끼는 주주들이 많다는 이유로 단장 교체를 요구했기 때문이다. 백승수는 자리에 연연하는 대신 드림즈를 위해 떠나는 길을 택한다. 어쩌면 〈스토브리그〉는 '우승'을 목표로 노력해왔던 백승수가 종국에 패배하고 마는 이야기처럼 보인다. 그러나 그는 어릴 적부터 드림즈 홈구장에서 아빠와 추억을 쌓아 왔던 이세영의 이야기를 듣는 동안, 자신이 지켜낸 곳이 누군가에게는 큰 의미가 될 수 있음을 깨닫는다. 드림즈에서 보낸 몇 달은 백승수에게 "처음으로 뭔가를 지켜낸 걸로 기억"될 것이며, 그는 그 기억과 함께 과거의 상처를 치유해나갈 수 있게 될 것이다.

〈스토브리그〉는 '꿈'과 '이상'이라는 가치지향적 합리성의 세계가 수치와 데이터로 환산 가능한 도구적 합리성의 세계에 맞서는 과정을 은유적으로 보여준다. 그런 의미에서 〈스토브리그〉에서 소재로 삼은 야구가 어떤 스포츠보다 숫자와 효율성을 중시한다는 점은 흥미로운 대목이다. 백승수는 "효율성과 숫자에 집착해서 수단 방법을 안 가리고 일하면" 목표를 달성할 수 있으리라 여겼고, 혼자 힘으로 누군가를 책임져야만 한다고 믿었던 사람이었다. 그러나 그는 드림즈의 동료들 역시 자신을 책임지고 있었음을 이해하게 되면서 조금씩 변화하기 시작한다. 즉, 도구적 합리성의 폭력에 저항하기 위해서는 서로 돕고 연대해야 한다는 것이다. 이러한 상호 인정의 과정을 거치며 가치지향적 합리성의 세계는 공동의 목표로 확장되고 심화될 수 있었다.

푼크툼의 대위법: 아버지의 빈 자리와 성장의 의미

백승수는 끝내 드림즈를 떠나게 되었지만, 그가 꿈꿔왔던 것처럼 드림즈는 한국시리즈에 진출한다. 바로 그날, 백승수는 권경민의 소개로 재취업 기회를 얻는다. 권경민은 면접장으로 향하는 백승수에게 전화를 걸어 "야구도 이제 겨우 익숙해졌는데" 다른 종목은 자신 있느냐고 묻는다. 백승수는 해 봐야 하겠지만 그래도 "열심히는" 할 거라 답하며 전화를 끊는다. 그리고 다음 순간 백승수는 정면을 응시하며 "다들 그렇지 않습니까"라 반문한다. 이어지는 장면에서 커다란 문을 활짝 열어젖힌 그는 환하게 쏟아지는 빛 속으로 걸어들어간다.

  백승수의 마지막 대사는 누구를 향한 질문이었을까? 백승수가 화면의 정면을 바라보는 순간 그 대사가 향하는 곳은 명확해진다. 그곳은 카메라가 놓여 있는 곳이며, 동시에 카메라의 렌즈와 자신의 눈을 일치시킨 시청자들이 존재하는 곳이다. 백승수가 금기시된 공간을 바라보는 순간 대사는 디제시스의 경계를 넘어 시청자들을 향한 질문으로 전환된다. 더 나아가 백승수는 시청자들과의 눈맞춤을 통해 지금껏 자신의 삶을 지근거리에서 지켜봐온 그들의 존재를 의식한다. 즉, 당신들 역시 합리성을 가장한 불합리 속에서 상처받고 좌절하는 게 다반사 아니겠느냐고, 그렇지만 포기하거나 체념하지 않고 끝끝내 버텨내고 있지 않느냐고, 다시 말해 "다들 그렇지 않습니까"라고 되묻는 것이다.

  이러한 과정을 통해 〈스토브리그〉에서 펼쳐진 '드림즈'의 이야기는 시청자 개개인의 일상과 상호침투의 양상을 띠며 접맥된다. 백승수가 열어젖힌 문 뒤의 세계는 이제 시청자가 채워야 할 미정형의 공간으로 변모한다. '쏟아지는 빛' 때문에 어떠한 단서도 확인할 수 없는 문 너머의 세계는 백승수의 앞날에 대한 은유인 동시에, 〈스토브리그〉를 통해 자신의 모습을 발견한 시청자의 미래 삶에 대한 은유일 것이다. 이것은 엄연히 '야구 이야기'지만, 단순히 '야구 이야기'일 수만은 없는 해석적 지평이 탄생하는 순간이다.

  사실 카메라를 똑바로 응시하는 등장인물의 모습 자체가 새로운 것은 아니다. 그러나 백승수의 응시, 더 나아가 텔레비전 드라마에서 사용되는 정면 응시는 '지각적 충격'이나 '메타픽션'의 효과로 모두 설명하기 어려운 독특한 인상을 만들어낸다. 오히려 클로즈업으로 포착해낸 백승수의 응시는 매우 친숙하게 느껴지는데, 이는 텔레비전 드라마의 시청자들이 등장인물들의 은밀한 대화, 심지어 그들의 회상과 기억에 이르기까지 일거수일투족을 매우 근거리에서 지켜봐 왔기 때문이다. 그러므로 시청자들에게 백승수와의 눈맞춤은 자신의 위치를 역으로 관찰당한 당혹감으로 다가온다기보다는 서로의 삶에 깊숙이 개입한 상호관계의 친밀함을 재확인하는 행위에 가깝다. 이처럼 텔레비전 드라마 감상행위는 시청자의 실제 삶과 드라마

세계의 상호침투적 성격을 제외하면 설명하기 어렵다.

한편, 시청자가 투사하는 주관성은 롤랑 바르뜨가 제시했던 '푼크툼' 개념을 연상시킨다. 그는 사진을 보며 느낀 주관적 감흥이야말로 사진을 매력적으로 느끼게 만드는 요소라 강조하는데, 사진 속에는 "환원 불가능한" 어떤 것이 존재하며, 그것은 푼크툼의 어원처럼 자신을 찌르고 들어오는 무의식적인 요소라는 것이다. "좋아한다"라는 객관적이고 규범적인 판단(스투디움)을 넘어 "사랑한다"의 영역에 진입하도록 만드는 요소가 바로 '푼크툼'이다.[8]

상대적 독립성을 지닌 서사들과 그에 결부된 장면화의 요소들은 이른바 푼크툼을 유도할 수 있는 것들이다. 특정한 이미지, 대사, 화소들은 화살처럼 날아와 시청자에게 깊은 인상을 남기며, 때때로 그것은 작품을 사랑하지 않을 수 없게 만드는 요인이 된다. 또한 그 강렬함은 그것을 체험하는 수용자 개개인의 고유한 삶과 불가분의 관계를 지니고 있다. 그런 의미에서 텔레비전 드라마에 나타난 작은 서사들의 배열은 등장인물의 삶과 시청자의 인생에 보다 넓은 접촉면을 만들어 낼 수 있는 가능성을 증대시킨다는 점에서 전략적 유효성을 갖고 있다.

특히 '부성(父性)'과 그에 결부된 책임감 내지 죄책감의 문제는 〈스토브리그〉에서 반복적으로 형상화된 모티프 중 하나다. 유독 냉정하고 성마른 백승수의 모습은 사실 그가 겪어야 했던 과거의 상처로부터 기원한 것이었다. 백승수의 트라우마는 태중의 자녀를 한번 안아보지도 못한 채 떠나보내야 했던 기억이다. 그가 아이의 죽음에 직접적인 원인을 제공한 것은 아니었지만, 그가 감내해야 했던 연쇄적 비극의 끝자락에 놓인 이 사건은 끊임없이 백승수를 죄책감 속으로 몰아넣는다. 백승수가 잃어버린 아이에 대해 생각할수록 이 모든 비극은 생생하게 되살아나는 바, 스스로 행복해져서는 안 된다고 생각하는 백승수는 상처를 극복하지 못한 채 아내와도 이혼하고, 누구에게도 자신의 곁을 내어 주지 않는 인물이 되어 버렸다.

그러나 길창주와의 만남은 백승수가 과거로부터 자유로워질 수 있는 계기를 제공한다. 현지 가이드로 고용한 길창주는 사실 메이저리그까지 진출

했던 유망주 투수였지만, 병역 면탈자라는 오명을 뒤집어 쓴 채 잊혀진 선수가 되어 버린 상태였다. 과거의 영광을 그리워하기보다 가장으로서의 책임을 다하고 싶었던 그의 절박함을 확인한 백승수는 여론의 질책을 감수하며 그를 영입하기로 한다.

그런데 길창주는 어렵게 마운드에 설 기회를 얻게 되었음에도 불구하고 시즌이 끝난 뒤에 국적을 회복하여 자진 입대하겠다고 선언한다. 백승수는 그를 만류하기 위해 찾아가지만, 길창주는 아이에게 떳떳한 아버지가 되고 싶다며, 외려 기회를 준 백승수에게 감사해 한다. 그리고 길창주의 아내가 태어난 지 얼마 되지 않은 아기를 안고 나온다.

아기를 보는 순간, 백승수는 떠나보낸 자식과 환자복을 입은 자신의 아내를 떠올린다. 눈시울이 붉어진 백승수의 표정을 읽지 못한 채 길창주와 그의 아내 인경은 백승수에게 아기를 안아 달라고 부탁한다. 그는 "아이를 안지 못한다"며 망설이지만, 끝내 아기를 받아 안게 된다. 백승수는 등을 돌린 채 "저 같은 사람이 아이를 안아도" 되겠느냐며 울먹인다. 그가 안아든 '아이'는 그가 죄책감에 짓눌려 스스로 포기하고자 했던 행복을 의미한다. 길창주는 자신의 가정에 보물 같은 행복을 허락해 준 사람이 다름 아닌 백승수라고 생각했기에 서슴없이 아기를 안겨줄 수 있었고, 이 순간 백승수의 품에 안긴 아기는 그 역시 행복하기를 바라는 드림즈 구성원들의 바람을 의미하게 된다. 이어지는 장면에서 전처를 만난 백승수가 앞으로는 "좀 웃으면서" "일도 즐겁게" 하고 싶다고 말하는 것은 그가 미래를 향해 나아갈 준비가 되었음을 분명하게 보여준다. 이제 백승수는 가족을 지키지 못했던 과거로부터 벗어나 재송그룹의 음험한 의도에 맞서 드림즈라는 새로운 가족을 지켜내고자 한다.

한편 '부성'이라는 모티프는 누군가의 아버지가 되어 무언가를 지켜내는 문제인 동시에, 누군가의 자녀로서 '부성'을 체험하는 과정으로도 형상화된다. 그런데 〈스토브리그〉에서 주목할 수 있는 것은 '부성'의 결여에 대한 체험이다. 더 나아가 〈스토브리그〉는 인물들이 조력자를 만나 결여를 극복하는 과정, 다시 말해 성장담의 전형적인 방식 또한 도입하고 있다.

그런 의미에서 등장인물 중 가장 신참자에 해당하는 유민호의 이야기에 주목해 볼 수 있다. 그는 '잘 해야 한다'는 강박에 시달리는 인물이다. 부모 대신 자기를 키워 준 할머니의 은혜를 갚으려면, 단순한 유망주가 아닌 주축 선수가 되어야 한다고 생각한 것이다. 이러한 조급증은 심리적 강박으로 이어지고 그 결과 그는 입스(YIPS) 증세를 보이게 된다. 스트라이크를 던질 수 없는 투수는 야구선수로서 아무 짝에도 쓸모가 없는 존재에 불과하다. 바이킹스와의 연습경기에 기용된 유민호는 볼넷을 남발하지만, 투수코치는 그를 강판시키는 대신 새로운 미션을 준다.

> 최용구　　지금부터 내가 너한테 미션을 두 개 준다. 임동규를 삼진으로
> 　　　　　잡거나...
> 유민호　　그걸 제가...
> 최용구　　그게 안 되면... 임동규한테 홈런을 맞는다.
> 유민호　　네? 9

아이러니하게도 투수코치는 공을 던져 얻을 수 있는 최상의 결과와 최악의 결과를 동일한 선택지로 제시한다. 그러나 두 개의 결과는 하나의 전제를 공유하고 있다. 즉, 투수가 타자와의 승부를 피하지 않고 '스트라이크'를 던져야 한다는 것이다. 결국 유민호는 임동규에게 역전 홈런을 맞고, 이후에도 처참할 만큼 난타를 당하지만 끝끝내 올라가지 않는 전광판의 볼넷 개수는 유민호가 두려움을 이겨내고 싸울 수 있게 되었다는 점을 암시한다.

운영팀장 이세영의 성장서사 역시 〈스토브리그〉가 구성해 낸 또 하나의 축이다. 주목할 것은 이세영 역시 '아버지'의 부재를 체감한다는 점이다. 〈스토브리그〉는 이세영과 엄마가 대화를 주고받는 장면을 틈틈이 삽입하는데, 거실을 배경으로 펼쳐지는 대화 속에서 아버지는 한 번도 모습을 드러내지 않으며, 이세영의 시선이 머문 침실의 사진 속에서만 존재하는 부재의 표상이다. 이세영은 야구에서 인생의 동력을 얻었던 아버지를 추억하며,

야구를 통해 아버지의 빈 자리를 견뎌나간다.

백승수를 떠나보내는 자리에서, 이세영이 처음으로 아버지에 대해 이야기한다는 점은 여러모로 의미심장하다. 시청자와 같은 눈높이에서 백승수의 행보들을 관찰해왔던 이세영은 이제 아버지와의 추억을 보존하기 위해, 그리고 백승수와 공유한 가치들을 지켜내기 위해 '드림즈'를 이끌어야 하는 것이다. 대망의 한국시리즈 시작을 앞두고, 선수들과 프런트 직원들은 복도를 가로질러 앞으로 나아간다. 이 때 유일하게 뒤를 돌아보는 이가 이세영이다. 그리고 이세영은 순백의 롱코트를 입고 있는데, 이는 백승수가 트레이드 마크처럼 즐겨 입었던 검은 코트를 연상시킨다. 그러나 상반된 색깔이 암시하듯 이세영은 백승수가 품었던 가치들을 자기만의 색깔로 계승해 나갈 것이다.

이처럼 작고 독립적인 화소들은 그 자체로 시청자를 매료시키기도 하지만, 전반적 주제의식과 결부되는 통합적 구조의 형성에 기여하면서 시청자의 총체적 감상행위를 유도하는 요인이기도 하다. 즉, 텔레비전 드라마의 '입덕 포인트'는 다양할 수 있지만, 동시에 그것들은 총체적 감상이라는 목표로 고양되는 과정 또한 거치게 된다는 것이다. 바르뜨는 역시 스투디움과 푼크툼이 "고전적 소나타 형식" 즉 대위법적 관계를 구성하는 것이며, 또한 푼크툼적인 상처들은 결국 마지막 사유 속으로 결집된다고 지적한 바 있다.[10]

〈스토브리그〉에 나타난 화소들 역시 마찬가지다. 유민호의 입스 극복을 위한 처방이 '정면승부'였음을 상기한다면, 이는 재송그룹의 불합리한 처사에 저항조차 하지 못했던 '드림즈' 구성원들이 드림즈를 살리기 위해 자발적으로 뛰어드는 이야기와 맥을 같이 한다. 또한 장애를 이겨내고 자기를 증명하는 데 성공한 백영수와 최초의 편견을 시정하며 가장 든든한 우군으로 변모한 전력분석팀장 유경택의 이야기는 상호인정을 통해 단단해지는 공동체의 연대의식과 결부되어 있다. 더 나아가 결여와 과거의 상처를 극복해낸 인물들의 '개인적 서사'는 열등감과 매너리즘에 빠진 '드림즈'가 새로운 미래를 꿈꾸는 '공동체의 서사'와 맞물려 대위법적 효과를 산출해낸다.

네버 엔딩 스토리: 소환되는 캐릭터와 시냅스로서의 웹

텔레비전 드라마의 시청자는 집단적 관객성을 형성하는 연극이나 영화의 관객과 달리 원자화된 존재로 여겨져 왔지만, 디지털미디어의 급속한 발달과 함께 웹은 새로운 소통 공간으로 주목받기 시작했으며, 텔레비전 드라마를 통해 생성된 정동은 교환의 장 속으로 진입할 수 있게 되었다. 비동시성을 골자로 한 웹 공간의 속성은 텔레비전 드라마의 텍스트를 상이한 맥락 속에 재배치할 수 있도록 해준다. 과거에 방영되었던 작품들이 연속 스트리밍으로 소환되는 가운데 새로운 의미를 만들어내고, 캐릭터의 대사와 행동들은 밈으로 재탄생되어 영생을 누리게 된다. 또한 시청자의 적극성은 텍스트의 경계를 초월한 서사의 연속성과 분기 가능성을 구성해낸다. '시즌제'를 요청하는 열망과 향후 전개에 대한 수많은 '뇌피셜'들이 횡행하는 웹 공간이란 텍스트에 대한 시청자의 틈입 욕망을 전시하는 장이라 할 만하다.

텔레비전 드라마 수용자 연구에 있어 가장 유력한 분석대상은 '시청자 게시판'이었다. 인터넷 문화가 확산됨에 따라 생겨나기 시작한 시청자 게시판은 텔레비전 드라마 제작과 방영 주체들이 공식적으로 운영해 왔으며, 오늘날까지도 여전히 유지된다는 점에서 전통적인 동시에 준제도적 양식이다. 그런 의미에서 두 달 남짓한 방영 기간 동안 시청자 게시판에 달린 500여 개의 게시글은 〈스토브리그〉의 시청자들이 형성해 낸 공론장의 성격과 해석 공동체로서의 정체성을 확인할 수 있게 해 준다.

시청자 게시판을 통해 확인할 수 있는 시청자들은 크게 두 부류로 나뉜다. 골수 야구팬들은 드라마의 현실 고증에 문제를 제기하거나, 자신이 응원해 온 팀의 '흑역사'를 떠올리며 과몰입하는 경향을 보였다. 반면, 평소 야구를 즐겨보지 않지만 〈스토브리그〉를 은유적 구조로 읽어내면서 '드라마적 허용'에 비교적 관대한 입장을 보이는 시청자들도 적지 않았다. 그런데 이들은 〈스토브리그〉의 방송사인 SBS의 정책이 드라마의 완성도를 저해한다는 점에 대해 일종의 콘센서스를 형성해내고 있는 것을 확인할 수 있다.

　돌발적 변수나 편성 논리에 의해 텔레비전 드라마가 결방되는 것은 흔하게 일어나는 현상이지만, 유독 〈스토브리그〉는 결방이 잦았던 드라마였다. 누적되어 가던 시청자들의 분노에 불을 붙인 것은 중간광고 삽입 횟수를 늘리기 위해 한 회차의 방송 내용을 2회에서 3회로 분할시킨 일이었다. 시청자 게시판에는 SBS의 행태가 시청자를 우롱하는 행위라 비난하는 의견들이 폭증했고, 게시글에 동조하는 댓글의 수도 크게 늘어났다. 한 시청자는 이럴 거면 차라리 야구처럼 9회로 나누어서 방영하라고 일침하기도 했으며, 앞으로 본방송을 보는 대신 다운로드 받아 볼 것이라 선언하는 이들도 생겨났다.

　주목할 것은 문제를 제기한 시청자들이 SBS의 행태와 재송그룹의 전횡을 겹쳐놓으며 사태를 읽어냈다는 점이다. 중간광고와 PPL 문제를 성토했던 한 게시글에 달린 댓글은 "SBS 방송사도 모기업의 지원이 부족한가 보네요. 근데 이 방송사가 모기업이 있나요?"라 비꼬고 있다. 다른 댓글에서도 "드라마에서 모기업, 모기업" 하더니 현실에서도 모기업의 광고 압박이 있는 것이냐며 유사한 반응을 보여주었다. 즉, "드림즈에 권경민 사장이 있다면 〈스토브리그〉에는 SBS"가 있다는 것이다.

　다시 말해, 시청자들은 〈스토브리그〉에 나타난 도구적 합리성의 세계에 대한 저항의식을 자신들의 감내해야 했던 시청환경의 변화 과정에 그대로 투사해낸다. 광고 수익에 대한 방송사의 욕망은 적자투성이 야구단을 해체하려는 재송그룹의 의도와 동일시되고 있으며, 그로 인해 위기를 겪는 드림즈에 대한 연민의 시선은 시청률 상승기류를 타고 있던 〈스토브리그〉의 제작진에 대한 걱정과도 맥을 같이 하게 된다. "팬을 잊은 구단에게 미래는 없다"고 역설한 백승수의 전언은 "시청자를 무시한 방송사는 보이콧해야 한다"는 선언으로 재탄생한다. 이는 허구에 기반한 텔레비전 드라마를 자신의 실제 삶과 결부된 은유적 구조로서 읽어낼 수 있었던 시청자의 적극적 의미화 작용이 드러난 흥미로운 사례에 해당할 것이다.

　텔레비전 드라마가 웹을 소통 공간으로 활용할 수 있게 되면서 현저해진 현상 중 하나는 상호작용성이 강화되어 간다는 점이다. 그리고 댓글을 통해 표명되는 시청자들의 욕망은 '시즌 2'에 대한 요청으로 초점화된다. '시즌 2'의 향방을 점치는 시청자들의 '뇌피셜'과 함께 '백승수'는 끊임없이 부활하며, 다양한 면모로 재탄생한다. 적어도 웹 공간에서 〈스토브리그〉와 백승수의 여정을 종결시킬 수 있는 유일한 주체란 시청자들뿐이다. 그런 의미에서 〈스토브리그〉는 뉴욕 양키즈의 전설적 포수 요기 베라의 명언처럼 "끝날 때까지는 끝난 게 아닌" 상태에 머물고 있으며, '뇌피셜'의 유일한 종결 방법은 '시즌 2'를 제작하는 일뿐이다.

더 나아가 레거시미디어로서의 텔레비전 드라마가 웹에서 기원한 유희적 상상력에 기댄 기획을 출현시켰다는 점도 주목할 만하며, 백승수 역할을 맡았던 배우 남궁민이 주연한 〈천원짜리 변호사〉는 그 일면을 잘 보여준 작품이었다. 거대로펌의 대표인 백현무는 손녀인 백마리에게 자신의 회사에 입사하려면 괴짜 변호사로 알려진 천지훈의 밑에서 시보 생활을 마쳐야 한다는 조건을 내건다. 결국 백마리는 자신의 정체를 숨긴 채 천지훈과 일하기 시작하는데, 사건 조사차 함께 할아버지를 만나게 된다. 그런데 백마리와 백현무 사이에 감돌던 묘한 분위기를 감지한 천지훈은 그의 정체를 의심한다. 백마리는 "뭐, 백씨가 한둘"이냐며 반박하고, 유명한 백씨들을 나열하는데, 백종원, 백지영, 백윤식을 거쳐 튀어나온 이름은 다름 아닌 백승수다. 천치훈은 천연덕스럽게 〈스토브리그〉를 언급하며 '시즌 2' 제작에 대한 희망을 내비친다. 뒤이어 백마리는 "변호사님도 몰라요?"라고 묻는데, 이는 순간적으로 〈천원짜리 변호사〉의 디제시스 경계를 넘어서는 질문이다. 즉, 〈스토브리그〉 시즌 2가 제작된다면 주연배우인 남궁민이 응당 알고 있으리라는 점을 전제로 한 질문이었던 것이다. 백마리의 질문 직후 삽입된 〈스토브리그〉 OST와 천지훈의 당황스러운 표정은 자연스럽게 배우 남궁민을 매개로 천지훈과 백승수를 겹쳐 보이도록 만드는 효과를 가져온다. 여러 모로 화제가 된 이 장면이 공개된 후, 〈스토브리그〉 시즌 2에 대한 기대감이 증폭되었으며, 조만간 제작이 가시화된다는 소문까지 떠돌았다.

두 작품은 같은 방송사를 통해 방영되었는데, 근래 들어 SBS는 개별적 드라마 세계들의 연관성을 암시하며 일종의 '드라마틱 유니버스'를 시도하고 있는 것처럼 보인다. 이처럼 배우의 이미지를 매개로 캐릭터를 중첩시키는 모습은 〈천원짜리 변호사〉와 〈모범택시 2〉의 관계에서도 찾아볼 수 있다. 〈모범택시 2〉는 아예 천지훈의 캐릭터를 그대로 차용하여 상이한 디제시스가 교차하는 지점을 형상화한다. 김도기의 아지트인 '무지개운수'를 찾아 온 천지훈은 트레이드 마크와도 같은 선글라스와 체크무늬 정장 차림으로 등장한다. OST의 삽입을 통한 효과는 물론이고, 종이컵에 싸구려 커피를 마시는 특징적 행동이나, 나른하면서도 유들유들한 특유의 말투 역시 그대로 유지된다.

흥미로운 것은 배우 남궁민의 특별출연이 〈천원짜리 변호사〉에 까메오로 출연했던 배우 이제훈에 대한 품앗이 성격을 띠고 있다는 점이다. 그는 레드카펫에 선 유명 영화배우 역할로 출연하여 짧게 얼굴을 비춘 바 있다. 한편, 이 장면이 많은 사람들의 관심을 끌었던 것은 두 배우가 이미 이전에도 특별출연을 통해 인연을 맺었기 때문인데, 그 작품이 바로 〈스토브리그〉였다. 그런 의미에서 〈스토브리그〉를 언급하고, 배우 이제훈을 출연시켰던 〈천원짜리 변호사〉는 일종의 징검다리 역할에 해당한다. 이제훈은 드림즈를 인수하게 되는 기업 PF의 대표로 등장하여 백승수와 치열한 논전을 주고받았는데, 주연급 배우인 그의 깜짝 등장은 시청자들의 관심을 끌기에 충분했다. 이후 '시즌 2' 제작에 대한 열망 못지 않게, 두 배우의 조합을 다시 보고 싶다는 의견이 대두되었음을 고려한다면, 〈스토브리그〉는 〈모범택시 2〉에까지 이어진 '캐릭터 놀이'의 진원지라 할 만하다.

다만, 그 유희를 둘러싼 정동은 단순히 매력적인 두 배우를 '투샷'으로 볼 수 있다는 흥미에만 국한되지 않는다. 〈스토브리그〉에서 'PF 대표'는 '성공'의 의미를 둘러싸고 백승수와 논쟁을 벌인다. 논리를 강조하고, 효율성과 집약성을 신봉해 온 'PF 대표'의 모습은 '재송그룹'으로 대표되던 '도구적 합리성'의 또 다른 일면이다. 그러나 백승수는 표면적인 성장을 핑계로 그가 방기해야 했던 근원적 가치들을 상기시킨다. 즉, "Playground Friends"를 함께 만들었지만, 지금은 회사 이름에만 흔적처럼 남겨진 친구들과의 우정, "건전한 방식으로 사회에 이익을 환원"하겠다는 어린 시절의 다짐이 그것이다. 그리고 백승수와 드림즈의 여정을 지켜봐 온 시청자들은 그의 설득에 자신의 경험과 깨달음으로부터 비롯된 진정성이 담보되어 있음을 이해한다. 결국 백승수의 제안을 받아들인 'PF 대표'의 모습은 〈스토브리그〉를 통해 지켜내고자 했던 가치들이 '드림즈'의 미래를 통해 지속되리라고 기대하게 만들어 준다.

PF 대표는 이사회의 압력에 못 이겨 백승수에게 해고를 통보하지만, 진한 아쉬움을 드러내며 그에 대한 호감을 보여준다. 다른 관점과 가치관에서 출발했지만 이제 두 사람은 서로의 지향점을 이해하고 인정하는 사이가 되었다. 그렇기에 두 명의 캐릭터 내지 배우가 보여 주었던 케미스트리는 단순히 '얼굴합'의 문제로 환원시킬 수 없다. 분량상으로는 몇 씬에 불과하지만 두 사람의 만남과 헤어짐은 〈스토브리그〉의 주제의식을 축약적으로 보여주는 장면이기 때문이다. 또한 그들이 함께 그려나갈 미래의 이야기는 미정형의 가능성으로서 시청자들에게 이행된다.

그리고 그 기대지평의 연장선에 〈모범택시 2〉가 놓여 있다. 주인공 김도기는 억울한 사연을 가진 이들에게 '사적 복수 대행 서비스'를 제공하는 '무지개운수'의 모범택시 운전수이다. 천지훈은 비싼 수임료 때문에 법의 도움을 받지 못하는 이들을 위해 "천원짜리 변호사"를 자처하는 인물이다. 그렇지만 천지훈은 법으로 모든 문제를 해결할 수 없다는 점을 이해하고 있으며, 도움이 필요한 사람이 있다면 자신에게도 보내 달라며 김도기에게 명함을 건넨다. 이처럼 천지훈과 김도기는 '법'이라는 방법론에 있어 대조적인 입장을 취하지만, '정의'를 구현하겠다는 근원적 목표를 공유한 관계다. 그런 의미에서 두 배우의 재회는 〈스토브리그〉에서 제시되었던 인물구도와 주제의식을 다시금 환기시킨다. '백단장'과 'PF 대표'가 펼쳐나갈 '시즌 2'를 희망하던 시청자들의 '뇌피셜'이 현실화되는 순간이다. 그리고 '드라마틱 유니버스'를 방불케 한 '캐릭터 놀이'의 양상은 웹 공간에서 저류하던 욕망들이 레거시미디어를 통해 용출할 수 있는 가능성 또한 보여주었다.

그렇게 '인생드라마'가 된다

텔레비전 드라마는 무수히 많은 인생들이 별빛처럼 명멸하는 밤하늘과도 같다. 시청자들은 각자의 창을 통해 멀리서 그곳을 바라본다. 그러나 그저 바라만 보는 것은 아니다. 그들은 나름의 가상선을 그으며 자기만의 별자리를 완성하는 존재다. 이러한 과정을 거치는 동안 아득하게만 보였던 별들과 그 속에 담긴 이야기들은 손에 잡힐 듯한 실감으로 육박하게 된다.

그리고 시청자들은 텔레비전 드라마가 제시한 가상의 디제시스를 자기 인생의 서사로 치환해낸다. 이러한 자기반영성은 텔레비전 드라마를 일종의 은유적 구조로 읽어내는 과정에서 발생한다. 그런 의미에서 엄연한 '야구이야기'인 동시에 '야구이야기'만은 아닌 〈스토브리그〉는 텔레비전 드라마의 은유적 구조를 명징하게 보여 준 작품이라 할 만하다.

텔레비전 드라마 팬들은 최상급의 작품을 일컬어 '인생드라마'라고 부르곤 한다. 지금까지의 생애를 통틀어 볼 때 최고의 작품이라는 의미다. 여기에 더해 텔레비전 드라마의 허구가 곧 '나의 인생'과 직결된 이야기임을 발견했다는 의미 또한 결부되어 있을 것이다. 텔레비전 드라마를 통해 시청자들은 앞으로의 삶을 위한 동력과 깨달음을 얻으며, 그 과정에서 느낀 감동은 가치평가의 중요한 기준점이 되기 때문이다.

텔레비전 드라마는 '미학적 가상'의 성채에 머무는 대신 시청자의 일상에 틈입하며, 그들의 '인생'에 실감과 현존재성을 부여한다. 시청자들은 아득히 먼 곳에서 펼쳐지는 텔레비전 드라마 속의 이야기일지언정 자신의 삶을 발견하고자 욕망하며, 웹 공간을 통해 드라마 팬덤으로서의 동질감을 향유하고자 한다. 다시 말해 텔레비전 드라마를 자신의 일상 속으로 초대하여 함께 살아가는 것이다. 텔레비전 드라마가 더이상 미학적 관조의 대상이 아닌 사랑의 대상으로 느껴질 때, 그렇게 '인생드라마'가 된다.

02
시공간을 넘는 현실성
actuality

환상과 반전이 만들어내는 공감과 위로:
〈눈이 부시게〉

박미란

'시간 이탈'에서 '기억 이탈'로

텔레비전 드라마 〈눈이 부시게〉(김수진·이남규 극본, 김석윤 연출, JTBC, 2019. 2.11-3.19.)는 알츠하이머를 앓고 있는 치매 노인의 기억을 통해 삶의 소중함과 아름다움을 역설한 작품으로, 마지막회의 시청률이 9.7%를 웃돌 정도로 시청자들의 관심을 끌었다. 제55회 백상예술대상 TV 부문에서 김혜자가 대상을 받으면서, 삶의 눈부심과 현재의 중요성을 당부하는 주인공 혜자의 내레이션을 수상소감으로 언급하며 다시 한번 화제가 되기도 했던 〈눈이 부시게〉는 대중들에게 큰 공감과 위로를 주면서 작품성과 대중성을 모두 지닌 작품으로 인정받았다.

"같은 시간 속에 있지만 서로 다른 시간을 살아가는 두 남녀의 시간 이탈 로맨스"로 소개되었던 이 작품은[1] 1화의 초반에 주인공 혜자가 5살 때 바닷가에서 우연히 시간을 되돌리는 능력이 있는 시계를 주웠으며 시간을 되돌리면 그만큼 생체 시간이 빠르게 흘러 노화된다는 설정을 보여주고, 2화의 중반에서 아빠 '대상'의 죽음을 막기 위해 25살의 혜자가 시간을 수없이 되돌리면서 70대의 노인이 된 상황을 제시한다. 이후 혜자는 홍보관에서 자신의 시계를 지닌 할아버지를 우연히 만나고 시계를 되찾아 시간을 되돌리고자 한다. 10화의 엔딩 장면에서 이 모든 것이 알츠하이머를 앓는 70대

혜자의 섬망 증상이었음을 밝히기 전까지 〈눈이 부시게〉는 표면적으로 시간 이동을 활용한 판타지 장르임을 내세우고 있으며, 시간의 이동, 시간 이동의 매개물, 시간 이동에 따른 대가 등의 장르 관습을 활용함으로써 시청자가 무리 없이 이 작품을 판타지 장르로 수용할 수 있게 만든다.[2]

이때 〈눈이 부시게〉는 비슷한 시기 한국 텔레비전 드라마에서 쉽게 발견할 수 있었던 시간 이동 모티프를 활용하면서도 새로운 시도를 보여준다는 점에서 눈여겨볼 필요가 있다. 그것은 먼저 여타 작품들에서 주인공이 과거의 시공간 혹은 미래의 시공간으로 이동하는 것과 비교할 때 〈눈이 부시게〉의 혜자는 자신만 늙은 채, 현재의 시점에 놓여 있다는 점이다. 일반적으로 시간 이동 모티프의 작품에서 주인공은 특정 매개체 혹은 초자연적인 현상으로 인해 시공 A에서 시공 B로 미끄러져 시공 B에서 생활하기도 하고, 시공 A와 B를 넘나들며 이야기를 전개하기도 한다. 그래서 시간 이동은 시간 여행이라고 말할 수 있을 뿐만 아니라 공간 여행이라고도 말할 수 있다.[3] 〈옥탑방 왕세자〉(SBS, 2012), 〈인현왕후의 남자〉(tvN, 2012), 〈닥터 진〉(MBC, 2012) 등을 비롯하여 〈나인: 아홉 번의 시간 여행〉(tvN, 2013), 〈신의 선물-14일〉(SBS, 2014), 〈고백부부〉(KBS, 2017) 등 다수의 텔레비전 드라마는 이러한 설정에 충실하다. 반면 〈눈이 부시게〉에서는 공간의 이동이 나타나지 않는다. 오로지 혜자의 생체 시간만 빠르게 흘러 노화된 것일 뿐, 혜자는 여전히 현재의 시공간에 놓여 있기 때문이다.

또한 이 작품은 10화의 엔딩에서 앞서 전개되었던 서사가 모두 알츠하이머를 앓는 혜자의 섬망이었다는 반전을 마련함으로써 기존의 시간 이동 모티프를 활용한 텔레비전 드라마가 보여주지 못했던 신선함을 만들어낸다. 이 대담한 반전에서 시청자들은 10화에 이르기까지 수용해 왔던 장르 인식 및 서사 인식, 인물에 대한 인식 등을 모두 수정해야 할 상황에 놓이며, 11, 12화에 제시되는 1970년대의 과거에 대한 혜자의 회상과 2019년의 현재로 드러나는 혜자의 '진짜 현실'은 그러한 새로운 해석의 준거점이 된다.

극에서 발견을 통한 반전은 등장인물과 수용자에게 새로운 인식을 가능하게 하는 극적 장치로 풍부하게 활용되지만4, 일반적으로 텔레비전 드라마에서는 앞선 이야기가 모두 상상이었다는 결말을 잘 활용하지는 않는다. 그것은 긴 시청 시간 동안 서사에 참여해왔던 시청자를 기만하는 것으로 받아들여질 여지가 있기 때문이다. 그렇다면 〈눈이 부시게〉는 단 한 주의 방영만을 남겨놓고 10화의 엔딩에서 이 모든 것이 착각이자 환상이었음을 제시하면서도 어떻게 시청자들의 공감을 이끌어낼 수 있었을까.

그것은 〈눈이 부시게〉가 '시간 이탈'의 서사가 '기억 이탈'이었음을 보여주는 환상과 현실의 반전 구조 속에서 시청자들이 인물의 기억에 동참함으로써 삶의 의미를 풍부하게 발견하고 되새길 수 있도록 했기 때문이라고 할 수 있다. 가정 내 일상적으로 자리하면서 생생함과 즉시성의 느낌을 만들어내는 텔레비전은 시청자가 가정 내에서 안식하면서도 끊임없이 세계와 소통하게 만들면서 자신을 돌아보는 거울이자 세계로 통하는 창문의 기능을 수행한다.5 일상적 매체로서 텔레비전은 시청자가 경험적으로 체화한 내용을 발현하는 은유와 환유의 세계를 보여줌으로써 시청자가 인물들의 이야기를 (엿)듣고 그들의 삶의 여정에 동참하며 그 안에서 우리 자신의 모습을 발견할 수 있게 하는 것이다.6 이 글은 〈눈이 부시게〉가 청년과 노인, 환상과 현실, 부모와 자식 등의 요소들을 전환하고 중첩함으로써 삶과 세계의 의미를 어떻게 보여주고 있는지, 시청자가 인물의 삶의 여정에 동참하는 과정에서 무엇을 발견하게 되는지에 주목하고자 한다.

'에러'인 존재에 대한 애틋한 인정

〈눈이 부시게〉의 1화에서 10화는 시간을 되돌린 대가로 70대가 되어 버린 혜자에 대한 이야기가 중심을 차지하고 있다. 텔레비전 드라마가 긴 시청 기간 동안의 반복적인 흐름을 통해 시청자와의 친밀성을 확보한다는 점을 고려하면 시청자의 시청 시간의 대다수를 차지하는 1화에서 10화까지의 서사는 시청자에게 의미를 발생시키는 장이 된다. 즉 결말부의 반전 못지않게 반전이 이루어지기 전, 혜자의 또 다른 '현실'이라 할 수 있는 서사 안에서 무엇이 강조되고 있는지를 눈여겨봐야 할 것이다.

〈눈이 부시게〉는 혜자가 늙어버리기 전인 1화와 2화의 중반에서는 특별히 뛰어난 능력도 없고 하고 싶은 것도 없는 취업 준비생 혜자와 인터넷 방송으로 돈을 벌려고 하는 혜자의 오빠 영수, 무기력한 삶을 살아가는 준하 등을 통해, 그리고 혜자가 늙어버린 이후는 혜자를 비롯한 주변의 노인 인물들을 통해 사회에서 '잉여'로 배제되고 '에러'로 인식되는 존재들에 주목한다. 70대의 몸에 20대의 정신을 결합하는 설정을 통해 21세기 한국 사회의 청년이 생산과 창조의 일선에서 배제된 소외계층으로서의 노인과 별반 다를 바 없음을 상징적으로 보여주지만,7 그 무력함이 더욱 강조되는 것은 단연 노년의 삶이다.

20대의 혜자와 영수 등이 경제적 능력의 부재로 사회의 외부에 놓이게 된다면, 70대의 혜자를 비롯하여 극에 등장하는 노인들은 경제적 능력의 부재와 신체적 능력의 저하로 사회의 외부로 밀려나며 그 가치를 의심받거나 부정당하는 존재들이라고 할 수 있다. 영수의 유튜브 방송에 혜자가 함께 하는 7화의 장면에서 "할머니 되면 좋은 건 1도 없나요"라는 시청자의 물음에 혜자가 장점으로 말하는 '편함'은 다분히 반어적이다. 일도 하지 않아도 되고 주는 밥만 먹으며 하루 종일 자도 누가 뭐라 말도 안 하는 삶은 편한 삶이 아니라 사회적 삶으로 인정받지 못하는 외부에 놓인 삶이기 때문이다. 젊음이 별 것 아닌 것 같아 보이지만 얼마나 대단한 것이고 당연한 것들이 얼마나 엄청난 것인지를 말하는 혜자의 일침은 모니터 너머 가상의 시청자들은 물론 드라마를 시청하는 텔레비전 너머 현실의 시청자들에게까지 파고든다.8

이밖에도 〈눈이 부시게〉는 갑자기 노인이 되어 버린 혜자의 서사를 따라가며 외부로 밀려나는 노인들을 다룬다. 4화에서 정은의 미용실에 모인 손님들은 집에만 있는 노인들은 홍보관에라도 가주는 것이 가족들에게 해방감을 주는 것이며, 홍보관에 가서 휴지라도 한 상자 들고 오는 것이 도움이 된다고 말한다. 홍보관은 미용실 손님들에게 '노치원'이라는 다소 경멸이 담겨 있는 말로 표현되는데, 여기에서 노인은 돌봄의 대상이 된다는 점에서 유아와 동치되면서도 귀엽지도 않은 불필요한 존재로, 홍보관은 귀찮은 존재를 대신 담당해주는 장소로 의미화된다. 또한 6화에서 혜자가 정은과 함께 백화점에 갔을 때 갑작스레 화재 경보가 울리고, 혜자는 엘리베이터에 먼저 탑승했지만 만원을 알리는 경보음이 울리자 자신을 바라보는 주변의 시선을 느끼게 된다. 다수의 사람들의 못마땅한 시선과 무언의 압력에 혜자는 엘리베이터에서 내리고 만다.

이처럼 〈눈이 부시게〉는 청년과 노인의 특성을 중첩해 지닌 인물을 통해 청년과 노인, 특히 노인들에게 더욱 분명하게 가해지는 사회적 배제의 시선을 다채롭게 보여준다. 그리고 이 배제의 시선을 발견함과 동시에 이 시선을 애틋함으로 전환하는 것이 10화까지의 서사에서 중심에 놓인다고 할 수 있다. 사회의 잉여로서 배제되는 존재를 강조하기 위해 청년과 노인을 등가로 놓았던 것과 마찬가지로, 이에 대한 대응에 있어서도 〈눈이 부시게〉는 청년과 노인을 같은 '사람'으로 대치시키는 시선을 활용한다. 예컨대 8화의 에피소드에서 혜자는 노인의 성형을 비웃는 젊은이들에게 노인과 청년이 마음은 같은 존재임을 강조하는 것이다.

혜자의 이러한 자기 인식은 사회적 배제의 시선에 대응하는 것으로, 스스로를 애틋하게 여기는 태도와도 연결된다. 1화부터 혜자는 자신의 '후짐'을 알면서도 동시에 자신을 '애틋하게' 생각하는 인물로서 등장한다. 그것은 한편으로는 사회적 시선에서 자유롭지 못하면서도 자신의 가치가 사회적인 시선에 의해 온전히 규정되는 것이 아니며, 자신 안에 있는 감정과 욕망, 바람 등 자신의 서사와 특성을 인식한 결과라고 할 수 있다.

<blockquote>
혜자 근데, 나는 내가 봐도 그 정도는 아니야. 좀... 후져. 근데 또 그걸 막 인정하는 게 너무 힘들어. 왜? 나는, 내가 너무 애틋
</blockquote>

하거든. 나란 애가 제발 좀 잘 됐으면 좋겠는데, 근데 애가
또 좀, 후져.(제1화)
혜자　난 말이야, 내가 애틋해. 남들은 다 늙은 몸뚱아리, 뭐 더 기대
할 것도 후회도 의미 없는 인생이 뭐가 안쓰럽냐 하겠지마는,
난 내가 안쓰러워 미치겠어. 너도 네가, 네 인생이 애틋했으면
좋겠다.(제9화)

위의 대사에서도 드러나듯 〈눈이 부시게〉에서 혜자의 입을 통해 반복적
으로 등장하는 '애틋함'이란 정서는 남들은 기대하지 않는 후지고 의미 없
는 인생이라 할지라도, 스스로 그것을 안쓰럽고 소중하게 여기는 태도와
관련된다. 〈눈이 부시게〉는 바로 사회적 시선에서 보기에 무시할 만한 것을
'애틋하게' 받아들이는 것으로 전환하고자 한다.

누군가를 한 사람으로 본다는 것은 그 사람에 내재한 고유한 서사와 특성
을 들여다본다는 의미이기도 하다. 〈눈이 부시게〉는 청년과 노인 등 외부로
밀려난 존재에게 내재한 고유의 서사를 시청자들이 들여다보게 함으로써
이들의 삶을 이해하고 이 소외된 존재들을 '애틋하게' 바라볼 수 있게 만든
다. 예컨대 혜자가 홍보관에서 만난 '샤넬 할머니'는 타인과 거리를 두고
고립되어 지내는데, 혜자는 샤넬 할머니에게 사연이 있음을 알게 되고 그에
게 소중한 추억의 공간인 프라하의 전경을 영상으로 보여준다. '사연'의 공
유를 통해 샤넬 할머니와 혜자가 친구가 되듯이, 누군가의 삶의 이야기를
들여다보고 그것을 자신의 삶의 이야기와 연관시키는 것은 '혼자'가 아닌
'함께'의 이야기가 가능해지는 출발점을 이루게 된다. 이는 노인 인물들만
이 아닌 청년 인물에게서도 마찬가지로 나타나는데, 7화에서 영수의 1인
방송에 출연했던 상은의 노래에 날선 댓글을 달며 비난하던 구독자들은 상
은이 소외되었던 자신의 서사를 풀어내자 그의 서사에 공감하고 응원해주
기 시작하는 것이다.

10화까지의 서사 중 이를 또 다른 방식으로 보여주는 장면은 홍보관의
노인들이 준하를 구하는 에피소드라고 할 수 있다. 이 에피소드는 청년이

노인을 구하는 것이 아니라 노인이 함께 청년을 구한다는 역설적인 상황으로 이루어진다. 홍보관의 노인들은 무능하거나 자기 욕심만 챙기는 부정적인 인물들로 보이지만, 〈눈이 부시게〉는 이 노인들의 행동에 나름의 이유가 있고 무능해 보이는 노인들의 능력이 나름의 쓸모가 있음을 '노벤저스'가 각자의 능력을 발휘해 준하를 구한다는 환상적인 서사를 통해 형상화한다. 이때 〈눈이 부시게〉는 노인들의 삶의 서사를 구체적으로 풀어내는 대신 준하를 구하고 석양 속에서 바다를 달리는 차창에 노인들의 젊은 시절의 사진을 배치한다.

순간의 단면을 기록하는 매체인 사진은 시간을 공간화하는 매체로,[9] '결정적 순간'을 담아내는 사진은 그 순간이 내재한 이야기를 잠재하고 있다. 〈눈이 부시게〉는 이 장면에서 각 노인들의 서사를 길게 펼쳐 보이는 대신, 젊은 시절의 사진을 각각 제시함으로써 그들이 살았을 옛날과 현재를 등가적인 것으로 결합시키고, 사진의 순간에 잠재된 이야기가 있음을 암시한다. 즉, 이 장면은 앞서 〈눈이 부시게〉가 청년과 노인을 등가에 놓음으로써 그리고 타인의 삶을 들여다봄으로써 무력하고 소외된 것의 가치를 발견하는 방식을 이미지로 표현한 것이라고 할 수 있다.

이처럼 〈눈이 부시게〉에서 10화까지 서사의 대부분은 노년의 삶을 중심으로 사회적 시선에서 무시 받거나 사회가 외부로 배제하고자 하는 존재들을 들여다보는 데 할애되어 있다. 이 과정에서 이 작품은 자신이 '후지고 못난' 존재이거나 '에러'인 존재라고 생각하며 자신의 삶을 받아들이기 힘들어하는 인물들이 자신의 삶을 안쓰럽고 애틋하게 바라보면서 그 자체로 인정하게 되는 과정에 초점을 맞춘다. 이와 함께 표면적으로 보이지 않는 개인의 사연에 주목하여 살아온 시간 자체의 가치를 역설하며 '잉여'인 존재에 대해 사회적으로 가해지는 부정적 시선을 전환하여 시청자의 공감을 자아내는 것이다.

기억의 변형과 자기 이해의 과정

10화 엔딩에서의 반전 이후 11화, 12화에서는 혜자와 준하의 연애와 결혼, 준하의 죽음과 시계를 빼앗긴 사건, 아들 대상의 사고와 다리 장애, 젊은 시절의 정은과 미용실 운영 등의 과거의 이야기가 혜자의 회상으로 제시되며, 현재의 이야기로서는 현주와 상은의 방문, 요양원의 노인들의 에피소드가 삽입된다. 11, 12화는 준하와 대상을 둘러싼 혜자의 상처와 화해가 중심을 차지하는데, 그것은 혜자가 받아들일 수 없었던 것과 어떻게 화해하게 되는가에 초점을 맞추고 있다.

〈눈이 부시게〉의 서사에서 혜자의 '변화'는 시계를 무수히 돌려 아버지를 구한 후 늙어버린 것을 발견한 순간(2화)과 감금되어 있던 준하를 구한 후 현실을 인식하게 되었을 때(10화) 이루어진다. 즉, 서사의 중요한 결절점은 혜자가 소중한 사람을 구한 순간이 이루고 있는 것이다. 11, 12화의 서사를 통해 시청자들은, 전자의 사건은 아들의 사고를 막지 못했던 혜자의 죄책감이, 후자의 사건은 준하의 죽음에 무력했던 혜자의 억울함이 만들어낸 '환상'이었음을 알게 된다.

그러나 섬망으로 인한 환상 속에서 시계를 되돌려 대상의 목숨을 구했음에도 다리가 절단된 것을 변화시키지 못했듯, 준하를 구해낸 이후 그 환상을 유지시키지 못하고 현실을 깨닫게 되듯 혜자의 섬망은 현실의 문제를 완전히 해결하는 온전한 소망 충족의 서사도, 현실의 문제를 회피하여 머물고 싶은 환상적 시공간이라고 보기에도 어렵다. 그것은 알츠하이머를 앓는 혜자가 비자발적으로 만들어낸 환상이라는 점에서 현실 도피나 부정이 아닌, 혜자의 상처가 무의식적으로 변형되어 드러난 방식이라고 할 수 있다.

아들의 사고와 준하의 죽음은 혜자가 받아들일 수 없는 사건이기에 상처로 남았던 것이라고 할 수 있다. 이중에서도 아들의 사고는 우연한 사건으로서 이해 가능한 범주에 있다면, 준하의 갑작스러운 감금과 고문, 그리고 죽음은 혜자가 이해할 수 없는 범주에 자리한다고 할 수 있다. 준하의 유품

중 시계는 빠져 있었고, 경찰의 손목에서 발견하지만 돌려받지 못한다는 점에서 준하의 죽음은 혜자에게 완결되지 못한 사건이고 온전히 이해로 통합되지 못한 사건이다. 혜자의 섬망은 바로 이 이해 불가능한 사건과 상처를 드러내는 방식이라고 할 수 있다. 이때 중요한 것은 이 섬망에서 혜자의 기억이 변형되어 제시된다는 것이다.

혜자의 섬망은 많은 부분 현실의 요소를 환유의 방식으로 다른 대상으로 바꾸어 표현한다는 점에서 꿈에 가까워보인다. 환유는 어떤 사물을 그것의 속성과 밀접한 관계가 있는 다른 것을 빌려서 표현하는 수사법을 말한다. 라캉은 인간의 분열된 주체가 은유와 환유로 구성되어 있다고 주장하고 유사성에 의한 은유와 인접성에 의한 환유를 대비시키면서 환유는 욕망의 기제라고 설명한다.[10] 〈눈이 부시게〉에서 충족되지 못한 혜자의 욕망이나 해결하지 못했던 문제들은 인접한 다른 대상으로 전치되어 나타난다. 단순하게는 무선 통신을 하던 오빠 영수가 1인 방송을 하는 것으로, 양로원이 홍보관으로, 준하가 감금된 곳이 경찰서에서 양로원의 지하로 전치되는 것 등이 그 예이다. 즉, 10화까지의 '환상'에 제시되었던 서사는 11, 12화에 제시되는 혜자의 '현실'이 꿈처럼 재구성된 것이다. 따라서 시청자들은 11, 12화에 제시되는 정보에 따라 10화까지의 장면들의 의미를 재해석하며, 전치된 지점들이 혜자의 어떤 상처나 기억과 관련되는가를 추적하게 된다. 그리고 이 과정에서 시청자들은 혜자가 겪은 비극적 사건 자체보다 그것을 변형시켜 기억할 수밖에 없는 혜자의 상처의 깊이를 마주하게 되는 것이다. 프로이트는 꿈에서 전치는 무의식이 만들어낸 여러 형성물 가운데 방어 기능을 담당한다고 지적한다.[11] 그렇다면 혜자의 섬망에서 이루어지는 다양한 기억의 변형과 전치는 무엇을 방어하기 위한 것일까.

12화에서 혜자는 경찰서에서 준하의 유골함을 돌려받게 되고, 준하의 시계를 차고 있는 형사를 발견한다. 시계를 빼앗고자 하면서 "니가 때려서 죽인 거잖아!"라고 발악하던 혜자의 회상 다음 장면에는 "억울하다고 생각했습니다"라는 현재 혜자의 내레이션이 이어진다. 여기에서 준하의 죽음

이후 혜자를 지배해 온 정서는 갑작스럽게 닥쳐 온 불행에 대한 억울함과 무력감이었음을 알 수 있다. 바로 이 억울함과 무력감을 해소하고자 하는 욕망이 섬망의 기제가 된다는 점에서 결혼예물인 시계는 억울함을 해소하고 사건을 해결할 힘을 지닌 것으로 전치된 것이라 할 수 있다.

시간을 되돌릴 능력이 있는 시계는 1~10화에서 서사적 긴장을 일으키는 핵심 요소이다. 시간 이동 서사는 과거를 바꿈으로써 미래를 바꿀 수 있을 것이라는 인과론적 사고가 전제되어 있다는 점에서, 시간 이동은 주인공의 시간에 대한 선택의 문제와 과거 삶을 돌이키고자 하는 주인공의 의지 및 욕망의 문제를 제기한다.[12] 이때 결혼예물이었던 시계가 시간을 되돌릴 능력이 있는 시계로 전치되는 것은 단순히 행복했던 시간으로 되돌아가기 위한 것만이 아니라 다른 한편으로 무력감에 대응하는 방식이란 점에서 주목을 요한다. 1~10화에서 시계를 간절히 원하는 국면에서 혜자가 되뇌는 말은 시계를 통해서 문제를 해결할 수 있다는 것이다. 문제 해결의 수단이 비현실적 장치인 시계라는 것은 다른 한편으로 그것 없이는 무력할 수밖에 없는 현실을 드러낸다. 즉, 초능력을 가진 시계에 대한 강한 희구는 혜자가 무력하게 당할 수밖에 없었던 현실을 받아들이지 못하고 있음을 강조하는 것이라 할 수 있다.

초능력을 가진 시계와 관련하여 반복적으로 등장하는 것은 '등가교환'의 법칙이다. 혜자에게 시계는 등가교환의 상징으로 이해된다. 〈눈이 부시게〉에서 시계가 처음 등장할 때 시계는 시간을 되돌린 만큼 사용자의 생체 시간을 앞으로 당기는, 엄정한 등가교환의 규칙을 따른다. 물론 혜자는 갑작스러운 노화에 충격을 받지만, 그것을 각오하고 시간을 되돌린 것이기에 청춘의 시간과 아버지 목숨의 교환은 혜자에게 받아들일 만한 것이 된다. 즉, 등가교환이 엄밀히 이루어지는 세계 안에서는 그만한 가치를 위해 다른 가치를 내어준 것이므로, 억울할 것이 없는 공평한 교환이라고 할 수 있는 것이다.

그러나 섬망의 서사 속에서 시계를 되찾고자 하던 혜자는 점차 삶이란 등가교환으로 이루어지지 않는 것임을 깨닫는다. 7화에서 혜자는 자신의 시간을 대가로 아버지의 목숨을 살렸다고 생각했지만, 자신의 젊음만이 아닌 웃음을 잃어버린 아버지, 냉담해진 부부의 관계 등 희생된 것이 더 많다는 것을 깨닫게 되기 때문이다. 세상은 덧셈과 뺄셈의 등가로 이루어진 것이 아니므로, 시계를 되찾아 다시 시간을 돌려도 더 많은 것을 잃을 수 있음을 알게 된 혜자는 시계를 되찾는 일을 포기하게 된다.

삶이 등가교환으로 이루어진 것이 아님을 깨닫는 것은 섬망 이후 11화와 12화에서도 한 번 더 반복된다. 섬망 속에서 혜자는 시계 찾기를 포기했지만 현실에서 혜자는 다시 시계를 차고 누워 있는 시계 할아버지를 노려보는 등(11화) 시계를 포기하지 못한 면모를 보인다. 그러나 자신이 기억을 잃어가고 있다는 사실을 자각하고 또 현주의 방문으로 과거를 회상한 후 자신이 행복했던 기억부터 불행했던 기억까지 모든 기억으로 버티고 있었다는 것을 깨닫는다. 이에 과거 준하를 죽인 형사였던 시계 할아버지가 찾아와 시계를 돌려주지만, 그것을 다시 쥐어 주며 오히려 다독이는 모습을 보일 수 있게 된다.

> 혜자 나의 인생이 불행했다고 생각했습니다. 억울하다고 생각했습니다. 그런데 지금 생각해보니 당신과 행복했던 기억부터 불행했던 기억까지 그 모든 기억으로 지금까지 버티고 있었던 거였습니다. (중략) 그 기억이 없어질지도 모른다고 생각하니 무섭기만 합니다. 당신이 죽었던 날보다도 지금이, 당신을 잊어버릴지도 모른다는 사실이 더 무섭습니다.(12화)

혜자는 꿈과 같은, 기억 이탈의 섬망을 통해 자신의 상처를 자각하게 되며 행복과 불행, 억울함 등의 기억이 모두 소중하다는 것을 깨닫는다. 삶은 등가교환이 아니어서 혜자는 준하의 죽음, 아들의 부상과 맞바꾼 것이 없다. 대신 혜자가 가진 것은 살아온 시간 자체이며, 그것은 기억으로 보존되는 것이라고 할 수 있다. 섬망 속에서 준하와 데이트를 한 후 그것이 '꿈'임을 인지했던 혜자는 준하에게 자신은 기억으로만 살고 있으니 자신을 잊어 버리면 안 된다고 당부한다(6화). 12화에서 혜자가 준하를 잊어버릴 것을 염려하고 있듯이 그것은 사실 알츠하이머로 기억을 잃어가고 있는 혜자의 두려움이 전치된 것이라 할 수 있다. 12화에서 혜자는 이미 지나간 분노와 억울함의 순간에 머무르는 것보다 행복과 불행을 기억하는 것, 행복과 불행 을 겪으며 살아왔다는 것이 중요하다는 것을 인식하게 되면서 과거를 온전 히 마주하게 되고 자신의 삶을 받아들일 수 있게 된다. 즉 11, 12화는 자신 의 상처에 대한 자각과 기억에 대한 인지를 통해 혜자가 받아들일 수 없었 던 현실을 받아들이는 과정을 보여준다. 이때 이 기억들은 무수한 현재의 집합이라는 점에서 현재의 눈부심을 역설하는 마지막 장면의 내레이션으로 자연스럽게 연결된다.

> 혜자　　　지금 삶이 힘든 당신. 이 세상에 태어난 이상 당신은 이 모든 걸 매일 누릴 자격이 있습니다. 대단하지 않은 하루가 지나고, 또 별거 아닌 하루가 온다 해도, 인생은 살 가치가 있습니다. 후회만 가득한 과거와 불안하기만 한 미래 때문에 지금을 망 치지 마세요. 오늘을 살아가세요. 눈이 부시게. 당신은 그럴 자격이 있습니다. (제12화)

　기억으로 버티어 왔던 혜자는 그 기억을 잃어가고 있다. 기억 안 나는 건 억지로 기억할 필요 없다는 대상의 말은 기억을 잃어가는 과정까지도 삶의 한 부분으로 수용하는 것이 중요함을 역설한다. 삶의 가치는 살아간 시간 자체에서 발생하는 것이지 기억의 유무에 따라 판별되는 것이 아니기 때문이다. 10화까지의 서사에서 개인의 역사와 사연을 들여다볼 것을 요청 한 〈눈이 부시게〉는 11, 12화에서 혜자 또한 사연과 상처를 가지고 있는 존재였음을 알려준다. 이때 변형된 기억의 의미를 해석하는 과정에서 혜자 와 시청자는 받아들일 수 없었던 상처를 자각하고 대면하는 것의 의미를 깨닫게 된다. 〈눈이 부시게〉는 이러한 자기 이해를 통해 삶에서 겪었던 문제가 남김없이 해결되는 것이 중요한 것이 아니라 살아온 시간 자체가 소중하다는 인식을 시청자에게 제시하고 있다.

부모-자식 역할의 전환을 통한 반전과 '함께'의 가치

2화에서 혜자가 늙어버리게 된 이후 혜자와 시청자가 이전과 다르게 느끼게 되는 것은 아빠 대상의 낯선 태도와 정은과 대상의 갈등이다. 1~2화에서 대상은 엄마 정은에게 혼나는 혜자를 감싸주는 다정한 아빠로 등장했던 것과 달리, 그리고 단란했던 1화의 가족 분위기와 달리, '사고' 이후의 혜자를 대하는 대상의 태도에는 혜자에 대한 거부감이 가득하며 정은과 대상의 사이에도 냉랭함이 가득한 것이다. 서사 내에서 이 이유가 설명되지 않기 때문에 이러한 달라진 분위기는 시청자와 혜자 모두에게 의아함을 남긴다.

이것은 일차적으로 갑자기 늙어버린 자식을 보는 당황스러움과 안타까움에서 기인한 것으로 여겨진다. 3화에서 대상과 혜자는 눈이 잘 보이지 않는 혜자를 위해 안경점에 가서 돋보기를 맞추는데, 여기에서도 대상은 혜자를 낯설게 대한다. 혜자는 이러한 대상의 태도를 늙어버린 자식을 보게 된 부모의 마음으로 해석하고 그에 대한 미안함을 표현한다. 그럼에도 아빠의 다리 건강을 위해 정성스레 싸준 멸치볶음 반찬을 번번이 남겨오는 대상의 무심함은 그러한 당황스러움을 넘어서는 행동으로 보인다는 점에서 관객의 의문을 증폭시킨다.

이 지점이 중요한 것은 앞 장에서 다룬 청년들의 삶의 고단함이나 외면받는 노인들의 삶 등이 11화 이후에서는 다루어지지 않는 반면, 대상, 정은과 관련된 사건은 이후 해석의 전환이 발생하기 때문이다. 혜자의 '친구'들인 상은과 현주, 혜자의 '연인'인 준하, 혜자의 '오빠'인 영수와의 관계는 11화와 12화에서도 그대로 유지된다. 영수로 분한 손호준이 11화와 12화에서 혜자의 손자 민수로 1인 2역 역할을 하거나, 준하로 분한 남주혁이 혜자가 입원한 요양병원 의사 김상혁으로 1인 2역을 맡기는 하지만 기본적으로 닮은 사람으로서 등장하는 것이지 그 관계가 변하는 것은 아닌 것이다. 그러나 혜자의 부모로 인지되었던 대상과 정은은 10화의 장면 이후 혜자와의 관계 자체가 변화한다. 10화의 클라이막스 장면에서 다른 인물이 아닌, 대상과 정은이 혜자를 부르는 '호칭'의 변화-"혜자야"가 아닌 "엄마"와 "어머니"-는 〈눈이 부시게〉의 반전이 특히 부모와 자식의 관계에 주목하고 있음을 알게 한다.

코미디적 요소를 강하게 띄고 있는 〈눈이 부시게〉에서 혜자를 비롯한 대부분의 인물들은 시트콤적인 인물의 특성을 보유하고 있지만 혜자의 일생에서 가장 직접적으로 상처로 존재하는 두 인물인 준하와 혜자의 아빠(실제로는 아들) 역할만이 시트콤적인 인물 성격이 약하다고 할 수 있다.[13] 이때 준하는 갑작스러운 죽음으로 혜자에게 일방향적인 상처로 남은 것이라면, 대상과 혜자는 지속적인 갈등을 겪어 왔다는 점에서 이 상처의 해결은 혜자만이 아닌 대상에게 있어서도 중요하다. 이에 따라 극을 마무리하는 11화와 12화는 부모와 자식의 위치의 전환이라는 반전을 통해 대상과 혜자 사이의 갈등과 화해를 중요하게 보여주고 있는 것이다.

11, 12화에서 혜자와 대상을 둘러싼 과거에 대한 회상은 대상에 의해 빈번하게 이루어진다. 이 회상은 대부분 대상은 엄마의 애정과 도움을 바랐으나, 혜자는 다리가 불편한 대상에게 직접적인 도움을 주지 않고 혼자 일어서야 한다며 냉정하게 대했던 장면으로 이루어져 있다. 이러한 기억 회상 방식은 그동안 주로 혜자의 관점에서 진행되어 온 서사를 다른 관점에서 바라보게 하는 방식이기도 하다. 또한 이 과거 정보의 제시가 혜자의 회상보다 대상의 회상에 의해 더 자주 이루어진다는 점에서 이 상처가 대상에게 더 크게 새겨진 것임을 알 수 있다. 이 회상 장면을 통해 시청자들은 70대의 혜자가 등장했던 2화 중반 이후 달라진 대상의 태도가 갑자기 늙어버린 자식에 대한 당황스러움과 낯섦이 아닌, 어머니에 대한 원망과 상처 때문이

었음을 추론하게 된다.

앞서 살펴보았듯이 10화까지의 서사는 후지고 못난 존재들, 세상에서 잉여나 에러로 인식되는 존재들을 애틋하게 바라봄으로써 자신과 타인을 수용하게 되는 과정을 그린다. 자신을 세상의 "에러"로 인식하고 무책임하게 더 나아지라는 말을 하지 말라고 화를 내던 준하도 샤넬 할머니의 빈소에서 "나도 못 끌어안은 삶을 대신 끌어안고 울어 준" 혜자에 대해 말하며 달라진 태도를 보이는 것이다. 10화에 이르기까지 혜자의 주변 인물 중 이러한 인식에 도달하지 못하는 것은 대상이다. 반전 이후인 11화와 12화에서도 대상은 여전히 혜자에게 냉랭한 태도를 유지하며, 정은과의 갈등은 증폭된다. 이것은 시청자와 혜자에게는 10화의 엔딩 장면에서 '반전'이 발생하였지만, 대상에게는 아니기 때문이다. 시청자와 달리 대상은 혜자가 알츠하이머를 앓고 있다는 사실을 모르는 것도 아니며, 혜자와 달리 과거에 대한 온전한 기억을 가지고 있다. 반전을 경험한 시청자들은 새로운 정보를 바탕으로 10화까지의 서사에서 보았던 대상의 태도를 새롭게 해석하고 어머니에 대한 대상의 상처를 인식하게 되지만, 혜자에 대한 대상의 인식에는 변화가 없는 것이다. 이 차이에서 시청자가 인식하게 되는 것은 혜자에 대한 대상의 상처가 얼마나 깊고 견고한 것인가라고 할 수 있다.

11화까지는 줄곧 혜자가 내레이터의 역할을 맡아 온 것과 달리 12화의 시작과 후반부에는 "어머니는 알츠하이머를 앓고 있습니다"라는 대상의 내레이션이 자리한다. 12화는 바로 이 두 내레이션 사이, 다리를 저는 자신이 어머니 혜자의 짐이자 오점이라고 생각했던 대상이 혜자와 자신의 삶을 애틋하게 바라보며 화해에 이르는 과정에 초점을 맞춘다.

12화에서 대상은 어린 시절 다리가 불편한 자신을 냉정하게 대했던 엄마에 대한 기억을 떠올린다. 그리고 혜자가 대상의 경비실에 찾아갔다가 대상이 입주민에게 하대를 당하는 것을 보고 자신이 대상의 '엄마'라며 대상의 편을 들어준 장면과 대상의 의족을 발견한 이후 "아빠 미안해"를 되뇌며 대상의 다리를 붙잡고 오열한 장면을 회상한다. 이 두 장면은 각각 4화와

7화에 등장했던 장면으로, 10화에 이르기까지 시청자에게 이들 장면은 혜자가 자식으로서 부모의 고단한 삶을 발견한 것으로 이해된다. 그러나 11화 이후 같은 장면이 대상의 회상으로 다시 제시될 때 이것은 기억을 잃은 어머니가 자신의 편을 들어주거나 자신의 다리에 대한 안타까움을 지니고 있음을 대상이 인식하게 되는 것으로 새롭게 의미화된다.

혜자에 대한 대상의 인식이 반전되는 것은 혜자가 자신을 위해 눈을 쓸어주었음을 알게 되면서부터이다. 눈이 내리는 날, 경비 일을 하며 눈을 쓸던 대상은 눈이 오던 날 조심스레 계단을 내려가던 어린 시절의 기억을 떠올린다. 혜자가 사라졌다는 연락을 받고 황급히 요양원에 도착한 대상은 눈을 쓸고 있는 혜자를 발견하는데, 대상을 알아보지 못하는 혜자는 다리가 불편한 아들을 위해 눈을 쓸고 있다고 말한다. 이로써 대상은 어린 시절 계단의 눈을 쓸어 주었던 사람은 이웃집 아저씨가 아닌 어머니였음을, 자신의 삶이 외롭기만 했던 것이 아니라 그에게도 그를 위해 눈을 쓸어 주고 그의 편을 들어주는 어머니가 있었음을 깨닫게 된다. 10화까지의 서사에서 다른 사람의 삶을 끌어안는 것의 중요성을 역설했던 것처럼, 대상은 자신의 존재를 외면하고 싶어 했다고 생각한 엄마가 사실 자신의 삶을 끌어안고 있었음을 인지하고 비로소 자신의 삶을 인정할 수 있게 되는 것이다.

1~10화가 청년과 노인 등 다양한 세대와 계층을 아우르며 사회의 '에러'로 인지되는 존재들을 애틋한 것으로 끌어안을 것을 보여준다면, 11, 12화는 대상의 상처를 중심으로 이 과정을 다시 한번 반복한다. 이는 부모와 자식이라는 보편적인 코드를 통해 상처의 수용이라는 주제를 반복하는 것이라고도 할 수 있다. 혜자가 기억을 잃어갈 때 11화에서 제시되는 도라에몽 할머니의 에피소드는 자식에 대한 미안함을 역시 환영과 발견으로 드러낸다는 점에서 혜자의 변주라고도 이해할 수 있다. 가족을 위해 희생한 딸 은숙에게 재산을 주겠다고 고집을 부리는 도라에몽 할머니는 아픈 딸이 나아 찾아오기를 기다린다. 문득 딸의 죽음을 인지한 할머니는 "은숙아, 미안해, 다음에도 엄마 딸로 태어나면 안 되겠어? 그때는 엄마가 한 번 해봤으

니까 정말, 정말 잘해줄 수 있을 거야."라고 사과한다. 부모도 서툴렀음을 고백하는 엄마의 간절한 사과는 대상에 대한 혜자의 마음이기도 하다고 할 수 있다. 시청자는 11화에 제시되는 부모의 마음과 12화에 제시되는 자식의 깨달음을 통합하여 이해하며 상처의 수용과 화해라는 인식으로 나아갈 수 있게 되는 것이다.

11, 12화에서는 대상과 혜자의 관계만이 아니라, 정은과 혜자의 관계도 중요하게 다루어진다. 혜자에게 거리를 두는 대상과 달리 정은은 혜자를 살뜰하게 보살피는데, 그것은 과거 혜자가 자신의 실수를 덮어주거나 자신의 편을 들어주었던 기억, 자신이 좋아하는 붕어빵을 기억하고 사다 주었던 기억 등 자신을 품어준 기억 때문이다. 또한 이혼 서류를 발견한 혜자가 '엄마' 정은의 힘든 삶을 알아주며 "나는 엄마 편"(7화)이라고 말하는 것에 정은이 위로를 받는 것처럼 〈눈이 부시게〉는 자신을 알아주고 수용해주는 존재의 중요성을 강조한다.

이처럼 11, 12화는 대상과 정은, 혜자를 중심으로 관계에 있어 수용되거나 거부당했던 기억을 통해 그것이 인물들이 자신의 삶을 받아들이거나 위로를 받는 것과 어떻게 관련되는가를 제시하고 있다. 9화에서 준하가 혜자에 대해 "나를 온전히 품지 못했는데 나를 끌어안고 울어준 사람이 처음"이라고 말했던 것처럼, 자신을 세상의 '에러'라고 생각했던 준하가 자신의 삶을 애틋하게 여기게 되는 것은 자신도 품지 못했던 자신의 삶을, 누군가 끌어안고 울어주었기 때문이다. 또한 혜자를 통해 자신을 애틋하게 바라볼 수 있게 된 준하가 떠난 혜자를 혼자서라도 기억하고 그리워할 수 있다고 말한 것과 마찬가지로 기억을 잃어가는 혜자에 대해 정은도 "알아보지 못하면 어때. 내가 알아보면 되지"(11화)라는 태도를 보여준다. 앞서 살펴본 것처럼 〈눈이 부시게〉가 살아온 모든 시간이 소중하다는 인식과 함께 삶에 대한 기억의 중요성을 제시한다고 할 때, 그 기억은 오롯이 개인이 감당해야 하는 것이 아니라 자신의 삶을 알아주는 다른 사람과 함께 할 수 있는 것임을 강조하고 있는 것이다.

공감, 그 마음의 연대

이 글은 텔레비전 드라마 〈눈이 부시게〉가 '시간 이탈'이 '기억 이탈'로 전환되는 반전의 구조를 활용하여 시청자에게 공감과 위로를 자아내는 방식을 살피고자 했다. 〈눈이 부시게〉는 시간을 되돌린 대가로 25살의 청년이 70대의 노인이 되어 버렸다는 '시간 이탈'의 판타지 장르를 내세우며 출발하지만, 작품의 후반부에 앞의 서사가 치매 노인의 섬망이었음을 드러내면서 서사의 의미를 전환시킨다. 이 작품은 청년과 노인, 환상과 현실, 부모와 자식 등의 중첩과 반전을 통해 시청자가 등장인물의 삶이 지닌 의미를 새롭게 해석할 수 있게 한다. 인물의 삶의 여정과 인식의 전환에 동참하면서 시청자는 현실에서 배제당하는 존재와 자신의 삶의 상처를 애틋하게 수용하는 것의 의미와 살아온 시간 자체가 소중하다는 인식, 혼자가 아닌 함께 하는 삶의 가치를 발견할 수 있게 되는 것이다.

최근 텔레비전 드라마의 중요한 키워드 중 하나는 위로라고 할 수 있다. 〈눈이 부시게〉뿐만 아니라 '황혼 청춘'인 노인들의 연대에 주목하여 삶에 대한 의지와 희망을 강조한 〈디어 마이 프렌즈〉(tvN, 2016), 충청도의 한 마을을 배경으로 편견에 맞서는 주인공과 마을 사람들의 연대를 그린 〈동백꽃 필 무렵〉(KBS2, 2019) 등 시청자들에게 공감과 위로를 건네는 드라마가 '인생드라마'로 각광을 받고 있다. 〈눈이 부시게〉는 위로가 필요한 시대에, 사회로부터 '못나고 후진' 존재로 규정당하는 존재와 받아들일 수 없는 비극적인 사건을 무력하게 경험할 수밖에 없었던 삶에 초점을 맞춘다. 이 작품은 고유한 삶의 궤적과 이야기를 가진 존재들을 그 자체로서 애틋한 것으로 인정하고자 한다. 그렇기에 살아온 모든 '현재'는 눈부실 수 있는 것이며, 또 그것은 혼자 감당하는 것이 아닌 알아주고 기억해주는 누군가와 함께 하는 것이기도 하다. 그런 의미에서 마지막 장면에서 텍스트 밖의 "지금 삶이 힘든 당신"을 호명하며 눈이 부시게 살아갈 자격을 역설하는 〈눈이 부시게〉는 삶이 힘든 누군가를 알아주고 품어주는 역할을 자처하는 작품이라고 말할 수 있겠다.

추억이 되지 못한 기억이 빚어낸 비극:
〈도깨비〉

김윤정

우리는 왜 텔레비전 드라마에 몰입하는가

흔히 텔레비전이라는 매체의 가장 큰 특성의 하나로 '일상성'을 드는데,[1] 이러한 매체의 특성에 따라 텔레비전 드라마 역시 틈만 나면 망막을 파고드는 '일상'이 되었다.[2] 즉 시간과 장소가 제한적인 것은 아니지만 '시청자'로 명명되는 수용자의 대부분은 가정에서 가사(家事)와 여가의 경계(境界) 혹은 접점에서 그러한 콘텐츠를 받아들이기 때문에 많은 경우 텔레비전 콘텐츠의 소비 행위는 무의식적인 일상 행위의 하나로서 이루어지게 된 것이다.[3] 따라서 텔레비전 드라마는 일상성 자체를 받아들이고 자신만의 특징을 만들어왔다. 텔레비전 드라마는 '시청자들의 몰입'을 붙잡기 위해서 갖은 노력을 다할 수밖에 없게 된 것이다. 왜냐하면 흔히 틀어 놓고 "흘려봄의 체계"[4]로 봐도 상관없는 뉴스나 예능과 달리 텔레비전 드라마는 집중적인 몰입을 요구하기 때문이다. 그리고 이러한 집중적인 몰입이 16부작, 20부작 등의 연속극을 계속적으로 시청하도록 만드는 원동력이 되기 때문이다.

텔레비전이 가진 일상성을 극복하는 방식으로 텔레비전 드라마는 특히 '반복'을 많이 사용한다. 시청을 위한 장치의 면에서 기억의 구조를 작동시키는 것인데, 매회 새로운 사건을 전개하기 전에 지난 회의 마지막 몇 장면을 다시 보여준다든지 매회 마지막 신 이후 그날 상영분의 주요 쇼트를 다시 보여주면서 다음 회의 줄거리를 예고하는 것, 매회 반복적으로 울리는 주제가 등5은 모두 그런 의도에서 비롯된 것이다. 앞의 내용을 반복해서 기억시킴으로써 내용을 모르는 데서 오는 단절감을 없애는 것이다. 그러나 무엇보다도 시청자들의 몰입은 드라마의 사건과 '관계 맺음'에서 기인한다.6 작가가 얼마나 놀라운 극작술로 시청자들이 그 작품에서 벌어지는 사건과 관계를 맺으면서 함께 그 사건을 풀어나가도록 하는가가 중요한 관건인 것이다.7

김은숙은 많은 사람들이 인정하듯이 현재 최고의 텔레비전 드라마 작가이다. 스타 작가로 이름을 알리게 했던 〈파리의 연인〉(2004) 이후로 〈시크릿 가든〉(2010-2011), 〈상속자들〉(2013), 〈태양의 후예〉(2016), 〈쓸쓸하고 찬란하神 도깨비〉(2016-2017), 〈미스터 선샤인〉(2018), 〈더 글로리〉(2022-2023)에 이르기까지 그녀는 계속해서 시청률 고공행진을 기록하며 성공한 작가로 인정받아왔다.8 그런데 최근에 올수록 그녀의 드라마는 그 색채가 조금 달라지고 있다. '로맨스에 특화된 작가'로 평가받는 김은숙9은 여전히 멜로드라마 형식의 드라마를 쓰고 있지만, 교훈적인 내용을 많이 담기 시작한 것이다. 그녀의 작품이 유지하고 있는 멜로드라마 형식은 시청자의 드라마의 사건과의 '관계맺음'을 여전히 가능하게 하지만, 최근의 작품들은 이전과는 확실한 변화를 보여준다. 이러한 변화의 시작점이 〈도깨비〉라고 할 수 있다. 〈도깨비〉는 표면적으로는 멜로드라마의 형식을 띠면서 관객들을 몰입시키는 극작술을 버리지 않으면서도 이면에는 작가가 전달하고자 하는 교훈을 선명하게 담고 있기 때문이다.

노름마치는 나중에 나온다

이 작품의 틀을 지탱해 주는 서사 원리는 기억이다.10 도깨비(공유 분)의 '고려 시대부터 아무것도 잊지 않은' 기억 그리고 기억상실증 저승사자(이동

욱 분)의 '잊혀진 기억'. 이 둘의 기억은 사실 '하나의' 기억이다. 단지 도깨비
는 기억하고 저승사자는 기억하지 못할 뿐이다. 이 작품의 모든 서사는 이
기억으로 연결된다. 먼저 〈도깨비〉의 첫 시작은 지은탁의 엄마(박희본 분)에
게 삼신할미(이엘 분)가 도깨비의 전설을 이야기해주는 것으로 시작된다.

> 사람의 손때나 피가 묻은 물건에 영혼이 깃들면 도깨비가 된단다. 숱한
> 전장에서 수천의 피를 묻힌 검이 제 주인의 피까지 묻혔으니 오죽했을까.
> 오직 도깨비 신부만이 그 검을 뽑을 것이다. 검을 뽑으면 무로 돌아가
> 평안하리라. 고약한 신탁이 아닐 수 없었지. 그렇게 불멸로 다시 깨어난
> 도깨비는 이 세상 어디에나 있고 어디에도 없으며 지금도 어딘가에…
> (1회)

이 신탁에 이어 도깨비가 등장함으로써 삼신할미의 이야기 속 주인공인
도깨비가 현재 존재한다는 사실을 알려준다. 그리고 고려 시절의 무신 김신
이 왜 죽게 되는지, 김신의 가슴에 어떻게 칼이 꽂히게 되었는지, 그리고
어떻게 김신이 도깨비로 환생하게 되는지 등이 이어지면서 김신이 도깨비
가 된 과정이 설명된다. 개막 전 사연의 범위는 줄거리와 성격들을 특징짓
는데, 이 개막 전 사연은 많은 가능성을 제약한다.[11] 이 작품의 메인 플롯이
바로 이 개막 전 사연에서 비롯된다. 즉, 고려 때 무신 김신이 환생한 도깨
비의 존재, 그리고 이 도깨비는 가슴에 칼이 꽂혀 있다는 것, 이 도깨비는
불멸을 살고 있는데 그를 무로 돌아가게 하기 위해서는 도깨비 신부가 필요
하다는 것. 전사로 도깨비와 관련된 과거가 그려지고, 도깨비 신부가 등장
하는 것부터 이야기가 시작되는 것이다.

이 도깨비는 고려 시대부터 모든 것을 기억하고 있기 때문에 제목에 나오
는 것처럼 '쓸쓸'하다. 도깨비가 기억하는 과거는 추억이 아닌, 결코 기억하
고 싶지 않은 기억이다. 그러나 계속해서 보이는 칼은 기억을 되살리는 매
개체이다. 이 칼은 계속해서 〈도깨비〉의 줄거리를 과거로 돌린다. 거의 모
든 텔레비전 드라마에서는 기억의 장치를 매우 빈번히 사용하는데, 텔레비

전 드라마의 서사가 지체되고 종종 지루할 정도로 늘어지는 것은 극중 인물들의 잦은 기억 작용에 의해 서사의 추동력을 상실하기 때문[12]이다. 〈도깨비〉에서도 등장인물들의 과거 회상 장면은 반복해서 나옴으로써 전체 서사를 지연시킨다. 그런데, 이 드라마는 원래 텔레비전 드라마가 갖는 형식 외에 내용적으로도 중요한 질문들을 지연시키면서 서사를 질질 끌어나간다. 도깨비에게 과연 도깨비 신부는 나타날 것인가? 그와 함께 도깨비의 가슴에 꽂힌 칼은 뽑힐 것인가? 이렇게 질문에 대한 답이 계속되는 지연 속에 드러난다는 것이다. 쉬타이거는 극의 본질을 긴장이라고 하면서 극의 긴장은 극의 각 부분의 비자립성에 의해서 초래된다고 이야기하는데,[13] 퓌츠는 이 긴장을 두 가지로 이해한다. 그 하나는 독자나 관객의 주관적 상태로서의 긴장이며, 다른 하나는 작품의 극적인 구성 원칙으로서의 긴장이 그것이다.[14] 쉬타이거는 그중에서 두 번째 긴장, 즉 모든 요소들이 미래에 결부되어 있는 것으로서의 긴장인 객관적 긴장은 극의 각 부분의 비자립성에 의해서 초래되는 것으로, 이는 결말부에 이르러서야 비로소 아무것도 부족한 것 없이 목표를 향한 조급함이 진정되는 것으로 해소된다고 보았다.[15] 그러나 퓌츠는 시간 양식의 관계에서 긴장의 원인이 발생한다고 본다. 특히 관객[16]의 주관적 긴장은 극적 구성에 대한 완벽한 무지와 완전히 아는 것 사이의 상태에서 온다고 말한다. 완전히 아는 것은 긴장을 해소하고, 완전한 무지는 긴장을 전혀 일으키지 않는데, 결과적으로 긴장은 이 양자의 사이, 즉 부분적인 앎을 전제로 한다는 것이다. 이미 어떤 일이 발생했거나 또는 어떤 일이 아직 발생하지 않았지만 예견될 때 관객의 호기심이 조성되는 것이다. 이는 아직 관객에게 결말에 대한 최종적인 확신이 서지 않았기 때문이다. 여러 개연성이 제시되더라도 마지막에 가서 예상된 것과는 완전히 다르게 나타나지 않을까 하고 관객은 자문하게 되는데, 어떻게, 언제, 어디서 실현될 것인지 아직 미해결인 채로 있기 때문에 관객의 긴장감은 유지되는 것이다.[17]

이러한 시청자의 주관적인 긴장을 증폭시키는 것은 '이미 어떤 일이 발생했거나 또는 어떤 일이 아직 발생하지 않았기에 예견되면서도 아직 최종적인 확신이 서지 않았기 때문'이다. 앞에서 질문했던 문제, 즉 멜로드라마의 특성상 도깨비 신부는 나타날 것이고 도깨비의 가슴에 꽂힌 칼은 뽑히겠으나, 이것이 과연 어떻게 일어날까에 대한 궁금증은 시청자의 긴장을 계속해서 유지시킨다. 예견된 대로 도깨비 신부(김고은 분)는 나타나지만, 도깨비와 도깨비 신부가 서로 사랑하게 되면서 도깨비 신부가 칼을 뽑는 것을 거부한다는 데서 반전이 일어난다. 관객의 예상을 벗어나는 일이 발생한 것이다. 그러면 도깨비의 가슴에 꽂혀 있는 칼은 어떻게 뽑힐 것인가? 이를 위해서는 다른 이유가 필요하게 된다. 이때 바로 악귀가 된 박중헌(김병철 분)이 등장한다. 박중헌은 김신이 도깨비로 환생하면서 왕여의 시신 앞에서 죽인 바 있는데 악귀가 되어 떠돌아다니다가 도깨비 앞에 다시 나타난 것이다. 이때 나타난 것에는 이유가 있는데, 나중에 지은탁이 깨닫듯이 도깨비 신부가 나타났기 때문에 다시금 도깨비 김신을 죽일 수 있기 때문이다. 도깨비는 가슴에 꽂힌 칼에 의해서만 박중헌을 죽일 수 있다는 사실을 깨닫게 된다. 과연 도깨비는 어떻게 할까? 이미 지은탁이 거부한 상황에서 도깨비의 가슴에 꽂힌 칼은 어떻게 뽑을 수 있을까? 시청자는 '어떻게, 언제, 어디서 실현될 것인지 아직 미해결인 채로 있기 때문에' 긴장감을 유지하면서 이 상황을 보게 된다. 결국 도깨비는 자신이 무로 돌아가게 된다는 걸 알면서도 신탁대로 도깨비 신부 지은탁의 손을 빌어 칼을 뽑고 박중헌을 다시 죽인다. 그리고 무로 돌아간다. 이렇게 해서 도깨비는 드디어 지옥의 삶을 끝내게 된다.

이 작품은 두 개의 플롯으로 진행되는데, 도깨비와 도깨비 신부가 만드는 주플롯과 저승사자와 써니(유인나 분)가 만들어내는 부플롯이다. 그런데, 이 두 개의 플롯이 만나는 정점은 같은데, 앞에서 계속되는 플래시백 속에서 보였던, 현대의 도깨비 신부를 제외한 위의 등장인물들이 모두 얽혀 있는 '하나의' 기억이 현재에 드러나는 일이다. 이 플롯들은 '도깨비의 죽음'을 향해 가고 있으며, 도깨비의 죽음은 악귀로 나타난 간신 박중헌의 죽음과 연결되어 있기 때문이다. 도깨비가 과거에 행하고자 했던 그 기억 속의 사건의 완전한 해결을 위해서는 '왕여의 환생'이 필요하다. 그 당시 도깨비가 죽을 걸 알면서도 왕여에게 나아갔던 것은, 왕여가 자신에게 하사했던 칼로 간신 박중헌을 베라는 의미를 전하기 위해서였다. 그러나 도깨비는 결국 그 칼에 의해서 죽음을 맞았었다. 도깨비가 박중헌을 다시 죽이기 위해서는 자신의 가슴에 꽂힌 칼이 필요하다는 깨달음을 얻으면서, 예전에 하지 못했던 그 일을 이루고자 하면서 왕여의 존재 또한 필요해진 것이다. 박중헌과 왕여의 정체가 드러나는 것은 총 16부작의 드라마에서 12회에서이며 이때까지 작품의 긴장감은 계속해서 유지된다. 이와 함께 도깨비의 죽음은 박중헌과 왕여의 정체가 드러날 때까지 계속해서 지연된다. 결과적으로 왕여의 환생은 〈도깨비〉의 긴장의 최고점이자 과거에 일어난 등장인물들을 둘러싼 사건의 해결과도 연결이 된다. 그러면 과연 왕여는 누구로 환생했는가?

도깨비와 달리 모든 것을 잊은 기억상실증 저승사자. 이 작품의 가장 문제적인 인물인 저승사자는 '기억을 잃은' 인물로서, 기억이 없기 때문에 과거에 자신이 누구였는지를 알지 못한다.[18] 그런데, 써니를 사랑하게 되면서 계속해서 정체를 묻는 써니에 의해 자신이 잊어버린 것이 무엇인가를 궁금해하게 된다. 잊었던 과거를 다시 기억해내고 싶어지는 것이다. 저승사자의 과거는 사전 암시를 통해 드러난다. 사전암시는 긴장감을 증폭시키는데, 사전암시란 시청자의 이성에 직접 정보를 제공하는 것이 아니라 은폐된 암시를 통해 간접적으로 관객의 감성에 질문하는 것으로서 모호한 윤곽만을 말하는 것으로[19], 사전암시 하는 경우들은 모호하게 방향을 지시하고 추측과 심리적 반응을 일깨운다.[20] 이러한 상황에서 저승사자와 써니(전생에 김신의 누이)의 관계가 계속해서 사전암시 되면서 시청자들은 확실하지는 않지만 저승사자의 존재에 의문을 품게 된다.

(1) 처음 써니를 보고 눈물을 흘린다. (3회)
(2) 족자 속의 여인(김신의 여동생)을 보고 가슴을 쥐어뜯으며 오열한다.

(7회)

(3) 도깨비가 절에서 등불에 '왕여'라는 이름을 쓰는 순간 가슴을 부여잡
고 고통스러워한다. (8회)

(4) 우연히 써니의 손을 잡게 되고 써니의 전생을 알게 된다. 이를 통해
써니가 김신 여동생의 환생임을 알게 된다. (10회)

(5) 써니에게 전생을 기억나게 해준 후, 그 속에 자신이 있음을 알게 된
다. (12회)

(1)에서 (5)는 저승사자가 써니와 관련해서 한 행동들이다. (1)과 (2)는
저승사자의 존재에 대한 궁금증을 유발하며 저승사자가 써니와, 그리고 족
자 속 여인인 김신의 여동생과 관련이 있는 게 아닐까 하는 추측을 불러온
다. 특히 저승사자가 족자를 들여다보면서 "대체 누구신데 이렇게 가슴에
사무칩니까?" 하고 중얼거리는 순간 이어지는 써니의 모습과 바로 이어지
는 김선과 왕여가 처음 만났을 때의 과거 회상 장면, 삼신할미의 "참으로
비통한 사랑의 시작이 아닐 수 없었지~"라는 대사는 이러한 추측을 점점
진전시킨다. 지체는 선취와 실연 사이의 간격을 확장하는데, 이러한 지체를
통해 관객이 알고 싶어하는 것을 의도적으로 분명하지 않게 함으로써 관객
의 호기심을 긴장으로 옮기는 것이다.[21] 이와 함께 저승사자와 써니가 만날
때마다 울려 퍼지는 OST[22] 역시 두 사람의 '운명'을 감지하게 해준다. 앞에
서 언급한 것처럼 결국 12회에 가서 왕여가 바로 이 기억상실증 저승사자
였음이 드러난다. 왕여는 사랑하는 여자를 죽인 과거와 그녀에 대한 그리움
에 괴로워하다가 스스로 목숨을 끊고 기억을 지웠던 것이다.

이렇게 왕여가 누구인지 드러나면서 도깨비의 죽음이 일어나고 주플롯과
부플롯이 끝이 난다. 12회에 나오는 미장센은 이를 보여준다. 고려 시대에
김신이 왕여를 향해서 계단을 오르는 장면과 저승사자가 왕여임을 알게 된
도깨비가 절의 계단을 올라가는 장면은 계속해서 과거-현재로 번갈아 나타
나는데, 고려 시대에는 김신이 왕여에게 다다르기 전에 칼을 맞고 죽게 되
지만 현재에 와서는 도깨비가 저승사자에게 다다르면서 도깨비와 저승사자

가 '하나의 사건'에 연결되어 있고 현재의 결과는 다를 것임을 보여주고 있다. 기억의 한 퍼즐이 저승사자의 정체가 드러나면서 맞춰지고 과거에 일어났던 일에 대한 해결이 현재에 와서 이루어지는 것이다.

이러한 '지연의 전략'을 통해 〈도깨비〉는 시청자들의 몰입을 놓치지 않는다. 모든 텔레비전 드라마는 시청자들의 몰입을 위해 노력하기 때문에 항상 모든 사건은 긴장을 상승시키는 방향으로 짜여 있다. 이것은 주로 앞에서 언급한 것처럼 '부분의 비자립성'에 의해서 이루어진다. 그러나, 〈도깨비〉의 긴장은 '지연의 전략'을 통해 주어진다. 긴장이 만들어내는 '쫄깃쫄깃함'은 그야말로 시청자들과 사건과의 '관계 맺음'을 가능하게 만드는 중요한 접착제이다. 이렇게 '모든 것을 기억하면서 지옥을 살고 있는' 도깨비와 '기억상실증'에 걸려 있는 저승사자라는 '기억'을 활용한 이야기는 새로운 통찰로 이어진다.

인간에게 기억이란 무엇인가

이 작품은 판타지 드라마에 속한다. 도깨비, 저승사자, 삼신할미, 신, 귀신 등이 출몰하고, 이들은 초능력을 보이기도 한다. 환상적이라고 하는 것은 자연법칙만을 알고 있는 한 존재가 겉보기에 초자연적인 사건에 직면하여 경험하는 망설임[23]으로, 시청자들은 이러한 초자연적인 사건 앞에서 망설이면서도, 즉 드라마가 비현실적이라는 것을 알면서도 경험적 현실성이 아닌 정서적 현실성에 빠져 TV 드라마의 빈틈을 적극적으로 메우면서 비현실적인 이야기를 현실적인 이야기로 전이시킨다.[24] 즉 환상적인 것은 등장인물들의 세계에 독자가 동화되어 있다는 사실을 전제로 하는 것이다.[25] 시청자가 작품에 정서적으로 개입하기 위해서 반드시 충족되어야 할 원칙이 이 이야기를 믿어야만 한다는 신빙성인데, 시청자가 한번 개입하기 시작하면 작가는 드라마가 끝날 때까지 관객을 붙잡고 있어야 한다.[26] 따라서 허구세계에서의 사건들이 아무리 등장인물의 '탁월한' 능력을 담보한다고 하더라도 그 능력의 범위와 전개 역시 현실세계의 존재자들의 수용 범위 내에 놓여야 하는데, 왜냐하면 기본적으로 텔레비전 드라마의 미학은 현실세계라는 일상성의 기반 위에서 성립하기 때문에 적어도 텔레비전 드라마에서라면 환상성의 크기는 인간 척도의 범위를 크게 벗어나면 안 되는 것이다.[27] 즉 환상은 현실이 아니지만 그것은 현실의 배면(背面)이라는 점에서, 다시 말해 언제나 현실을 저본으로 한다는 점에서 현실과 닮아 있다.[28] 외부적 현실성[29]이 부족하면 드라마에 대한 즐거움과 몰입도가 줄어들 수 있는데, 드라마에서 외부적 현실성이 부족할 때, 시청자는 자신과 시간의 흐름을 잃어버린 것을 깨닫게 되며 그 드라마에 대한 현실성 평가를 하게 된다.[30] 결과적으로 이러한 현실성이 시청자가 사건과 관계를 맺게 한다.

그런데 무엇보다도 이 작품의 현실성을 뒷받침하고 시청자들에게 이 극의 사건과 관계를 맺게 하는 것은 바로 '기억'에 대한 통찰력이다. 시청자들의 보편적인 감정을 건드림으로써 시청자와의 깊은 관계를 만들어가는 것이다. 즉 대부분의 시청자들은 기억에 대한 공통된 생각을 가지고 있는데, 이를 건드리는 것이다. 그것은 우리의 지나간 삶은 모두 기억 속에 머문다는 것에 대한 깨달음이고, 우리는 기억으로 채워진 우리 삶에서 좋은 기억은 남기고 잊고 싶은 기억만 없애 버리는 것을 원한다는 것이다. 한 마디로 '추억'은 남기고 '잊고 싶은 기억'은 지우개로 지워 버리고 싶어한다는 것이다.

> 저승사자 　마셔요. 이생의 기억을 잊게 해줍니다.
> 여자 　　　안 마시면 어떻게 되는데요?
> 저승사자 　안 마신 걸 후회하게 되겠죠. 어떤 후회든 부디 이생에서만 하시길. (1회) (강조-인용자)

> 저승사자 　드세요. 이생의 기억을 잊게 해줍니다.
> 여자 　　　정말 다 잊어야 하나요? 저 인간에 대한 원망도?
> 남자 　　　이 여자야, 다 지 팔잔 거지 다 죽은 마당에 뭘 또 꼬라봐 꼬라

보길?
저승사자   그러는 편이 좋습니다. <u>망각 또한 신의 배려입니다.</u> (2회)
          (강조-인용자)

위의 대화를 보면 '이생의 기억은 잊어라' '망각 또한 신의 배려' 등의 말이 나오는데, 이 대사는 〈도깨비〉에 지속적으로 등장한다. 도깨비가 죽고 나서 "모두의 평안을 위해"(14회) 지은탁과 유덕화의 기억이 지워지는 것도 그러한 맥락이다. 그리고 불멸의 삶을 살면서 지나간 것을 하나도 잊지 못하는 도깨비의 삶이 상(불멸의 삶)이자 벌(잊지 못하는 것)인 것, 그런 도깨비를 가리켜 저승사자가 "생의 기억을 고스란히 가진 채로 지옥을 살고 있는 이"(2회)라고 지칭하는 것, 저승의 규율을 어긴 저승사자에게 내려진 벌이 기억을 되살리는 것인 걸 보면, 그리고 도깨비가 죽은 후 기억을 지워주려는 신에게 '내 기억은 self'라고 따지면서 모든 기억을 잊지 않은 써니가 결국 괴로워하면서 저승사자가 있는 곳을 떠나게 되는 것을 보면, 결과적으로 '잊고 싶은 기억을 잊을 수 있다면'은 모든 사람들의 바람임을 알 수 있다. 저승사자는 써니의 전생을 기억나게 한 후 다시 최면을 걸면서 "당신은 이렇게라도 해피엔딩이길"(11회) 하고 바라는데, 역시나 괴로운 기억은 잊어야 해피엔딩일 수 있는 것이다.

텔레비전은 세계로 통하는 창문의 기능을 수행하며, 대부분의 시청자들은 이러한 텔레비전의 작은 창문을 통하여 세상을 보고 믿는 데에 익숙해져 있는데, 그 과정에서 우리는 비록 가정 내에서 혼자 텔레비전을 보고 있을지라도 나의 이웃과 그 너머 모든 공동체원들이 내가 보고 있는 현실 세계를 함께 경험하고 있다고 가정한다.[31] 이로 인해 괴로운 기억은 잊고 싶어 하며 행복했던 기억은 추억으로 남기를 바라는 인간의 보편적인 감정은 나 외의 다른 시청자들과의 상상 속에서의 합일을 경험하게 하며, 각각의 집에 흩어져 있는 시청자들은 작품이 보여주는 통찰의 뛰어남에 함께 공감하게 된다.

멜로드라마 이면에 있는 교훈의 서사

이러한 기억에 대한 통찰력은 작가의 세계관과 연결된다. 작가가 이 작품을 통해서 말하고 싶은 것이 가슴 아픈 사랑 이야기 속에 숨어 있는 것인데, 그것은 '생명의 소중함'에 대한 것이다. 김신이 도깨비로 환생하는 과정에서도 신은 "너의 검엔 수천의 피가 묻었다. 너에겐 적이었으나 그 또한 신의 피조물. 홀로 불멸을 살며 사랑하는 이들의 죽음을 지켜보아라. 그 어떤 죽음도 잊히지 않으리라."(1회)라고 말하며, 지은탁은 써니와 대화하면서(13회) 또한 저승사자와 대화하면서(16회) 죽음이 있기 때문에 생이 더 찬란한 것이라고 말한다.

모든 기억을 되찾은 저승사자는 후배 여자 저승사자에게 사과하면서 이를 분명하게 밝힌다.

> 너에게 비밀을 알려주려고. 전생에 큰 죄를 지으면 저승사자가 된다는데… 그 죄가 무엇인지. <u>우리가 지은 큰 죄는 스스로 생을 버린 죄야.</u> <u>스스로 생을 버린 자들</u>을 저승사자로 눈뜨게 해 수많은 죽음을 인도하며 산 자도 죽은 자도 아닌 존재로 살게 한 이유가 뭘까? 이름도 없는 자가, 기억도 없는 자가, 집도 필요하고 먹을 것도 필요하게 한 이유 말이야~ 그 질문들의 답을 찾다 어느 날 문득 우리가 포기한 것들이, 이름이, 우리가 버린 생이 갖고 싶어지는 것은 아닐까? 그렇게 생이 간절해지면 벌이 끝나는 건 아닐까? (중략) 너도 너를 용서하게 되길 바란다. <u>신이 우리에게 바라는 것은 자신을 용서하여 생의 간절함을 깨닫는 것일 테니.</u> (16회) (강조-인용자)

잊고 싶은 기억 때문에 고통스러운 삶일지라도 그 삶 자체가 찬란한 것이기 때문에 스스로 버려서는 안 된다는 것, 이것이 작가가 말하고 싶은 것이다. 잊고 싶은 기억도 우리 삶의 일부라는 것. 이 또한 고통스럽지만 우리가 받아들여야 한다는 것. 김은숙은 도깨비에게 칼이 꽂힌 이유, 망자를 인도하는 저승사자와 기타누락자 지은탁의 깨달음 등을 통해 작품의 이면에서 인간의 삶에 대한 자신의 통찰을 보여주고자 한다.

이러한 삶과 죽음에 대한 성찰은 '인간의 의지'와 '신의 뜻'의 대립각으로 이어진다. 신을 찾아온 도깨비와 저승사자에게 "신은 그저 질문을 던질 뿐. 운명은 그 질문이다. 대답은 그대들이 찾아라."(12회)라고 말하며, 신은 자신이 내린 질문, 즉 운명에 대한 답은 직접 찾으라고 말한다. 신이 던진 질문, 즉 운명에 대한 대답으로 이들은 자신의 의지로 신의 뜻을 극복하기 위해 갖은 힘을 다한다. 도깨비와 도깨비 신부는 자신들의 의지로 운명을 극복하려고 하고, 도깨비와 저승사자는 서로를 알아보고 나서 용서라는 선택을 하게 된다. 도깨비는 무로 돌아가 수많은 생명을 죽인 죄에 대한 값을 다 치르고 나서 편안히 쉬라는 신의 이야기를 듣고도 지은탁에게 '첫눈'으로 가기 위해 '비'로 가기 위해 신도 떠난 황량한 공간에 홀로 남는다. 저승사자의 찻집에서 망자들이 나가는 문을 통해 화장실이 급해서 들어온 인간을 보면서 놀란 저승사자에게 도깨비는 "인간의 의지는 못 여는 문이 없고, 그 열린 문은 신의 변수가 될 수 있다."(9회)라고 말한 적이 있는데, 그 말처럼 도깨비의 의지가 연 문을 통해 도깨비는 다시 지은탁 곁으로 돌아오게 된다. 그리고 지은탁은 자신의 의지로 유치원생들이 탈 버스를 향해 내리닫는 트럭을 자신의 차로 막아냄으로써 스스로 죽음을 택한다.

그런데 주목을 요하는 것은, 이러한 인간의 의지로 행한 행동들이 결국은 신의 뜻을 벗어나지 못한다는 것이다. 이들이 사는 세상은 신이 지배하는 세상이고, 인간의 의지는 결코 신의 뜻을 벗어나지는 못한다. 도깨비의 가슴에 꽂힌 칼은 결과적으로 도깨비 신부의 손에 의해서 뽑히면서 도깨비는 무로 돌아가고, 지은탁은 29세에 기타누락자의 운명대로 죽고 만다. 등장인물들의 환생 역시 신의 손에 달려 있다. 써니는 자신의 의지로 기억의 망각을 거부했지만, 결국 왕여를 사랑하면서도 용서하지는 못하고 왕여를 떠났다가 다시 환생해서 새 삶을 산다. 지은탁은 죽으면서 '빨리 환생하기를 신에게 빌어보겠다'고 이야기하는데 30년 후에 18살의 모습으로 도깨비 앞에 나타난다. 결과적으로 이 작품은 신 앞에서 겸손해야 할 인간을 다룬다.

김은숙은 이러한 교훈을 말하기 위해서 교과서 같은 형식을 취하지 않는다. 그녀는 자신의 장점을 살려서 멜로드라마 형식을 취한다. 도깨비와 지은탁은 최근의 멜로드라마 속 주인공들의 모습을 하고 있다. 도깨비는 기존의 멜로드라마 남성 주인공 캐릭터의 확장된 모습으로, 부와 잘 생긴 외모를 갖추고 있으며 하나 더해 뭐든지 할 수 있는 초능력도 겸비하고 있다.[32] 심지어 이 도깨비는 고려 시절 항상 승전보를 울리던 '무신'이기도 했던 인물이라는 점에서 더 멋있는 조건을 충족하고 있다. 이와 함께 지은탁은 현대를 살고 있는 지극히 세속적인 여성들의 모습을 대변하고 있다. 이 여주인공은 절대로 내숭 떨지 않는다. 흔히 멜로드라마 여성 주인공이 '청순가련형'이거나 '캔디'형이었다면, 지은탁은 고3인데도 불구하고 지극히 속물적이다. 문을 열자 캐나다로 이동하게 되는 도깨비를 보고 지은탁은 아저씨 능력이 이 정도라면 아저씨에게 시집가겠다며 바로 사랑한다고 고백하며(2회), 퀘벡에 있는 멋진 호텔이 도깨비 것임을 알게 되자 아주 속물적인 눈빛을 보내는가 하면(2회), 왜 애초부터 검이 보였는데 보이지 않은 척했냐는 도깨비의 질문에 "안 보인다고 한 이유 중의 하나는 돈은 좀 있나?" 생각했다고 말한다(4회). 과거에 나랏일을 했다면서 안정적이라고 중얼거리고(5회), 칼을 뽑아달라는 도깨비에게 맨입으로는 안 된다며 "보석으로 가득한 집을 돈으로 사서 거기 사랑으로 채워서 주실 생각은 없는 건가요?"(6회)라고 말하기도 한다.

이다운은 김은숙 작가가 텔레비전 드라마의 감상자 중 상당수가 외부세계에서 받았던 스트레스를 희석하고 즐거움을 얻기 위해 텔레비전 드라마를 선택한다는 사실을 존중하기 때문에, 김은숙의 작품은 인생에 대한 유의미한 성찰이나 진보적 의미를 제공하려는 목적의식에서 자유롭다고 평가한다.[33] 사실 텔레비전을 매개로 창조되는 드라마는 이윤 창출을 위한 매체의 욕망과 즉발적 쾌락 및 위무를 향한 독자의 욕망이 합치되면서 멜로드라마와 희극이라는 대중예술의 검증된 안전망으로부터 벗어나려 하지 않는다.[34] 어찌 보면 문화 엘리트들이 텔레비전을 '바보상자'라고 하고 특히 텔레비전 드라마를 단순한 재미를 위한 것이라고 하는 것도 이러한 측면일 것이다. 그러나, 김은숙은 〈도깨비〉에서 시청률을 위해 멜로드라마를 쓰면서도 거기에 인간의 삶에 대한 의미 있는 성찰을 심어 놓는다. 〈도깨비〉의 우수한 점은 이에서 비롯된다. 〈도깨비〉는 그동안의 김은숙의 드라마에서 한 걸음 더 나아간 것이라고 할 수 있다.

김은숙 초기의 작품들이 흥미를 위주로 한 멜로드라마에 그쳤다면, 〈도깨비〉에서 작가는 멜로드라마의 형식에 얹어서 등장인물들의 깨달음을 통해서 '생명의 소중함'과 '신 앞에서 겸손해야만 하는 인간의 운명'을 이야기하고 있다. 등장인물들은 자신의 의지로 문을 열고 그 '열린 문'을 통해서 신의 뜻을 바꾸고자 하나 결국은 신의 뜻을 벗어나지는 못하는데, 물론 그들이 신이 한 질문, 즉 운명에 대해 내린 답은 신의 예상을 벗어나는 것이겠으나 결국은 신이 부여한 운명을 벗어나지는 못한다. 이런 점에서 영웅이 초월적인 세계, 즉 신과 운명에 맞서 싸우다 패배하게 되는 고전 비극의 형태를 〈도깨비〉는 보여준다. 운명론적인 세계관에 빠져 있는 것으로 보이기도 하지만, 이 작품은 시청자들에게 생각할 거리를 주면서 그들을 좀 더 성찰하는 인간으로 만들어준다. 결과적으로 이 작품은 두 달 동안 이 드라마에 몰입했던 노력에 대해 보상을 해준다.

역사드라마는 왜 로맨스를 필요로 하는가:
〈미스터 션샤인〉

양근애

히스토리, 러브스토리

"이 드라마는 역사적 사실에 기반을 둔 창작된 이야기이며 일부 가상의 단체와 인물을 다루었음을 알려드립니다." 텔레비전 역사드라마가 시작될 때 흔히 볼 수 있는 자막이다. 역사드라마는 극문학이 가지고 있는 허구성이 당연히 배태되어 있음에도 역사의 사실적 재현 여부로 인해 정체성을 의심받는다. '정통사극', '팩션사극', '퓨전사극'과 같은 명명은 사실성에서 멀어지고 있는 역사드라마의 자기 응시를 보여준다. 특히 '판타지'를 중요한 특징으로 삼는 2010년대 텔레비전 드라마의 경향성을 생각해볼 때, 역사드라마에 기입되는 상상의 문제는 더이상 특이한 일이 아니다. 그럼에도 불구하고 역사드라마에서 여전히 사실성이 문제가 되는 이유는 지나온 역사에 대한 의식이 곧 현재의 공유 기억을 만든다고 믿는 대중의 정서적 감응 때문일 것이다.

미디어에서 다뤄지는 역사의 다양한 효과를 분석한 책에서 볼 수 있듯, 많은 역사학자들의 우려에도 불구하고 미디어에서 재현되는 역사의 위력은 크다.[1] 특히 텔레비전은 강렬한 시각적 자극과 강력한 서사를 통해 대중들이 역사에 매혹되게 만든다.[2] 역사의 대중적 소비 방식을 두루 살핀 그루트 역시 대부분의 사람들이 "지나치게 학문적인 역사에는 흥미를 잃었지만,

역사가 그들의 삶 속에 널리 퍼져 있다고 느끼며 잘 짜인 내러티브보다 개인적이고 직접적인 설명을 듣기를 더 선호"[3]한다고 언급하고 있다. 그에 따르면 대중문화에서 재현되는 역사는 비학문적인 대중의 역사 이해 방식이 생각보다 훨씬 더 복합적이라는 사실을 보여주고 있다.

기록된 역사든, 가능성으로서의 역사[4]든, 상상으로서의 역사든 역사를 소재로 하고 있는 역사드라마는 과거의 시공간과 있었음직한 사실에 대한 긴박에서 벗어나기 어렵다. 문제는 실재 여부와 상관없이 재현된 역사가 얼마나 진실성을 확보하고 있느냐다. 아이러니하게도 역사효과는 역사의 사실성보다 드라마의 완성도를 통해 발휘되며 사건, 플롯, 캐릭터 등의 요소는 역사의 진실다움에 복무한다.

2000년대 이후 텔레비전 역사드라마는 사료보다 작가의 상상력을 극대화하면서 역사드라마의 장르적 외연을 확장시키고 있다.[5] 〈다모〉(2003), 〈대장금〉(2003-2004), 〈바람의 화원〉(2008), 〈성균관스캔들〉(2010), 〈해를 품은 달〉(2012) 등 2000년대 이후 역사드라마는 사실로서의 역사보다 이야기로서의 역사에 주목하는 방식으로 변화하고 있다. 이 중에는 실제 역사를 의식하는 경우도 있지만, 드라마의 시공간적 배경으로서 역사를 부분적으로 활용하는 경우도 많다. 이러한 경향은 역사드라마의 정치성을 약화시키고 현대 사회가 역사를 어떻게 생각하는지, 즉 '과거성'의 이해와 활용에 주목하도록 한다. 이러한 맥락에서 특히 2010년대 이후 역사드라마가 다른 장르보다 로맨스와의 결합 양상이 두드러지는 측면에 대해 생각할 필요가 있다.

2018년에 방영된 〈미스터 션샤인〉은 과거의 역사를 문화적 기억으로 재구성하고 그 가운데 인물 간의 로맨스를 전면에 배치하는 경향이 두드러지는 최근 역사드라마의 흐름을 반영하고 있다. 이 드라마는 역사드라마로서는 드물게 대한제국 시기를 조명하고 있고, 격변기 역사를 살아가는 인물들의 이야기를 추동하는 핵심 요소로 로맨스를 부각시키고 있다. '역사드라마는 왜 로맨스를 필요로 하는가'라는 질문을 통해 〈미스터 션샤인〉을 살펴보고자 하는 이유가 여기에 있다.

<미스터 션샤인>은 로맨틱 코미디 집필에 능한 김은숙 작가의 첫 역사드라마로 주목받았다. <미스터 션샤인>은 김은숙 작가의 드라마 목록에서도 이질적인 작품으로 취급된다. 현재를 배경으로 남녀 간의 로맨스에 주력했던 김은숙의 드라마는 전작인 <태양의 후예>와 함께 '네이션' 드라마로서의 욕망을 드러내기 시작했다. 로맨스를 (불)가능하게 하는 세계가 주변 인물과 사회에서 국가로 확장되면서 국가 간 분쟁에서 중요한 임무를 맡은 인물이 개인의 욕망을 어떻게 통제하고 대의에 복무하도록 만드는지를 그려냈기 때문이다. 특히 <미스터 션샤인>의 마지막회에 등장하는 "이건 나의 히스토리이자 나의 러브스토리요."라는 유진 초이의 대사는 이 드라마가 취한 태도를 여실히 드러낸다. 역사적 소용돌이에 휘말린 인물의 로맨스는 개인적인 차원을 비약하는 질문과 조우하고, 대중들은 이야기를 통해서 역사 속 개인을 조망하게 된다. 따라서 역사드라마에서 로맨스가 왜 중요하게 다루어지는지, 또 '히스토리'와 '러브스토리'의 병치가 드라마에서 어떻게 작동하는지 살펴봄으로써 역사드라마의 가치와 효과를 탐색해 볼 수 있을 것이다.

그동안 일제 강점기 조선을 다룬 역사드라마들이 식민지 조선의 근대적 풍경을 그려낸 것과는 다르게, 구한말 대한제국시기를 다룬 <미스터 션샤인>은 방영 당시의 반일 감정과 3.1운동 100주년을 앞둔 시기적 선택으로 문화정치적 의미를 획득했다. 기획의도에는 "대한민국 임시정부 수립 99주년을 맞는 2018년 방송예정 드라마 <미스터 션샤인>은, 미국의 이권을 위해 조선에 주둔한 검은머리의 미 해병대장교 유진 초이(Eugene Choi)와 조선의 정신적 지주인 고씨 가문의 마지막 핏줄인 애신 애기씨의, 쓸쓸하고 장엄한 모던 연애사"[6]라는 설명이 포함되어 있다. 그러나 한편으로 고증 논란에 시달릴 만큼 실제 역사가 왜곡되는 측면이 있었고 로맨스 서사가 부각되면서 역사인식의 희박함에 대한 비판을 받기도 했다.

430억을 들인 대작이자, 넷플릭스에 방영되면서 한류 드라마의 위치를 점했으며 시청률이나 화제성 면에서도 두각을 드러낸 만큼, <미스터 션샤

인〉에 대한 그간의 연구 역시 이 드라마의 성과에 집중되어 있다고 해도 과언이 아니다. 주창윤은 〈미스터 션샤인〉의 역사 소환 전략을 '전경화', '중경화', '배경화'로 분류하고 실제 역사적 기록을 활용한 사실적 묘사, 역사기표의 활용을 통한 개연성 확보, 그리고 역사적 시간과 공간을 압축하여 1870년대부터 1930년대에 이르는 시간을 압축, 재배열한 과정을 상세하게 짚었다.7 이와 같은 분석은 일종의 성공한 드라마로서 〈미스터 션샤인〉이 지닌 전략을 알아볼 수 있게 하지만, 그것이 곧 역사드라마로서의 성취를 의미하는 것은 아니다. 이영미의 언급대로, 이 드라마의 "단선적인 선악 구도와 성숙하지 못한 역사 인식은 기존의 보수적인 통념을 벗어나지 못한다."8 그럼에도 불구하고 "정치에 대한 관심보다 연애물 취향이 강한 수용자들"까지 끌어들인9 이 드라마의 저력은 김은숙 작가의 드라마가 줄곧 실험해 온 '대중 전략 극작술'10이 이 경우에도 통했기 때문이다. 이 글이 주목하는 지점도 바로 여기다. 말하자면 김은숙 작가 특유의 로맨스 문법이 역사드라마의 향유 방식을 어떻게 바꾸어 놓았는지, 이때의 역사효과는 방영 당시 현실의 어떠한 지점을 건드리고 있는지 좀 더 상세히 고찰할 필요가 있다.

이러한 맥락에서 〈태양의 후예〉와 〈미스터 션샤인〉을 함께 놓고 국가가 개인의 감정 구조에 어떤 영향을 끼치는지 살피고 있는 정혜경의 논문11은 많은 시사점을 준다. 그러나 이 논문의 말미에 제시되고 있는, 드라마를 통해 고양된 감정이 연대와 애도를 통해 개인과 공동체를 환기한다는 해석에는 동의하기 힘든 지점이 있다. 특히 〈미스터 션샤인〉의 경우, 로맨스의 감정과 애국심을 등치시키고 민족의 실체를 동질화시켜 호명된 공동체를 배타적으로 설정하는 문제점이 있기 때문이다. 〈미스터 션샤인〉의 대중적 반향과 문화산업으로서의 의미를 짚는 일도 중요하지만, 그에 못지않게 이 드라마의 역사드라마로서의 가치와 맹점을 비판적으로 파악하는 작업도 필요하다. 역사를 추동하는 힘으로 로맨스를 전면에 배치한 지점에 주목하는 이유는 이 때문이다.

신분 격차로 인한 자기부정성과 탈주

'건', '글로리'와 함께 '새드엔딩'을 모토로 삼고 있는 〈미스터 션샤인〉에서 '이루어질 수 없는 사랑'의 모티프는 필연적으로 작동된다. 꽃으로 사는 대신 불꽃이 되고자 하는 총 든 애기씨 고애신과 조선으로부터 버림받고 미국인으로 살다가 조선에 온 유진 초이의 만남은 따라서 사랑의 완성을 향해 가는 것이 아니라 불가능한 사랑의 파국을 향해 가는 여정이다.

최근 텔레비전 드라마에서 로맨스 서사는 노스탤지어에 기댄 구성된 관념이라 할 만하다. 사랑에 대한 믿음 대신 탈신성화와 냉소에 기반한 비혼과 비연애의 시대, 대중문화에 등장하는 로맨스는 현실에서 불가능한 친밀성을 대리체험하는 감정 산업으로 재생산되고 있다. 일루즈의 언급대로 후기 자본주의 하의 낭만적 사랑은 유토피아적 판타지이며, 자본주의의 형성 과정은 감정문화의 형성 과정과 동궤에 있다.[12] 사랑은 더이상 특별하고 신비한 감정이 아니라 사회적 체계이자 상징적 코드라고 본 루만의 견해[13]도 이와 다르지 않다.

'낭만'을 중심 정서로 삼고 있는 〈미스터 션샤인〉의 로맨스도 이 자장에서 벗어나지 않는다. 김은숙의 드라마가 주력해 온 낭만적 사랑의 규율이 발견되며, 감정의 미학적 양식인 멜로드라마의 코드[14]가 여전히 작동하고 있다. 차이가 있다면 신분제도가 엄연하던 구한말의 시공간을 배경으로 기존의 남녀 관계를 역전시키고 있다는 점이다.

역사드라마에서 선결되어야 할 배경 조건이 지금-여기가 아닌 과거의 시공간이라는 점을 염두에 둘 때, 신분제도가 작동하는 시대로 이동하는 것은 신분 제약이 가져다주는 갈등을 드라마의 주요 플롯으로 배치하게끔 한다. 왕, 혹은 왕이 될 사람이 낮은 신분의 여성과 사랑에 빠지거나 자기 신분을 속이고 양반 행세를 했다가 폭로될 위기에 처하는 이야기는 역사드라마의 단골 소재였다. '동기 대 장애'는 드라마의 추진력을 확보하는 기본 방식이며 신분질서가 공고한 시대를 살아가는 주인공이 신분 격차를 뛰어넘지 못하는 사랑 앞에서 괴로워하는 이야기는 낯선 것이 아니다.

오사와 마사치는 정열적인 사랑의 서사에서 연애는 최종적인 충족을 스스로 부정한다고 말하고 있다.[15] 서로 사랑하는 두 사람 사이의 '거리'가 결코 극복될 수 없다는 점이 서로를 욕망하게 하는 요인이라는 것이다. 이렇듯 연애가 자기부정적인 구성을 취하는 이유는 사랑이 본질적으로 차이의 체험이기 때문이다.[16] 사랑은 서로에 대한 정보를 매개로 발생하는 것이 아니라 서로를 모른 채로 시작되며 사랑으로 인해 자신의 타자성을 발견하게 되면 서로의 거리를 인지하지 않을 수 없다. 〈미스터 션샤인〉의 두 주인공 고애신과 유진 초이는 서로에 대한 정보를 전혀 모른 채로 지붕 위에서 마주친다. 이후 여러 차례의 확인 끝에 서로가 대체 불가능한 유일한 존재라는 환상으로 진입하는 사랑의 과정을 거치게 된다.

유진과 애신을 가로막는, 연애의 불가능성을 확인하게 하는 요소는 일차적으로는 신분 격차이지만 유진이 과거 노비였던 신분을 현재도 유지하고 있지 않다는 점, 즉 미군 해병 대위로서 일본 제국주의 앞에 놓인 조선의 질서 바깥에 존재하는 인물이라는 점이 중요하다. 유진은 미국인 신분으로 조선에 왔기 때문에 경성에 사는 모두가 다 아는 '애기씨'를 몰라보며, 애신은 자신을 알아보지 못하는 이방인과 나란히 걸으며 그의 세계에 이끌리게 되는 것이다. 특히 고애신이 학당에서 영어를 배우는 과정에서 이미 그 언어를 선취한 유진에게 다가가고 있다는 점은, 일반적인 연애 서사의 신분 격차에서 남녀가 뒤바뀐 설정이라고 하더라도 애신을 주체적인 여성으로 해석하는 데 주저하게 만든다. 비록 '호강에 겨운 양반 계집'이라는 구동매의 말을 기억하고 되새기는 애신이라고 할지라도 구한말 사대부 집안의 질서하에서 행랑아범과 함안댁의 보살핌을 받으며, 이제는 조선에 온 미국인과 정혼자와 낭인의 보호까지 받는 고애신의 캐릭터는 일견 새로워 보이나 가부장적 보수성을 전혀 벗어나지 못한 것이다.

〈미스터 션샤인〉 9회 마지막 부분에 가서야, 유진이 애신에게 자신이 조선에 있을 때 노비였다는 사실을 고백하는 장면이 등장한다. 이 고백으로 인해 언 강 위에 선 두 사람이 나란히 걷던 장면은 두 사람의 거리가 멀어지는 장면으로 이어진다.

애신	궁금하오. 귀하의 긴 얘기가.
유진	아마 내 긴 이야기가 끝나면 우린 따로 떠나게 될 거요.
애신	어째서 그렇소?
유진	조선을 떠난 건 9살 때였소. 그저 달렸소. 조선 밖으로. 조선에서 가장 먼 곳으로. 그런 내 앞에 파란 눈에 금발머리 선교사가 구세주처럼 나타났소. 그의 도움으로 미국 군함에 숨어들었고 한 열흘쯤 가면 되겠지 했는데 한 달을 갔소.
애신	헌데 아홉 살 아이가 무슨 연유로
유진	"죽여라. 재산이 축나는 건 아까우나 종놈들에게 좋은 본을 보이니 손해는 아닐 것이다." 그게 내가 기억하는 마지막 조선이오.
애신	누가 그런 말을 했단 말이오.
유진	상전이었던 양반이. 무엇에 놀란 거요. 양반의 말에? 아님 내 신분에? 맞소. 조선에서 난 노비였소. 귀하가 구하려는 조선에는 누가 사는 거요? 백정은 살 수 있소? 노비는 살 수 있소?

9회 마지막 부분에서 애신에게 던지는 유진의 말은 두 사람이 더 이상 '나란히 걸을 수 없음'을 확인하는 질문이었다. 연속극의 특성상 10회는 이 부분을 반복하는 것으로 시작하며 잡고 있던 손을 놓고 돌아서는 애신의 모습을 비춘다. 그러나 로맨스의 문법을 확인시키듯, 이 사건은 두 사람이 각자의 마음을 확인하고 서로에 대한 욕망을 증폭시키는 계기로 작동한다.

자기부정을 통한 사랑의 충족 불가능성은 애신과 유진의 경우에만 해당하는 것은 아니다. 애신을 바라보는 정혼자 김희성과, 애신이 구한 백정 출신 낭인 구동매의 사랑 역시 이루어질 수 없다는 사태 그 자체가 자기 욕망이 다른 쪽으로 향하는 길을 막는다. 〈미스터 션샤인〉에 등장하는 주요 인물 고애신, 유진 초이, 김희성, 쿠도 히나, 구동매는 모두 경계에 서 있으면서 그 경계를 탈주하고자 하는 욕망을 지닌 인물들이다. 고애신은 구한말

귀족의 신분이지만 장포수에게 총을 배워 의병에 가담하는 인물이고 유진은 조선 출신 미국인으로 조선에 돌아와 이방인으로서 식민지 조선의 운명으로 들어가게 되는 인물이다. 김희성은 동경 유학 지식인이지만 '무용한 것들을 사랑하는' 룸펜 인텔리며 쿠도 히나는 부왜인을 아비로 둔, 그러나 그 아비가 일본인과 결혼시킨 덕에 죽은 남편의 돈으로 조선에 돌아와 글로리 호텔의 사장이 된 인물이다. 구동매는 백정 출신으로 일본 무신회에 들어가 낭인이 되어 조선인을 위협하는 인물이 된다.

〈미스터 션샤인〉은 이 다섯 인물이 자기 세계의 질서를 외면하고 경계를 넘어서는 중요한 계기로 '사랑'이라는 감정을 부각한다. 신분의 격차로 대표되는 이들의 차이는 태생적 비애로 작동하여, 불가능을 가능하게 만들고자 하는 욕망을 강화하고 사랑의 감정을 증폭시킨다. 그리고 이 사랑의 감정은 어느새 다섯 명이 만드는 중층적인 관계를 넘어 조선의 독립을 향한 마음으로 수렴되는 것이다. 주요 인물들 내면에 자리한 정념과 사랑이 애국의 기폭제가 된다는 점은 여러모로 문제적이다.

실패한 역사와 비극적 사랑의 병치

〈미스터 션샤인〉은 본래 2008년에 기획된 드라마로 알려져 있다. 당시의 기사를 살펴보면 "이국 땅 조선에 주둔한 벽안의 '서양 도깨비' 미국 육군 중위 스티브와 조선총독부도 어찌 못하는 검은 눈의 명문대가 아가씨 정은교의 국경도 초월한 사랑, 은교의 정혼자이자 친일 후작의 아들 김희성과의 삼각관계 등을 다룰" 예정으로 1920~30년대를 배경으로 한 32부작 한일합작드라마였다고 한다.[17] 당시 스티브 역에 '석호필'로 유명해진 배우 웬트워스 밀러를 캐스팅할 생각이었다는 것을 보면 조선 노비 출신 미국인이라는 설정은 새로 만들어진 것으로 보인다. 아마 계획대로 2008년에 방영되었다면 2000년 이후 등장한 '모던 경성'을 조명한 역사드라마와 같은 궤에 놓이는 드라마가 되었을 것이다. 그러나 〈미스터 션샤인〉은 '의병'을 전면에 내세우며, 근대화 이후 경성에서 살아간 인물들이 아니라 대한제국기 조선을 삼키려는 일본 제국주의에 항거하는 의병들의 실패한 역사에 초점을 맞추고 있다.[18]

역사드라마에서 소환하는 역사적 사건은 제작 당시의 시대정신과 공유 기억을 반영하기 마련이다. 2019년 3.1운동 100주년 기념을 앞둔 시점에 만들어진 〈미스터 션샤인〉이 비록 실패한 역사이지만 항일이라는 주제를 내세운 의도는 짐작하기 어렵지 않다. 드라마의 초반부터 이완익으로 대표되는 친일 조선인의 모습이 부정적으로 그려지고 후반부로 갈수록 일본군의 폭력성과 잔인함이 스펙터클의 과잉으로 전시되면서 나약하고 착한 조선인과 잔인하고 야욕으로 가득 찬 일본인의 이미지가 이분법적으로 제시되기 때문이다.

흥미로운 지점은 실패한 역사를 다루는 방식이 역시 실패할 것이 분명한 비극적 사랑의 전개와 나란히 진행된다는 점이다. 신미양요에서 을사조약까지의 역사적 사건이 재구성되는 시간과 고애신과 유진 초이의 사랑이 애국이라는 공통된 방향으로 수렴되면서 비극으로 치닫는 시간 사이에는 꽤 큰 간격이 존재한다. 드라마의 구성 시간(plot time)은 1902년부터이지만, 연대기적 시간으로 보면 1871년 신미양요를 배경으로 삼아 시작되고 실제 드라마에 등장하는 풍속은 1930년대를 환기하고 있다. 〈미스터 션샤인〉의 사건 배치는 실제 역사적 사건의 시간을 의도적으로 파편화시켜 재구성한 것이다. 이를 '압축적인 재배열'[19]로 보는 것은 아무래도 무리가 있다. 아직 일본 제국주의의 야욕이 드러나지 않은 대한제국 초기에 일본군과 일본인을 폭력적인 악으로 묘사하고 그들로부터 조선을 보호하고 지키고자 하는 모습은 논리적 비약이 있기 때문이다. 그렇다면 드라마는 왜 이러한 시간적 배치를 선택한 것일까.

〈미스터 션샤인〉에서 고애신과 유진 초이가 처음 만나는 장면은 지붕 위 암살 시도에서였다. 이 장면은 사대부 집안의 '애기씨' 애신의 여성적

육체와 남성적 역할 사이의 탈구를 보여준다는 점에서 흥미롭다. 그러나 암살 장면 이후 6회까지 고애신은 조선의 운명을 두고 미국과 일본이 어떤 다툼을 하고 있는지에 대한 정보를 전혀 알지 못한 채, 새로운 임무를 맡지 못하는 상태로 머문다. 그 시간을 채우는 내용은 유진 초이와 영어 단어를 두고 친밀해지는 단계에서 일어나는 갈등이다. 그 과정에서 고애신과 유진 초이를 마음에 두는 인물들이 등장하기는 하지만, 다른 인물의 마음과 행동이 둘 사이를 방해할 정도로 크지는 않다. 오히려 고애신을 마음에 두고 있는 세 남자, 유진 초이와 김희성과 구동매는 적대감을 농담으로 흘려보내며 각자 고애신에 대한 마음을 키운다.

드라마의 후반부에 가면 의병의 활약상이 구체적으로 드러나기 시작하고 그 과정에서 애기씨가 아닌 고애신의 활동이 그려진다. 그러나 로맨스가 진행되는 과정에서 만들어진 애신과 유진 초이의 관계가 의병활동으로 대표 되는 애국의 과정과 병치되면서 역사가 로맨스로 흡수되는 양상이 두드러진다.

이 드라마의 18회는 이와 같은 인물 관계가 가장 극대화되는 지점이다. 18회에서 가장 많이 등장하는 단어가 있다면 아마 '보호'일 것이다. 유진 초이는 끌려간 고애신을 '보호'하기 위해 미공사관에서 인계시키고 같은 논리로 고종은 고사홍을 '보호'하기 위해 그를 투옥시킨다. 김희성은 모리 타카시의 의중을 알면서 헛소리로 대답하고 구동매는 이완익으로부터 애신을 '보호'하기 위해 결단을 내린다. 그 과정에서 애신은 세 남자가 가지고 있는 정보들로부터 비껴나 있으며 미공사관에서 만년필과 지구본과 마트료시카를 신기해하며 구경하고 있다.

〈미스터 션샤인〉에서 조선인 노비 출신이자 미군 장교로 돌아온 유진의 행보는 꽤 의미심장하다. 봉건적 계급과 근대 국민국가의 형성과 제국주의의 팽창과 식민화의 과정에서 경계인으로 존재할 수밖에 없는 인물의 형상을 보여주기 때문이다. 그의 결단이 향하는 쪽이 역사에서 누락된 정치적 가능성을 지시함에도 불구하고, 유진은 일관되게 자신의 신념이 아니라 한 여인을 지키기 위한 선택이라고 말하며 조선을 지키는 쪽으로 움직이는 자신의 행동을 사랑의 문제로 치환해버린다. "당신은 당신의 조선을 구하시오. 나는 당신을 구할 거니까. 이건 내 역사고, 난 그리 선택했소."(23회), "애석하게도 그럴 시간이 없소. 사랑하는 여인을 구해야 해서."(24회)와 같은 대사에서 볼 수 있듯, 유진은 애신을 위해 자신의 목숨을 걸고 조선을 향한 길로 나아간다. 문제는 유진의 해바라기 같은 사랑 그 자체가 아니다. 유진이 이와 같은 감정을 발설할수록 애신은 그 자신이 가진 능력을 스스로 발휘할 기회로부터 자꾸 미끄러지며 결국 보호받는 자리에 안착하게 된다는 점이다.

마지막 회에는 애신이 '조선의 미래'인 아이들과 젊은이들을 데리고 평양행 기차를 타는 임무를 수행하는 장면이 나온다. 일본군에게 계획을 들키게 되자 애신은 유진이 아직 열차에 타지 않은 상태에서 기차를 출발시킨다. 가까스로 열차에 올라탄 유진이 애신에게 "훌륭한 대처였소."라고 말하자 애신은 "난 어떤 훌륭한 미국인의 아내라."라고 답한다. 애신을 향한 마음이 유진의 행동을 유발시켰으나 결국 애신 스스로 유진의 아내 자리에서 자신의 행동을 바라본다는 점은 문제적이다.

이들의 이루어질 수 없는 사랑이 낭만적으로 그려질수록 애국의 의미는 노스탤지어로 소비될 가능성이 높아진다. 유진이 목숨을 던져 일본군이 탄객차를 끊어내는 장면 역시 마찬가지다. 애신의 능력과 노력이 출중하지만 결정적인 순간에는 반드시 유진을 비롯한 사람들의 도움을 통해 그 일을 해결한다는 점은 아이러니하다. "'미스터 션샤인'에서 구한말은 고애신에게 새로운 자유와 기회를 줬다. 하지만 '미스터 션샤인'은 이 시대를 고애신에게 아무것도 하지 않아도 되는 유예 기간처럼 사용한다.", "여성의 매력으로 전개해나간 이야기가 결국 남성의 힘에 대한 이야기로 바뀐다. 외세에 대한 저항은 어느새 그 힘을 매혹적으로 보여주는 것이 된다."[20]라는 비판은 같은 맥락에서 유효하다.

고애신이 곧 나라였다고 해석하는 기사가 등장할 만큼, 등장하는 거의 모든 인물이 애신을 보호하는 자리에서 각자 최선을 다한다. 드라마가 의도하지 않았을지라도 '미국인이자 조선인', '일본인이자 조선인'이 자신의 운명을 걸고 보호한 애신에게서, 근대 초기 반봉건과 반제국의 충돌 속에서 보호해야 할 존재로 치환되었던 조선의 운명이 읽히는 것은 자연스럽다.

드라마의 중반 이후부터는 유진이 애신이 하는 일에 개입하면서 황은산과 장포수를 위시한 의병들의 계획이 틀어지는 에피소드가 등장하기 시작한다. "자네가 진실을 밝힐수록 우리 조직에 위협이 된다."라는 전승재의 말과 "그가 선으로 움직이는 것은 명확하나 그의 선의는 조선을 위험에 빠뜨립니다."라는 판단은 결국 애신이 유진을 총으로 쏠 수밖에 없는 상황을 만든다. 이 지점에서 의병 운동이라는 거사를 향한 목적과 유진과의 사랑이라는 개인적 욕망이 교차하지만, 결국 이 문제를 돌파하는 자 역시 유진이다. 그가 김영주를 넘기면서 오해를 풀게 되고 오히려 은산에게 미안한 감정을 가져다주기 때문이다.("이미 얻었던 걸 몰라 지금은 잃었습니다."-15회)

일부 해석대로 고애신이 조선이라면 유진은 미국 혹은 미국으로 상징되는 세계라고 할 수 있을 것인가. 이 드라마의 볼거리를 담당하는 근대적인 문물들과 서양식 문화는 애신의 호기심 어린 시선 속에서 포착된다. 애신이 유진과 함께 미국으로 떠나 그곳에서 공부도 하고 함께 나란히 걷는 상상을 하는 장면은 흡사 신소설의 계몽 논리를 보는 듯하다. "난 그곳에서 공부도 하오. 세계가 얼마나 큰지, 지구는 정말 둥근지, 별은 어디로 떠서 어디로 지는지." 그러나 문명의 세계[21]로 나아가고자 하는 이 꿈은 상상에 불과하다. 그렇다면 조선은 미국의 보호와 도움 속에서만 겨우 '헛된 희망'을 품을 수 있는, 아직 세계의 크기조차 가늠되지 않는 나약한 존재에 불과한 것인가.

일본에서 헤어지기로 했으나 차마 미국으로 가는 배에 오르지 못한 유진이 무신회에 쫓기는 애신의 손을 잡고 미공사관으로 향하는 장면은 미국의 원조를 상징적으로 보여주는 장면이다. 그 사건으로 유진은 미군 신분을 박탈당하고 징역 3년을 받게 된다. 3년 후 유진은 조선으로 돌아와 본격적으로 의병에 가담하게 되며 드라마의 마지막은 유진의 활약으로 채워진다.

의병	이길 수 있을까요?
은산	글쎄 말이다. 그렇다고 돌아서겠느냐. 화려한 날들만 역사가 아니다. 질 것도 알고 이런 무기로 오래 못 버틸 것도 알지만, 우린 싸워야지. 싸워서 알려줘야지. 우리가 여기 있었고 두려웠으나 끝까지 싸웠다고.

마지막 회, 일본군에게 은신처를 들켜 완전히 포위된 상태에서 결전을 앞둔 의병 대장의 대사는 이 드라마의 메시지를 선명하게 나타낸다. 돌이킬 수 없는 실패한 역사에서 우리가 얻을 수 있는 교훈이 뚜렷하다. 특히 드라마의 후반부로 갈수록 애국에 관한 주제 의식을 드러내기 위해 실제 역사를 환기하는 대목이 자주 등장한다는 점에 유의할 필요가 있다.

〈미스터 션샤인〉은 20회에서 애신의 총에 이완익이 죽을 때까지만 해도 주요 인물들이 모두 허구적으로 창조된 인물들의 이야기로 진행되었다. 이완익은 실존 인물 중에는 이하영에 가장 가깝지만 을사오적인 이완용을 상기시킬 수밖에 없는 이름이며, 드라마의 중반부까지도 이완익을 친일파를 대표하는 이완용으로 인식한 시청자들이 많았다. 방영 초기의 역사 왜곡 논란을 잠재운 이유 중에는 이 드라마가 시공간적 배경을 대한제국 초기로 취했을 뿐 실제 인물들을 가져와 쓴 것이 아니었다는 점도 있었다. 그러나 이완익의 죽음 이후 드라마의 후반부에는 실제 을사오적과 정미칠적이 등장하여 고종을 끌어내리는 등, 실존 인물들에 대한 조명이 두드러진다. 22회에는 이완용이 일본어 통역사를 대동하여 이토 히로부미를 만나고 도쿄 권업박람회에서 조선인을 전시한 사건이 나오는데, 이는 드라마가 역사적 사실에 기반하고 있다는 것을 강조하는 것이다. 역사적 사실보다 역사적 상상력에 방점을 찍은 이 드라마가 돌연 실재한 역사적 사실을 직시하는 까닭은 무엇일까.

〈미스터 션샤인〉의 마지막 회에서 맥켄지가 의병 사진을 촬영하는 장면과 국사 교과서에 실려 잘 알려진 의병대 사진은 흡사하다. 마치 이 장면의 역사효과를 향해 드라마가 달려온 것처럼, 사랑보다 뜨거웠던 애국심은 허구적인 인물들의 이야기에서 역사 속의 한 장면으로 전이되면서 사실성을 겨냥한다. 그리고 애신과 유진의 비극적인 사랑은, 비록 실패했으나 역사 속에 오래 기억되는 장엄한 비극을 통해 비로소 의미를 획득하게 된다.

역사와 로맨스의 결합, 해석의 틈새

　　방영 초기의 역사 왜곡 논란은 흑룡회를 무신회로 바꾸는 등, 제작진의 조기 진화와 후반부의 의병 사진으로 무색해졌다고 해도 과언이 아니다. 그러나 〈미스터 션샤인〉이 로맨스와 역사적 사실의 결합을 위해 실제 역사를 의도적으로 재배치한 것은 문제가 있다. 신미양요(1871) 때 미국인은 들어오지 않았고 당시 의병들은 미국인에 대해 적대감을 갖지 않았으며[22], 의병을 비밀결사처럼[23] 그려냈다든지 하는 왜곡의 문제와 아직 을사조약이 체결되지도 않았는데 일본인이 조선에 들어와 전횡을 일삼는다거나 1920~30년대 조선의 생활습속이 피상적으로 묘사되는 등 역사드라마로서 일관된 원칙이 보이지 않기 때문이다. 일본군이 폭력적인 악으로, 미군이 중립적인 원조자로 그려지는 양상도 조선인의 비애를 강조하는 구실이 된다. 구한말부터 근대초기까지의 역사를 포괄적으로 드러내고자 하는 의도를 감안하더라도, 식민지 근대화의 문제를 일원화하고 그 속에서 살아간 조선인의 모습을 감정이라는 경로를 통해서만 드러낸 것은 아쉬운 지점이 아닐 수 없다.

　　앞서 말한 의병 사진은 로맨스로 무장하고 출발한 이 드라마의 종착지점이 어디인지를 보여주었다. 그러나 '이름 없는 의병들'로 의미화되는 그들이 과연 유진 초이나 고애신, 김희성과 쿠도 히나, 구동매처럼 어쩌다 역사에 가담한 인물들일까. 〈미스터 션샤인〉에 등장하는 거의 모든 인물은 이성의 언어가 아니라 내면을 한껏 뜨겁게 만드는 정념의 언어들로 발화한다. 그들은 이성보다 감정에 이끌리고 자신이 느낀 것에 대해 감성적으로 반응

하며 마음의 교환을 통해 행동을 추진한다.[24]

21화에서 'love'의 'o' 자리를 반지로 채우고 그 반지를 가져간 손이 'love'를 'live'로 만드는 장면은 이 드라마에서 'love'의 문제가 곧 'live'의 문제라는 점을 역설한다. 로맨스를 위해 역사가 변주되고 로맨스를 통해 역사가 해석되면서 내면을 가진 개인은 공적 주체로 호명된다. 유진 초이와 고애신의 '러브스토리'는 조선의 운명을 건 '히스토리'로 변모하는 것이다. 이 장면을 통해 〈미스터 션샤인〉이 역사와 로맨스의 관계를 어떻게 설정하고 있는지 파악할 수 있다. 흥미로운 것은 〈미스터 션샤인〉이 역사드라마로서의 정체성을 의식하면서 기록된 역사적 사실을 재현할 때, 허구적 인물인 유진 초이와 고애신의 서사가 낭만적으로 코드화된 로맨스의 주인공으로 돌출된다는 점이다. 김은숙 작가의 독특한 대사 처리 방식과 이병헌과 김태리 배우를 둘러싼 대중들의 반응 등, 드라마 외적인 소비 방식은 역사드라마 재현과 향유의 현재적 해석의 틈새를 열어준다.

사랑이 아니라면 백정과 노비와 여인과 이름 없는 백성들을 구하는 마음을 어떻게 그려낼 수 있겠냐고 항변하는 것일까. 〈미스터 션샤인〉은 그 마음을 낭만적으로 그려냄으로써 역사의식을 애국심이라는 단일한 감정으로 봉합한다. 이렇게 발생한 역사효과의 수신지가 3.1운동 100주년 시점의 현재임은 짐작하기 어렵지 않다.

이 드라마에서 고종은 무능했으나 백성을 위하는 마음이 크고 부끄러움을 아는 왕으로 등장한다. 고종 황제에 대한 역사적 평가가 논쟁적인 상황에서 고종의 애국과 의병의 애국을 구분하지 않은 맹점[25]은 더 날카롭게 성찰될 필요가 있다. 또한 근대 초기 의병들의 활동과 개화계몽의 추진과 반제국 운동을 같은 것으로 묘사하는 것은 당시 역사의 실체적 진실을 가린다. 역사드라마의 결말이 미지의 미래로 열린 것이 아니라 연속된 또 다른 역사적 사실과 만난다는 점을 의식하지 않은 것이다.

이성을 교란하는 정념의 세계로부터 표면으로 솟아오른 감정의 언어가 역사를 해석할 때, 지나온 실패한 역사에 대한 차가운 질문 대신 과거를 회상하기 위한 뜨거운 이미지만 대중들의 뇌리에 각인되는 것이 아닐까. 개인의 정념에 대한 반응은 도덕적 속성을 지닐 가능성이 있지만, 정념 자체가 도덕적으로 중립적인 것은 아니라는 견해[26]를 상기한다면, 이 드라마의 결말이 예비하고 있는 애국이 도덕적 차원의 봉합이며 텅 빈 기호일 수 있음을 우려할 수 있을 것이다.

신분의 격차라는 결코 무시할 수 없는 차이를 지닌 인물들이 자기부정성을 통해 사랑의 완결을 유예시키는 과정은 역사에 가담한 인물들이 통치의 명분과 정치적 주체화 사이에서 미끄러지는 양상과 다르지 않다. 구한말 일본 제국주의의 그늘에서 자유로울 수 없었던 조선의 역사를 배경으로 한 〈미스터 션샤인〉은 각기 다른 신분과 사연을 지닌 인물들이 어떻게 애국이라는 공동의 목적을 향해 갈 수 있는지 보여준다.

역사드라마는 왜 로맨스를 필요로 하는가. 한국 드라마의 중핵이 로맨스라는 말에 이견을 달기 어려울 만큼, 로맨스는 드라마의 서사를 지연시키고 연속시키며 시청자를 추동하는 힘이 된다. 사랑과 연애의 서사가 지닌 보편성과 낭만성은 역사드라마에서도 예외 없는 역할을 한다. 역사드라마에서 사실성은 기록된 역사를 통해 확보될 수 있지만 그것을 실제 역사로 인식하게끔 하는 힘은 드라마의 개연성과 진실성으로부터 나온다. 역사드라마에서 로맨스는 역사적 사건에 가담한 인물의 서사를 중층적으로 드러낼 수 있게 하며 개인의 내밀한 감정적 사태를 공동체의 문제로 확장시킬 수 있다는 점에서 자주 활용되는 장치이다. 주목할 점은, 역사드라마에서 로맨스는 가장 사실(fact)에서 먼 자리에서 리얼리티의 환상을 제공한다는 점이다. 개인의 내밀한 감정과 욕망은 역사의 기록에 남아 있는 것이 아니라 기록되지 않은 행간에 상상적으로 존재한다. 역사드라마에서 로맨스는 현재의 시대적 감정구조와 정동을 통해 과거의 역사를 소환하는 역할을 한다. 사랑과 연애의 서사는 개별적인 한 인물이 역사적 인물로 변화하는 과정의 촉매로 작동한다.

〈미스터 션샤인〉은 로맨스를 전면에 내세우며 역사적 소용돌이에 휘말린 인물들의 관계와 감정을 유려하게 펼쳐, 타자에 대한 사랑이라는 감정이란 나라를 지키고자 하는 애국의 마음과 다르지 않다는 점을 보여주고 있다. 시청률과 화제성을 동시에 잡은 이 드라마는 마지막 회에 등장하는 의병 사진이 실제 국사 교과서에 실린 의병 사진과 흡사하다는 점에서 애국심을 고취하는 역사효과를 발휘한다. 동아시아의 지정학적 위치와 정부를 향한 양가적 감정, 그리고 주권자로서 지닌 비판 의식을 고려해 볼 때, 이 드라마는 로맨스라는 대중에게 친숙한 문법을 통해 경계에 선 인물의 고뇌를 효과적으로 드러내고 비극적 사랑에 대한 감정과 실패한 역사에 대한 감정이 동일한 정념을 발휘한다는 점을 간파하여 대중들이 역사를 인식할 수 있도록 안내했다.

〈미스터 션샤인〉은 로맨스를 통해 지나온 역사를 재해석하고 재구성하려는 욕망을 보여준다. 그 욕망은 과거의 의미 있는 역사를 문화적 기억으로 간직하고 싶은 현재의 대중을 향하고 있다. 역사 재현물은 허구성과 사실성 사이에서 어디까지나 유동적이며 '과거성을 연기하는 현대의 주체', 그리고 '그들의 동시대성과 연기로 표현된 역사성'[27]만 가능하다는 점을 염두에 둘 때, 〈미스터 션샤인〉에 대한 대중의 반응이 바로 역사드라마에 반영된 무의식일 것이다.

'악'은 어떻게 구현되는가:
〈손, The Guest〉

송아름

악은 삶을 파고든다, 〈손, The Guest〉

분명히 존재하면서도 그 실체를 확인하기 힘든 악은 악인의 악행으로 표현되는 것이 상례였다. 어떤 인간이 도무지 상상할 수 없는 끔찍한 일을 벌이는 것, 그것으로 인한 피해와 혼란은 보이지는 않지만 어디엔가 분명히 존재할 악을 믿어 의심치 않게 했다. 대체로 범죄 수사물에서 볼 수 있는 악인의 잔혹한 내면, 경악할 만한 행동, 그리고 선한 피해자 등은 악을 표현할 수 있는 중요한 모티프로 자리했고, 이를 근절하여 안도감을 주는 결말은 선을 증명하며 카타르시스를 선사했다. 그렇다면 이때의 악은 가시적이고 뚜렷한 악행인 범죄로 표현되며 분명한 가해자와 피해자를 가를 수 있고, 추격과 추적을 겸한다면 해결할 수 있는 인간의 행위로 귀결된 것이라 할 수 있다.

그러나 악은 신의 존재를 인정했을 때 그 존재의 의문을 품을 수밖에 없는 모순적 성격을 지니면서도,[1] 도무지 넘어설 수 없는 슬픔과 고통으로 인간의 삶에 개입하는, 존재를 부정하기 힘든 철학적 의제이기도 하다.[2] 즉, 악은 나쁜 사람, 극악한 행동 등과 쉽게 연결되지만 사실 실체를 명확히 드러내기 힘들 뿐 아니라 그 존재 자체가 상대적이며 작동방식 역시 가늠하기 힘든, 그럼에도 불구하고 인간사에 영향을 끼치는 존재인 것이다. 그렇다면 범죄라는 결과를 악으로 표현하려면 먼저 던져야 할 질문이 있다. 과연 악은 어떻게 인간의 끔찍한 행위를 가능하게 하는가? 범행이라는 결과 전, 그 원인인 악은 어떻게 인간을 교란시키는가? 바꾸어 말하자면 이렇다. 과연 악은 어떻게 작동하는가?

범죄 수사드라마와 오컬트 장르가 결합한 텔레비전 드라마 〈손, The Guest〉(OCN 2018.09.12 ~ 2018.11.01, 김홍선 연출, 권소라·서재원 극본, 이하 〈손〉)는 이에 대해 흥미로운 답변을 내놓는다. 〈손〉에서 세 인물 윤화평(김동욱 분), 강길영(정은채 분), 최윤(김재욱 분)은 동해로부터 온 악령이자 자신들의 가족을 잃게 한 박일도를 추적하며, 박일도로 인해 범죄를 저지르는 이들의 사건을 해결해 나간다. 〈손〉은 범죄 수사물과 오컬트물을 결합시켜 범죄를 범'인'의 문제가 아닌 범'의' 속 악의 작동으로 가시화하며, 범죄 수사물뿐만 아니라 오컬트 장르에서도 설명되지 않았던 순간, 즉 악이 작용한 시점 이후가 아닌 악이 인간과 관계 맺는 시점에 주목해 악에 대한 이야기를 진행한다.[3] 〈손〉은 악이 어떤 방식으로 인간에게 틈입하는지, 그리고 어떻게 인간을 고통에 빠지게 하는지를 장면화하면서 악이 어떻게 인간을 괴롭히는지를 보여주는 것이다.

〈손〉은 박일도로 인해 범죄를 저지르는 이들, 그리고 그를 쫓는 세 사람을 통해 박일도가 얼마나 쉽게, 그럼에도 치명적인 상처를 만들어 가는지를 구체화한다. 중요한 것은 〈손〉이 시청자들의 텔레비전 드라마의 관람은 이야기의 형식이 아닌 구체적인 시청 체험으로 구성된다는 점을[4] 활용하여 악이 인간에게로 틈입해 교란시키는 방식을 보여준다는 점이다. 〈손〉은 평소 경험할 수 없는 영매나 빙의, 구마의식 등으로 악령을 수용하거나 퇴치하는 세계를 구성하기에 독특한 감각으로의 유도와 이입을 필요로 한다. 그렇다면 이 작품을 설명하기 위해 고려해야 할 것은 작품에 대한 줄거리보다 그것을 묘사하는 방식, 즉 시청자들이 이미 제시된 기존의 정보를 바탕으로 이야기를 연결하면서 텍스트와 상호작용을 통해 이야기를 구성하는 과정을[5] 세세하게 살피는 것이라 할 수 있다. 다시 말하자면 이 작품을 통해

환기되는 이미지 혹은 상상력의 체험이라 할 수 있는 의식작용에 대해 살펴야 하는 것이다.[6]

앞서 언급했듯이 〈손〉은 현실에서 쉽게 경험하지 못한 설정들을 통해 실체 없는 악의 문제를 다루고 있다. 케이블 TV에서 방영되었음에도 〈손〉은 상당히 높은 시청률을 달성하며 시청자들의 호평을 이끌어 냈다. 이는 〈손〉이 비일상적인 감각을 매우 일상적으로 운용하면서 시청자들의 이해와 공감을 끌어냈다는 것을 방증한다고 할 수 있다. 이 글은 텔레비전 드라마 〈손〉이 악의 존재 방식을 어떻게 텔레비전 드라마로 소환하는지, 이를 어떻게 이해 가능한 방식으로 묘사하여 시청자의 상상력과 접속하는지를 설명하고자 한다. 이는 〈손〉이 개인적이면서도 익숙한 기억 속 의식작용인 이미지를 어떻게 시청자들과 접속하게 했는지를 살펴 텔레비전 드라마만의 문법과 범주를 이해하는 과정이 될 것이다.

악이 빼앗은 의지, 진짜 범인은 누구인가?

〈손〉은 무당의 집에서 태어난 세습무, 귀신을 볼 수 있는 영매 등을 등장시키고 설명할 수 없는 문제가 발생했을 때 이를 해결하기 위한 방법으로 굿이나 구마의식을 행하는 등 죽은 자와의 소통을 전혀 어색하지 않은 것으로 작품 내에 녹여낸다. 이것으로 〈손〉은 눈에 보이지 않는 존재를 인정하는, 육체와 정신이 분리된 이원론적 세계관을 자연스럽게 전제한다. 〈손〉은 이를 청각적 기호와 시각적 기호의 동공간성을 통해 은유화하여[7] 눈에 보이지 않는 존재가 있을 수도 있다는 것, 그리고 그가 누군가를 움직여 그의 의도대로 인물이 행동할 수 있다는 것 등을 흥미롭게 연출하며 범죄 에피소드의 기반으로 삼는다.

가령 호객행위를 하던 여성이 자신을 무시한 채 지나갔던 이들을 잔인하게 살해하는 〈손〉의 첫 장면을 보자. 해수욕장에서 호객행위를 하던 여성은 자신이 내민 전단지를 버린 채 지나가는 젊은 여성을 바라보다 몸을 돌려 전단지를 주우려 한다. 이때 여성을 향해 다가오던 카메라는 속도를 줄이면서 여성의 뒷모습을 비추고, 다음 커트에서 "그것은 사람에게 씐다. 사람의 어두운 마음, 약한 마음에 파고들어 사람에게 빙의된다."라는 내레이션과[8] 함께 카메라는 여성의 얼굴에 점차 푸시 인(push-in)하여 화면 가득 여성의 얼굴을 담아낸다. 이때 클로즈업된 여성의 눈빛은 화면 밖에서 들려오는 정체모를 소곤대는 소리와 함께 점점 변해가면서 그가 무엇인가에 '씌었다'라는 것을 형상화한다.

어디에서 들리는지, 무슨 말을 하는지 알 수 없는 소리는 얼핏 이야기 외부에 있는 음향처럼 들리지만 음향이 들려온 이후 여성이 달라졌다는 것을 암시한다는 점에서 오프 사운드이면서도 분명한 내재음으로 기능한다.[9] 특히 소곤대는 듯 들려오는 문자 음향인 지시적 음향은 화면 내 음원과 연결되지 않은 경우 수용자가 무의식적으로 실제 음을 만드는 음원을 상상하면서[10] 그 출처를 찾게 된다. 따라서 소곤대는 소리는 화면에는 보이지 않지만 '사람에게 씐다'는 '그것'의 소리라는 점을 떠올리게 하며 이 소리와 겹쳐 변화하는 여성의 표정은 그가 더이상 처음 전단지를 나눠주던 그 여성이 아니라는 점을 정확하게 지시한다. 이후 여성은 자신을 무시하고 지나갔던 이들에게 멍하니 다가가 수차례 칼을 휘둘러 살인을 저지른다. 이 장면은 '악'이 어떻게 누군가를 조종하여 악행을 저지르게 하는지를 보여주는 것으로 작품의 인트로 성격을 띠면서 이후 박일도에게 빙의되는 인물들에게도 유사하게 적용되어 〈손〉의 내부에서 악이 인간에게 침입하는 방식을 익숙하게 만든다.

이렇게 누군가의 내면에 자리잡은 악은 결국 인간의 의지를 박탈시키고 잔혹한 일을 벌이는 행위로 구체화된다. 〈손〉은 앞서 설명한 방식의 시청각 효과를 앞세워 모든 범죄가 박일도와 관계되어 있다는 점을 제시하고 내러티브를 통해 반복하면서[11] 악이 벌인 범죄로 인한 혼란을 구체화하기 시작한다. 〈손〉에서 벌어지는 범죄들은 박일도가 행하려는 행위를 미리 보는

화평의 감응으로 그 시작을 알린다. 감응을 겪은 화평은 경찰인 길영에게
연락하여 현재 벌어지고 있는 혹은 이미 벌어진 사건이 있다는 것을 알리
고, 길영은 이를 조사하면서 실제로 화평이 말한 사건이 벌어지고 있다는
사실을 확인한다. 자신의 감응으로 인지한 사건이 인간의 행위가 아니라는
점을 알고 있는 화평은 구마사제 윤에게 연락하고 윤은 검거된 범인에게
구마의식을 진행한다. 이후 부마자가 회복되면서(혹은 사망하면서) 박일도는
다시 종적을 감추고 해당 사건은 일단락된다. 그리고 범죄를 저지른 이의
처벌에 대해 화평과 길영의 상반된 생각이 부딪히며 역시 사건의 마무리까
지 박일도가 관계하고 있다는 점을 명확히 한다.

　이처럼 '화평의 감응'-'범죄 발생'-'구마 의식'-'사건의 해결과 질문'의
구조는 친숙한 시청각적 이미지과 결합하여 변주·반복되면서 이 범죄가 박
일도가 벌인 일이라는 것에 익숙하게 적응시킨다. 더군다나 그로 인해 발생
한 사건들은 극악하게 잔인하다는 점에서 더욱 공포감을 배가시킨다. 부마
자들은 상대를 해할 뿐 아니라 박일도의 정체가 들통나려는 순간 스스로의
눈을 찔러 그 정체를 감춘다. 물론 이 모든 것은 박일도의 의지로 생겨난
피해 혹은 피해자라 할 수 있을 텐데 여기에서 문제는 발생한다. 누군가를
악하다는 이유로 처벌을 하려면 악이 그의 자유의지의 산물이라 주장할 수
있어야 하지만[12] 박일도에게 빙의 후 벌어진 범죄는 범행을 저지른 이를
처벌하는 상식적인 행정 질서에 혼란을 가져오기 때문이다. 보이지도 않는
악에 의해 이 모든 일이 벌어졌다는 것을 어떻게 증명할 것인가? 만약 그렇
다면 범죄의 책임은 누가 져야 하는가?[13]

　〈손〉은 이원론적인 세계관을 바탕으로 드라마의 시작을 알리면서 이 잔
인한 행위의 주체를 고민하게 한다. 특히 이러한 질문이 가시화되는 것은
부마자들의 처벌에 대해 의견이 갈리는 화평과 길영의 대화에서이다. 화평
은 부마자들이 어떻게 되는 것이냐 묻고, 길영은 합당한 처벌을 받아야 한
다고 이야기한다. 화평은 부마자들이 벌인 살인이 그들이 한 일이 아니라고
하지만 길영은 어쨌든 피해자가 생겼으니 이를 누군가 책임져야 할 것이라

며 이것이 박일도의 의지만으로 설명되어서는 안 된다는 점을 분명히 한다. 이러한 갈등은 사건이 일단락 될 때마다 역시 반복되면서 현재 이 범죄를 저지르는 것이 누구인지, 그것을 이 인간의 세계에서 어떻게 수용하며 처리해야 할지를 혼란스럽게 만든다. 악이 촉발하는 자유의지의 박탈, 그리고 범죄는 이렇게 인간 세상을 교란시키고 공포로 몰아넣기 시작한다.

죄책감을 촉발하는 한 마디와 피 흘리는 가족들

박일도를 쫓는 세 사람은 어릴 적 박일도로 인해 가족을 잃었다. 그럼에도 이들은 자신 때문에 가족이 죽음을 맞았다는 생각을 떨치지 못했다. 화평은 박일도에게 자신이 빙의된 후 가족들이 위험에 노출되며 죽어가는 것을 보아야 했고, 윤은 가족들이 박일도에게 빙의된 형에게 죽임을 당했을 때 침대 밑에 숨어 있다가 홀로 살아남았다. 길영은 자신의 생일을 잊어버렸던 엄마에게 투정부리다 사건이 벌어진 윤의 집으로 들어갔던 엄마의 죽음과 마주해야 했다. 1화에 제시되는 이들의 전사는 그들이 박일도를 쫓을 수밖에 없는 개연성을 마련해주었지만 한편으로는 치명적인 약점을 드러낸 것이기도 했다. 이들이 약점으로 가지고 있는 죄책감, 그것으로 인한 가족에 대한 미안함과 스스로에 대한 미움, 그러니까 인간에게 도덕적으로 자리 잡은 감정을 흔드는 것은 박일도가 가장 쉽게 그들을 괴롭힐 수 있는 방법이었기 때문이다.

사실 냉정하게 말하자면 세 사람의 가족에게 일어난 모든 일은 박일도가 벌인 일이었다는 점에서 그들이 죄책감을 가질 이유는 없다. 게다가 당시 어린아이였던 세 사람이 급작스럽게 벌어진 살육을 막을 방법이 없었다는 점에서 더욱 그렇다. 그러나 죄의 감정은 주체를 지향하는 것이라기보다 피해를 입은 상대방에 대한 배려와 원상복구의 필요성을 인식할 때에 비롯되는 것으로 타인 지향적이며, 실제로 죄를 범했는가의 문제와는 상관없이 자신의 규범적 판단에서 비롯되기에[14] 벗어나기 쉽지 않다. 〈손〉은 바로 이 지점을 건드리며 박일도가 어떻게 인물들을 고통에 빠뜨리는지를 보여 준다.

인물들은 박일도의 구마 의식에 참여하며 박일도 혹은 그에게 빙의된 부마자의 말 한 마디에 죄책감의 정체와 마주한다. 박일도가 던지는 말들은 〈손〉의 전반부에서 제시됐던 인물들이 가진 가족에 대한 죄책감 정보를 활용한 것으로 시청자들은 박일도가 얼마나 간단하게 상대의 내면을 파고들어 괴롭히는지를 알 수 있다. 가령 회사 동료들의 따돌림으로 약혼자를 잃은 김윤희의 구마 의식 장면은 이를 잘 보여준다. 박일도에 빙의된 김윤희는 세 사람을 향해 독설을 내뱉고, 구마 의식을 진행하는 윤을 도와 길영과 화평은 김윤희의 양손을 붙잡은 채 버티고 있다. 김윤희는 집에 가고 싶다고 눈물을 흘리고 길영이 자신을 외면하자 길영의 과거를 들추어낸다. 김윤희는 자신이 엄마인 듯 "우리 영이만 아니었어도 그 집 앞을 지나가지 않았을 텐데."라며 길영에게 엄마와 함께 윤의 집 앞을 지나가던 그날을 상기시킨다. 이때 화면은 길영의 얼굴이 멍하게 바뀌어 가는 것을 보여주며, 김윤희가 "함께 죽었어야 했다"는 말을 할 때에는 길영의 손에서 힘이 빠져 나가는 것을 클로즈업 한다. 그리고 다시 김윤희가 "길영아"라고 불렀을 때 화면은 흐릿하게 피 흘리는 엄마를 마주하는 어린 시절 길영의 모습을, 그리고 그것을 바라보고 있는 현재의 길영을 보여준다.

어떤 말을 해도 흔들리지 않고 냉정하던 길영이지만, 김윤희가 엄마가 불렀던 애칭으로 길영의 이름을 부르는 순간, 그러니까 영이라 불렀던 엄마의 기억을 소환하는 음성을 지각하는 순간 길영이 완전히 다른 감정으로 빠져들었다는 것을 보여준다.[15] 이 음성 이후 길영이 놓인 모든 상황은 배경으로 바뀌면서 목소리의 음성만이 강조되는 전환을, 그리고 그것을 통해 특정한 정신 과정으로 진입하는 순간을 보여준다.[16] 길영이 엄마에 대한 미안함으로 자장면조차 먹지 못하던 모습을 전 회차에서 본 시청자들은 김윤희가 영이라 부른 후 김윤희를 외면하던 길영의 시선이 멍하니 그에게 향하는 클로즈업을 통해 길영의 감정에 엄청난 변화가 일어났음을 알게 되는 것이다. 이러한 죄책감의 형상화는 윤에게서도 비슷하게 반복되며 박일도가 어떻게 인간의 감정을 함부로 움직이는지 보여준다.

귀신을 보는 아이 정서윤의 에피소드에서 윤 역시 빙의된 정서윤의 한마디에 꾹꾹 눌러두었던 자신의 죄책감과 마주한다. 박일도에게 빙의된 아이는 자신을 미워한다고 생각했던 엄마를 해치려 하다 세 사람에게 잡히고, 윤이 구마 의식을 벌일 때는 고통에 기절한 척 윤의 품에 쓰러진다. 그리고 아이는 천천히 정신을 차리고 예의 그 목소리로 변하며 윤의 어깨 너머를 바라보고는 아저씨 옆에 피 흘리는 사람들과 아저씨랑 똑같은 옷을 입은 아저씨도 있다고 이야기한다. 이어 "아저씨네 엄마 아빠야?"라는 질문과 함께 "우린 죽었는데 너만 살았어!"라는 잔인한 외침이 이어진다. 정서윤의 말 이후 윤의 클로즈업 된 얼굴에서는 굳어버린 채 공포에 질린 표정이 포착되며 그가 지금 자신이 자리하고 있는 곳, 그리고 지금 하고 있는 구마 의식과는 전혀 다른 상황으로 빠져 들어갔다는 점을 짐작케 한다.

"우린 죽었는데 너만 살았어"라는 정서윤의 외침 후 카메라는 윤의 뒤로 등장하는 피 흘리는 부모의 환영과 윤, 그리고 형인 최 신부의 환영과 윤에게서 각각 초점과 탈초점을 오가며 윤의 심리적 변화[17] 즉 죄책감에 빠진 윤에 집중하게 만든다. 차마 뒤를 돌아보지 못하면서도 정서윤의 말로 부모의 모습을 느낀 윤의 얼굴에는 붉은 색조와 푸른 색조가 모두 어리는데 이처럼 강렬한 느낌과 차분하고 냉정한 느낌을 주는 색조의 결합 속에서[18] 그가 얼마나 혼란을 겪고 있는지가 매우 효과적으로 드러난다. 특히 이러한 인공적인 색조의 사용은 사실성에서 탈피하며[19] 이 상황의 기묘함과 스산함을 강조하고, 어둠 속에 자리한 윤과 환영을 비치는 조명의 극명한 대비는 음습하면서도 고통과 공포 등의 감정을 상기시키는 분위기를 자아내며[20] 박일도가 얼마나 윤의 아픔을 파헤치고 있는지를 효과적으로 드러낸다.

특히 길영과 윤이 보는 환영, 그러니까 피 흘리며 자신의 이름을 부르는 가족들의 모습은 두 사람이 확인할 수 없는 모습들이었다는 점에서 이는 자신의 죄책감과 가족의 죽음이라는 경험이 만들어 낸 환각이다.[21] 악이 고통스러운 기억을 가지고 있는 인간을 얼마나 간단하게 괴롭히고 고통에 빠질 수 있게 하는지는 이 환각을 통해 다시금 증명된다. 〈손〉은 악이 어떤 특정한 순간을 꼬집어 인물들이 죄책감에 빠지는 순간을 가시화하면서 악이 어떻게 인간을 무력하게 만드는지를 흥미롭게 보여준다. 이 장면들은 악이 인간 내면을 건드려 고통으로 이행해가는 과정을 보여줌으로써 어떤 식으로 악이 인간이 괴로움에 도달하게 하는지를 효과적으로 시각화하는 것이라 할 수 있다.

죽음에 대한 공포가 쌓아간 저주에 대한 확신

범죄와 관련된 사건을 해결하는 것은 화평과 길영이지만 직접적으로 박일도와의 대결을 벌여야 했던 이는 구마 사제인 윤, 즉 마태오 신부였다. 윤은 박일도에게 빙의된 부마자들과 가장 많은 접촉을 하면서 박일도의 악랄함을 고스란히 감당해야 하는 인물로 박일도가 건드리는 가족에 대한 죄책감뿐 아니라 신을 섬기는 이에 대한 공격 역시 대면해야 했다. 박일도는 윤이 자신과 맞섬으로써 어떤 일을 겪을 것인지를 예언하며 윤의 공포를 자극하고 윤은 점점 박일도의 예언을 의식하게 된다. 윤은 김영수의 구마 의식을 진행할 때에 노신부의 보조 사제로 2화에 처음 등장한다. 노신부는 구마 의식에 집중하지 못한 채 부마자의 말에 흔들리고 의식이 끝난 후 윤에게 "구마 의식을 오래 하면 영혼이 먹힌다. 끼어들지 마라."는 말을 남긴 채 환영을 본 듯 차도로 뛰어들어 사망한다.

윤이 등장하며 진행된 이 에피소드는 처음부터 구마 의식이 윤에게 매우 위험한 일이라는 힌트를 주며 죽음의 이미지를 연결시킨다. 이후 윤은 노신부를 교란시켰던 김영수로부터 "그놈 옆에 있으면 다 죽는다. 그놈은 우리와 같아."라며 화평이 위험한 인물이라는 것, 그리고 화평과 함께 한다면 자신이 죽을지도 모른다는 이야기를 듣는다. 이 첫 번째 부마자의 진술은 윤에게 위험이 닥칠 때마다 상기되면서 윤이 박일도와 관련된 일을 한다면 위험에 빠질 것이라는 점을 짐작케 한다. 그리고 시간이 지날수록 윤은 부마자들의 진술이 맞아 들어가는 상황을 목격하면서 자신에게 닥쳐올 최후에 점점 불안해한다.

윤은 의지하던 노신부의 사망 후 혼란에 빠진다. 노신부의 사망 사실을 알고 찾아온 화평이 박일도에 대해 설명하고 나갈 때 그 뒷모습을 바라보는 윤의 얼굴로 천천히 푸시-인 하는 장면 후 부마자가 윤을 위협하며 '그놈 옆에 있으면 다 죽는다'고 외치는 장면과 노신부가 죽기 전 '그 친구가 너무 위험한 걸 건드렸다'고 이야기하는 장면의 플래시백이 연달아 등장하고 다시금 윤의 얼굴이 클로즈업 된다. 이 장면은 윤이 박일도와 관련된 일에 개입되는 순간부터 불안을 느끼고 있다는 사전암시로[22] 기능하면서 윤과 부마자, 그리고 노신부의 대화를 유일하게 들었던 시청자들이 무리하여 구마의식을 진행하는 윤을 안타깝게 바라보도록 만든다.[23] 특히 이 불안은 구마의식을 계속했을 때, 그러니까 박일도와 지속적으로 맞섰을 때 윤이 죽을지도 모른다는 근원적인 공포와 맞닿으면서 강화된다.

윤은 시간이 지나면서 환청을 듣기 시작하고 이후 좀 더 구체적으로 그리고 극단적으로 박일도의 예언을 경험한다. 특히 정서윤의 구마의식을 진행할 때 부마자의 말들이 정확히 윤을 향하면서 윤의 불안은 극에 달한다. 정서윤은 우글대는 영들과 함께 윤에게 "이 사람들이 전해달래요. 오늘 이후 매일 밤마다 칼에 찔리는 고통을 겪을 거라고. 두 번째로 우릴 만나면 칼에 찔린 상처가 온몸에 드러나고 살이 썩고 피가 썩고 영원히 썩어갈 것이며, 세 번째로 우릴 만나면 그땐 반드시 죽을 거라고."이야기한다. 이 대사는 박일도가 빙의되었을 때 변화하는 목소리를 통해 전달되는 것으로 악령 박일도가 윤에게 직접 전달하는 것으로 전환된다. 공포스런 얼굴로 아이의 이야기를 듣던 윤은 말이 끝나자 나지막이 "부마자의 예언."이라 말하면서 그가 이것을 곧 자신에게 닥칠 일로 인식하기 시작했다는 것을 보여준다.

그러나 이러한 박일도의 저주가 실제로 일어날 것인가, 만약 저주와 비슷한 일이 일어났다고 해도 그것이 진짜 박일도 때문에 일어난 것인가에 대해서는 명확한 답을 할 수 없다. 윤은 박일도의 목적을 의아해하는 길영에게 "악마에게 목적 같은 건 없습니다. 그냥 인간의 고통을 즐기는 겁니다."라며 악의 목적이 인간을 괴롭히는 그 자체에 있다고 지적했었다. 박일도가 어떤 이유를 들어 어떤 행위를 하든 간에 그 내부에는 인간을 괴롭히려는 악랄한 의도가 포함되어 있다는 것을 윤 역시 알고 있는 것이다. 그럼에도 윤은 박일도를 계속 쫓는다면 사망할지도 모른다는 자신을 향한 예언 앞에서 점차 무너지며 그것을 사실로 인지하기에 이른다. 박일도의 언급 이후 자신에게 위험이 닥칠 때마다 부마자의 말들을 떠올리는 윤의 회상 플래시백은 윤 스스로 박일도의 언급을 사건으로 전환하며 진리로 인식해가는 과정을24 명확하게 형상화한다.

부마자와 눈이 마주친 윤은 갑작스레 가슴을 움켜쥐고 화장실에 뛰어간다. 천천히 진정되어 갈 때 윤의 클로즈업 된 얼굴 위로 깔리는 소리는 "오늘 이후 매일 밤마다 칼에 찔리는 고통을 겪을 거라고."라는 정서윤의 음성이다. 이는 윤이 자신의 몸에 문제가 생겼을 때 바로 악령의 예언과 연결하고 있다는 것, 그가 악령의 말이 실현된다고 믿기 시작했다는 것을 보여준다. 윤이 고통을 겪을 때마다 윤의 얼굴이 클로즈업 된 후 부마자에게 그 예언을 들었던 상황이 플래시백으로 연결되는데, 이는 단순한 회상을 넘어 윤이 부마자의 말과 자신의 상황을 일치시키며 박일도의 예언을 맞는 일로 만들어가고 있다는 것을 보여준다. 결국 이러한 윤의 공포는 칼로 베인 배에서 피를 쏟거나 스스로를 칼로 찌르는 듯한 악몽 혹은 환영으로까지 이어지면서 윤을 위협하기 시작한다.

그러나 〈손〉의 마지막, 최종적으로 박일도를 마주했을 때 사라졌던 것은 윤이 아닌 박일도였기에 결국 윤을 향한 박일도의 예언들은 희롱이었을 뿐이라는 것이 밝혀진다. 〈손〉은 인간이 가장 두려워하는 죽음에 대한 말 몇 마디가 얼마나 쉽게 인간을 괴롭힐 수 있는지를 보여주었다. 박일도의 악령은 그가 고통받다 죽을 것이라는 말을 남겼을 뿐이지만, 윤은 고통을 겪을 때마다 마치 그 예언에 다가가는 공포를 느끼며 점차 고립되어 갔다. 악령 박일도가 자신에게 맞서는 이를 이토록 쉽게 무너뜨릴 수 있다는 것, 〈손〉은 그 인식의 과정을 보여주면서 인간의 고통을 고조시키는 악의 작동 방식을 그려 내었다.

은폐된 악의 의도와 범인·범의에 대한 교란

〈손〉은 육체와 정신이 분리된 세계를 바탕으로 진행된다고 언급한 바 있다. 〈손〉은 내 의지와 상관없이 나에게 침입해 드는 힘을 인정하면서 악령 박일도의 행위를 인간 세계와 결합했다. 작게는 내가 원치 않은 생각을 지속적으로 떠올리도록 만드는 것에서부터 심한 경우에는 직접 인간의 몸에 빙의하여 잔인한 범죄를 저지르도록 하는 것에 이르기까지 〈손〉은 박일도로 인해 고통받는 이들의 행위에 있어 실제로 행한 이와 의도를 지닌 이가 명확하게 다르다는 것을 보여주었다. 이는 범행의 주체가 누구인가에 대한 문제뿐 아니라 또 다른 혼란을 부추긴다는 점에서 다시 한번 살필 필요가 있다.

〈손〉에서 박일도는 자신이 범죄를 벌인 이들이 원했기에 온 것이라는 말을 자주 반복했다. 이 작품의 첫 장면 내레이션부터 시작된 이 언급은 이후에도 부마자의 목소리를 통해 재차 제시되면서 결과는 끔찍한 범죄일지 모르지만 악의 의도는 복수를 원한 이들을 도와준 것뿐이라는 논리를 세우며 박일도의 등장을 설명하고 있었다. 눈여겨 보아야 할 것은 바로 이 지점이다. 여기에는 행위자의 의도와 그 결과가 동일한지 아닌지, 그러니까 좋은 결과를 가지고 왔다고 할지라도 그 의도가 악하다면 이를 어떻게 판단할지[25] 혹은 그 역은 어떻게 판단할지와 같이 쉽게 답을 내기 어려운 문제가 도사리고 있기 때문이다. 그들, 즉 복수하고 싶은 마음을 품은 이들을 위해서 왔다는 박일도는 바로 이러한 난제를 건드리며 인간 세상과의 긴장을 구성한다. 과연 박일도에게 빙의된 이들의 범죄는 어떻게 받아들여야 할 것인가?

이러한 측면에서 박일도로 인해 벌어진 사건의 면면들이 '그들이 원해서' 왔다는 박일도의 말을 수긍할 만큼 억울한 이들의 이야기였다는 점은 주목할 만하다. 첫 장면에서 칼로 상대를 찌르던 여성은 더운 여름 자신이 나눠준 전단지를 버린 이로부터 무시당하는 일을 겪었고, 본격적인 첫 번째 에피소드의 주인공으로 등장한 김영수는 산업재해로 피해를 입었으나 적절한 보상을 받지 못한 채 절망에 빠져 회사의 사장을 살해한다. 이후 에피소드에서의 최민상은 어릴 적부터 엄마에게 학대를 당하고 현재에도 위축되어 살다 여성들을 택시로 유인하여 살인을 저질렀으며, 임신까지 한 상태에서 직장 내 따돌림으로 약혼자를 잃은 김윤희는 따돌림을 주도한 이를 찾아가 살인하려 하였다. 그리고 자신이 귀신을 보기에 엄마가 자신을 무서워한다고 생각한 아이 정서윤은 자신의 어머니를 해하려는 시도를 하기도 한다. 그리고 작품의 후반부 박일도와의 접촉으로 인해 마을 전체가 살육의 현장이 되어버린 덕령마을 에피소드에서 역시 마음속 깊이 불만을 담아왔던 이들의 폭력이 가시화된다.

특히 이때의 박일도의 목소리는 빙의된 이들이 겪었던 고통의 회상 장면과 함께 배치되면서 박일도가 그들이 원해서 온 것일 수 있다는 의심을 하게 만든다. 어릴 적 어머니의 학대로 여성에 대한 공포를 가지고 이를 잘못된 방식으로 표출하려 했던 최민상의 에피소드의 경우 이는 매우 잘 드러난다. 박일도에 빙의된 최민상은 화평과 윤을 결박한 채 미움으로 자신이 이러한 짓을 저질렀다고 이야기하다 '엄마' 때문에 그러는 것이냐는 화평의 말에 어린 시절의 기억을 떠올린다. 이 장면에서 최민상의 엄마는 칼로 나무를 뾰족하게 깎고 있으며 이것으로 어린 아이들을 괴롭혔을 것이라는 충분한 암시를 준다. 이후 다시 현재로 돌아온 장면에서 최민상은 울먹이며 자신의 과거를 이야기하다 "그래서 이 놈 몸에 우리가 온 거다."라며 여러 목소리가 겹쳐지는 박일도의 목소리로 외친다.

비슷한 장면화는 김영수의 에피소드에서도 등장한다. 김영수는 회사의 사장을 죽인 혐의로 경찰서에 연행되었지만 박일도로 인해 자해를 하면서 병원으로 실려 간다. 그곳에서 화평은 왜 죄 없는 사람을 괴롭히느냐며 김영수의 몸에 침입한 박일도와 대화를 나눈다. 이때 김영수의 얼굴을 한 박일도는 역시 "이 남자가 원했어. 다 죽이고 싶어 했다고. 억울하고 분하고!" 라며 말을 이어가는데 이 대사와 함께 이어지는 장면은 과거 김영수가 사고를 당했던 작은 다리 아래로 들어가는 장면과 몸을 전혀 움직이지 못하게 된 김영수가 울며 사장에게 살려달라고 사정하는 부인을 바라보는 장면, 엄마의 우는 소리를 들으며 힘들어하는 딸의 모습 등으로 이어진다. 이러한 장면화는 그의 범행, 정확하게는 박일도의 범행을 합리화시키면서 부마자들이 품었던 억울함이나 미움 등의 악한 마음이 악을 불러들인 것이며 결국 그들의 분노를 악이 해결해 준 것이라는 박일도의 논리를 반박하게 힘들게 한다.

게다가 세 사람이 쫓던 박일도의 정체가 밝혀졌을 때 그가 내뱉는 말들은 인간이 가진 잔혹한 내면을 다시 의심하게 만든다. 세 사람은 박일도가 숙주로 삼았던 이가 그들을 가장 가까이서 보아오고 또 화평을 내내 보살펴 주었던 할아버지였다는 것을 알게 된다. 자신의 정체가 발각되었을 때 할아버지는 화평에게 과거와 현재의 상황들을 박일도의 관점에서 설명하며 다시금 부마자들이 나를 불러들였다고, 이 모든 것은 악한 마음을 품었던 인간들이 벌인 일이라고 일축한다. 박일도는 인간들도 서로를 죽이지 않느냐며 인간이 가지고 있는 잔인성을 내세우며 악령의 행위에 정당성을 부여한다. 이러한 장면들은 실제 인간 사회에서 벌어진 많은 사건을 상기시키며 박일도의 말이 그리 틀리지 않았음을, 그렇기에 악이 인간을 도운 것일지 모른다는 혼란을 불러들이게 된다.

〈손〉은 원인을 제공한 피해자를 설정하고 '그들이 원해서' 온 것이라는 악의 의도를 어느 정도 이해할 수 있는 사건을 배치하면서 그들의 범행이 마치 박일도로 인해 적절한 응징이 된 것처럼, 결국 악이 도와 이들의 복수를 실행시켜 준 것처럼 보이게 한다. 그러나 어떤 이유에서든 범행을 저지른 부마자를 옹호할 수는 없다는 점,[26] 당연히 범죄를 정당화할 수는 없다는 점에서 이러한 진행은 문제의 소지가 있다. 특히나 텔레비전이라는 일상적 매체를 경유하여 여타의 장르에 비해 재현된 세계를 가깝게 인식할 수밖에 없는 작품에서 이러한 설정은 더욱 논란이 될 수밖에 없다. 그래서 〈손〉은 악에 관해 논쟁적이고 불편한 질문과 설정을 마련했으면서도 결국 악을 긍정하는 극단적인 방향을 향하지는 않는다. 박일도의 말이 틀렸다는 것을 분명하게 보여주면서 결국 억울한 이들의 문제를 해결할 수 있는 방법으로서 악을 긍정하지 않는다는 점을 분명하게 설명하고 있기 때문이다.

선한 악의 부정과 안전한 일상으로의 복귀

텔레비전 드라마 〈손〉은 악이 인간에게 영향을 미치는 바로 그 과정을 보여줌으로써 악의 작동방식을 설명했다. 악으로 그려진 박일도가 인간에게 다가가는 방식은 누군가를 미워하는 마음을, 자신을 미워하는 마음을, 그리고 자신에게 닥쳐올 두려움을 건드리면서 인간성을 포기하도록 유혹하는 것이었다. 그러나 〈손〉은 악이 이렇게 작동하는 것을 허락하지 않은 채 결국엔 악에 대한 선, 즉 그들을 추격한 세 사람의 승리로 마무리 지음으로써 안정적인 일상으로의 복귀를 확보한다. 〈손〉은 박일도가 결코 선한 존재일 수 없다는 것, 즉 그의 악성이 결코 인간에게 긍정적일 수 없다는 점을 치밀하게 설명했다.

〈손〉은 부마자의 범행에 절대적인 영향을 끼치는 박일도라는 인물 자체의 전사와 그의 모순을 다각도로 보여주면서 박일도가 결코 인간에게 선의를 베풀기 위해 올 수 있는 존재가 아니라는 점을 배치해 두었다. 〈손〉은 박일도가 얼마나 잔인하고 또 극악한 인물인지 심지어 그의 후손들이었던 양 신부나 박홍주 등이 얼마나 악독한 이들인지를 보여주는 데에 중요 에피소드를 할애했다. 이들은 박일도가 얼마나 악한 인물인지를 보여주면서 악의 의도는 결코 선할 수 없을 것이라는 점을 충분히 짐작케 한다. 여기에 범죄와 이어지는 구마 의식이 과거 박일도로 인해 피해를 입었던 화평과 윤, 그리고 길영이라는 피해자의 시점으로 제시되는 것 역시 박일도의 의도를 믿을 수 없게 만들었다. 그들이 박일도가 벌인 일로 아직까지 고통에 시달리고 있다는 사실, 그리고 박일도가 이를 약점 잡아 그들을 잔인하게 괴롭히고 있는 상황이 반복되는 것은 선한 피해자가 악한 가해자와 대결하는 구도를 만들면서 악이 선할 수 없다는 점을 분명하게 보여주었다.

이렇게 배치된 박일도의 정체는 "사람을 속이고 놀리는 게 귀신 일인데."라는 무당의 말이나 "악마에게 목적 같은 건 없습니다. 그냥 인간의 고통을 즐기는 겁니다."라는 윤의 말에 신빙성을 부여하면서 "이건 그냥 나의 유희다."라는 박일도의 말이 솔직한 그의 의도였다는 것을 명확히 한다. 결국 〈손〉은 악령 박일도를 인간의 정신을 지배하며 자유의지를 박탈하고, 또한 자신의 복수가 마치 선한 의도인 척 가장하면서 잔인한 범죄로의 이행을 유도하고 혼란을 불러일으키는 이로 위치시킨다. 이는 〈손〉이 인간의 목숨을 빼앗고 잔인한 행동을 일삼는 악이 인간에게 틈입할 수 있는 세계를 그리고 있으면서도 이것이 결코 극단적인 방향으로, 그러니까 실제로 악을 원하는 인간을 긍정하는 방향으로는 나아가지 않는다는 것을 보여준다.

박일도의 악성은 집안의 피를 타고 뻗어 내렸다. 박홍주나 양 신부는 모두 그의 후손으로 박일도로부터 벗어날 수 없는 운명에 놓인다. 이처럼 끈끈하게, 그리고 이후에도 끈질기게 영향을 미칠 듯 위세를 떨치던 박일도는 어떠한 접점도 없이 남이었던, 그저 피해를 입어 서로에 대한 연민으로 함께하던 세 사람에 의해 소멸된다. 이처럼 〈손〉은 악의 극악함을 제시하면서도 인물들이, 곧 우리가 살아갈 세상을 견디지 못할 만큼 위험한 곳으로 남겨 두지 않았다. 결코 벗어날 수 없는 것처럼 보이는 굴레라도 이를 이길 수 있는 화합과 배려가 아직 남아 있다는 것, 〈손〉은 박일도를 퇴치하는 세 사람을 통해 믿고 싶은 이야기를 전개시켰다. 아무리 잔인하고 악독한 인물이, 아니 이를 넘어 악령이 등장했다 해도 절대 비이성적으로 극악하게 둘 수 없는 곳, 그곳이 나의 세계와 소통하며 상상하는 텔레비전 드라마 속 일상이기 때문이다.

내러티브를 추동하는 음악의 힘:
〈밀회〉

이진주

"음악이 갑"

　〈밀회〉(JTBC, 〈밀회〉(16부작), 정성주 극본, 안판석 연출, 2014.3.17 - 5.13.)는 예술 재단 기획실장 오혜원과 천재 피아니스트 이선재의 사랑을 그린 멜로드라마로, 극중 오혜원이 유부녀이고 이선재와의 나이 차가 20살이라는 파격 설정으로 화제를 모았다. 하지만 그게 다는 아니다. 마흔 살 여자와 스무 살 남자의 아슬아슬한 사랑은 이야기의 일부일 뿐이고, 기득권층의 허위의식과 그 집단으로 편입을 꿈꾸는 계층 상승 욕망과 좌절이 또 다른 축을 형성하고 있다.[1] 두 축을 딛고서 〈밀회〉는 상투적인 로맨스나 불륜 드라마에서 탈피하여, 한 여성이 잃어버린 자아와 삶의 가치를 회복하는 이야기를 들려주었다. 여자 주인공이 자아를 찾아가는 과정은 그가 속했던 거짓된 세계에서 벗어나려는 노력으로 나타나며, 남자 주인공이 피아니스트로 성장하는 과정과 긴밀히 얽혀있기도 하다. 이 과정에서 음악은 매우 전략적으로 활용되었으며, "까불지 말라 그래. 음악이 갑이야."라는 주인공의 대사처럼, 종종 시각 이미지나 언어보다 앞선, 내러티브의 제1요소로 기능한다. 사실 드라마 연구의 기본 경향은 문학성과 시각 이미지를 중시하기에, 음악은 별다른 주목을 받지 못한다. 하지만 〈밀회〉에서 음악을 빼면 무엇이 남을까?

파격적 설정과 함께 기존의 장르 관습을 탈피한 〈밀회〉의 내러티브는 탁월한 음악 연출을 통해 설득력을 얻었다고 본다. 〈밀회〉에서는 음악 장면의 비중이 매우 높고 장면의 길이도 긴 편이다. 주요 인물들의 직업 때문에 클래식 음악을 전면에 내세웠고 덕분에 시청자에게 클래식에 관한 관심을 환기했다. 그간 음악가의 삶과 욕망을 주요하게 다룬 드라마는 매우 드물었는데, 그중에서도 〈밀회〉는 제작 초기부터 서사에 맞는 음악 선정과 배치를 꼼꼼하게 계획하고 음악을 들려주기 위한 장면을 집중적으로 연출한 점이 돋보이는 작품이다. OST도 강한 인상을 남겼다. 주인공이 속했던 세속적 욕망 가득한 세계와 그가 새로이 갈망하는 세계는 추상적이지만, 음악은 그 추상적 세계들을 좀 더 명확하게 인식하는 데 도움을 주며 단순한 배경 이상의 역할을 한다.

드라마 음악을 분류하는 여러 기준이 있지만, 외재 음악(non-diegetic music)과 내재 음악(diegetic music)의 구분은 음악이 비롯되는 지점이 이야기 안인지 바깥인지에 따르는 가장 기본적인 방식이다. 음악이 내러티브 내부의 음원(sound source)으로부터 나와서 등장인물이 그것을 들을 수 있는 경우를 내재 음악이라고 하며 이를 제외한 음악을 외재 음악이라고 한다.[2] 대부분 대중 영상매체 드라마는 내러티브를 중심으로 관객의 몰입도를 높이기 위해서 다른 시각적·청각적 요소들이 내러티브에 종속되는데, 음악도 마찬가지이다. 특히 음악은 드라마에 몰입한 관객이 거의 의식하지 못하도록 투명하게 감춰지고 세심하게 배치된다.[3] 특히 외재 음악은 드라마의 다른 요소들보다 훨씬 더 투명성이 강조되는데, 외재 음악은 허구 세계의 일부가 아니며 이야기 밖에서 관객의 의식을 조종하기 때문이다. 반면 음악의 음원이 화면 안에 보이거나 그 시공간에 있다고 간주하는 내재 음악은 외재 음악만큼 마술적으로 관객의 의식을 지배하지는 않는다. 다만 주인공이 음악가인 〈밀회〉와 같은 드라마에서는 내재 음악이 특별하게 쓰일 수 있다.

그러나 사실 드라마 음악은 이야기 안과 밖의 경계를 자유롭게 가로지르기 때문에, 그렇게 단순하게 구분되지 않는다. 그리고 이 점이 음악과 내러티브의 관계를 설명할 때 진정 흥미로운 지점이다. 음악이 내러티브 안에서 시간적·공간적·극적·구조적·외연적·함축적으로 다양한 기능을 할 수 있는 것은, 바로 경계를 넘나드는 드라마 음악의 유연성 때문이다.[4] 외재 음악이 내재 음악으로 드러나기도 하고, 많은 경우에 내재 음악이 외재 음악처럼 기능하기도 한다. 내재 음악과 외재 음악의 경계가 모호해지는 이런 순간을 스틸웰(Stilwell)은 '기이한 틈(fantastical gap)'[5]이라 불렀는데, 〈밀회〉에서 내재 음악은 대부분 이야기의 경계를 넘나들며 안팎으로 내러티브에 영향을 미친다. 이 글의 앞부분에서는 외재 음악을, 뒤에서는 내재 음악을 다룰 것이지만, 단순한 구분보다는 내재 음악과 외재 음악의 경계가 모호해질 때 그 기이한 틈이 만들어내는 효과에 주목할 것이다.

두 세계를 가르는 외재 음악

드라마에서 외재 음악의 역할 중 하나는 이야기 밖의 내레이터처럼, 전지적 시점에서 인물의 내면과 감정을 지시하고 설명하는 것이다. 영상 이미지가 표면적으로 드러내지 못하는 인물의 숨겨진 감정을 표현하는 데 음악만큼 강렬한 것은 없을 것이다.[6] 외재 음악은 그 인물의 겉으로 드러난 태도 아래 감춰진 '진짜 속마음'이 무엇인지 알려준다. 드라마에서 주인공을 중심으로, 그 주인공의 의도를 시청자가 잘 읽을 수 있도록 외재 음악을 배치하는 것은 일견 당연하다. 그러나 〈밀회〉에서는 주인공이더라도 어느 세계에 속해서 행동을 전개하느냐에 따라 음악의 유무가 결정된다는 점이 주목된다. 주인공 오혜원이 현재 속한 세계와 거기서 벗어나서 가고자 하는 세계가 있고, 그 두 세계는 외재 음악의 유무에 의해 청각적으로 나뉜다.

위장된 세계 속 침묵하는 음악

첫 장면은 온갖 소음이 섞인 시끄러운 시장통에서 퀵 배달원인 이선재가 큰소리로 통화를 하는 것으로 시작한다. 이선재는 일상의 소음 속에 묻혀있다. 그다음 화면이 바뀌면, 조용한 가운데 나지막이 우아한 클래식 실내악 선율이 흐르는 호텔 스파 특실에서 아트센터 실장인 오혜원과 예술재단 이사장 나성숙이 은밀하게 대화를 나눈다. 이때의 음악은 일상의 소음과 담쌓으며 자신들만의 우아한 세계를 구축하려는 특정 계급의 의도를 대변하는 도구이다. 음악이 공간을 채우게 하는 비용을 감당할 수 있는 그들의 힘을 부각하는 것이 중요할 뿐이다. 서 회장 일가가 자리하는 공간에는 거의 항상 이런 우아한 클래식 음악이 깔린다. 미용실 VIP룸, 고급 레스토랑, 아트센터 내부, 서 회장네 게임룸에서는 서로의 대화를 방해하지 않을 정도, 혹은 의식하지 못할 정도로 조용한 클래식 음악이 공간을 채운다.

그러나 이야기 바깥의 차원에서는 이들이 그런 아름다운 음악을 소유할 자격이 없음이 강조된다. 바로 외재 음악의 부재를 통해서다. 서한그룹의 세계는 우아한 상류층 예술계지만, 예술재단 간판은 이미지 메이킹 용이고 그 안에서 실제로는 비자금 조성과 입시 장사가 판을 친다. 서 회장 일가가 등장하는 어떤 장면의 어떤 행동도 외재 음악을 동반하지 않는다. 음악은 침묵한다. 이들은 〈밀회〉 속 '진정한' 음악이 상징하는 교양과 내적 충실함, 예술을 사랑하는 마음과 높은 도덕성을 결여한 상태다. 이를 강조하듯이 서 회장 일가가 등장하는 장면에서 음악은 적극적으로 배제된다.

심지어 주인공인 오혜원마저 서 회장 일가와 함께 있을 때는 외재 음악을 가질 수 없다.[7] 이 드라마에서 처음으로 외재 음악이 등장하는 것은 1회에서 오혜원이 서영우를 찾으러 가는 장면에서다. 전화를 받지 않는 서영우의 휴대전화에 오혜원이 음성메시지를 남기는 데서부터, 다른 모든 내재적 사운드를 밀어내고 잘 정돈된 바로크풍의 빠른 현악 선율이 흐른다. 이 드라마에서 쓰인 외재 음악 중에서는 드물게도, 인물의 내면보다는 진행에 도움을 주고 인물의 특성을 암시하는 음악으로, 사건 전개의 속도감을 배가시켜서 절제된 감정으로 맡은 일을 빠르게 처리해내는 오혜원의 커리어를 강조하는 음악이다. 오혜원이 서영우의 세컨드 하우스를 찾아가는 내내, 서영우를 대면하기 직전까지 음악은 바쁘게 내달리다가, 오혜원이 커튼을 젖히고 서영우가 카메라에 들어오는 순간, 오혜원이 드디어 서영우 찾기 임무를 마치고 음악은 종지에 다다른다. 물론 갑작스러운 침묵이 서영우의 등장을 강조할 수도 있지만 그렇게 느낀다고 해도, 바로 이어지는 서영우의 행동(갑질과 폭력)을 통해서 왜 서영우라는 인물에 이르러 음악이 멈춰야만 했는지가 훨씬 강조된다.

이후 서 회장네 파우더룸에서 서영우가 계모인 나성숙과 몸싸움을 벌이고 오혜원이 말리는 장면에서, 텔레비전 드라마라면 대개 이 격렬한 싸움을 더욱 흥미진진하게 만들어 줄 매우 극적인 음악이 흘러나올 법하지만, 여기에서도 음악은 침묵한다. 음악은 재벌가 인물의 부정적 행동뿐 아니라, 오혜원의 현명한 대처나 정신적 힘겨움도 강조할 생각이 없다.

이런 선정적이고 말초적 장면뿐 아니라, 아무리 인물이 감정을 드러내는 장면이라도 음악을 동반하지 않으면 건조한 정보 이상의 기능을 하기 어렵다. 2회에서 서영우는 사랑에 목마른 자신의 신세를 아버지인 서 회장(서필원)에게 눈물로 호소한다.

영우   태어나 지금까지 좋은 날이 단 하루도 없었어. 난 희생양이잖
        아. 엄마는 날 낳고부터 아빠가 딴 여자 보기 시작했다며 하나
        밖에 없는 딸을 꼭 무슨 요물이나 보듯이. 한번 제대로 안아
        준 적도 없고 따뜻한 눈길 한번 안 주더니 휙 먼저 가버리고.

이렇게 절절한 호소에도 음악이 동반하지 않는다면, 악어의 눈물로 비친다. 시청자는 서 회장만큼이나 서영우에게 측은함을 느끼지 않게 된다. 게다가 이 호소가 비록 서영우의 진심이더라도 이미 몇 번이나 우려먹었음이 서 회장에 의해 바로 들통난다. 서 회장은 "2절은 내가 하랴?" "원하는 게 뭐냐?"

는 질문으로 응대한다. 시청자는 서영우에게 감정이입하지 않고 서영우의 호소를 그 캐릭터의 전사(前史)를 알려주는 일종의 정보로 받아들인다.

오혜원은 서 회장 일가로부터 여러 장면에서 무수한 정신적·육체적 폭력을 당하는데, 이때 외재 음악이 흐르면 주인공의 파토스를 강조할 수 있지만, 그런 장면에서도 외재 음악은 나오지 않는다. 그 대신 외재 음악의 부재는 오혜원이 그들과 함께 있을 때 감정적으로 동요하지 않는다는 점을 강조할 수 있다. 그들을 진심으로 대한 적도 그들에게 진심을 내보인 적도 없기 때문일 것이다. 이십 대 때부터 지금까지 오랜 세월 동안 오혜원이 폭력과 폭언을 버텨 내면서 자신의 욕망을 향해 나아갈 수 있었던 것은, 진심 어린 감정이나 태도 없이 자신을 그저 입력된 일을 출력해내는 로봇처럼 인식했기 때문일 것이다.

오혜원이 가진 두 욕망, 즉 이선재에 대한 사랑과 계층 상승의 욕망, 이 두 가지는 서로 양립할 수 없다. 오혜원은 이 둘을 모두 가지기 위해서 고군분투하지만, 결국 로맨스의 세계를 유지하기 위해서는 다른 욕망의 세계와 절연해야 한다는 것을 깨닫게 된다. 외재 음악의 존재 여부는 시청자가 두 세계를 명확하게 다르게 인식하도록 청각적으로 돕는다. 외재 음악의 존재 여부는 오혜원이 무엇을 버리고 무엇을 취하는지 혹은 취해야 하는지 시청자에게 미리 인식시켜준다. 음악이 없는 세계는 현실 세계처럼 삭막하고 이해하기 어렵다. 반면 음악이 흐르는 순간 세계는 생동감 넘치고 모든 것이 명확해지면서 이해하기 쉬운 곳으로 변할 수 있다.

진실한 세계를 특정하는 음악

외재 음악이 극도로 절제된 세계가 있기에, 음악이 흐르는 순간은 더욱 강렬한 의미를 점유한다. 모든 음악적 스포트라이트는 오혜원과 이선재에게 집중된다. 두 남녀의 사랑은 진실한 것으로 비쳐야 하지만, 스무 살 넘는 나이 차와 불륜이라는 도덕적 결함이 큰 걸림돌이다. 이를 해결하고 시청자를 설득하는 것이 외재 음악의 임무이다. 외재 음악은 단순히 주인공의 행동을 강조해서 보여주는 것이 아니라, 주인공의 속마음을 대변하는 것이기 때문에 그 행동이 진실하다는 것을 드러내 주는 청각적 지표가 된다. 그리고 텔레비전 드라마에서는 그런 음악이 여러 회차에 걸쳐서 반복적으로 적층되면서 진실의 힘은 더욱 커질 수 있다.

1회에서 서영우를 만난 후에 끊어진 외재 음악은, 오혜원이 서 회장네를 떠나 집으로 돌아와 혼자 남게 되는 시간에 이르러서야 다시 등장한다. 서영우를 만나 따귀를 얻어맞고, 서 회장과 마작을 하며 그의 비위를 맞추고, 나성숙과 서영우의 싸움을 말리는, 온갖 뒤치다꺼리를 마치고 그 집을 떠나면서부터 오혜원의 복잡한 감정이 외재 음악에 실려 흐르기 시작한다. 카메라가 오혜원의 집 마당-거실-주방으로 움직이며 장소를 바꿔 가는데도 아랑곳없이 같은 음악이 그 장소들을 이어주며 오혜원의 감정에 집중하여 계속 흐른다. 공간의 연속성이 깨지지만, 시청자는 음악의 흐름에 따라 오혜원의 감정을 상상하고 느끼기 때문에 내러티브가 이어지고 있다고 여긴다.

그러다가 오혜원이 서재로 들어가 남편 강준형을 만나는 순간 음악은 멈춘다. 둘 사이에는 음악이 있어선 안 된다. 오혜원과 강준형은 부부라고는 해도 사랑은커녕 우정도 자리 잡지 못한 관계, 서로의 이익을 위해 맺어진 사무적 관계일 뿐이기 때문이다. 이는 오혜원의 불륜이 정상참작을 받을 수 있는 제1의 조건이다.

새로운 외재 음악이 다시 흐르는 것은, 강준형이 서재에서 나간 직후, 오혜원이 이선재와 채팅을 하면서부터다. 서한 음대 피아노과 교수인 강준형은 제대로 된 제자를 키워서 학내 자신의 입지를 세워보려고 눈에 불을 켜고 재능 있는 피아니스트를 찾는 중이다. 그러다 이선재가 인터넷에 올린 피아노 연주 영상을 보게 된다. 강준형은 영상을 보고 실망하지만, 오혜원은 영상의 주인공이 손가락 건초염을 앓고 있음을 발견하고 온라인으로 대화를 시도한다. 오혜원과 이선재는 직접 만나지 않은 상태에서 채팅만 해도 음악으로 연결된다. 이때 배경으로 깔리는 음악은 'Chatting'이다.

'Chatting'에서 가장 또렷하게 귀를 자극하는 소리는 높은 A음이 한 쌍을 이루어 작게 노크하듯이 두드리는(♪♪♪♪) 혹은 같은 음을 엇박으로 두드리는(♪♪♪♪♪♪) 선율인데, 키보드 자판을 두드리는 소리 같기도 하지만 오혜원의 마음을 은밀하게 노크하는 신호처럼 들리기도 하고 두근거리는 심장 소리처럼 들리기도 한다. 이후로 두 사람은 몇 번 더 채팅으로 대화하는데 그때마다 같은 음악이 배경으로 깔린다. 두 사람의 채팅은, 냉철한 검투사처럼 살아온 오혜원이, 이선재의 진심을 알게 되고 마음을 열게 되는 통로이다. '나천재' 이선재는 '막귀형'이 오혜원인 줄 모르는 채로 오혜원에 대한 마음을 있는 그대로 토로하며 상담한다. 채팅이 없었다면 오혜원이 이선재에게 사랑을 느꼈더라도 그렇게 적극적으로 다가갈 수 없었을 것이다.

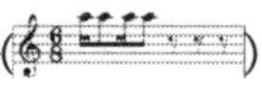

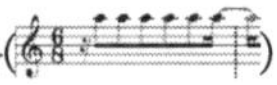

이들의 로맨스를 따라 흐르는 외재 음악은 모두 오리지널 스코어(original score)[8]다. 이 음악은 모두 클래식 음악과 유사한(pseudo-classical style) 색채를 띠고 있다. 피아노 소품을 중심으로 몇 가지 현악기가 추가된 구성의 서정적인 음악들이다. 로맨스의 주인공들이 클래식 음악계에 종사하고 특히 피아니스트인 것을 반영한 것으로, 인물과 음악이 더 잘 붙도록 만든다. 그래서 이렇게 만들어진 오리지널 스코어는 인물의 심리에 더 자연스럽게 스며들게 되고 설득력을 높인다. 두 사람을 엮어주는 오리지널 스코어는 둘의 관계를 불륜일지언정 인간미 넘치고('Warmhearted') 현명하고('The Book') 경건한('Devotion') 것으로 만들어준다.

'The Book'은 신시사이저가 번져가듯이 배경을 채우는 사이 피아노가 옥타브로 서정적인 선율을 연주한다. 이선재가 어머니를 잃은 충격으로 음악계를 떠나자, 오혜원은 『리흐테르』 자서전을 이선재에게 선물하고 이선재는 그 책의 밑줄 쳐진 부분을 읽으며 오혜원의 메시지를 전달받고 위로받는다. 이후 이선재의 관점에서, 자신의 재능을 알아봐 주고 마음을 읽어준 사람인 오혜원을 생각할 때는 주로 이 음악이 깔린다.[9]

반대로 오혜원의 관점에서 이선재를 생각할 때 채워지는 음악은

'Warmhearted'이다. 'Warmhearted'는 도약이 거의 없이 단차가 적은 음정이 노래하듯이 연결되는 선율 밑에서 따뜻하고 유연한 물결처럼 장2도 음정을 반복하는 왼손이 받쳐준다. 오혜원이 나중에 법정에서 자신의 인생 장면으로 꼽은, 이선재가 오혜원에게 앉을 곳을 마련해주기 위해서 걸레로 열심히 방을 닦는 장면에 삽입된다. 오혜원에게 이선재는 자신을 인간으로 대해주는 따뜻한 안식처이다. 그래서 오혜원과 이선재가 처음으로 함께 밤을 보낸 뒤 오혜원이 이선재에게 문자로 고백하는 보이스오버에도 이 음악이 삽입된다. 이른 아침 선재의 집 앞에서 오혜원이 택시를 타고 떠나고 뒤늦게 나온 이선재가 오혜원을 놓친 뒤, 이선재가 방으로 돌아와서 문자를 확인하면서, 음악이 흐르기 시작한다. 긴 고백을 통해서 오혜원은 이 상황과 상대방을 '진짜 집'으로 느끼고 있다고 말한다. 음악은 택시를 타고 출근하는 오혜원의 장면까지 이어진다. 오혜원은 택시 안에서 서둘러 화장을 하는데 눈물에 아이라인이 자꾸 뭉개져서 재차 닦아낸다. 문자 고백 사이에 장면은 7번 바뀌고 쇼트는 수도 없이 바뀌지만, 마지막 오혜원의 모습으로 한 시퀀스를 마무리할 때까지 음악은 담담한 오혜원의 목소리를 눈물기 어린 것으로 만들어준다. 말할 때도 에두르는 법이 없는 이선재와 달리 오혜원은 숨겨야 할 것이 많고 항상 비유적으로 말하는 인물이다. 그런 오혜원이 자신의 감정을 있는 그대로 쏟아낸 고백과 처음 보이는 눈물, 그리고 이 모든 것이 진심임을 확인시켜주는 외재 음악은 이보다 더 진실할 순 없다는 확신을 연출한다. 이후 오혜원의 행보가 어떻든지 간에 시청자는 오혜원이 이 집(온기)을 지키기 위해 하는 행동이라고 생각할 것이다. 그리고 같은 음악이 흐를 때마다 따뜻한 집의 이미지를 연상할 수 있다.

클래식 음악의 "기이한 틈" 속으로

〈밀회〉는 클래식 음악 연주 장면을 상당히 길게 풀어내었다. 클래식 음악은 그다지 대중적인 음악이 아니다. 그럼에도 시청자는 클래식 연주 장면을 지루해하기보다 클래식 음악에 호기심을 보였고, 종영 후 드라마에 삽입된 클래식 연주곡들을 수록한 음반이 발매되어 큰 호응을 얻었다. 이는 시청자를 클래식 음악 속으로 자연스럽게 끌어들이는 몇 가지 전략을 통해서 가능했다. 우선 같은 음악이, 때로는 리허설을 위해 때로는 연주자가 바뀌어서 때로는 회상 장면에서 반복적으로 연주되면서 시청자의 귀에 익숙하게 된다. 또한 시각적으로는 연주 장면에서 음악과 연주자의 싱크를 빈틈없이 연출하고, 연주를 듣는 사람의 표정을 자주 클로즈업해서 시청자를 설득하는 것이다.

극 초반 이선재가 존재하는 공간은 시장 속 소음과 편의점의 K-pop으로 둘러싸여 있다. 그러다가 퀵 배달을 위해 아트센터에 들어서는 순간, 그는 리허설 중인 각종 클래식 악기 소리로 채워진 새로운 청각 환경에 휩싸인다. 여기서 이선재는 조인서와 지민우의 이중주를 듣고 직접 치고 싶은 충동, 이 새로운 청각 환경에 속하고 싶은 자신의 욕망을 발견한다. 무대 위에서 연주하는 조인서와 지민우의 연주는 음원이 확실한 내재 음악이지만, 이선재의 관점에서 숨어서 연주를 듣는 쇼트에서는 음량과 음색 모두 외재 음악처럼 환상적으로 들린다. 무대 위 인물들이 떠나고, 바로 이어지는 장면에서 이선재가 무대 위 피아노의 자태에 매혹당했음을 '진짜' 외재 음악이 확신시켜준다.

이 일로 오혜원과 이선재가 만나게 되고, 피아노를 매개로 서로의 존재를 깨닫고 사랑하게 된다. 마흔 살의 여자와 스무 살의 남자가 진실한 사랑을 한다고 시청자가 믿게 하기 위해서 가장 중요한 첫 단추가 바로 피아노이다. 이선재가 오혜원에게 사랑을 느끼게 되는 것은, 그녀가 자신의 재능을 알아봐 줬다는 인정욕구의 충족에서 비롯된다는 점에서 설득력을 가지게 된다.[10] 특히 2회에서 이선재가 피아노 연주하는 모습을 응시하는 오혜원의 모습, 그리고 밀폐된 공간에서 한 대의 피아노를 둘이서 연주하는 이중주는 드라마 전체 서사를 끌어가는 매우 강력한 장면이다.[11]

오혜원과 이선재가 함께 연주하거나 이선재가 연주를 들려주는 장면의 음악들은 내재 음악이지만, 이후 여러 상황에서 회상 장면으로 다시 등장하는데, 이 음악들은 인물의 기억 속에 흐르는 것이기 때문에 내재 음악이지만 외재 음악과의 경계에 놓인다. 그중에서도 오혜원과 이선재가 함께 연주한 슈베르트의 '네 손을 위한 환상곡'과 라흐마니노프의 '파가니니 주제에 의한 광시곡'은 여러 번 노출되어 시청자의 귀에 익숙해지면서, 여러 회상 장면에서 둘의 사랑을 강조하는 "기억의 장치"[12]로 기능한다. 그래서 16회에서 오혜원이 이선재와의 연주를 기억하는 장면에서 피아노 방은 그저 추억의 창고가 아니라, "오혜원에게 새로운 삶의 의미를 매개하는 사물로 재탄생"한다. 오혜원이 "모든 잘못을 인정하고 수감 생활 속에서도 웃음을 잃지 않는 여유가 이 시퀀스로 설명되기 때문이다."[13]

〈밀회〉에서는 음악이 시각 이미지를 강화하고 강조하는 역할을 하는 것 못지않게 반대로 시청자가 듣고 있는 것을 보여주기 위한 연출, 즉 음악에 집중할 수 있도록 시각 이미지가 음악을 보충해주는 연출이 많이 발견된다. 특히 주요 인물들이 피아니스트 등 연주자인 이 드라마에서 음악을 연주하는 장면의 충실도(fidelity)는 매우 중요하다. 모든 음원은 해당 장면이 촬영될 바로 그 공간에서 그 악기로 녹음했다. 오혜원 역의 김희애와 이선재 역의 유아인은 실제 피아노를 연주하지는 못하지만, 타건 싱크를 맞추기 위해서 피아노를 배우고 악보를 외웠다. 대역 연주자가 먼저 방송에 쓸 음원을 녹음하고, 배우가 슈퍼바이저(피아니스트 김소형)의 지도에 따라 그 음악에 싱크를 맞춘다. 이때 피아니스트의 몰두한 표정과 호흡, 몸동작과 손가락 움직임은 모두 음악에 맞추어 자연스럽게 보여야 한다. 실제 연주회에서 연주자의 몸짓과 표정은 음악이 단순히 청각 예술이 아님을 보여주는데, 연기자는 연주의 그런 시각적 측면을 더욱 매력적으로 표현할 수 있을 것이고, 클래식에 대한 호감을 높일 수 있다.

〈밀회〉에서 한국의 젊은 대표 피아니스트인 손열음의 이름이 여러 번 거론되는데, 손열음이라는 이름은 드라마 속 세계가 현실과 연결되어 있다는 감각을 강화하는 동시에, 이선재가 마치 손열음과 같은 재능을 가졌고 같은 길을 걸을 수 있다는 암시를 준다. 사실 초반에 이선재는 피아니스트로서 자신의 꿈을 실현할 힘이 없는, 어리고 가난하고 순수하기만 한 인물이다. 그러다 점차 모두를 감화시킬 만한 천부적 재능을 가진 피아니스트로 인정받는다. 방송 후 유행어가 되어 버린, 오혜원이 이선재의 볼을 집으며 말한 "이거, 특급 칭찬이야."에서부터 시작해서, 특례 오디션에서 연주에 온전히 집중한 관객의 표정, 그 후 오디션에 대한 평가의 말들은 이선재의 연주를 더욱 대단한 것으로 만들어주는 연출이다.

특히 이선재의 고등학교 동창들은 클래식과는 전혀 인연이 없는 친구들이지만, 그래도 진정한 예술이라면 감화될 수 있다는 메시지를 주기 위해 설정된 장면에 활용된다. 11회에서 이선재는 연주회에 오지 못한 친구들을 위해 집에서 라흐마니노프 '파가니니 주제에 의한 광시곡'을 연주한다. 연주 중간에 두 번의 회상 장면이 삽입되는데, 오혜원과 함께 연습실에서 인트로를 함께 연주하던 짧은 장면과 연주회장에서 오케스트라 간주 동안 이선재가 오혜원을 찾아 두리번거리다 다시 연주에 집중하는 장면이다. 이 회상 장면들에서 음악은, 방에서 연주하는 내재 음악이 아니라 회상 장면 속에 포함된 음악으로 대체된다. 따라서 회상 장면 속 음악은 사실상 이선재의 머릿속에서 들리는 음악이기 때문에, 이야기 속 청중인 친구들은 들을 수 없고, 시청자만 들을 수 있는 '기이한 틈'이 생겨난다. 이 틈 안에서 이선재와 오혜원의 관계가 다시 강조되는 동시에, 프로 협연자로서 이선재의 화려한 연주가 되살아나면서 친구들도 마치 오케스트라 협연과 같이 웅장한 음악 속에 빠져들었으리라는 감각의 전이가 일어난다. 3분 30초에 이르는 시간 동안, 회상 장면에 이어 허름한 방 한구석에 쪼그려 앉아 내면으로 깊이 침잠하는 손장호의 태도와 울컥하는 박다미의 표정이 화면을 채운다. 연주가 끝난 후 친구들의 반응은,

장호　이상해. 뭐가 이러냐? 하나도 안 졸리고, 가끔 막, 울컥하고?…

선재 그렇담 내가 잘한 거야. 박다미 넌.
다미 (눈물 쓱 닦으며) 아, 짱나게... 이거 원래 슬픈 곡이야?

세련된 비평이 아니지만 그렇기에 더욱, 잘 모르는데도 감동했다는 점에서 더욱 진심으로 느껴지도록 만든다. 그리고 비음악인 친구들의 이런 반응을 통해서, 시청자에게 당신이 설사 클래식 음악을 모르더라도 당신도 충분히 느낄 수 있다고, 혹은 그렇지 않았냐고 말하는 것이다. 서사가 진행될수록 이선재가 극중 인물들을 감화시켰던 경험이 누적되면서 시청자는 당연히 이선재가 서한예술재단의 힘 없이도 스스로 일어설 수 있을 만한 재능을 가졌다고 믿게 된다.

〈밀회〉에서 대부분의 내재 음악 장면은 마치 뮤직비디오처럼 2~3분, 길게는 5분 이상, 다른 소리의 방해 없이 음악과 영상만으로 연출된다. 그래서 시청자가 음악에 집중하고 충분히 즐길 수 있는 시간을 마련한다. 그뿐만 아니라 이렇게 길게 연출된 연주 장면의 음악은 마치 외재 음악처럼 기능함으로써, 시청자가 인물의 감정을 음악에 녹여 적극적으로 상상할 여지를 준다.

'피아노맨'의 각성과 자아 찾기

후반부에 다다를수록 드라마는 오혜원이 허위의식에 갇힌 현재 삶에서 벗어나서 자아를 찾아가는 과정을 담는다. 오혜원은 이상한 나라의 일원으로서, "이선재에 대한 감정과 이선재의 이용가치를 분리해 바라보고 용의주도하게 대처할 줄 안다."14 그러나 어느 순간 자신의 과거를 통찰함으로써 그것이 실제로는 불가능하다는 것을 마음으로 깨닫게 된다.

〈밀회〉 12회, 오혜원은 쫓기듯 떠난 이선재와의 밀월여행에서 과거 미국 유학 시절 이야기를 이선재에게 털어놓는다. 그 시절 클럽에 놀러 간 서영우를 기다리던 카페에서 항상 같은 시간에 흘러나오던 노래, 빌리 조엘의 '피아노맨'을 두 사람이 함께 듣는다. 텔레비전 드라마에서는 드물게도, 5분 40초에 이르는 한 곡을—중간에 두 사람을 감시하는 의문의 남자가 이선재가 숨겨놓은 두 사람의 신발을 휴대폰으로 찍는 장면에서 7초가량 음악이 끊기는 시간을 제외하고는—온전히 들려준다. 음악이 흐르는 이 시간 동안 두 사람이 나란히 앉아 가만히 음악을 듣는 모습이 롱테이크로 전개된다.

'피아노맨'은 미국의 싱어송라이터이자 피아니스트인 빌리 조엘이 1973년에 발표한 팝송이다. 떠들썩하면서도 향수에 젖게 하는 쓸쓸한 외로움이 배어 있는 음악이다. 피아노와 함께 어우러지는 하모니카가 향수 어린 음색을 풍기며, 바텐더, 웨이트리스, 선원, 사업가, 피아노맨 자신이 토요일 밤 한 낡은 술집에 모여 도달할 수 없는 꿈과 현실의 괴리를 한탄하면서도 함께 음악을 즐기면서 삶을 이어나가는 모습을 그리고 있다. "I believe this is killing me(이 일을 하다간 제명에 못 죽겠어)", "Well I'm sure that I could be a movie star/ if I could get out of this place(나 정도면 틀림없이 영화 스타가 될 텐데/여길 벗어날 수만 있다면 말이야)", "man, what are you doin' here?(이봐, 자넨 여기 있기엔 아까워)"와 같은 가사는 오혜원과 이선재 모두에게 해당한다. 노래는 오혜원과 이선재에게 지금 상황에서 벗어나야 한다고 종용하는 듯하다.

원래 가사가 있는 팝의 화자는 불특정적이고 그래서 대중성을 확보하지만, 그런 노래가 영상과 결합하여 특정 인물 및 상황과 연결되면 구체성을 확보한다. 노래의 화자가 인물의 내면을 직접적으로 말해주는 서사적 기능을 하기 때문에 가사는 대화만큼이나 중요하다. 이 음악 시퀀스에서 두 인물은 음악을 듣는 것 외에 행동을 하지 않지만, 그렇다고 내러티브가 중단된 것은 아니다. 물론 영어로 된 팝송은 한국의 시청자에게 비록 가사의 내용을 온전히 전달하지 않지만, 노래를 들으며 오혜원이 젊은 시절 자신의 꿈과 지금의 현실을 비교하며 자신이 선택한 길에 대해 깊이 생각하고 있다는 것을 충분히 예상할 수 있다. 음악을 듣기 전에 오혜원이 과거에 어떤 상황에서 이 음악을 만났는가를 먼저 알려주었기 때문에, 시청자는 음악이 지시하는 바로 그것을 '보게' 된다.[15] 따라서 오혜원이 흘리는 눈물의 의미를 자연스럽게 시청자가 읽으며 따라가게 될 것이다.

사실 이런 효과를 시청자에게 잘 전달하기 위해서 이 장면의 음악은 물리적 세계의 법칙을 어기고 있지만, 대부분의 시청자는 이 장면이 어색하다고 느끼지 않을 것이다. 두 사람은 이어폰으로 음악을 듣기 때문에 밖으로 흘러나오는 실제 음악은 음량이 아주 작아야 하지만, 이 장면은 그런 현실의 법칙을 무시하고 한 곡이 시작하면서부터 끝날 때까지 마치 뮤직비디오처럼 모든 시간과 공간을 '피아노맨'으로 채운다. 음악이 끝나기 직전 오혜원이 코를 훌쩍거리는 소리가 오버랩되기 전까지 작은 생활소음도 배제하고, 음악과 영상만 존재한다. 이 장면에서 시청자가 듣는 음악은 이어폰에서 나오는 것이 아니라, 등장인물의 머릿속과 이야기 밖 사이에 있는 어떤 '기이한 틈'에서 나오는 것이다. 시청자는 음악이 내재적인 것처럼 듣게 되며, 방 밖에서 어떤 남자가 두 사람의 신발 사진을 찍을 때 잠시 음악이 사라진 것은 음악의 진원이 이야기 안에 있음을 더욱 강조한다. 이런 착각은 시청자가 오혜원의 감정에 몰입할 수 있도록 음악의 위치를 조정했다는 의도성을 지우고 시청자가 자연스럽게 오혜원과 함께 음악을 들으면서 과거의 오혜원을 이해한 것 같은 느낌이 들도록 만들 수 있다.

서한그룹의 돈은 오혜원의 젊은 시절을 잡아먹었고, 이선재의 음악 세계마저 옥죌 수 있다. 부자들 돈 받으면서도 자신이 원하는 음악을 할 수 있다는 오혜원의 말을 이선재는 믿지 않는다. 이선재는 곧 스무 살의 오혜원이다. "내가 떠나온 세계, 내가 하고 싶었던 거"라는 오혜원의 말처럼, 어쩌면 지금의 모습과는 다른, 오혜원이 갈 수도 있었지만 가지 못한 또 다른 길이 바로 이선재다.[16] 따라서, 사실 초점은 오혜원의 자아 찾기일지언정, 오혜원의 독립 못지않게 이선재가 새로운 연대를 만들고 서한그룹으로부터 벗어나는 과정은 중요하다.

그러한 이선재의 독립을 상징하는 음악이 드보르작의 '피아노 5중주'이다. 드보르작 '피아노 5중주'는 13회부터 16회 사이에 이선재의 중요한 에피소드로 부각된다. 이선재는 학교에서 내쳐질 위기에 놓인 친구들과 합주를 연습하고 공연을 계획한다.[17] 이선재는 이 팀에 합류함으로써 서한예술재단과 거리를 두고 독립할 가능성을 내비친다. 오혜원마저 그 곡이 이선재와 맞지 않는다며 그만두라고 하지만, 이선재는 같이 즐기면 그게 남는 거라고 항변한다. 이선재는 "드보르작이 그 곡을 쓸 때 유행 따라 안 가려고 몇 달을 고쳤대요"라고 하며 선곡의 의미를 시청자에게 넌지시 전달한다. 이 음악이 당시 주류인 바그네리안(Wagnerian)에서 벗어나고자 체코 민속음악 요소들을 도입한 젊은 드보르작의 노력이 배인 걸작이라는 뒷이야기를 모르더라도, 학교 내 아웃사이더 친구들과 함께 드보르작을 연습하고 공연하는 과정은 이선재가 다른 젊은 음악가들과의 연대를 통해서 낡은 음악계로부터 독립할 가능성을 그려낸다.

이선재와 친구들이 합주를 연습할 때, 조인서 교수는 동기이자 예고 기악과 수석이었던 김은수 교수가 싸구려 악기로 대회도 나가고 유학도 갔다는 이야기를 들려준다. 그리고 김은수 교수에게서 온 격려의 메시지를 전해주는데, 이때 2분 십여 초 동안 이선재와 친구들이 연습하는 내재 음악이 마치 편지 내레이션의 배경음악처럼 깔린다. 그 메시지를 듣는 인물들이 배경이 되는 음악을 연주하기 때문에, 장면 속 인물들이 그 메시지를 마음 깊숙이 받아들이고 있는 것처럼 보이는 효과를 준다. 이 연습 장면 중간에, 오혜원이 김인겸을 만난 자리에서 학교만은 지켜야 한다는 의지를 선언하는 장면이 교차 편집으로 들어간다. 이선재가 드보르작 피아노 5중주를 준비하고 연주하는 동안, 오혜원도 이렇게 차근차근 잘못된 사람들과의 연대를 끊어낼 준비를 한다. 마지막으로 이선재가 친구들과 드보르작 5중주를 공연하는 장면 역시 3분 10초에 걸쳐 길게 연출된다. 오혜원은 이 공연을 몰래 지켜보다가 집으로 돌아가서 검찰에 출두하기 위해 짐을 싼다. 이선재는 오혜원을 직접 구출해낼 힘을 가지고 있지 않지만 음악과 사랑으로 오혜원을 끝없이 설득하고 응원하며, 오혜원은 스스로를 구해내어 이선재 옆에

서고자 한다.

나를 만지는 음악

　이선재는 현실감 있는 인물이기보다는 판타지를 극대화한 은유적 인물 혹은 음악의 화신이다. 이선재는 과거의 오혜원이 가지 못한 길이자, 순수한 음악 그 자체로서 현재의 오혜원을 추동한다. 마지막 장면에서 이 점이 더욱 분명해진다. 이선재는 자신의 집에서 모차르트 '론도 a단조'를 연주한다. 이선재의 피아노 소리는 외재 음악에서 내재 음악으로 변화하고 화면은 오혜원이 있는 교도소로 이동한다. 이때 이선재의 성숙해진 변화를 들려주기 위해서 이선재의 대역이 아니라 오혜원의 대역인 김소형이 피아노를 연주했다. 그 점에서, 이 피아노 소리는 오혜원 자신의 것이기도 하다. 피아노 소리와 함께 이선재의 내레이션이 겹친다. "이 곡은 치는 게 아니라 만지는 거래요. (중략) 나는 매일 당신을 그렇게 만져요. 언제나! 겁나 섹시한 당신" 이 말을 끝으로 음악이 오리지널 스코어인 외재 음악 'Devotion'으로 바뀌고, 그의 목소리를 듣고 있었다는 듯, 이선재가 자신의 몸을 만지고 있는 상상을 하는 듯 오혜원의 웃는 표정이 화면에 잡힌다. 이때 음악은 "들리지 않는 선율"이 아니라 나를 만지는, 나를 새롭게 바꿔주는 선율이고 또한 되찾은 나 자신의 목소리이기도 하다. 오혜원에게도, 오혜원에게 이입한 시청자에게도 그렇다. 〈밀회〉에서 음악이 닿고자 하는 목표는 바로 여기에 있을 것이다. 음악을 통해서 시청자와 직접적으로 교감을 나누고 바로 옆에 있듯이 느끼도록 하는 것이다. 이 경험은 대화보다 더 직접적이고 강렬하다. 이런 강렬한 음악으로 전개된 내러티브는 더욱 강력한 힘을 가지고 시청자를 설득한다.

　〈밀회〉에서 스무 살 차이 나는 연상연하 커플의 불륜이 큰 거부감 없이 받아들여질 수 있었던 것이나, 주인공이 자신의 모든 것을 내던지고 새로운 세계로 나아가는 용기가 설득력을 얻었던 것은 탄탄한 대본과 세심한 연출 때문이었다. 특히 단순히 음악가가 직업인 인물이 아니라, 음악가가 생각하고 행동하는 삶의 방식과 욕망의 형태를 만들기 위해서, 제작 초기부터 꼼꼼하게 음악을 선정하고 배치했으며 음악을 눈으로 보여줄 수 있는 여러 연출방식을 만들어냈다. 〈밀회〉는 음악을 배경이나 보조적인 도구가 아니라, 내러티브를 적극적으로 만들어내고 강화하는 중요한 장치로 활용하여 드라마 음악의 다양한 효과를 보여주었다.

추리드라마 속 '믿을 수 없는 화자':
〈째즈〉

이홍이

"범인은 이 안에 있다"

범죄를 둘러싼 비화나 가십거리가 문학이나 연극 등의 소재가 된 역사는 매우 오래되었음에도, 추리소설이라는 장르의 기원이 약 150년 전[1]으로 특정된다는 것은, 이 장르명이 소재의 특성으로 명명된 것이 아니라는 사실을 방증한다. 다시 말해, 추리소설의 정체성은 범죄라는 소재보다 '범인 찾기'라는 수수께끼 풀이에 있다.

같은 맥락으로, 추리물이라 불리는 장르에는 일종의 규칙이 있다. 명탐정(또는 탐정 역할을 하는 인물)과 그가 풀어야 할 사건의 범인이 존재해야 하고, 이때 범인은 이야기 속에 등장하거나 적어도 제시된 인물 중에 있어야 한다. 장르적 관습에 불과해 보이지만, 이것은 추리물을 정의하는 데에 있어서 중요한 역할을 한다. 추리소설은 작가와 독자가 겨루는 두뇌 싸움이므로 공정한 승부를 위해서는 보호장치가 필요하기 때문이다. 추리소설의 황금기였던 1930년대 전후에는 상당히 정교한 규칙들이 공언되기도 했다. 녹스의 10계(Detective Story Decalogue)나 반 다인의 20칙(Twenty rules for writing detective stories)이 그것이다. 하지만 이 규칙들은 지나치게 세밀하다는 원성을 샀고, 규칙을 배반하는 명작들도 속속 등장했다. 그로부터 약 백 년이 지난 지금은 규칙과 변칙이 쌓이고 쌓여 구분하기 어려울 정도다.

하지만 추리소설의 애독자라면 이것만큼은 당연히 전제되어야 한다고 생각하는 문장이 있다. 바로 "범인은 이 안에 있다"는 것이다. 수많은 명탐정이 애용하는 이 말은, 오로지 명탐정만이 입에 담을 수 있는 숙명적인 대사지만, 사실 그 대사를 가능케 해주는 것은 이야기 속 화자다. 명탐정의 추리가 설득력을 얻기 위해서는, 화자가 빈틈없이 사건의 관계자들과 전후 사정을 묘사해 두어야 하기 때문이다. 따라서 자못 상투적인 이 대사는, 추리물이라는 장르에 있어서 화자의 역할이 얼마나 중요한지를 보여주는 상징과도 같다.

그런데 만약에, 그런 화자의 말을 의심해야 하는 상황에 놓인다면 어떨까? 이 말은 곧 문제 출제자를 의심하면서 동시에 문제를 풀어야 하는 상황을 의미한다.

대담한 변칙으로 보이지만 실은 유래가 깊은 유형이다. 모리스 르블랑의 첫 번째 뤼팽 이야기인 〈체포된 뤼팽〉이 그 대표적인 사례다. 1인칭 화자인 '나'가 사건을 소개하고, 용의자를 추적하고, 진행 상황을 설명하다가 마지막에 이르러 자신의 진짜 정체를 고백해 반전을 꾀하는 구성이다. 추리물의 역사 속에는 이처럼 거짓말로 이야기를 이끌어가는 화자들이 계속해서 나타났고, 그러한 시도들이 다양한 플롯으로 개발되어 변신을 거듭했다. 이에 따라 '믿을 수 없는 화자'라는 용어가 탄생하는가 하면, '서술트릭'이라는 새로운 장르가 독자들을 유혹하기도 했다. 아직도 이 '믿을 수 없는 화자'들은 진화를 멈추지 않고 있고, 예상 밖의 지점에서 독자들의 허를 찌르며 등장한다. 단, 그들에게는, 어떤 거짓말을 하더라도 끝까지 지켜야 하는 규칙이 있다. 바로, 범인은 이 안에 있어야 한다는 규칙이다.

드라마 속의 화자

소설이 아닌 텔레비전 드라마에서도 서술트릭은 가능할까? 서술트릭의 매력은 반전에 있고, 강한 반전일수록 재미는 더욱 커진다. 드라마에서 가장 악명 높은 반전 중에 "사실 지금까지의 이야기는 모두 꿈이었다."는 유형이 있지만, 이야기의 개연성을 허무하게 무너뜨린다는 점에서 트릭이라는 명칭을 부여하기는 어렵다.

애초에 드라마와 소설은 시청각 이미지와 글자라는 전혀 다른 주재료들로 만들어져 있다. 글자라는 기호는 여러 명의 독자에게 제각각 다른 이미지를 덧붙이고 상상하게 할 수 있지만, 시청각 이미지는 여러 시청자에게 동시에 구체적이고 선명한 잔상을 남긴다. 따라서 '트릭'은 고사하고 '서술'이 개입될 여지도 많이 보이지는 않는다.

하지만 '화자'는 존재할 수 있다. 내레이션이라는 기법을 통해서다. 실제로 텔레비전 드라마로서는 드물게 상당한 양의 내레이션을 삽입해, 극 중 화자가 살인사건의 범인을 파헤치는 추리드라마가 있었다. 드라마 〈째즈〉2가 그것이다.

〈째즈〉는 조희 극본과 오종록 연출로, 1995년 9월 6일부터 10월 26일까지 방영된 SBS 드라마스페셜 수목드라마였다. 호화 저택에서 한 여대생이 사망한 채 발견되는 에피소드로 시작하는 이 드라마는, 그 집의 장남이자 피해자와 교제 중이었던 대학생 이하늘(한재석 분)을 첫 번째 용의자로 하여, 그 주변 인물들을 차례로 용의선상에 올리며 누가 진짜 범인인지를 밝혀가는 이야기다.

드라마의 오프닝은 헬리콥터 소리로 시작한다. 하늘 위에서 내려다보는 서울 거리에 이어, 끊어진 성수대교가 보인다. 그리고 아직은 누군지 알 수 없는 내레이터의 목소리가 등장한다.

내레이터
사연 많은 그 까페 이름은 째즈였다. 단비의 죽음으로 알게 된 까페였지만, 어쨌든 성수대교가 끊어진 후론 한 번도 가보지 못했다.
난 강북에서도 미아삼거리 쪽에 살았고, 째즈라는 까페는 강남의 압구정 한 골목에 있었다. 단비가 죽고 나서 까페는 문을 닫았고, 그 후로 주인이 바뀌었다는 소문까지는 들었지만, 난 다시는 그 까페를 찾지 않았다. 까페를 드나들었던 다른 사람들도 이젠 더 이상 그들 얘기를 하지 않는다. 째즈 카페의 주인이었던 하늘과 아름다운 여자 단비. 그리고 바다와 한새의 얘기를 사람들은 벌써 잊어버린 걸까?
시인 유하 씨는 바람 부는 날이면 압구정에 가야 한다고 했지만, 그해 여름 난 바람이 불지 않아도, 때론 비가 와도, 퇴근 무렵이면 어김없이 압구정으로 출근을 했다.
내일 당장 죽어도 아쉬움이 없을 만큼, 사는 게 고달팠던 지난여름 나에게 압구정은 희망이요 꿈이었다.

성수대교 붕괴 사고가 일어난 것은 1994년 10월 21일이므로, 이 드라마의 주된 무대가 되는 살인사건은 그 이전에 벌어진 셈이다. 드라마의 방영 시기를 고려하면, 시청자들의 현재와 드라마 속 세상 사이에는 적어도 1년 이상의 시차가 있다.

내레이션의 주인공은 채송화(최진실 분)로, 32세 미혼 여성이라는 설정이다. 자칭 르포 작가이며, 영세 출판사에 소속되어 기획한 내용을 취재해 소설로 쓰는 일을 하고 있다. 드라마의 제목인 '째즈'는 이 사건의 취재를 모두 마친 뒤 채송화가 발표한 소설책의 제목이라는 것이 마지막 화에서 밝혀지지만, 그 전까지는 사건의 제1 용의자 이하늘이 소유한 까페를 지칭하는 단어로 쓰인다.

또 드라마 전반에는 째즈 음악이 배경음악으로 사용되는데, 당대 손꼽히는 국내 째즈 뮤지션들이 참여한 음악들[3] 외에도, 이미 잘 알려진 고전적인 명곡들도 사이사이 섞여 있다.

드라마 후반의 내레이션에서도 언급되지만, 째즈 음악 특유의 이국적이면서 자유롭고, 여유 넘치는 분위기는 1990년대의 압구정이라는 특정 시대와 지역을 상징한다. 앞서 인용한 첫 내레이션에서도 알 수 있듯이, 처음부터 채송화의 관심사는 분명하게 정해져 있다. 그녀는, 당시 '오렌지족'이라는 신조어까지 만들어내며 세간의 주목을 받았던 부유층 자제들을 취재하고 있었다. 그리고 그것은 이 이야기의 전개 방향에도 큰 영향을 미친다.

먼저, 살인사건의 개요부터 보면 다음과 같다. 국내 최대 재벌인 유성그룹 회장의 자택 수영장에서 대학생 홍단비가 살해된 채 발견된다. 그녀는 누군가에 의해 교살된 뒤 물속에 유기된 상태였다. 사망 추정 시각은 새벽 3시에서 5시로, 첫 번째 용의자로 지목된 사람은 홍단비의 연인이었던 이하늘이다. 당일 그 시각 집 안에는 이하늘과 홍단비 외에 아무도 없었기 때문이다. 하지만 그는, 전날 홍단비와 함께 집에 들어온 것은 맞지만 말다툼을 하게 되었고, 사망 추정 시각에는 혼자서 집을 나가 까페 째즈에 있었다고 진술한다. 그의 알리바이는 까페의 전화 통화내역으로 곧 증명된다. 기록에 따르면 그는 문제의 그 시각에 까페 전화로 친구 강한새(정성환 분)와 한예주(김선민 분)에게 전화를 걸었다.

이로써 사건은 미궁으로 빠진다. 고급 저택인 만큼 경비 시스템은 철저했고, 카드키가 없으면 누구도 집안에 들어올 수 없었다. 유력한 용의자인 이하늘이 범인이 아니라면, 과연 범인은 누구일까? 그리고 그는 어떻게 이 집 안으로 들어왔을까?

드라마가 총 16부작으로 방영되는 동안, 주요 용의자는 총 세 명으로 추려진다. 그 세 사람은 모두 앞서 인용한 첫 번째 내레이션에 거론되어있는 인물들로, '하늘', '바다', '한새'가 바로 그들이다. 그들을 상대로, 범인을 추적하는 인물들 역시 크게 세 그룹으로 나뉜다. 경찰과 기자, 그리고 이 드라마의 화자인 르포 작가 채송화다. 이들은 각자의 위치에서 서로 다른 정보들을 취합하며, 회를 거듭할수록 조금씩 힌트들을 모은다. 그렇게 시청자들도 '범인 찾기' 게임에 참여하도록 유도되는 것이다. 드라마는 채송화의 시점으로 진행되지만, 그 시점이란 사건이 모두 마무리된 이후로, 달리 말하면 이 이야기는 채송화의 회상으로 전개된다. 따라서 경찰의 조사 자료나 기사로 보도되었던 내용 등, 취재 이후 채송화가 소설을 쓰기 위해 입수했을 법한 자료들은 시청자에게도 공정하게 공유된다.

그렇지만 이것으로 작가와 시청자의 공평한 승부가 가능해질까?

변주되는 서술트릭

채송화는, 말하자면 이 드라마의 진행자 역할을 맡고 있지만, 사건에 점점 개입해 들어가는 인물이기도 하다. 단, 수사할 권리도 없고, 조직적인 정보망도 없이 범인 찾기에 나섰다는 점에서 시청자들과 가장 비슷한 눈높이를 가지고 있다.

하지만 그녀는 무작정 뛰어든 취재에서, 경찰서로 연행되는 이하늘 앞에 우연히 서게 되자 "이하늘이 결백하다는 거 알아요!"(3화)라고 외친다. 이어서 "범인이 누군지 알고 있죠?"라는 의미심장한 질문도 던진다. 그녀가 이렇게 말한 근거는 무엇이었을까? 그 답은, 이후 내레이션을 통해 설명된다.

송화	확인된 사실은 아니지만, 작가의 직감이랄까, 하늘은 단비를 죽이지 않았다고 나는 믿었다. 범인이 누구든 소설 시작은 그 걸로 충분하니까. 만약에 하늘이 범인이라고 해도, 사랑해서 애증으로 죽였다면 그 또한 아름다운 비극이니까 얘기의 재미를 더하겠지만, 왠지 하늘이 범인이라는 가정으로 소설을 시작하고 싶지는 않았다. 얘기의 결말을 쉽게 단정 짓고 범인이 누구였다 결론부터 내린다면 주인공은 단순해지기 마련이니까. 이하늘. 지금부터 쓸 내 소설의 주인공이 될 이하늘을 더 자세히 알고 연구하기 위해서, 난 이렇게 시작했다. 그는 죽이지 않았다. (3화)

즉, 그가 범인이 아니라고 확신할 만한 근거는 없었던 것이다.

채송화는 소설가로서 자유롭게 상상하고, 어느 한 용의자를 편애할 수 있다. 드라마의 도입부에서 이미 밝힌 바와 같이, 처음부터 그녀의 관심사는 압구정동의 오렌지족이었다. 바꾸어 말하면, 그녀가 이 살인사건에 뛰어든 이유는 용의자가 재벌 2세의 대학생이었기 때문이다.

극 중 이하늘은 학생 신분으로, 압구정에 '째즈'라는 회원제 카페를 운영하고 있다. '레드폭스'라 불리는 회원들은 주로 20대 초반의 대학생과 유학생들이며, 그들은 화려한 차림에 고급 승용차를 몰고 와 이곳에서 유흥을 즐긴다. 그의 절친한 친구 강한새는 프랑스에서 유학하다가 이하늘과 같은 학교에 편입하기 위해 귀국한 인물로, 두 사람의 관계는 때로는 연인관계를 연상시킨다. 또 살인사건이 일어난 뒤 이하늘은 정신적으로 크게 동요해, 대마초를 피우다가 붙잡히기도 한다.

일반적인 윤리관으로 봤을 때, 그와 레드폭스 회원들은 연일 대중들의 입에 오르내리며 비방에 시달리기에 충분한 조건을 갖췄다. 하지만 이 드라마는, 세간의 목소리는 볼륨을 낮추고 시종일관 고요히 흘러간다. 그리고 이하늘이 원래부터 그런 삶을 살았던 것은 아니라는 데에 초점을 맞춘다. 그는 홍단비와 만나기 전에는 집안 배경을 감추고, 봉사활동 동아리에서 활동하는 평범한 대학생이었다. 무엇이 그를 변하게 했을까? 화자는 거기에 이 살인사건의 답도 숨겨져 있을 거라고 믿는다.

채송화의 내레이션은, 소설 속 화자가 그렇듯, 과거를 회상하는 시점으로 이루어져 있다. 다시 말해, 엄밀히 말하면 이 드라마는 거대한 내러타주로 구성되어 있다. 내러타주란, 내레이션과 몽타주가 합쳐진 말로, 과거에 대한 내레이션이 시작되면, 거기에 해당하는 회상 장면이 그림으로 펼쳐지는 것을 가리킨다. 이 드라마의 경우에는 화자가 실제 경험한 과거와 그녀가 상상 또는 재구성한 과거가 경계 없이 장면으로 연결되어 나온다. 현장감 있는 사건의 시시콜콜한 정보가 아닌, 화자가 들려주는 이야기로서, 은밀한 정보들이 조금씩 꺼내진다.

그리고 인물별로 등장할 때마다 거의 음악이 정해진 채로 반복된다. 이를 테면, 용의자 이하늘에게 피해자 홍단비는 누구보다도 사랑하는 연인이었음을 주제가가 대변해준다. 피해자가 살아있었을 때로 되돌아가고 싶어하는 그의 감정이 섬세하게 그려지고, 자연히 시청자는 그 정서를 따라, 사랑하는 사람을 잃은 용의자를 동정하게 된다.

여기서 텔레비전 드라마는 "본질적으로 청각적 매체"이며 "클로즈업의 서사"라는 사실[4]을 기억할 필요가 있다. 오래전부터 텔레비전 드라마는 영화보다 영상이 덜 중요한 장르로 인식되어 왔다.5 드라마는 시청자에게 "말을 거는" 형식으로 존재하기 때문이다. 그것은 "일상 속에서 등장인물의 말을 듣고 대화를 나누는 교감의 감정이입"이라는 즐거움을 제공하고, 따라서 "지극히 개인적인 것이며 독백적인 것"이 된다.6

〈째즈〉의 화자는 실제 범인이 누구인지 알고 있으면서도 용의자 중 한 명에 대한 절대적인 믿음을 전제로 이야기를 출발시켰다. 그것은 어떤 사회적 부조리를 고발하기 위해서도 아니고, 대중을 설득하기 위해서도 아니다. 굳이 원인을 찾는다면, 그것은 화자 개인의 호기심을 충족시키는 행위였다. 이전 세대에는 없었던 새로운 부류의 사람들을 직접 파악하고, 어떠한 메시지도 얹지 않은 채 독자에게 전하기 위해서였다.

하지만 그녀는 2화에서 "하늘이 그저 평범한 집안의 아들이었다면 그 여름의 상황들은 한때의 상처로 충분히 극복될 수 있었다."라고 그를 두둔하는가 하면, "사람들의 그 차가운 호기심과 따가운 시선을 나라면 어떻게 견뎠을까?"라며 그에게 감정을 이입해보려는 모습도 보였다.

단, 이하늘에 대한 그녀의 시선과 거리감은, 보통의 삶을 사는 대부분의 시청자들이 공감할 수 있는 만큼으로 유지된다. 오렌지족이라는 부류에 대한 궁금증을 자극하면서도, 현실과의 괴리감에 피로해지지 않도록 그도 그저 한 사람일 뿐이라는 사실을 강조한다.

채송화의 이러한 관점과 입장은 때로는 모순되고 양면성을 보이기도 하는데, 이와 같은 관점은 무대 세트를 담당한 디자이너의 인터뷰에서도 드러난다. 그는 드라마 〈째즈〉를 "물질적으로 풍요를 누리면서도 정신적으로는 허기진 90년대 젊은이들의 애증과 파멸을 그린 드라마"로 정의하고, "하늘은 청교도적 가치관을 지닌 동시에" "마약 등 퇴폐적인 유혹에도 이끌리는 이중성을" 가지고 있다고 지적했다.7

이중성의 이미지는 채송화와 이하늘에게만 있는 것이 아니다. 대부분의 등장인물이 양면성을 지닌 인물로 그려진다. 예를 들면, 두 번째 용의자 윤바다(조민기 분)에게도 치명적인 약점이 있다는 사실이 곧 드러난다. 이하늘의 집을 드나들 수 있는 카드키가 그의 주머니에서 나온 것이다.

윤바다는 홍단비의 가난했던 어린 시절을 유일하게 알고 있는 인물로, 이하늘과는 동아리 친구 사이다. 그가 이끄는 동아리 '도시빈민연구회'는 '햇빛촌'이라는 이름으로 생활이 어려운 사람들을 돕고 있다. 겉으로는 봉사활동 단체지만, 핵심 멤버들에게는 비밀 임무가 있다. 부잣집 동기들의 집을 도둑질해, 동아리 활동 자금으로 쓰고 있었던 것이다. 그래서 윤바다는 문제의 카드키를 몸에 지니고 있었고, 이하늘은 모든 것을 알고 있었으면서도 모른 척해주고 있었다. 물론 이 사건으로 상황이 바뀐다. 윤바다는 카드키를 가지고 있는 것만으로 순식간에 살인사건의 용의자로 몰리는 신세가 된다.

주인공이 된 관찰자

사회심리학 분야에서 간단하면서도 흥미로운 실험이 행해진 적이 있다.[8] 타인에 대한 신뢰와 관련된 실험인데, 아래의 그래프가 바로 그 결과다.

먼저 실험 참가자들에게 미리 설문조사를 시행해, 타인을 잘 믿는 그룹1과 상대적으로 타인을 잘 믿지 않는 그룹2로 나눈다. 그 후, 모든 참가자에게 어떤 글을 읽게 하고, 그 글에 등장하는 인물이 신뢰가 가는 행동을 할 것이라 생각하는지 여부를 퍼센테이지로 답변하도록 한다. 그래프의 가장 왼쪽 수치는, 등장인물에 대한 정보가 전혀 없었을 때, 그 등장인물이 신뢰가 가는 행동을 할 것이라 판단한 퍼센테이지의 평균값을 나타낸다. 그리고 오른쪽으로 갈수록, 그들에게 글 속의 등장인물에 관한 '나쁜' 정보를 한 개, 두 개 제공했다는 것을 의미한다. 그래프에 따르면, 나쁜 정보 한두 개만으로 등장인물에 대한 신뢰도가 떨어지는 것을 확인할 수 있다.

이 실험은 그룹1과 그룹2의 차이를 면밀하게 비교 분석하는 것을 목표로 하고 있지만, 여기서는 그룹의 구분 없이 그래프의 모양이 비슷하다는 데에 주목하고 싶다. 이를테면, 드라마 〈째즈〉의 전개 과정은 마치 이 실험과 같다고도 생각해볼 수 있다. 용의자에게 불리한 정보가 하나둘씩 시청자에게 제공되고, 시청자는 그럴 때마다 각각의 인물들을 평가하며, 진짜 범인이 누구일지 점쳐보게 된다.

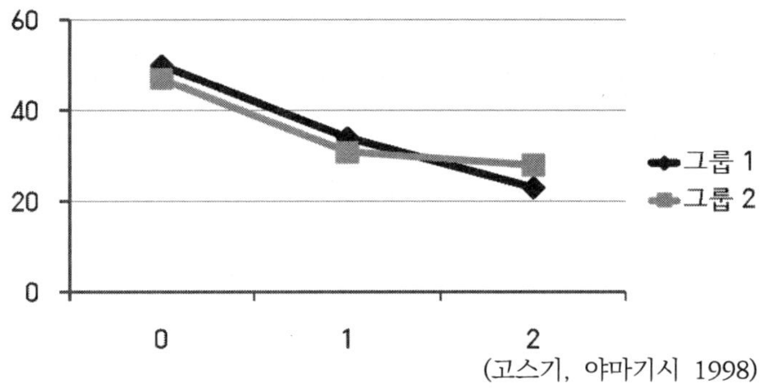

(고스기, 야마기시 1998)

이 드라마에서 정보 제공자는 물론 화자다. 화자가 전지전능한 존재가 아니라는 사실을 알면서도, 그녀의 정보는 절대적인 영향을 발휘하게 마련이다. 물론, 제1 용의자 이하늘과 제2 용의자 윤바다는 경찰도 신중하게 수사에 나설 정도로 충분히 의심을 받을 만한 정황에 놓여 있다. 하지만 용의자가 많아지면 많아질수록 첫 번째 용의자에 대한 의심이 약해지는 것도 사실이다.

머지않아 세 번째 용의자도 나타난다. 강한새다. 그는 이하늘에게, 우정이라고 하기에는 집착에 가까운 모습을 보이는 인물이다. 그러다 급기야 알 수 없는 누군가로부터 협박을 받기 시작하고, 그는 조용히 협박범을 처리하기 위해 거래금을 구하러 다닌다. 그러는 과정에서 홍단비의 정체도 서서히 드러난다.

화자는 홍단비를 가리켜 늘 '아름다운 여자'라 말하지만, 그녀에게도 윤리적 결함은 있다. 어린 시절 지방 소도시에서 할머니와 살던 그녀는 어떠한 이유로 홍교수라는 부유층 집안에 입양되어 미국으로 건너가 성장했다. 대학생이 되면서 한국으로 다시 온 그녀는, 호화로운 자취를 시작한다. 그녀는 부유층 그룹에 속하기 위해 필사적으로 노력했고, 이하늘의 여자친구가 되기 위해 소꿉친구였던 윤바다에게 접근했다. 검소하게 사는 미국의 양부모님 몰래, 그녀는 성 접대도 마다않는 고액 아르바이트를 통해 생활비를 조달해오고 있었고, 공교롭게도 그녀를 원조한 기업가가 강한새의 작은 아버지였던 탓에, 그녀의 비밀은 순식간에 이하늘의 주변인에게 알려진다.

　이것으로 결정적인 그녀의 결점이 드러난 것이지만, 화자 채송화는 여전히 그녀에게 인간적인 동정을 보여준다. 예를 들어, 다음과 같은 장면이 있다. 홍단비는 학교 극장 안에서 이하늘과 한예주가 함께 있는 모습을 우연히 보게 된다. 두 사람은 피아노와 첼로로 〈시칠리엔느9〉를 연주한다. 공교롭게도 이 곡은 몰리에르의 〈평민 귀족〉을 위해 처음 작곡된 곡인데, 여기서 중요한 것은 두 사람에게 클래식 곡을 연주하는 일은 서로 대화를 나누듯 익숙한 교감의 방식으로 보인다는 점이다. 짧은 장면이지만, 둘의 성장 과정을 한눈에 보여주는 대목이다. 이하늘을 유혹해내는 데에 성공했지만, 홍단비는 이 연주 모습을 보고 깊은 슬픔에 잠긴다. 그리고 화자는 아래와 같이 그 장면에 자신의 감정을 이입한다.

　　송화　　나중에 구하게 된 단비의 수첩에 그날 이런 말이 적혀 있었다.
　　단비　　난 울었다. 너무나 아름다운 곡이었지만 예주와 하늘이 연주
　　　　　　한 그 곡을 난 오늘 처음 듣는다. 작곡자도 누군지 모른다.
　　　　　　그런 내가 슬퍼서 울었다.
　　송화　　그 날 단비의 그 절망과 두려움을 난 이해한다. 그건 단순한
　　　　　　질투가 아니었다. (8화)

　몸을 망가뜨리면서까지 더 위로 올라가고 싶었던 홍단비는, 아무 노력 없이도 이미 그 자리에 있는 사람들을 누구보다 가까이서 마주 보며, 무너지고 마음을 다잡기를 반복한다. 그리고 괴로울 때마다 그녀는 윤바다를

찾는다. 그녀가 진심으로 좋아했던 사람은 윤바다였던 것인지, 아니면 이하늘을 언제 잃을지 모른다는 불안에 못 이겨 자기편을 만들어두려는 전략이었던 것인지는 끝내 알 수 없다. 어쨌든 위기가 닥칠 때마다 윤바다는 그녀를 도와주고, 이들의 위태로운 삶은 긴장감을 더한다.

드라마 방영 당시 신문 보도에 따르면, 이와 같은 등장인물들의 도덕적 해이는 상당한 반감을 샀던 것으로 추정된다. 이 드라마가 환락과 방탕으로 젊음을 과장되게 표현했다며, "PC 통신인들은 이 드라마가 보여준 자극적이고 방탕한 장면들에 분노를 표시했다"[10]는 기사가 있었는가 하면, 음주운전을 하는 장면이나 안전벨트를 매지 않은 장면 등으로 연달아 경고를 받았다는 내용을 상세히 전하는 보도도 있었다.[11] 엇갈리는 시청자의 평가를 모두 소개한 기사도 있었지만, 방송가의 '흥미로운 문제아'라며 "CF 화면을 보는 듯한 속도감 있고 감각적인 영상, 경쾌하거나 음산한 음악이 분위기에 걸맞게 시시각각 바뀌면서 신세대 취향에 맞는 볼거리를 연출해 낸다"는 분석 뒤에는, "드라마가 지나치게 선정적이고, 불건전한 장면이 많다", "초호화판 오렌지족들의 행각을 그린 장면 등이 안방극장에서 보기엔 낯뜨겁고 민망하다"는 비판이 따라왔다.[12]

이와 같은 반응에 대비했던 것일까? 아니면 여론에 대한 답변이었을까? 극 중 오렌지족을 일종의 사회문제로 보는 기자 유병욱이 채송화와 나누는 언쟁은, 이 드라마를 둘러싼 당시의 분위기를 짐작하게 해준다.

송화	취재하는 목적이 뭡니까?
병욱	단비의 죽음이 도화선이 되어서 어쩔 수 없이 하늘한테 총대를 메게 했지만, 겸사겸사 요즘 신세대들 의식 구조 파헤쳐 보는 겁니다. 물질적으로는 풍요롭지만, 정신적으로는 미숙하고 공허한 요즘 젊은 애들의 90년대식 방황. 단비 살해에 대한 배경도 거기에 원인이 있지 않나. 난 그렇게 해석하는데. 오늘날 고도의 소비 사회에서 겪는 신세대들의 총체적 갈등이 하늘이나 한새 등 레드폭스 회원 같은 특수한 부유층 애들의

사회병리적 행태로 인해서 계층 위화감으로까지 발전되는 90
년대 젊은이들의 고민을, 난 결국 그… 문화적 갈등이라고 보
는데.

송화 아유, 결국은 우리가 한편의 문제성 있는 시사 프로를 만들든
전위적인 소설을 쓰든 90년대 신세대론을 논하는 이 자리에
서, 신세대 중에서도 하늘이라는 한 인간을 이해하는 데에…
사회병리적인 현상이 어쩌고저쩌고… 그렇게 매도할 게 아니
라, 주변 인물과의 갈등이나 심리적인 요인으로 하늘의 고통
을 이해해야 하는 게 아닌가, 난 그렇게 생각하고 있어요.

병욱 소설이야 그렇게 쓰는 거고.

송화 유병욱 씨. (11화)

기자는 결국 이 사건의 범인에 대해 "이하늘 아니면 강한새겠지. 아니면 둘 다 공범?"이라고 넘겨짚고, 채송화는 "여기서 우리는 또 갈라지는군요."라고 대꾸한다. 이처럼, 이하늘을 오렌지족이라는 범주 속에 넣어, 사회현상으로서 드러난 문제를 진단하고 고쳐야 한다는 주장과 한 사람을 이해하기 위해서는 그가 속한 집단이 아닌 한 명의 개인으로 보고 그가 처한 상황과 고통을 알아야 한다는 주장이 드라마 안팎으로 팽팽하게 맞붙는다.

그리고 이어지는 12화에서 채송화는 이하늘을 찾아가 소설의 도입부를 바꾸겠다고 선언한다. "단비는 이하늘이 죽였다"로 시작하고, 역으로 이하늘의 결백을 증명해가는 이야기로 만들겠다고 한 것이다. 그녀의 도발은 용의자인 이하늘과 그를 추적하는 형사들 모두를 당황하게 만든다. 관찰자로서 존재했던 화자가 적극적으로 개입에 나서며, 사건의 주요 인물들을 자극하기에 이른 것이다. 이렇게 되면 과연 이 이야기의 주인공은 누구인지 반문하게 된다. 어쩌면 이 드라마가 내준 문제는, 화자가 끝까지 이하늘의 무죄를 믿고 싶어했던 이유를 찾는 것이었을까?

드라마 속 사건의 결론을 말하면, 채송화가 끝내 고집했던 "이하늘은 범인이 아니다"라는 대전제가 뒤집히고, 견고하기만 했던 알리바이가 무너지는 것은 한순간이다. 하지만 이때는 홍단비의 실체가 완전하게 드러나고,

그로 인해 화자는 이하늘에게 가해진 충격과 혼란의 크기에 덩달아 압도되고 만다. 모든 사실을 알고도 홍단비를 증오할 수 없었던 이하늘은 결국 비극적인 최후를 맞이하지만, 되풀이되는 느긋한 째즈 음악의 멜로디처럼 세상은 다시 고요하게 흘러간다. 소설책을 완성한 채송화 역시, 일상의 리듬을 되찾고 거짓말 같은 지난날을 회상한다.

여기서 다시 신뢰에 대한 실험을 떠올려보면, 우리 시청자들은 화자의 계산적인 계획대로 이 이야기를 통해 등장인물들의 흠집을 수사해왔다. 용의자가 범죄자로 최종 낙인찍히기 전에 화자가 시간을 벌어준 셈이다. 물론, 누구를 지지하고 누구를 비난할지는 시청자 각자의 판단에 따라 서로 다를 것이 분명하다. 법률적인 평가나 사회적 또는 도덕적 판단이 덧붙여질 필요도 없다. 텔레비전 드라마는 지극히 개인적인 공간에서 나누는 대화이며, 그런 고독한 공간이기 때문에 할 수 있는 이야기가 있다. 잘 알려졌다고 여겨지는 수많은 사건 뒤에는 저마다 뒷이야기들이 있고, 그것들은 대개 담론으로 형성되지 못한 채 개인에게서 개인으로 오고 가다가 소멸하거나 형태를 바꿔버린다. 드라마 속에서도 윤바다와 햇빛촌 멤버들의 절도죄는 수면 위에 오르지도 않은 채로 넘어갈 수 있었다.

화자의 변칙

돌이켜보면 드라마 〈째즈〉는, 세 명 정도로 추려진 용의자 중에 누가 진짜 범인인지 그 답을 구하는, 비교적 정통적인 추리물이었다. 단, 명탐정의 역할이 분산되고, 그중 화자가 사건의 해결에 혼란을 불러일으켰다는 점이 '변칙'에 해당하는 부분이었다. 텔레비전 드라마이기 때문에 가능했던 오락적 요소로, 베일에 싸인 용의자와 피해자는 신인배우를, 그들을 추적하는 형사와 기자, 그리고 르포 작가는 베테랑 배우를 기용했다는 특징도 있었다. 관찰당하는 인물들에게는 신비감을 더하고, 동시에 전체적으로는 안정적인 장면 만들기를 추구하려는 목적이 있었겠지만, 결과적으로 관찰자인 화자를 주인공으로 둔갑시키는 데에 영향을 미쳤다.

1995년, 시대의 가장 선두에 서서 새로운 세대의 라이프스타일을 조명하고자 했던 이 드라마도, 오렌지족이라는 신조어가 사어가 된 지금은, 한 시대를 포착해놓은 옛 드라마에 지나지 않는다. 하지만 세상이 불공평하다는 사실에 좌절하거나 반대로 기회를 잡아 욕망을 키우거나, 아니면 이를 바로잡아보겠다고 나서는 젊은 세대의 모습은 어느 시대 어느 장소에나 찾아볼 수 있다. 무엇보다 화자가 남긴 개인의 기록이라는 틀 안에서, 그 모습들은 누군가의 성긴 기억 속 인물들로 여겨져, 그 나름의 리얼함을 갖는다.

형식 면에서도 마치 소설을 옮겨놓은 것처럼, 화자의 내레이션 비중이 높은 것 역시 여전히 드라마 〈째즈〉만의 독자적인 특징이다. 단순히 화자에게 진행의 역할만 있는 것이 아니라, 행동에 대한 확실한 동기와 캐릭터가 부여되었다는 점에서, 1인칭 드라마의 가능성을 엿볼 수 있었다. 또 용의자 중 한 명의 편에 서는 대담한 전제와 무작정 발로 뛰는 추리의 과정은, 양극단으로 갈라진 인물들 사이에서 보통의 사람이 가지고 있는 평균의 관점을 대변해 주었다.

결국, 이 드라마의 중심에는 화자가 있다. 시청자들은, 그녀의 관점으로 재구성된 인물과 사건 동기, 결과를 쫓을 수밖에 없고, 처음부터 작가와 시청자의 공정한 겨루기는 불가능했다. 하지만 그렇다고 해서 그것이 추리의 재미를 빼앗지는 않는다. 대신에 이 이야기는 범인 찾기라는 수수께끼만큼이나 범인이 범죄를 일으키게 된 배경과 과정을 중요시한다. 끝내 범인에게서 범죄의 사실을 고백하게 만든 사람 역시 화자였다는 점에서, 애초에 그녀가 시청자의 신뢰를 저버린 이유는 대단원의 반전을 위한 것이었다고도 추측해볼 수 있겠다.

민주화 이행기 텔레비전 드라마와 분단의 재현: 〈여명의 눈동자〉

백두산

민주화 이행기의 텔레비전과 텔레비전 드라마

1987년 6월 항쟁으로 시작된 한국의 민주화 이행기는 형식적 민주주의 제도가 일련의 정치협상을 통해 정착되는 국면에서 해방 이후 근대사의 비극에 대한 재조명이 일어났고, 페레스트로이카 이후 탈냉전의 질서에도 촉각을 곤두세우던 시기였다. 한국의 민주화 진행과정에서 나타난 일종의 '열기'와 반공 구도의 균열은 문화적 영역, 특히 1990년대까지 '합의'되지 못한 근현대사와 이념 갈등을 다룬 텔레비전 역사드라마에 어떠한 흔적을 남겼는가. 이 글은 MBC 창사 30주년 특집극 〈여명의 눈동자〉(김종학 연출, 김성동 원작, 송지나 각본, 1991.10.7-1992.2.6, 36부작)[1]를 전후한 '방송민주화'의 흐름과 드라마의 은유구조, 영상도식을 분석하며 이 질문에 답하고자 한다.

〈여명의 눈동자〉는 "TV드라마상 최초로 정신대와 제주 4·3항쟁을 정공법으로 다"룬 역사드라마로 "이제까지의 TV드라마 역사에 신기록"[2]을 남겼다는 당대의 평가가 무색할 정도로 저간 텔레비전 드라마 연구에서 본격적으로 다루어지지 못했다.[3] 당대 〈여명의 눈동자〉는 일제강점기와 한국분단사를 이전 드라마에 비해 보다 진보적인 관점으로 다루었으나, 보수/진보의 관점에서 비판적 입장이 공존하고 있었다는 점[4] 역시 작용한 것이 아니었는가 싶다. 냉전 질서에 대한 도전이나 역사의 재해석이라는 관점에서

<여명의 눈동자>를 다룬다면, 그 성취는 응당 당대 한국소설이나 진보·민중 사학계의 성취에 비하여 미진한 것에 그칠 수밖에 없으며, 대중매체로서 텔레비전의 성격이나 텔레비전 드라마의 특수성 역시 간과되기에 문제적이다.

이 글에서는 1987년 이후 민주화 이행기의 사회적 변화 및 MBC 텔레비전 프로그램의 변화가 역사드라마의 서사와 기법에 미친 영향을 살피고, <여명의 눈동자>에 등장하는 극서사와 영상의 특징을 중심으로 현대 텔레비전 드라마 분석 방법을 적용하여 민주화 이행기 역사극의 진보적이고 실험적 시도로서 <여명의 눈동자>의 의의를 논의할 것이다. 민주화 이행기는 페레스트로이카 이후 탈냉전의 질서에도 촉각을 곤두세우던 시기였다. 민주화 이행기 MBC의 '방송민주화' 전후의 역사 재현과 역사드라마의 흐름을 이해하는 일이 필요하다. 인지·은유 체계로 텔레비전 드라마를 바라보는 현대 텔레비전 드라마의 분석방법은 <여명의 눈동자>의 분단 재현을 살펴보는 유용한 틀이다.[5] 이를 통해 냉전과 분단의 이데올로기가 텔레비전 역사드라마에서 어떻게 이완/재현되는지를 살펴, <여명의 눈동자>가 가져온 사회적 반향과 드라마사적 의의를 음미할 것이다.

민주화 이행기 MBC의 방송 프로그램의 변화와 역사드라마의 기획

1987년 이후 민주화의 진전은 정치적 변화뿐 아니라 방송계에도 영향을 미쳐 '방송민주화' 움직임과 각종 프로그램의 신설로 '텔레비전의 흐름(flow)'[6]은 재조직되고 있었다. MBC의 경우, 1988-89년은 사회고발성 보도 프로그램이 약진하던 시기였다.[7] 방송통폐합 이후 1980년대 중반까지 발휘되지 못했던 '사실적 보도'의 기능은 1988년 8월 26일부터 4일간의 MBC 노조파업, 1989년 9월 8일부터 20일까지의 파업을 거치며 회복되어 1989년 봄철 개편에서 4개의 보도프로그램이 신설되며 전기를 이루었다. 그리하여 1990년대 초반까지의 MBC의 방송 프로그램 편성은 "이전의 전체주의적 편성에 비해, 시장에 뿌리를 두지만 시민사회의 동향에도 민감한, 다수주의적 다원주의, 상업주의적 다원주의"8로 전환된다. 이에 따라, 정치적으로 민감한 요소를 내포하고 있었던 다큐멘터리, 실황보도, 역사드라마 역시 1988년 이후 다수 제작, 방영되기 시작하였다.

특히 다큐멘터리와 실황보도 분야에서 MBC의 변화는 타 방송사에 비해 진폭이 컸다.9 〈유전무죄 무전유죄〉(MBC, 1989.10.26.), 〈격동의 80년대〉(MBC, 1989.12.18-22)는 1980년대의 주요 정치사회적 비리사건을 다루어 1987년 이후의 민주화 분위기에 호응하고 있었다. 현대사 다큐멘터리의 경우 광주민주화운동을 조명한 〈어머니의 노래〉(MBC, 1989.2.3.)10, 제주문화방송이 제작한 〈현대사의 큰 상처: 제주 4·3사건〉(MBC, 1989.4.2.)의 제작은 이 시기 MBC의 방송민주화의 열기를 보여준다.11 실황보도의 경우, 1988년 11월 3일부터 12월 21일까지 진행된 5공특위 청문회의 생중계/녹화중계와 1989년 12월 31일 전두환 전 대통령 국회 증언 중계방송에서 정점을 맞이하였다. 방송사 통폐합 이후 1980년대 중반까지 발휘되지 못했던 텔레비전의 '사실적 보도'의 기능이 극대화되었던 이 청문회 실황중계는, 해설이나 내레이션 없이 기계적 중립성을 지킨 채 담담하게 사실을 전달하고 있었다.

1987년 이후 MBC의 근현대사 소재 드라마 기획 역시 1970년대의 방식과 변별된다. 1980년대 중반까지 텔레비전 방송에서 일제강점기와 근현대사를 다룬 역사드라마의 기획은 '불륜'이나 계층감정을 조장한다는 비판에 직면하기 일쑤였던 1970년대 일일드라마에 대한 비판을 상쇄하는 기획으로, 주로 특집드라마 편성에 활용되었다. MBC의 경우, 〈제1공화국〉(MBC, 1981.4.2.-1982.2.11.) 이후 근현대사 소재 역사드라마는 주로 3·1절, 6·25전쟁, 광복절 특집극으로 기획되어 일제강점기의 재현에서는 민족수난사의 재현을 통한 민족의식의 고취를, 해방과 6·25전쟁을 재현하는 역사드라마 서사에서는 '반공의식'을 견지하면서도 휴머니즘적 정조를 강조하는 서사가 창작되고 있었다.12

반면, 87년 이후 특집드라마로 기획된 김주영 원작의 〈천둥소리〉(MBC,

1987.6.24.)나 이호철 원작의 〈그 겨울의 긴 계곡〉(MBC, 1988.6.25.)은 반공드라마의 전형성으로 묶이기 힘든 것이었다. 1989년 7월부터 〈제2공화국〉(이상현 극본, 고석만 연출)이 제작되며 근현대사 소재가 정통사극과 함께 각광받기 시작하였던 것 역시 이 시기부터의 의미 있는 변화이다. 이 시기의 역사드라마에서 다큐멘터리 기법이 다수 차용되는 경향은 다큐멘터리와 사실적 보도의 기능이 부각되었던 당대 방송의 흐름과 무관하지 않아 보인다.

1987년부터 1990년대 초반까지 MBC의 방송민주화의 흐름과 프로그램 편성은 1990년대 시장지배적 질서의 고착 이전, 텔레비전 드라마 제작의 특수한 조건을 형성하고 있었다. 〈여명의 눈동자〉는 1989년 10월, MBC의 창사 30주년 특집드라마로 제작이 논의되기 시작하였다.

〈여명의 눈동자〉의 분단 서사 구축과 영상미학

〈여명의 눈동자〉는 1943년 태평양전쟁의 발발부터 1952년 휴전협정 즈음까지, 학도병으로 일본 전선에 나가게 된 최대치(최재성 분), 장하림(이상원 분)과 일본군 정신대로 징발된 윤여옥(채시라 분)의 일대기를 다룬 역사드라마이다. 〈여명의 눈동자〉의 극서사는 일제강점기(①-②)와 해방 이후(③-⑤)로 나뉜다. ① 1부부터 10부까지(1943.겨울-1944.7)는 남경·버마에서 최대치가, 중국·사이판에서 장하림이 일본군으로 참전하여 태평양전쟁에서 죽음의 고비를 넘기고, 윤여옥이 정신대에 끌려간 이후 겪는 고초를 다룬 서사이다. ② 11부부터 20부까지(1944.7-1945.8)는 좌익계 독립운동단체와 팔로군을 거쳐 '살인기계'가 되어 방황하는 대치의 서사와, 미국 OSS의 첩보원으로 국내에서 첩보활동을 벌이는 장하림, 하림의 첩보·독립운동 활동을 돕는 윤여옥의 활동을 다룬다. ③ 21부부터 26부까지(1945.9-1948.2) 미군정청 소속 대위로 남한의 친일파 득세에 절망하고 북한 잠입을 자청한 하림과 여옥을 찾기 위해 소련군 장교직을 버리고 남파요원을 자청한 대치, 대치와 재회한 이후 북한 스파이로 활동하는 여옥의 서사가 전개된다. ④ 27부부터 32부까지는(1948.3-1950.5) 제주 4·3항쟁에 가담하여 빨치산 활동을 하는 대치·여옥과 제주 미군정청 정보장교로 사태 수습에 노력하는 하림의 서사이다. ⑤ 33부부터 36부는(1950.6-1952) 지리산 빨치산에 투신한 대치와 전투경찰로 종군한 하림의 대결을 그린다.[13]

가족 은유의 구조

〈여명의 눈동자〉에서 근대사의 질곡은 남성 중심의 가족 은유로 시청자에게 제공된다. 가족 모델은 국가에 대한 보편적인 은유이면서[14], 현대 한국에서 분단과 냉전을 다룬 문화 텍스트의 보편적인 구조이기도 하다. 〈여명의 눈동자〉에서 독특한 점은 '가족'의 은유가 다층적으로 구성된다는 점이다.

최대치와 장하림의 정신적인 '아버지'는 일본군에 편입되어 있다가 각기 독립운동에 투신하게 되는 10부부터 동시에 등장한다. 두 '아들'은 적대자를 극복한 이후 비로소 아버지를 만나게 된다.[15] 대치에게는 국민당군에 숨어 들어간 팔로군의 첩자이자 공산주의자인 김기문(이정길 분)이, 장하림에게는 유태인계 정보장교 아얄티(데니스 크리스틴 분)가 아버지의 역할을 맡는다.

장하림은 아얄티의 협력 제안을 받고 일본군/조선인 포로의 분리 수용과 여옥의 처소 마련을 조건으로 아얄티에게 협력한다(10부). 이후 아얄티는 장하림을 곁에서 관찰하면서, '조선 현실을 직언할 수 있는 정보원'으로(21부), 이어 '친구'로 호칭하게 된다(27부). 이들의 유사 부자관계에서 아얄티가 시오니스트이며(12부), 이스라엘 독립에 일조하기 위해 미군을 떠난다는 서사는(32부) 매우 중요하다. 미군을 위해 일하는 이들은 '미국'이 조국이 아니며, 조국의 독립을 위해 협력하는 관계라는 특수성이 부각되기 때문이다. 장하림-아얄티는 협력/계약관계를 바탕으로 느슨한 부자관계이자 동등한

'친구'로서의 유대감을 쌓아올리는 서사를 구축한다.

반면 최대치의 경우, 생존의 문턱에서 사상과 행동을 결정짓는 '아버지'로서의 김기문(이정길 분)과의 만남은 협력이나 계약 관계가 아닌 불가피한 운명으로 묘사된다. 10부에서 오오에와의 결투에서 입은 눈의 상처를 회복한 최대치가 눈의 붕대를 풀면서 이전에는 흐릿하게만 보았던 김기문을 비로소 또렷하게 바라보게 되는 장면은 이러한 의미를 영상을 통해 시각화한다. 이 장면을 통해 최대치가 사회주의자가 된 과정은 일제의 폭력으로부터 '다시 태어나기'의 과정이었으며, 선택의 기회가 없었던 만남이었음이 영상을 통해 직관적으로 제시되는 것이다.

이후 최대치는 여옥의 아버지이자 독립운동가인 윤홍철(최불암 분)과의 만남을 통해 이데올로기에 구애받지 않은 민족주의의 길에 눈을 뜨지만(13부), 그를 배신한 이후 '피에 굶주린 혁명전사'가 된다(16부). 팔로군을 떠나 마적이 된 최대치는 마적단이 일본군과 협력하여 조선인 마을을 습격하려 하자 이를 저지하려 하였으나, 마을사람들의 배신으로 마적단 포로로 전락한다. 그를 살려준 것은 소련 탱크부대였다(19부). 이후 그는 소련군 장교로 전회한다. 해방공간에서 대치와 해후한 김기문은 사회주의 이념에 투철하여 김일성에 의해 축출된 혁명가로 그려진다.[16] 대치는 김기문에 대한 비판을 거부하여 숙청당하고(32부), 무주 회문산 유격대에서 다시 해후한다(34부).

아버지 선택하기의 서사에서 인물의 이념 선택은 선악구도로 단순화되지 않으며, 대치의 경우 이념의 허무함이 전면화된다. 또한 일제강점기 사회주의 독립운동의 묘사나 미군정에 대한 비판적 인식이 극화하는 점 등은 냉전기 텔레비전 역사드라마가 분단을 그리는 전형적 서사구조를 비껴가고 있기에 주목된다. 이와 관련하여 '좌익의 미화(美化)'로 당대 비평에서 비판되었던 맥락은 이 드라마의 서사 안에 은유된 냉전 이데올로기의 약화에 대한 냉소적 반응으로 음미할 만하다.[17]

모성과 '자녀'의 은유는 〈여명의 눈동자〉의 영상도식과 은유 구조를 이끌고 있는 한 축이다. 윤여옥의 서사는 이전 시기 문화장에서 구현되었던 여성 수난사로서 한국 근현대사를 은유하는 방식(민족수난=여성수난)의 전형성이 엿보인다. 특히 1-3부에 걸친 종군위안부('정신대') 서사는 자극적이고 폭력적인 방식으로 여옥의 육체를 현시하는데[18] 여성 신체의 노출이나 훼손, 고문의 장면은 남성 중심적인 서사 전개에서 망국의 설움을 은유하는 장치로 반복적으로 등장한다. 여옥의 수난 장면은 극중 대사, 곧 "내 눈앞에서 오오에 같은 놈들이 마구마구 짓밟은" 여옥을 구해야 하기에 힘이 필요하다는 대치의 대사(10부), "내가 자네라면 그녀가 돌아갈 조국부터 만들어 놓겠다.(…) 유태인 남자로서 내가 할 일은 하나의 조국을 되찾는 것"이라 언급하는 아얄티의 대사(13부) 등에서는 여성의 수난을 식민지배로 대치하는 은유 구도를 반복적으로 재현한다. 해방 이후 통속적 서사물이 구현한 남성 중심적 은유 구조가 〈여명의 눈동자〉에서 역시 고스란히 구현되는 셈이다.

동시에 여옥과 최대치의 자녀, 대운의 서사는 광복 이후의 민족국가의 은유로 읽힌다. 사이판에서 장하림이 산파 역할을 하여 태어난 이 아이는 미군이 하림을 도와 출산을 보조하며, 장하림과 윤여옥 사이에서 성장한다(12부). 드라마에서 '아이'가 아닌 '대운'으로 불리기 시작한 시점은 1946년 봄, 대운과 장하림, 윤여옥의 봄나들이 시퀀스부터이다(22부). 여옥의 아이(대운)는 대치와 혈연관계이면서 탄생과 양육 과정에서는 하림이 아버지의 역할을, 미군이 조력자의 역할을 부여받게 된 셈이다.

최대치와 장하림, 대운의 두 아버지의 성격은 가족 나들이 장면을 통해 표현된다. 사이판(1944)과 서울(1946/1949-1950)에서 하림은 자상한 아버지로서의 의무를 다하는 반면, 최대치의 경우 4·3항쟁 전후 제주에서 아버지로서 대운과 보내는 장면은 이중적인 성격으로 구현된다. 제주 피난처를 방문하는 시퀀스에서 대치는 썩은 고구마조차 풍족하게 줄 수 없는 아버지, 가족의 생계를 도외시하는 아버지로 그려지는 반면(28부) 제주에서 '투쟁'의 길을 버리고 하림에게 여옥·대운을 맡긴 마지막 나들이 장면에서는 '자상한 아버지'로서의 면모가 다시금 드러난다(29부).

대운의 운명은 6·25전쟁기의 서사에서 민족국가의 운명으로 다시 은유

된다. ‘적치 서울’의 기간 대운, 여옥, 대치의 해후 장면에서 대운은 아버지가 낯설어 엄마에게 안기며 ‘아버지와 아저씨가 같이 살게 되는 것이냐’고 묻는 시퀀스(33부) 등은 ‘두 아버지가 싸운다’는 6·25전쟁을 ‘가족상잔(相殘)’으로 바라보는 비유로 기능한다. 아버지로서 대치의 역할은 여옥과 대운이 대치를 떠나면서 종결된다. 결국 어머니 여옥과 피난길에 오른 대운은 피난 도중 공습으로 사망하고(34부) 대운의 사망은 부역자로 끌려가던 여옥을 구하는 과정에서 하림에게만 전달된다(36부).

드라마의 가족 은유 체계에서 장하림은 ‘자상한 아버지’로, 최대치는 본질적으로는 ‘자상한 아버지’이지만 가족보다 투쟁을 우선한 ‘비정한 아버지’로 재현된다. ‘자상한 아버지’와 ‘비정한 아버지’로 구현된 은유구조는 냉전 이데올로기를 재현하는 전형적 형상이나, 대운의 죽음으로 두 아버지가 가족의 재건에 실패하였다는 드라마의 결말은 냉전 이데올로기에 포섭되지 않은 의미의 지평을 열어둔다. 〈여명의 눈동자〉는 가족의 은유, 곧 ‘아버지’를 찾는 과정, 여성 수난·‘자녀’에 대한 은유를 통해 한국 현대사를 환기하고 있으며 방대한 극서사에 접근하는 시청자들이 경험의 범주에서 〈여명의 눈동자〉의 서사를 이해하도록 돕는다. 이 과정에서 이념에 대한 회의와 냉전 서사를 형해화하는 시도 역시 가족 은유의 구조 안에 드러난다.

실험적 플래시백(flashback)의 사용과 죄의식의 표현

플래시백을 포함한 회상 장면이 텔레비전 드라마의 감상에 있어 중요한 이유는 감정이입의 동일시 효과보다 시청자 자신의 자서전적 기억을 극중 사건과 인물을 통해 떠올리는 시간으로 기능하기 때문이다.[19] 〈여명의 눈동자〉의 플래시백은 빈도가 낮은 편이며, 시청자의 정서적 이완, 감정이입을 유도하는 장치는 와이드 쇼트로 구성된 풍경의 묘사와 테마음악의 삽입에서 두드러진다. 반면, 11부에서 최대치가 김기문과 첫 번째 공작을 나서기 전 대치의 꿈-플래시백은 실험적으로 시도된 플래시백 장면으로 주목할 만하다.

최대치는 김기문과 무기밀매를 위한 공작에 나서기 이전, 회의에 참석한다. 이후 장면은 갈색톤의 색조를 덧입힌 화면이 물결 모양으로 움직이는 대치의 꿈-플래시백으로 연결된다.[20] 꿈-플래시백은 버마에서의 진지전(6부) → 중국인 여자아이 학살(1부) → 오오에의 부녀자 강간(1부) → 친구 권동진의 분노(3부) → 여옥과의 이별(4부) → 대치를 협박하는 오오에(9부) → 중국인 여자아이 학살(1부)이 짧은 컷으로 제시되며, 아이를 죽이라는 명령을 받은 대치가 오오에를 바라보는 장면(1부)과 중국인 여자아이 학살(1부) 컷이 반복된다. 이 플래시백에서는 첫 장면인 버마 진지전의 기관총 소리와 중국인 여자아이를 학살하는 총소리만을 짧게 들려주며, 전체 20초의 대부분은 침묵으로 이어진다. 텔레비전 드라마의 플래시백 활용과는 달리 비선형적인 서사 구조를 실험적 영상으로 구성해 낸 11부 최대치의 플래시백은, 최대치의 무의식, 특히 죄의식의 서사를 드러내는 서브리미널(subliminal) 편집 기법을 활용한다.[21] 꿈-플래시백의 장면들은 관동군 복무시절 일어난 대치의 죄책감의 강렬한 기억이 시간순서가 아닌 사건의 강도를 기준으로 반복적으로 제시된다는 점 역시 특징적이다.

11부의 꿈-플래시백에서 반복되는 중국인 여자아이 학살(1부)의 기억은 극서사 전개에서 중요하게 다루어지지 않는 일본군 시절의 기억으로, 대치의 근원적 죄의식으로 제시된다는 점은 흥미롭다. 이같은 플래시백의 구조는 시청자의 감정이입이나 이완보다 극의 전진적 모티프에 대한 해석, 곧 시청자와 인물 사이의 심리적 공감대를 형성하는 장치로 기능한다. 동시에 〈여명의 눈동자〉에서 구축한 가족 서사의 은유 구조와 연관하여, 아버지로서의 금도(禁道), 곧 아이를 죽인 사건이 반복되어 등장한다는 것 역시 주목할 만한 지점이다. 대치의 꿈-플래시백에서 서브리미널 편집의 활용은 인물의 내적 고뇌를 강조하는 방향으로 실험적으로 활용되면서도, 가족 은유의 장치와 연결되어 있다.

한편으로 〈여명의 눈동자〉의 극서사에 삽입된 과거회상 장면은 전진적

극서사와 연결되어 있어 극의 사건 전개는 일반적 텔레비전 드라마보다 빠르게 구성된다. 이같은 〈여명의 눈동자〉의 과거회상 구성은 텔레비전 드라마보다 영화적 편집에 보다 근접한 것이기도 하다. 〈여명의 눈동자〉의 플래시백 구성은 1990년대 일일드라마에 익숙한 텔레비전 드라마 시청자의 관습에서 낯선 시도였으며[22] 〈여명의 눈동자〉가 당대 시청자들에게 빠른 템포의 '영화적인' 텔레비전 드라마로서 읽혀질 수 있었던 원인이기도 했다.

민족 판타지와 역사재현: 사이판 탈환, 4·3항쟁 시퀀스의 분석

역사드라마에서 역사는 잠재태가 아닌 이미 사건화된 사실(fact)로서, 역사에서 비껴난 인물들 간의 잠재적 사건들 역시 사실로서의 역사에 지속적인 관여를 받는다. '사실로서의 역사'를 다루는 방식으로 〈여명의 눈동자〉에서는 다큐멘터리, 내레이션, 자막 장치를 활용하였는데, 특히 각색을 통해 추가된 731부대, 4·3사건을 다루는 회차에서 이러한 장치가 보다 부각된다. 텔레비전 드라마에 다큐멘터리적 기법이 활용된 것은 〈여명의 눈동자〉가 처음은 아니었다. 드라마적 형식을 차용한 '다큐드라마'는 드라마와 비슷한 시기 실험적으로 시도되고 있었고[23], 드라마 〈제2공화국〉에서는 실사필름을 삽입하여 〈여명의 눈동자〉와 유사한 방식을 활용하고 있었다.[24]

〈여명의 눈동자〉에서 다큐멘터리나 실사영상, 자막의 활용은 새로운 시퀀스의 앞머리에 배치되어 시청자에게 극서사의 해석을 '역사'적 사실성의 틀에서 이해하도록 강조하는 전략을 취하고 있다. 특히 〈여명의 눈동자〉에 삽입된 영상과 자막 중 일제강점기와 해방 이후의 활용 방식은 다소 다른 양상을 지닌다.

일제강점기를 다룬 〈여명의 눈동자〉의 서사에서 다큐멘터리와 내레이션, 자막의 삽입은 드라마 사건과 분리되어 있는 형태[25]와 드라마 서사와 교직된 형태, 두 가지로 활용되었다. 흥미로운 것은 8부 이후 전쟁장면에서 8회에 걸쳐 활용되고 있는 실사영상과 드라마 서사의 교직 방식이다. 8부 사이판 사이또 해안경계소대가 미군 전투기에 의해 공습당하는 장면부터 등장하는 필름 삽입 장면은 극중 컬러화면의 톤을 흑백으로 전환하면서 2차대전기 미군 폭격기의 실사영상을 이어 붙여 극중 장면과 교차편집하며 구성된다. 극중 장면과 실사영상은 흑백으로 통일되고, 폭탄과 기관총과 같은 음향효과 역시 연속된다.[26]

실사영상의 교차편집이 사용된 극서사는 허구적 사건임에도 불구하고 극사건의 역사성과 핍진성이 부각되는 효과를 지닌다. 장하림의 무전신호를 받은 미군 폭격기의 사이판 야전병원 폭파장면은 이 기법의 특별한 쓰임을 보여준다.(9부) 미군 공습 실사영상과 사이판 공습을 바라보며 소리치는 장하림의 쇼트는 병치되어 하나의 시퀀스로 묶인다. 장엄하게 변주된 주제음악을 배경으로 장하림은 미군 폭격기에 "GO ON!"이라 외치며 절규에 가까운 환호를 터뜨린다. 허구적 극서사와 실사영상이 결합하여 역사적인 사실성을 획득하는 사이판 함락 장면은 〈여명의 눈동자〉에서 시청자의 카타르시스가 극대화되는 장면이기도 하다. 미군을 도와 태평양 전쟁에서 사이판을 함락시키는 데 식민지 조선인이 일조했다는 이 서사는 완전한 픽션이다. 〈여명의 눈동자〉에서 이 장면은 근현대사에서 가지지 못했던 승리의 판타지를 픽션을 통해 보여주고자 했던 방식으로 음미할 만하다.

해방 이후를 다룬 〈여명의 눈동자〉의 서사에서는 영상과 내용자막, 서두를 다큐멘터리 영상으로 시작하는 경우가 다수를 이루는 반면, 성우 내레이션의 활용은 줄어들고 있다. 특히 영상과 자막의 활용에서는 시청자의 해석 방향을 정향하려는 의도보다 실제 역사자료 그대로를 노출시키려는 의도가 보다 짙게 구성된다. 이는 1990년대까지 '사회적으로 합의되지 않은' 서사에 대한 재현, 특히 냉전 이데올로기에 연결되어 있는 근현대사를 텔레비전 역사드라마에서 재현할 때 제기되는 기계적인 중립성의 문제를 보여준다.[27] 〈여명의 눈동자〉의 4·3항쟁 에피소드에 이같은 문제가 집약되어 있다.

27부부터 30부에 걸쳐 극화된 4·3항쟁은 〈여명의 눈동자〉의 해방기 서사 중 단독 에피소드로는 가장 긴 것으로, 민중항쟁으로서의 4·3항쟁의 의미를 부각하며, 경찰에 의한 양민학살과 폭력적 대응방식, 미군정의 무기력 등을 비판적으로 그려내고 있다. 이 과정에서 친일군경과 제1공화국, 외세의 개입에 대한 비판적 언술은 드라마 안의 인물, 곧 허구적으로 재현된 4·3항쟁 가담자 역할들의 대사로 표현된다.[28] 이같은 구성은 텔레비전 매체에서 당대 논쟁적인 근현대사의 해석을 다루었다는 점에서, 또한 1987년 이후 민주화 이행기 역사드라마에서 현대사 해석의 지평 확장을 보여준다는 점에서 주목을 요한다.

동시에 4·3항쟁 에피소드에서는 전체 극서사와 무관한 '대동청년단원 부인 납치 사건'과 '오라리 양민학살사건' 같은 경찰가족의 희생을 그린 장면을 내용자막을 통해 삽입하고 있다(29부). 이같은 자막 배치를 통해 드라마에서는 민중봉기로서의 4·3항쟁 뿐 아니라 경찰가족이 희생된 '좌익봉기'로서의 맥락 역시 그려내어 역사해석의 '중립성'을 강박적으로 맞추고자 시도한다. 이어 4·3항쟁 에피소드의 결말부에서는 4·3항쟁의 인명피해와 사망자 기록 등을 내레이션 없는 내용자막으로 제시하며 매조지된다(30부). 이는 1990년대 냉전 이데올로기와 반공주의적 역사해석이 힘을 발휘하고 있던 시기, 역사드라마가 놓인 특수한 위치를 보여준다.

〈여명의 눈동자〉와 분단 재현의 지평

하림(N)	그해 겨울 지리산 이름모를 골짜기에 내가 사랑했던 여인과 내가 결코 미워할 수 없었던 친구를 묻었다. 그들은 가고 나는 남았다. 남은 자에게는 남겨진 이유가 있을 것이다. 그것은 아마도 희망이라 이름지을 수 있지 않을까. 희망을 포기하지 않는 사람만이 이 무정한 세월을 이겨나갈 수 있으므로. (36회)

　아직도 인구에 회자되는 장면인, 지리산을 배경으로 한 대치와 하림의 마지막 대화와 내레이션(36부)는 대운의 사망과 여옥의 죽음에 대한 애도이자, 가족의 재건에 실패한 두 아버지의 대화로서 비감을 갖는다. 〈여명의 눈동자〉는 일제강점과 이념 선택, 민족국가 수립을 은유하는 '가족' 은유의 구조를 지니면서, 분단을 촉발한 이념갈등에 대한 회의를 불러오고 냉전기 분단서사의 전형을 약화시키는 역할을 하였다. 동시에 사이판 함락에 조선인이 기여하였다는 허구적 서사를 실사영상의 삽입을 통해 핍진하게 보여주는 장면에서는 역사재현에 개입하는 판타지의 욕망이, 4·3항쟁의 극서사 구성을 통해 진보적 역사해석의 욕망이 발견되는 동시에, '중립적' 입장을 견지하는 자막 등의 삽입에서는 1990년대 잔존하였던 냉전 질서가 다시 확인되는 드라마이기도 하다. 〈여명의 눈동자〉는 한국 근현대사의 비판적 해석과 냉전 이데올로기의 형해화를 시도하며 민주화 이행기 텔레비전 역사드라마의 지평을 확장하였다는 점에서 주목할 만한 작품이다.

웹드라마의 세계에서 K드라마 팬픽션 만들기: ⟨드라마월드⟩

조서연

K드라마에 '뛰어드는' 팬덤 수행

'K드라마'로 지칭되는 한국 텔레비전 드라마에 대한 해외 수용자들의 향유 방식은 소셜 미디어의 활성화 및 숏폼 콘텐츠의 양산 등 웹 환경의 변화와 밀접한 관련을 맺고 있다. 싱가포르의 싱어송라이터 겸 영화감독인 아네트 리(Annette Lee)의 유튜브 채널에 공개된 컨트리송 뮤직비디오 'K-Dramaddiction'[1]은 그 좋은 사례다. 이 뮤직비디오는 K드라마 중독 증세를 호소하는 두 젊은이가 K드라마의 클리셰들을 패러디하며, 팬 자신들의 모습을 콘텐츠화하는 데 중점을 두고 있다. 이러한 유형의 콘텐츠들은 'K드라마의 인물들처럼 살아보고 싶다', 'K드라마의 세계를 체험하고 싶다'라는 비한국어권 K드라마 수용자들의 욕망을 표현하는 데에 주력한다. 이는 K드라마를 향유하는 스스로들에 대한 자기기술적인 재현이라는 점에서, 2010년대 초중반부터 현재까지 꾸준히 생산·유통되는 K팝 뮤직비디오·실황 영상 및 K드라마에 대한 '리액션 비디오'(reaction video)나 '밈 비디오'(meme video)가 보여주는 디지털 팬덤 중심의 트랜스미디어 스토리텔링[2]의 사례가 되기도 한다. 이처럼 적극적이고 생산적인 K드라마 수용자들의 활동 양상은 최근의 웹 환경에 절대적으로 기대고 있어, 월드와이드웹의 보급과 그에 따른 팬 제작 디지털 콘텐츠의 확산이 팬덤의 참여 문화에 초래한 질적 전환에 주목했던 젠킨스의 논의3를 다시금 떠올리게 한다. 또한 작품 내적인 이야기가 아닌 작품의 구성 요소 및 작품 사이의 환경을 재료로 삼은 스토리텔링을 통해 원전을 향유한다는 점에서, 아즈마 히로키가 개념화한 데이터베이스 소비의 한 양태로 볼 수 있기도 하다.4

이 글의 분석 대상인 〈드라마월드〉는 이러한 환경과 맥락 속에서 비교적 이르게 등장한 한·중·미 3국 합작 웹드라마이다. 〈드라마월드〉는 주로 대만, 중국, 한국 등 동아시아의 콘텐츠를 서비스하는 글로벌 동영상 스트리밍 플랫폼인 비키(viki.com)가 처음으로 내놓은 오리지널 콘텐츠로서 2015년 4월 웹드라마의 형태로 공개되었고, 한국에는 넷플릭스를 통해 2016년에 공개되었다. 〈드라마월드〉 시즌1은 K드라마의 열렬한 팬인 20대 초반의 미국인 여성 클레어가 자신이 시청하던 드라마 속으로 느닷없이 차원 이동을 하면서 펼쳐지는 환상적인 모험담을 다룬다. 팬덤의 자발적인 노동에 서비스의 일부를 의탁5하면서 라이센스 콘텐츠를 스트리밍하는 글로벌 플랫폼인 비키의 첫 오리지널 콘텐츠가 이처럼 비한국인 K드라마 팬이 K드라마의 세계를 체험하는 콘텐츠라는 점은 시사하는 바가 크다.

한편 시즌1의 마지막 에피소드는 자신이 여러 편의 K드라마에 등장한 허구의 존재임을 자각해버린 남자주인공 준이 K드라마의 가상 세계에서 클레어가 속한 현실 세계로 차원 이동을 하는 장면으로 끝난다. 이는 다음 시즌을 예비하는 열린 결말인 셈인데, 실제 시즌2는 그로부터 5년 후인 2021년 4월에 공개된다. 〈드라마월드〉 시즌2는 미국 A+E Networks 소유의 케이블 채널 라이프타임 코리아(Lifetime Korea)의 오리지널 콘텐츠로 제작된 한·미 합작 웹드라마이다. 시즌2는 한국의 티빙(TVing), 홍콩·대만·남아시아를 커버하는 중국의 아이치이(iQIYI), 일본의 유넥스트(U-NEXT) 등 OTT 플랫폼을 통해 공개되었지만, 한국에서는 텔레비전 편성표에 따라 케이블 방송으로 먼저 송출되었다는 점에서 일견 '텔레비전 드라마'에 가깝다고 생각될 수도 있다. 그러나 각 회차의 반복적인 구성 방식이나 서사의 생성 및 확장 방식 등에 있어, 웹콘텐츠로서의 시즌1의 성격이 시즌2에서 오히려 심화되어 있기에 이 역시 웹드라마로서 들여다봄이 적절할 것이다.

실제로 〈드라마월드〉가 지닌 웹콘텐츠로서의 성격과 그 의미는 시즌1 방영 직후부터 학술장에서 여러 차례 주목되었는데,6 여기에는 이 작품이 'K드라마에 대한 한·영 이중언어 글로벌 콘텐츠'라는 점이 크게 작용하기도 했다. 온라인 숏폼 콘텐츠이자 극예술 텍스트로서 한국 웹드라마의 존재 양상에 대한 연구가 지난 몇 년 동안 다양한 관점에서 이루어져 왔기에, 〈드라마월드〉라는 콘텐츠는 전통적인 텔레비전 드라마 비평의 대상이 아닌 웹콘텐츠로서 이해되어야 한다는 점에 대해서는 대략의 합의가 이루어졌다고 판단된다. 그러나 〈드라마월드〉가 그와 같은 양식을 통해 K드라마라는 세계에 대한 팬덤의 향유 양상을 메타적으로 탐구하는 텍스트라는 점에 대해서는 충분한 논의가 이루어지지 않았다. 실제로 많은 K드라마가 해외 팬픽션 창작의 장에서 원전으로서 널리 사랑받는 대상임을 생각할 때, 〈드라마월드〉가 팬픽션적 특징을 지니고 있다는 것은 흥미로운 지점이다. 한편 〈드라마월드〉의 K드라마가 '남녀 주인공의 진정한 사랑의 키스'를 서사 진행의 궁극적 목적으로 삼고 있음에도 이에 대한 젠더 분석은 충분하지 않았다. 〈드라마월드〉를 국적과 인종, 젠더의 문제가 교차하는 포스트내셔널한 콘텐츠로서 분석한 사례는 해외 연구인 Oh & Nishime의 경우가 본격적이다.7 그러나 이 연구가 설득력 있게 분석한 세스의 위상은 시즌2에 오면 그 유효성을 대부분 상실하는데, 이 변화는 시즌2에서 나타나는 젠더화 양상에서 중요한 부분을 차지하고 있기에 적극적인 재해석이 필요하다.

이에 이 글은 〈드라마월드〉의 발상뿐 아니라 재현 전략 자체가 팬픽션적 원리에 따르고 있음에 주목하며, 해당 작품을 '이세계(異世界) 빙의물' 유형의 실사 영상콘텐츠 팬픽션으로서 분석하고자 한다. 〈드라마월드〉의 팬픽션적 구조에 대한 연구는 개별적인 작품 텍스트에 대한 이해를 넘어서서 웹콘텐츠 향유의 원리에 대한 기존의 관점을 구체화하고 진전시킬 수 있을 것이다. 이 글은 또한 선행 연구에서 다루어지지 않은 시즌2에서의 전격적인 변화를 아울러 논의함으로써, 데이터베이스 소비의 세계에서 구현되는 젠더정치의 양상까지도 점검해 보고자 한다.

이세계 빙의물로서의 〈드라마월드〉

〈드라마월드〉의 주인공 클레어는 아버지의 샌드위치 가게에서 아르바이트를 하며 용돈을 버는 평범한 미국 대학생으로, K드라마의 세계에 푹 빠져 종일 스마트폰만 들여다보며 지낸다. 그에게 K드라마는 "누구나 예뻐질 수 있고 누구라도 진정한 사랑에 빠질 수 있"으며, "아무리 평범한 여자라도 남자주인공과 눈이 맞을 수 있고, 키스하는 순간 해피엔딩이 이루어"지는, 자신의 비루한 현실과 대비되는 멋진 허구의 세계이다. 아버지는 드라마에만 몰입하느라 '진짜 세계(real world)'를 도외시하는 딸을 걱정하지만, 클레어 자신은 13화까지 진행된 드라마 〈사랑의 맛〉이 K드라마의 정석대로 진행되지 않는다는 점 때문에 안절부절못할 뿐이다. K드라마는 무릇 남자주인공과 여자주인공의 '진정한 사랑의 키스'로 마무리되어야 하는데, 여자주인공 서연의 경쟁자인 악녀형 캐릭터 가인이 남자주인공 준의 키스를 가로챌 듯한 상황이 계속되고 있기 때문이다. 이때 스마트폰의 화면에 갑자기 열린 포털을 통해 빨려 들어가 〈사랑의 맛〉의 등장인물이 되어버린 클레어가 K드라마의 세계를 '정상적인' 상태로 돌려놓기 위해 모험을 하는 것이 〈드라마월드〉 시즌1의 골조이다.

이와 같은 〈드라마월드〉의 발상 및 전개는 이세계 빙의물의 컨벤션을 충실히 따르고 있다. 이세계 빙의물은 주인공이 현실 세계에서 다른 세계로 이동하여 겪는 사건들을 다루는 환상 서사의 일종으로, 일본의 서브컬처 서사물에서 본격적으로 발흥하여 한국에서도 웹소설, 웹툰 등에서 선풍적인 인기를 누리는 특정한 서사 유형이다. 이는 주인공이 현실 세계에서 자신이 탐닉하는 특정한 텍스트 속으로 갑자기 빙의하여 해당 작품의 등장인물이 되는 '책빙의물'의 형태로 구현되는 경우가 많으며, 〈드라마월드〉의 발상 역시 그 전형을 충실히 따른다. 현실에서는 평범하고 지루한 삶을 사는 주인공이 이세계에서는 위기를 해결할 능력을 뽐낸다는 것, 그 능력은 '원작'으로서의 이세계에 대한 주인공의 사전 지식에서 비롯한 것이자 이세계에서 만난 동료들(즉, 등장인물)과의 협력을 통해 발휘된다는 것은 책빙의물 유형의 이세계 빙의물에서 핵심적인 원리로 작용한다. 이러한 이세계 빙의물들은 기존의 전형적 장르 관습을 변화시키는 것을 서사적 동기로 삼는 메타 장르적인 성격을 지니며, 현실에서 빙의되어 '주변인물'이 된 주인공이 원작의 '중심인물'을 압도하는 플롯을 통해 사회적으로 위축된 존재들에게 힘을 부여하는 서사를 구현한다.[8]

이와 함께 눈여겨보아야 할 것은 이처럼 원전을 해체하고 재구성하는 서사 구조가 팬픽션의 일반적인 원리와 닮아있다는 점[9]이다. 이는 이세계로의 빙의 혹은 전이가 애초에 원전 혹은 원형세계의 존재를 상정할 때 가능한 것이라는 점과 직결된 특징이다. "팬픽션은 원전이라는 원형세계를 잇는 계승세계"[10]라고 할 때, 이 원형세계란 주인공이 현실 세계로부터 빙의되어 들어가기 이전부터 존재했고 주인공 스스로도 그 존재와 구성 원리를 (원전 향유를 통해) 이미 알고 있었던 세계, 즉 이세계를 가리킨다. 원전으로서의 이세계가 주인공의 빙의 및 활약에 따라 재구성되는 것은 그 자체가 팬픽션의 생성, 즉 2차 창작의 수행에 해당하는 것이다.

팬픽션의 기본 원리는 원전으로부터 추출해 낸 캐릭터, 세계, 사건 등 데이터베이스 요소들을 2차 창작의 장에서 자생적으로 반복 발생하고 범주화해 온 이야기 규칙들에 따라 다양하게 조합하여 대안 서사를 확장하는 방식을 취한다. 이는 "무한한 개방과 재생산이 콘텐츠들의 질과 방향을 종잡을 수 없는 성질의 것으로 변모"시키는 웹의 속성[11]과 근본적으로 닿아 있기도 하다. 팬픽션의 이러한 속성을 '생성문학'으로 개념화한 김유나의 유형 분류[12]를 참조하자면, 〈드라마월드〉는 새로운 행위자로서의 자기반영적 창작 캐릭터를 원형세계에 투입하는 '인물창작형'에 가깝다. 팬들이 "아바타(avatar)로서의 자기반영적 캐릭터를 조형하고, 이를 통해 원형세계를 경험"하며, "나아가 원래부터 그 세계에 살고 있던 인물들과 밀접한 관계를 맺는"[13] 인물창작형 팬픽션은 원전의 이야기를 경험하고자 하는 팬들의 욕망에서 비롯한 유형이라는 점에서 〈드라마월드〉의 핵심 아이디어를 정확히 관통한다.

> 제1장. K드라마의 공식
> ① 모든 드라마는 진정한 사랑의 키스로 끝난다. 진정한 사랑의 키스란 남녀 주인공이 하는 키스를 말한다.
> ② 남자주인공은 주연의 4박자를 고루 갖춰야 한다. 자신감, 외모, 약간의 오만함을 갖추되, 여자주인공을 우선시하는 신사여야 한다. 언제나 그녀를 1순위로 둔다.
> ③ 남자주인공의 샤워 신은 필수다.
> ④ 온갖 뒤틀린 플롯이 등장한다. 훼방꾼과 장애물이 많을수록 진정한 사랑이 보장된다.
> ⑤ 진정한 사랑이 이루어지면 드라마가 초기화된다. 캐릭터의 기억이 다음 작품을 위해 깨끗하게 지워지고 두 주인공은 다음 드라마에서 새로이 사랑에 빠지게 된다. 언제나 처음인 것처럼.
> ⑥ 마지막 회까지 남녀 주인공이 키스에 성공하지 못해 진정한 사랑에 실패할 경우 드라마월드는 사라진다.[14]

인물창작형 팬픽션의 원리와 이세계 빙의물의 원리가 맞물리면서, 〈드라마월드〉는 K드라마의 세계에 대한 메타적 텍스트가 된다. 〈사랑의 맛〉 13화에 빙의한 클레어는 원전에는 없던 엑스트라 캐릭터로서 해당 드라마에 투입되는데, 클레어처럼 스마트폰이라는 포털을 통과하여 현실 세계에서 드라마 속으로 들어온 인물들은 K드라마의 세계에서 '조력자(facilitator)'로 기능한다. 위의 인용은 갓 빙의된 클레어가 기존의 조력자 인물인 세스에게 전달받은 '드라마월드 안내서'의 첫 번째 장이자, K드라마의 세계가 존속하기 위해 지켜져야 하는 기본 규칙들이다. 세스를 비롯한 조력자들은 남자주인공과 여자주인공의 '진정한 사랑'을 자연스럽게 성사시켜 매 작품을 안전하게 마무리하고 새로운 드라마가 무사히 시작될 수 있도록 곳곳에서 활약하고 있다. 이때 〈드라마월드〉가 〈사랑의 맛〉이라는 개별 작품만을 다루는 것이 아니라 K드라마의 세계 전체를 통칭하는 '드라마월드'[15]라는 개념을 내세우는 것은, 이세계 빙의물로서 〈드라마월드〉의 주인공이 지켜내야 하는 '이세계'가 K드라마의 세계 전체라는 의미가 된다. 즉, 클레어를 비롯한 조력자들이 지켜내는 것은 "예측 가능한 신데렐라 스토리"[16]로서 K드라마의 규칙인 것이다.

〈드라마월드〉의 문턱들과 '2.5D'의 대안세계들

〈드라마월드〉 시즌1이 K드라마 전반에 대한 메타적 팬픽션이 되는 데에는, '드라마월드'로 통칭되는 세계 속에서 〈사랑의 맛〉이 전개될 때의 극적 재현 전략도 한몫을 한다. 이는 플래시백이나 배경음악 등 등장인물들은 알지 못하고 시청자들만 인지할 수 있는 극적 장치를 조력자들에게 한정적으로 노출하는 간단한 방식에서부터, K드라마에서 으레 볼 수 있는 다양한 장르를 혼합하는 양상으로까지 나아간다. 클레어가 빙의해 들어간 원전인 〈사랑의 맛〉은 2010년 MBC에서 실제로 방영된 드라마인 〈파스타〉를 패러디한 작품으로서 K드라마의 전형적인 이성애 로맨스 장르에 해당하는데, 여자주인공을 차지하기 위해 '드라마월드'의 규칙을 교묘하게 파괴하는 조력자 세스의 계략에 클레어가 개입하면서 액션, 스릴러, 사극 등의 장르를 오가다가 종국에는 이성애 로맨스 장르로 돌아와 마무리된다. 이 과정에서 K드라마의 장르별 클리셰를 장면화하는 부분들은 〈드라마월드〉 시즌1의 재미 요소로 톡톡히 기능한다.

〈드라마월드〉 시즌1에서의 장르 혼합은 'K드라마의 팬들은 무엇에 환호하는가?'를 보여주는 데이터베이스 소비에 해당한다. 시즌1에서는 아무리 장르가 바뀌더라도, 식품기업 회장의 후계자이자 레스토랑의 대표인 준, 레스토랑의 수셰프인 서연, 이들과 삼각관계를 이루는 '악녀'로서 가인의 정체성은 바뀌지 않는다. 이는 이 인물들의 행동 양상이 각기 '남자주인공', '여자주인공', '악녀'의 전형을 벗어나지 않는다는 점을 통해 알 수 있다. 즉, 〈드라마월드〉 시즌1에서의 장르 혼합은 〈사랑의 맛〉이라는 하나의 서사 안에서 표현의 모드가 다소 격렬하게 바뀌는 것에 그칠 뿐, 서사적 실험을 본격적으로 진행하는 데까지 이르지는 않는 것이다.

한편 〈드라마월드〉 시즌2의 장르 혼합은 언더커버 수사물인 〈사랑은 잠복중 1988〉과 판타지 장르인 〈붉은 달의 전설〉이라는 각각의 드라마 서사를 기본으로 하여, 〈사랑의 맛〉을 비롯한 '드라마월드' 내의 모든 개별 작품들을 뒤섞는 방식으로 심화한다. 이는 대안세계들의 크로스오버라는, 보다 본격적이고 복잡한 팬픽션 생성 원리를 보여준다. 여기에서 크로스오버란 실제 2차 창작 및 유통의 장에서 통칭 '크오'라는 준말로 불리는 창작 원리의 하나로서, 서로 다른 원전 서사의 인물들을 하나의 팬픽션 서사 내에서 만나게 하는 것을 말한다. 대안세계(Alternative Universe) 역시 'AU'라는 통칭을 지닌 2차 창작 팬덤의 용어로, 원전의 인물들을 원전과는 상이한 세계에 위치시켜 새로운 이야기를 구성한다고 할 때 '상이한 세계'를 가리킨다. 〈붉은 달의 전설〉이 흡혈족과 범족이 등장하는 판타지 장르라는 점 역시 국내외 서브컬처 팬덤에서 인기 있는 장르인 뱀파이어나 수인(獸人) 모티프와의 연관성이라는 측면에서 바라볼 여지가 있다. 이는 〈드라마월드〉 시즌1의 장르 혼합이 대중적인 K드라마의 세계에 존재하는 장르들을 가져온 것과 대비되어, 시즌2가 서브컬처적 성격을 지닌 2차 창작 팬덤의 세계를 한층 깊이 들여다보는 텍스트임을 시사하기도 한다.

제라르 주네트는 텍스트의 내부와 외부 사이에 있는 파라텍스트를 정의하기 위해 '문턱'이라는 표현을 비유적으로 사용한다. 텍스트의 내부로 들어가거나 들어가지 않고 돌아 나올 수 있는 '현관' 혹은 '정의되지 않은 공간'으로도 이야기되는 이 '문턱'17은 주텍스트와 파라텍스트의 관계를 논할 때 사용되지만, '문턱'이라는 표현이 환상 서사에 대한 논의에서 경계를 언급할 때도 흔히 쓰인다는 점을 함께 떠올려 볼 만하다. 이때 중요한 것은,

이야기 속 '현실 세계'와 '환상 세계' 사이의 유동적인 경계선인 "문, 문턱, 포털들"이 자연화되지 않고 드러날 때 "세상의 불안정함, 외부 세계에 대한 개방성들이 노출"[18]된다는 점이다.

〈드라마월드〉의 크로스오버는 바로 이 문턱들을 활용하면서 독특한 양상을 보인다. 〈드라마월드〉에서의 문턱들은 다양한 형태로 드러나며 '드라마월드'라는 세계의 구성 원리를 끊임없이 노출하고, 그럼으로써 '드라마월드'를 불안정하게 만든다. 이 문턱들은 웹드라마 텍스트로서의 〈드라마월드〉에 붙은 파라텍스트의 형태로 나타나기도 하고, 현실 세계와 (환상 세계인) '드라마월드'를 연결해주는 스마트폰의 형태로 나타나기도 하며, '드라마월드'에 존재하는 개별적인 드라마 작품들 사이를 등장인물 및 조력자들이 넘나들 수 있게 해 주는 말 그대로의 '문, 문턱, 포털'의 형태로 나타나기도 한다.

〈드라마월드〉의 장르 혼합은 파편화된 세계들의 끝없는 양산과 유동적인 접속이라는 웹 세계의 다이내믹[19]이나 데이터베이스 요소를 통해 원전을 이해하는 팬픽션 생성의 원리[20]를 반영하고 있다. 대개의 크로스오버 팬픽션이 서로 다른 원전에서 온 캐릭터들 사이의 만남을 능청스럽게 재현하는 것과 달리, 〈드라마월드〉는 개별 서사들이 뒤섞일 때의 문턱을 노골적으로 드러낸다는 점에서 독특하다. 시즌1에서는 '드라마월드' 내의 각 드라마 작품 간에 놓인 문턱이 비교적 소박하게, 또한 한정적으로 나타나며, 그 문턱을 넘나드는 일이 서사의 어그러짐에 별다른 영향을 미치지 않는다. 반면 시즌2는 공격적인 크로스오버 과정에서 이 문턱들의 존재 자체를, 그리고 각 문턱의 내부에 살고 있는 '드라마월드'의 등장인물들이나 문턱을 넘나드는 조력자들의 정체성까지를 문제 삼으며 메타성을 강화한다. 그리고 이는 모두, K드라마의 매체적 차원과 그에 결부된 팬덤의 K드라마 향유 원리를 노골화하는 전략을 향해 나아간다.

〈드라마월드〉가 K드라마에 대한 팬덤의 향유 원리를 팬픽션적 방법론을 통해 보여줄 때 흥미로운 또 다른 지점은 바로 '실사 영상콘텐츠'의 차원,

소위 '2.5D'의 세계에 놓인 여러 문턱을 노출한다는 것이다. '2.5D'라는 범주는 오타쿠적 향유의 대상을 유형에 따라 분류하는 은어로 널리 쓰인다. 이 명칭은 만화, 애니메이션, 디지털 게임 등 2차원의 이미지로 이루어진 허구의 콘텐츠 및 캐릭터를 '2D'로 통칭하던 데에서 비롯한 것으로, 배우나 아이돌 등 팬덤의 대상이 되는 실제 인간 유명인은 '2D'와 구분되는 존재라는 의미에서 '3D'로 불린다. 그리고 영화나 텔레비전 드라마 등 실사 영상 콘텐츠에서 실제 인간 배우가 연기하는 허구의 캐릭터를 2D와 3D 사이의 존재라는 의미로 '2.5D'로 부르며, 주로 '쩜오디', '쩜오' 등으로 통칭된다. '2.5D'라는 분류가 따로 존재하게 된 것은, 실사 영상콘텐츠에 대한 팬덤 수행이 개별 작품 텍스트(들) 및 등장인물(들)에 대한 사랑이라는 층위와 그것(들)을 연기한 현실의 배우에 대한 사랑이라는 층위가 교착된 방식으로 이루어지며, 이는 '2D'나 '3D'에 대한 탐닉과 구분되는 특징이라는 인식이 팬덤 내부에 널리 공유되고 있기 때문이다.

'2.5D'라는 차원의 설정은 나아가, 실사 영상콘텐츠를 대상으로 하는 팬픽션 특유의 서사 생성 원리를 형성한다. '드라마월드' 내의 수많은 K드라마에서 남자주인공 역할을 맡아 온 준이 시즌1 후반부에서 자신의 정체를 알고 큰 충격을 받으며 혼란스러워하는 것과 달리, 현실 세계의 K드라마 팬으로 지내다가 '드라마월드'에 빙의한 조력자 인물들은 자신들이 '2.5D'의 방식으로 '드라마월드'의 거주민들을 사랑하고 있음을 애초에 인지하고 있다. 이는 클레어가 K드라마에 대한 자신의 애정을 다른 사람에게 설명하는 〈드라마월드〉 시즌1의 맨 첫 번째 에피소드에서부터 분명히 표현된다. 이 신에서 클레어가 언급하는 '드라마월드'의 드라마들은 로맨틱 코미디, 서정적인 멜로드라마, 타임슬립 시대물, SF 등 다양한 장르를 망라하는데, 각 드라마에서 언제나 남자주인공을 맡은 준은 배경과 의상이 달라져도 표정과 제스처는 똑같은 모습을 반복하며 '2.5D'적 존재의 연속성을 과장되게 드러낸다. 이때 중요한 것은 준의 모습이 담긴 인서트 쇼트들이 지나간 직후 클레어가 "그런데 다른 드라마에서는 9회 전에 첫 키스에 성공하더니

<사랑의 맛>에서는 12회가 되도록 서연과 키스를 못 하고 있잖아요!"라고 불안감 가득한 불만을 터뜨린다는 점이다. 이는 클레어의 애정이 단순히 준이라는 배우, 즉 3D 연예인에 대한 사랑이 아니라 2.5D로서의 준에 대한 사랑인 동시에, 자신이 탐닉하는 환상 세계의 안정적인 존속을 간절히 바라는 K드라마 팬의 사랑임을 보여주는 바다.

이는 <드라마월드>가 K드라마의 세계에 대한 패러디라는 점과 우선 결부된다. 2000~2010년대 K드라마의 주요 장르 중 하나인 판타지 드라마 작품들은 "기억[의식]과 몸의 주체성"을 주요 모티프로 삼아 "존재자들의 주체성 성립"을 탐구해 왔다.[21] 이러한 판타지 드라마의 환상성은 대부분 "기억의 단절과 회복의 계기가 작동하는 방식"과 관련되어, "경험을 초월한 기억의 주체 성립이 가능한지, 사건에 대한 기억이 없는데도 그에 대한 감정을 느낄 수 있는지 등에 대한 심리철학적 문제와 시간과 공간, 존재자간의 존재론적 관련성에 대한 인식론적 문제를 제기"[22]해 왔던 것이다. <드라마월드>는 이와 같은 K드라마의 주요 모티프를 '2.5D' 및 웹콘텐츠 향유의 원리에 따라 재해석하고 새롭게 재현해 낸다.

<드라마월드>의 시즌1에서 자신이 '2.5D'임을 알아챈 등장인물이 준과 가인 둘뿐인 것에 반해, 시즌2에서는 '드라마월드'의 거의 모든 주요 등장인물이 자신의 정체성을 인식하게 된다. 이는 자신이 지금 출연 중인 드라마뿐 아니라 앞서 다른 많은 드라마에 출연했었다는 것을 기억해내는 방식으로 장면화된다. 이들이 '드라마월드'의 위기를 조장하거나 극복하기 위해 조력자 인물들과 규합 및 대립하는 서사는 바로 이 '2.5D'의 원리에 따라 전개된다. 서로 다른 작품에 등장한 동일한 배우는 이전 작품에서의 기억과 경험을 동원할 수 있고, 또한 '2.5D'의 원리를 자각한 덕분에 서로 다른 작품 간의 문턱을 인지하며 이를 넘나들 수도 있게 되는 것이다. <드라마월드>가 메타성을 획득할수록 한층 본격적으로 나타나는 이 문턱들은, 환상 서사 일반에서 현실계와 환상계를 잇는 장치로 전통적으로 쓰여 왔던 옷장의 문은 물론이고 서로 다른 작품의 시공간 사이에 생겨나는 포털, 한 명의

배우가 이 인물에서 저 인물로 전환되기 위해 갈아입는 의상, 그리고 각기 다른 두 드라마의 현재 장면들이 분할 화면을 통해 동시에 송출되는 방식 등의 형태로 나타나면서 '영상 드라마'의 매체적 장치를 십분 활용한다.

이상의 문턱들이 작품 내에서의 크로스오버 작업을 위해 나타나는 것이라면, 시즌2의 반복적인 구성, 즉 25분가량의 본편 전개가 종료되면 20분가량의 본편 재편집 클립과 메이킹필름이 바로 뒤를 잇는 매 회차의 구성은 '작품'의 외부, 즉 〈드라마월드〉를 만들고 향유하는 이들의 존재를 지시하며 시즌 1에는 없던 또 다른 문턱을 드러낸다. 〈드라마월드〉라는 작품 전체를 K드라마 향유 양상에 대한 은유로 볼 때, 이는 숏폼 동영상 콘텐츠에서 흔히 나타나는 파라텍스트의 주텍스트화[23]로 볼 수 있다. 우선 매 회차 부가되는 본편의 재편집 클립은 음향이나 자막 등의 삽입을 통하여 같은 장면을 다른 인물의 입장에서 보여주는 '2차 창작'을 제작진이 시도하는 것이기도 하고, 좋아하는 장면만을 골라 클립화하여 즐기는 K드라마 향유의 웹콘텐츠적 방식을 반영한 것이기도 하다.

한편 메이킹필름은 배우와 등장인물이라는 '2.5D'적 경계를 가시화하는 동시에, 팬들이 K드라마를 즐기는 포인트를 알려주는 기능을 한다. 시즌2의 메이킹필름은 팬덤을 대신하는 카메라 밖 취재진의 질문에 배우가 대답하는 것은 물론, 시즌 후반부로 갈수록 각 배우의 마지막 촬영 후 환송 세레머니를 담은 영상을 매 회차 보여주면서 배역과 배우의 분리를 노출한다. 이는 또한 현장에서의 촬영과 디렉팅, 편집 등 제작 과정을 전반적으로 노출하면서, 작품 내에서는 심각하게 대립하는 관계라도 그 작품을 만드는 실제 배우들과 제작진은 '화기애애'하다는 것을 보여주는 데에 주력한다. 이러한 파라텍스트들은 〈드라마월드〉에의 몰입을 해치기는커녕 〈드라마월드〉를 즐길 수 있는 요소를 풍성하게 해 주는 역할을 한다. 이는 모두 K드라마 팬덤의 '과몰입'이 '실제 있을 법한 이야기를 다루는 텍스트'에의 몰입이 아닌 '2.5D'의 팬덤 수행 원리에 따라 이루어지고 있기 때문에 가능한 일이다.

데이터베이스형 인물의 정체성과 〈드라마월드〉의 젠더정치

〈드라마월드〉 시즌1과 시즌2를 가르는 또 하나의 결정적인 지점은 바로 이세계 빙의물의 젠더에 대한 인식의 여부이다. 이세계 빙의물은 소위 '여성향'과 '남성향'으로 장르가 나뉘는 경향이 뚜렷하며, 그에 따라 서사 내적인 구성 역시 변주되는 양상을 보인다.[24] 그럼에도 둘을 한데 묶을 수 있는 것은 양자 모두가 현실 세계에서의 비루한 처지를 이세계에서 보상받고자 하는 욕망을 서사적 추동력으로 삼는다는 공통점을 갖고 있기 때문이다. 이 서사 유형의 내적 구성이 수용자층의 젠더에 따라 변주된다고 할 때, 그 분기점은 이 욕망이 누구의 어떤 욕망인가에 달려 있을 것이다. 〈드라마월드〉 시즌2는 시즌1이 던지지 않았던 바로 그 질문을 본격적으로 던지면서, 이세계로의 빙의를 추동하는 욕망에 젠더의 차원이 깊이 개입해 있음을 폭로한다.

대중적 서사는 수용자층이 속한 현실 세계의 변화를 기민하게 반영하는데, 최근 몇 년 사이 다시금 이루어진 페미니즘의 대두는 이러한 경향에서 단연 손꼽을 만하다. 이는 OTT 서비스의 오리지널 제작 콘텐츠나 알고리즘 등이 '여성 서사'를 '여성 취향'으로 전유하는 양상에서부터,[25] 여성향 로맨스판타지의 인기 서사 유형인 이세계 빙의물이 독자들의 요구에 따라 전형적인 여성상의 일부 전복을 시도하는 최근 경향이나 여성향 다중서사 연애 시뮬레이션 게임에서 나타나는 여성 주체성의 변화[26] 등 서브컬처의 영역에서도 여실히 관찰되는 바다. 〈드라마월드〉 시즌1과 시즌2 사이의 시간적 간격 역시 이러한 지점에서 생각해 볼 만하다. 시즌1이 공개된 이후 시즌2가 만들어지기까지 약 5년의 시간이 흐르는 동안, 현실 세계에서는 미투(Me Too) 운동을 통해 젠더 폭력 문제에 대한 사회의 민감도가 높아졌고, 한편으로는 비자발적 독신 남성, 소위 인셀(involuntarily celibate) 문화가 확산해 왔기 때문이다.

그런데 〈드라마월드〉 시즌2의 변화는 비단 문화콘텐츠가 현실의 사회문화적 변화를 반영한다는 일반론적인 차원뿐 아니라, 〈드라마월드〉가 K드라마라는 세계에 대한 팬덤의 향유 양상을 재현하는 텍스트라는 점과도 긴밀히 결부된 문제다. 시즌1에서 '드라마월드'를 위험에 빠뜨리는 것은 조력자 인물인 세스의 욕망이다. 여자주인공인 서연의 사랑을 차지하고자 하는 그는 '드라마월드'를 지탱하는 가장 중요한 규칙인 남자주인공과 여자주인공의 '진정한 사랑의 키스'를 방해하려 하며, 이를 위해 K드라마의 클리셰에 따라 여자주인공으로부터 남자주인공을 빼앗으려 하는 악녀형 '2.5D' 인물인 가인과 공모한다. 그 과정에서 세스는 서연을 스토킹하거나 위협하는 등 폭력적인 모습을 보이지만, 이는 준을 차지하기 위해 계략을 펼치는 가인의 '악행'과 병치되어 있기에 젠더 폭력으로서의 속성이 특별히 주목되지는 않는다. 또한 〈드라마월드〉 시즌1은 K드라마 팬덤의 팬픽션적 환상을 클레어의 이세계 빙의라는 설정을 통해 실현해 보이는 데에 주력하고 있기에, 세스의 욕망이 지닌 근원이나 그 작동의 역학까지 들여다보지는 않는다. 그러나 이세계로서의 K드라마를 메타화하는 작업이 한층 본격화하는 시즌2에서 이는 더이상 미루어둘 수 없는 문젯거리가 된다. 가령 시즌1에서 여자주인공 서연을 대상으로 한 세스의 스토킹은 시즌2에 오면 '드라마월드'에 빙의한 남성 조력자 모두가 각자의 여자주인공에게 가한 행위였던 것으로 드러나며, 시즌1에서는 드러난 바 없었던 세스의 빙의 계기 또한 시즌2에서는 내내 중요하게 다루어지면서 그들의 이세계 빙의 욕망이 인셀의 것임이 분명해진다.

〈드라마월드〉 시즌2는 세스가 '드라마월드'에 빙의하게 된 사연과 빙의 이후 보이는 욕망 및 그에 따른 행태를 상세히 다룬다. '내가 현실 세계에서는 비루하지만 이세계에서라면 달라질 수 있다'라는 욕망은 이세계 빙의물의 일반적인 요소인데, 세스의 욕망은 여성혐오적 원한에 기초한 인셀의 것임이 밝혀지면서 '보상으로서의 여성'을 원하는 방향으로 나아가게 된다. 현실 세계에서 세스가 겪은 비루함의 경험은 그저 여성에게 인기 없는 남성의 막연한 좌절이 아니라, 가상의 콘텐츠에 대한 데이터베이스적 소비의 방식을 세스가 현실 세계의 여성에게도 그대로 적용했기 때문에 나타나는 좌절로 그려진다는 점에서 흥미롭다. 세스는 K드라마에서 남자주인공이 여자주인공에게 하는 전형적인 대사와 행동을 현실에서도 있는 그대로 모방했다가 주변의 비웃음을 산다. 이에 분노와 모멸감을 느낀 세스는 K드라마의 세계로 도피하고 싶다는 강력한 욕망에 휩싸이고, 그 간절함이 바로 세스를 '드라마월드'로 빙의시키는 동력이 되는 것이다.

이는 시즌1에서 이루어졌던 클레어의 빙의와 대비되면서 시즌2의 젠더 전선을 형성하는 단초가 된다. 클레어가 빙의된 계기는 '내가 향유 중인 이야기가 내가 원하는 방식대로 진행되지 않았기 때문에 이를 보완하고 싶다', '내가 원하는 두 등장인물이 내가 원하는 방식대로 이야기 속에서 맺어지면 좋겠다'라는 팬픽션적인 욕망이다. 〈드라마월드〉 시즌1의 서사는 일견 K드라마의 멋진 남성과 로맨스적 관계를 이루고 싶은 K드라마 여성 팬덤의 판타지가 투영된 것처럼 보일 수 있지만, '드라마월드'에 빙의한 클레어가 〈사랑의 맛〉의 준이 자신에게 반할 것 같은 기미를 보일 때마다 그의 관심을 여자주인공 서연에게 돌리려고 애쓴다는 점에 유의해야 한다. 클레어의 욕망은 남자주인공에 대한 소유욕이라기보다는 '남자주인공과 여자주인공의 사랑이 이루어지는 K드라마의 향유'에 중점을 둔 것임이 이를 통해 드러나기 때문이다. 이에 반해 세스가 욕망하고 이해하는 K드라마의 세계는 (현실과는 달리) 남자주인공이 규칙에 따라 행동하면 여자주인공의 진정한 사랑이라는 보상을 얻을 수 있는 세계이다. 그러나 조력자인 세스가 아무리 데이터베이스적 논리에 따라 여자주인공을 '공략'해도 여자주인공은 '드라마월드'의 규칙에 따라 남자주인공과 맺어지고 만다.

〈드라마월드〉 시즌2는 이를 세스 개인의 실패로 다루지 않고, 세스가 조력자 인물들을 규합하여 결성한 단체인 'SLA'(Second Leads Anonymous, 익명의 조연들)의 정치적 세력화로 확장한다. 'SLA'는 전원이 남성인 호모소셜 집단이라는 점에서 〈드라마월드〉 시즌2에서 형성되는 젠더 전선의 한 축을 이루는 한편, 인셀 담론을 인식 기반으로 하여 여자주인공을 독점하는 남자주인공에 대한 깊은 적대감을 표하는 것으로 구심력을 강화한다. 개인적으로 흩어져 있던 조력자 남성들 각자의 목적은 여자주인공의 사랑을 얻는 것이었지만 SLA의 목적은 그와 다르다. 이들은 인셀로서의 원한 감정을 계급의식과 유사한 형태로 증폭시킴으로써, 진정한 사랑의 성취라는 '드라마월드'의 절대적 규칙을 파괴하고 자신들이 이 세계를 지배하고자 한다. 이 과정이 계급의식과 유사한 형태로 나아갈 수 있었던 것은 SLA가 조력자형 인물뿐 아니라 '2.5D'이되 주인공이 아닌 조연 인물들까지를 규합하였기 때문이다. 이들의 분노는 표면적으로 '드라마월드'의 구성 원리에 대한 전복의 시도로 그려지며, 이는 곧 데이터베이스적 소비 논리에 대한 거부처럼 보이는 면도 있다. 그러나 이들의 연대가 자신이 '드라마월드'의 규칙에 따라 행동해도 보상으로서의 여자주인공이 주어지지 않는 상황에 대한 억울함의 공감대에 발판을 두고 있다는 점을 고려한다면, SLA의 봉기는 결국 데이터베이스적 세계 인식이 도착적으로 발현된 바라고 할 수 있다.

이세계 빙의물로서 〈드라마월드〉 시즌2의 서사적 목표는 바로 이 SLA로부터 '드라마월드'를 지켜내는 일이 된다. 시즌1에서 클레어는 수동적이고 전통적인 유형의 여성 인물인 서연과 대비되는 진취적이고 능동적인 여성으로 형상화되었는데,27 이는 '위기에 빠진 세계를 구원하는 백인'의 위치에 클레어를 놓는 작업이자 아시아인(여성)에 대한 백인의 우월성을 드러내는 일이라는 혐의를 피하기 힘들다. 그러나 〈드라마월드〉 시즌2의 여성 등장인물들과 조력자들은 모두 연합을 이루어 SLA에 대항하는 젠더 전선을 구축한다. 이러한 변화의 젠더정치적 의미는 단순히 '여성 인물들이 서로 돕는다'는 것 정도에 그치는 것이 아니다. 여기에서 주목해야 할 지점은 이 연합이 거의 모든 '2.5D' 인물들의 연속적인 자아정체성 자각과 그에 따른 극단적 크로스오버가 이루어지는 시즌2의 전개에 힘입어 가능해졌다는 점이다.

조력자가 아닌 등장인물들이 자신들의 정체성을 자각하게 된다는 것은, '드라마월드'의 다섯 번째 규칙("진정한 사랑이 이루어지면 드라마가 초기화된다.

캐릭터의 기억이 다음 작품을 위해 깨끗하게 지워지고 두 주인공은 다음 드라마에서 새로이 사랑에 빠지게 된다. 언제나 처음인 것처럼.")이 심각하게 흔들리고 있음을 의미한다. 시즌2의 '2.5D' 등장인물들은 이 규칙을 위반하고 기억을 유지함으로써 자신의 일관된 정체성을 확보하며 그에 따라 각기 세력을 이루게 되는 것이다. 이는 거대한 서사에 기대기보다는 그때그때 필요한 요소들을 동원하고 조합하는 데이터베이스적 소비의 원리를, 즉 파편들의 끊임없는 접속과 단절을 넘어서는 일관된 통합성의 확보라고 할 수 있다. K드라마 향유를 메타적으로 탐구하는 텍스트로서 〈드라마월드〉 시즌2가 택한 방법론인 극단적인 크로스오버가 바로 데이터베이스적 서사 생성의 원리를 따르는 팬픽션의 방법론이었음을 생각할 때, 이는 〈드라마월드〉 시즌2에서 걷잡을 수 없는 모순을 형성하고 만다. 이러한 상황에서 두 세력 간의 결투가 극에 달하는 순간 서사가 뚝 끊기고 시즌2가 종결된다는 것은, 〈드라마월드〉가 이 모순 앞에서 뚜렷한 답을 내리고 있지 않음을, 혹은 내리지 못했음을 의미한다.

'뒤가 없는' 팬픽션, 〈드라마월드〉

〈드라마월드〉 시즌2는 극단적인 크로스오버와 문턱들의 노출을 통한 형식상의 메타적 탐구의 지향점과, 이세계 빙의물의 젠더정치적 차원에 대한 서사상의 탐구 사이에 발생한 모순을 텍스트 내적으로 해결하지 못한 작품이다. 시즌2까지의 〈드라마월드〉는 스스로 과감하게 던진 질문들에 답을 내리지 못하고 '도망'을 가 버린 상태라고 할 수 있다. 그러나 〈드라마월드〉의 '도망'은 제작진의 의도와 능력을 초과하는 효과를 여전히 발현한다. 〈드라마월드〉 시즌2의 갑작스러운 종결은 이 웹드라마가 팬픽션적 원리에 입각한 콘텐츠임을 재차 보여주는 면이 있기 때문이다. 이는 말하자면 독자들로부터 "뒤가 없어요"라는 원성을 사곤 하는, 트위터 등지에서 실시간으로 생성되는 온라인 '썰'의 양상과 닮아있다. "전통적인 문학이 이미 완성된(being) 형태였다면, 팬픽션은 끊임없이 생성되는(becoming) 문학이다. 팬픽션에서 '완결'은 더이상 필수 조건이 아니다. 오히려 팬들은 자체적으로 이야기 규칙을 만들어냄으로써 계속적으로 새로운 미적 질서를 창출해간다."[28]라는 선행 연구를 여기에서 다시 떠올려볼 만하다.

'K드라마의 세계에서 살아보고 싶다'라는 팬덤의 소원을 대리 충족시켜주는 즐거운 콘텐츠였던 〈드라마월드〉 시즌1은 높은 호응을 얻었지만, K드라마라는 세계 자체를 메타적으로 탐구하면서 데이터베이스 소비 시대의 정치에 대해서까지 질문을 던지는 시즌2는 시즌1에 비해 널리 사랑받지는 못한 작품이었다. 〈드라마월드〉 시즌3의 제작은 그만큼 난망하다고 예상해 볼 수 있겠다. 그러나 만약 다음 시즌이 제작된다면, 시즌1 종료 이후 5년이라는 시간 동안에 계속하여 확장적으로 진화해 간 '2.5D' 팬픽션의 창작 방법론이나 팬덤이 속한 현실 세계에서의 정치적 변화가 시즌2에 반영되었듯이 시즌3 역시 마찬가지이리라는 점도 예상해 볼 수 있을 것이다.

참고문헌

1. 기본자료

김수현, 『글로 읽는 인기드라마: 사랑이 뭐길래』 1-5, 제삼기획, 1992.
_____, 『김수현 드라마 전집』, 솔, 2021.
김은숙 작, 이응복 연출, 〈쓸쓸하고 찬란하神 도깨비〉, tvN 공식 홈페이지.
_________________, 〈미스터 션샤인〉, tvN 공식 홈페이지.
노희경, 『노희경 대본집: 우리들의 블루스 1』, 북로그컴퍼니, 2022.
문화방송, 『문화방송연지: 1989년판』, 1990.
박찬욱·정서경, 『친절한 금자씨 각본』, 그책, 2016.
박해영, 『나의 아저씨』 1,2, 세계사콘텐츠그룹, 2022.
이신화, 『스토브리그』 1,2, 김영사, 2020.
조희 작, 오정록 연출, 〈째즈〉, SBS 공식 홈페이지.

2. 단행본

김광요 편저, 『드라마사전』, 문예림, 2010.
김승현·한진만, 『한국 사회와 텔레비전 드라마』, 방송문화진흥회, 2001.
김환표, 『드라마, 한국을 말하다』, 인물과사상사, 2012.
나은영, 『미디어 심리학』, 한나래, 2010.
노명우, 『텔레비전, 또 하나의 가족』, 프로네시스, 2008.
목혜정, 『영화 사운드의 이해』, 아모르문디, 2021.
박노현, 『드라마, 시학을 만나다』, 휴머니스트, 2009.
송재희 외, 『신세대: 네멋대로 해라: 더이상 탄원은 없다. 돌파하라!』 현실문화연
　　　구, 1993.
신상일·정중헌·오명환, 『한국 TV드라마 50년사』, 한국방송실연자협회, 2014.
양승국, 『일상성의 미학에 이르는 길: 텔레비전 드라마 연구 방법론』, 박이정,
　　　2019.
이남인, 『현상학과 해석학』, 서울대학교출판부, 2004.
이동후, 『월터 옹』, 커뮤니케이션북스, 2018.

이종승, 『미장센』, 아모르문디, 2023.
임홍빈, 『수치심과 죄책감』, 바다출판사, 2016.
정순일·장한성, 『한국 TV 40년의 발자취』, 한울, 2000.
정영희, 『한국 사회의 변화와 텔레비전 드라마』, 커뮤니케이션 북스, 2005.
최민성, 『손에 잡히는 영화 영상』, 한신대출판부, 2012.
한상준, 『영화 음악의 이해』, 한나래, 2000.
황설중, 『인식론』, 민음인, 2009.
챈들러, 게일, 민경원 옮김, 『장면으로 직접 보는 위대한 영화의 편집 기술』, 커뮤
　　　니케이션북스, 2013.
루만, 니클라스, 정성훈·권기돈·조형준 옮김, 『열정으로서의 사랑』, 새물결,
　　　2009.
스티븐슨, 랄프·장 R. 데브릭스, 송도익 옮김, 『예술로서의 영화』, 열화당, 1982.
윌리엄스, 레이몬드, 박효숙 옮김, 『텔레비전론』, 현대미학사, 1996.
메이, 래리·메럴린 프리드먼·앤디 클라크, 송영민 옮김, 『마음과 도덕』, 울력,
　　　2013.
미코스, 로타르, 정민영·김종대·김형래 옮김, 『영화와 텔레비전 분석 교과서』,
　　　커뮤니케이션북스, 2015.
자네티, 루이스, 김진해 옮김, 『영화의 이해』, 7판, 현암사, 1999.
하이데거, 마르틴, 이기상 옮김, 『존재와 시간』, 까치, 1998.
　　　＿＿＿＿＿＿＿＿＿, 전양범 옮김, 『존재와 시간』, 동서문화사, 2015.
피셔, 마크, 안현주 옮김, 『기이한 것과 으스스한 것』, 구픽, 2019.
시옹, 미셸, 윤경진 옮김, 『오디오-비전: 영화의 소리와 영상』, 한나래, 2003.
케이건, 셸리, 박세연 옮김, 『죽음이란 무엇인가』, 엘도라도, 2012.
아리스토텔레스, 천병희 옮김, 『시학』, 문예출판사, 2002.
바디우, 알랭, 『사랑 예찬』, 길, 2010.
에드문트 후설, 이종훈 옮김, 『경험과 판단』, 민음사, 2009.
　　　＿＿＿＿＿＿, 이종훈 옮김, 『시간의식』, 한길사, 2018.
일루즈, 에바, 김정아 옮김, 『감정 자본주의』, 돌베개, 2010.
하버마스, 위르겐, 이강수 옮김, 『커뮤니케이션 행위이론 1』, 나남출판, 1994.
요한네스 헨센, 이강조 옮김, 『인식론』, 서광사, 1986.
왕, 이엔, 박지훈 옮김, 『댈러스 보기의 즐거움』, 나남, 2018.
레이코프, 조지·마크 터너, 노양진·나익주 옮김, 『삶으로서의 은유』, 박이정,
　　　2006.

레이코프, 조지, 손대오 옮김, 『도덕, 정치를 말하다』, 김영사, 2010.

드 그루트, 제롬, 이윤정 옮김, 『역사를 소비하다』, 한울아카데미, 2014.

제틀, 금동호·박덕춘 옮김, 『영상미학』, 삼경, 1998.

포코니에, 질·마크 터너, 김동환·최영호 옮김, 『우리는 어떻게 생각하는가』, 지호, 2009.

이글턴, 테리, 오수원 옮김, 『악: 우리 시대의 악과 악한 존재들』, 이매진, 2015.

드 소쉬르, 페르디낭, 김현권 옮김, 『일반언어학 강의』, 커뮤니케이션북스, 2012.

부르디외, 피에르, 현택수 옮김, 『텔레비전에 대하여』, 동문선, 1998.

젠킨스, 헨리, 정현진 옮김, 『팬, 블로거, 게이머 – 참여문화에 대한 탐색』, 비즈앤비즈, 2006.

邱鴻鐘主編, 『藝術心理評估與繪畫治療』, 廣東高等教育出版社, 2014.

蘇珊·桑塔格, 『疾病的隱喩』, 程巍譯, 上海譯文出版社, 2003.

아즈마 히로키, 장이지 옮김, 『게임적 리얼리즘의 탄생 – 오타쿠, 게임, 라이트노벨』, 현실문화, 2012.

山岸俊男, 「信賴」, 『社会心理学　アジアからのアプローチ』, 東京大学出版会, 2003.

에노모토 히로아키, 김지선 옮김, 『인정욕구』, FIKA, 2023.

오사와 마사치, 송태욱 옮김, 『연애의 불가능성에 대하여』, 그린비, 2005.

후나하시 가즈오, 황왕수 옮김, 『시나리오 작법 48장』, 다보문화, 1998.

아스무트, B., 송전 옮김, 『드라마 분석론』, 서문당, 2000.

Ihde, Don, 박종문 옮김, 『소리의 현상학』, 예전사, 2006.

Hobsbawn, E., 이용우 옮김, 『극단의 시대: 20세기 역사』, 까치글방, 1997.

Steiger, E., 오현일·이유영 옮김, 『시학의 근본 개념』, 삼중당, 1978.

Allen, Jon, 권정혜 외 옮김, 『트라우마의 치유』, 학지사, 2010.

Sterne, Jonathan, 윤원화 옮김, 『청취의 과거』, 현실문화연구, 2010.

Brackett, Marc, 임지연 옮김, 『감정의 발견』, 북라이프, 2020.

L. G. Calhoun & R. G. Tedeshi, 강영신 외 옮김, 『외상후성장』, 학지사, 2015.

Levin, Peter, 서주희 옮김, 『몸과 마음을 잇는 트라우마 치유』, 학지사, 2014.

Ogden, Pat, 김명권 외 옮김, 『트라우마와 몸』, 학지사, 2019.

Pütz, P., 조상용 옮김, 『드라마 속의 시간 ―극적 긴장 조성의 기법-』, 들불, 1994.

Mackee, R., 고영범·이승민 옮김, 『시나리오 어떻게 쓸 것인가』, 황금가지, 2002.

Connell, R. W., 안상욱·현민 옮김, 『남성성/들』, 이매진, 2013.

Faludi, Susan, 황성원 옮김, 손희정 해제, 『백래시: 누가 페미니즘을 두려워하는가?』, 아르테, 2017.

Field, Syd, 박지훈 옮김, 『시나리오 워크북』, 경당, 2001.

Moores, S., 임종수·김영한 옮김, 『미디어와 일상』, 커뮤니케이션북스, 2008.

Todorov, T., 최애영 옮김, 『환상문학 서설』, 필로소픽, 2022.

Ong, Walter, 임명진 옮김, 『구술문화와 문자문화』, 문예출판사, 1995.

Gaylin, Ann, *Eavesdropping in the Novel from Austen to Proust*, Cambridge University Press, 2003.

Gorbman, Claudia, *Unheard Melodis: narrative film music*, Bloomington: Indiana University Press, 1987.

Cannadine, David (ed.), *History and the media*, Basingstoke: Palgrave Macmillan, 2007.

Genette, Gérard, *Paratexts: Thresholds of Interpretation* (Jane E. Lewin, Trans.), Cambridge: Cambridge University Press, 1997.

Locke, John L., *Eavesdropping: An Intimate History*, Oxford University Press, 2010.

3. 논문

강목련, 「타임슬립을 활용한 드라마의 서사구조와 함축 의미-드라마 〈눈이 부시게〉에 대한 기호학적 분석」, 성균관대학교 석사학위논문, 2019.

강수환, 「뉴미디어로 재편되는 세계 간의 접속 - 웹드라마 〈드라마월드〉를 중심으로」, 『탈경계인문학』 27, 이화여자대학교 이화인문과학원, 2017.

강영안, 「악에 대한 형이상학적 성찰」, 한국정신문화연구원, 『악이란 무엇인가』, 도서출판 창, 1992.

고선희, 「웹드라마 클리셰에 대한 문화론적 탐구 - 글로벌 웹드라마 〈드라마 월드〉를 중심으로」, 『코기토』 84, 부산대학교 인문학연구소, 2018.

권두현, 「'관계론적 존재론'의 정동학」, 『한국극예술연구』 66, 한국극예술학회, 2019.

김강원, 「TV드라마 〈눈이 부시게〉의 중첩적 의미구조」, 『리터러시연구』 10(4), 한국리터러시학회, 2019.

김공숙, 「드라마 〈나의 아저씨〉에 나타난 중년 남성의 개성화 과정」, 『영상문화콘텐츠연구』 24, 동국대학교 영상문화콘텐츠연구소, 2021.

김만수, 「김수현 극본의 대중성」, 『한국학연구』 16, 인하대학교 한국학연구소, 2007.

김미라, 「멜로드라마 〈밀회〉의 코드파괴(code-breaking)와 그 함의」, 『한국극예술연구』 45, 한국극예술학회, 2014.

김민영, 「플랫폼의 확장과 좀비 서사의 구현 연구-넷플릭스 오리지널 드라마 〈킹덤〉 시즌1을 중심으로」, 『현대문학이론연구』 77, 현대문학이론학회, 2019.

김석, 「한국 사회 이념 갈등의 심리적 근원분석」, 『철학연구』 48, 고려대학교 철학연구소, 2013.

김세준, 「공동체적 윤리에 대한 초월적 상상력 고찰」, 『스토리앤이미지텔링』, 21, 건국대학교 스토리앤이미지텔링연구소, 2021.

김소형, 「모든 인간은 본성상 도덕적이다-칸트의 근본악과 선택의지의 자유를 중심으로」, 『철학논총』 109, 새한철학회, 2022.

김수철·강정수, 「케이팝에서의 트랜스미디어 전략에 대한 고찰 - 〈강남스타일〉 사례를 중심으로」, 『언론정보연구』 50, 서울대학교 언론정보연구소, 2013.

김승현·나은영·임인재, 「판타지 드라마 주인공의 초현실적 능력과 몰입」, 『언론정보연구』 56, 서울대학교 언론정보연구소 2019.

김유나, 「팬픽션의 생성 구조 연구 - 〈스타트렉〉을 중심으로」, 이화여자대학교 박사학위논문, 2017,

박노현, 「悲劇으로서의 텔레비전 드라마」, 『한국문학연구』 36, 동국대 한국문학연구소, 2009.

______, 「케이드라마 인 더 트랩 - 삼국 합작 웹드라마 〈드라마월드(Dramaworld)〉를 중심으로」, 『한국문학연구』 52, 동국대학교 한국문학연구소, 2016.

______, 「젊은 노인의 환상, 늙은 청년의 현실-JTBC 미니시리즈 〈눈이 부시게〉를 중심으로」, 『상허학보』 57, 상허학회, 2019.

박웅기, 「좋아하는 텔레비전 등장인물들의 특성에 대한 시청자들의 반응」, 『한국언론학보』 47, 한국언론학회, 2003.

박찬효, 「'몰아보기(binge viewing)'를 위한 OTT드라마의 스토리텔링 전략 연구: 〈킹덤〉 1,2를 중심으로」, 『인문콘텐츠』 60, 인문콘텐츠학회, 2021.

백경선, 「김수현 가족드라마의 가족 담론 고찰-〈엄마가 뿔났다〉, 〈인생은 아름다워〉, 〈무자식 상팔자〉를 중심으로-」. 『한국극예술연구』 50, 한국극예술학회, 2015.

______, 「멜로드라마 남성 주인공, 초능력을 캐스팅하다」, 텔레비전 드라마 연

구회 편, 『텔레비전 드라마, 판타지를 환유하다』, 소명, 2020.

______, 「OTT 시대 드라마 변화 양상」, 『한국극예술연구』 78, 한국극예술학회, 2023.

서곡숙, 「시간여행 영화의 쾌락:시간, 죽음, 두려움으로부터의 해방」, 『영상연구』 18, 영상예술학회, 2011.

서병창, 「토마스 아퀴나스의 악의 문제」, 『중세철학』 19, 한국중세철학학회, 2013.

손혜민, 「OTT 서비스와 '여성 취향'의 진화 – 드라마 〈킬링이브〉를 중심으로」, 『여성문학연구』 51, 한국여성문학학회, 2020.

송치혁, 「유동하는 웹, 확장하는 드라마」, 『대중서사연구』 41, 대중서사학회, 2017.

신주진, 「김수현 vs 김정수 가부장체제의 안과 밖」, 『29인의 드라마 작가를 말하다』, 믐, 2009.

안상원, 「한국 웹소설의 '책빙의물'의 특성 연구 – 로맨스판타지 장르를 중심으로」, 『대중서사연구』 55, 대중서사학회, 2020.

양근애, 「TV 드라마 〈대장금〉에 나타난 '가능성으로서의 역사' 구현 방식」, 『한국극예술연구』 28, 한국극예술학회, 2008.

양문군, 「한·중 타임 슬립 드라마의 비교 분석 – 보보경심, 옥탑방 왕세자를 중심으로」, 건국대학교 석사학위논문, 2018.

양승국, 「일상성의 미학에 이르는 길: 홍상수의 영화와 노희경의 텔레비전 드라마를 중심으로」, 『관악어문연구』 34, 서울대학교 국어국문학과, 2018.

오세정, 「한류 드라마의 흐름과 성공 요인 재고 – 〈사랑이 뭐길래〉, 〈겨울연가〉, 〈대장금〉, 〈별에서 온 그대〉를 대상으로」, 『개신어문연구』 41, 개신어문학회, 2016.

유인혁, 「한국 웹소설 판타지의 형식적 갱신과 사회적 성찰: 책빙의물을 중심으로」, 『대중서사연구』 53, 대중서사학회, 2020.

윤석진, 「TV 드라마의 현실성(reality) 확보 방식 고찰」, 『한국극예술연구』 21, 한국극예술학회, 2005.

______, 「2000년대 한국 텔레비전 역사드라마의 장르 변화 양상 고찰 1」, 『한국극예술연구』 38, 한국극예술학회, 2012.

______, 「2000년대 한국 텔레비전 역사드라마의 장르 변화 양상 고찰 2」, 『비평문학』 48, 한국비평문학회, 2013.

윤석진·정현경·박상완, 「텔레비전 드라마의 "막장" 논란에 대한 고찰」, 『한국언어문화』 59, 한국언어문화학회, 2016.

이경희, 「사진에서 시간의 의미」, 부산대학교 석사학위논문, 2011.

이다운, 「김은숙 텔레비전 드라마의 대중 전략 연구」, 『한국언어문화』 65, 한국
언어문화학회, 2018.

이상민, 「한류 드라마의 특성과 경쟁력 -〈사랑이 뭐길래〉, 〈겨울연가〉, 〈대장금〉
을 중심으로」, 『비교한국학』 20, 국제비교한국학회, 2012.

이상일, 「정념의 도덕적 속성에 관한 연구」, 『철학논총』 86, 새한철학회, 2016.

이언정, 「배우의 얼굴을 통한 내면의 표현: 벨라 발라즈 이론을 중심으로, 〈오징
어 게임〉 얼굴에 대한 미학적 고찰」, 『한국엔터테인먼트산업학회논문지』
16(4), 한국엔터테인먼트산업학회, 2022.

이영미, 「드라마의 리얼리티와 균형감」, 『황해문화』 79, 새얼문화재단, 2013.

______, 「〈미스터션샤인〉 맥락 잡기」, 『황해문화』 101, 새얼문화재단, 2018,

이정옥, 「멜로드라마, 도덕규범과 감정을 조율하는 근대적 상상력의 역설」, 『대
중서사연구』 25(1), 대중서사학회, 2019.

이지인, 『1990년대 초반 희곡의 남녀 인물 형상화 연구 - 중산층 가정극을 중심
으로-』, 서울대학교 석사학위논문, 2023.

이 진, 「숏폼 동영상 콘텐츠의 유형 연구」, 『인문콘텐츠』 58, 인문콘텐츠학회,
2020.

이철우, 「『사랑이 뭐길래』에 나타난 가족의 의미」, 『한국학연구』 22, 고려대학교
한국학연구소, 2005.

정재웅, 「설교에서 거리 문제」, 『신학논단』 104, 연세대학교 신과대학, 2021.

정진수, 「왜 재미를 두려워하는가?: 〈여명의 눈동자〉를 보고」, 한국방송개발원,
『제3회 프로그램연구토론보고서: 여명의 눈동자』, 1992.

정혜경, 「2010년대 멜로드라마에 나타나는 국가와 개인의 감정구조」, 『대중서사
연구』 25(1), 대중서사학회, 2019.

조미숙, 「〈미스터 선샤인〉의 인물유형과 이미지텔링」, 『한국엔터테인먼트산업학
회논문지』 14(5), 한국엔터테인먼트산업학회, 2020.

조미영, 「시간여행의 이중 서사가 갖는 의미 양상 연구-드라마 「눈이 부시게」를
중심으로」, 『배달말』 65, 배달말학회, 2019.

조형래, 「포스트 시네마의 가상 극장과 비선형의 서사」, 『한국문예창작』 22(1),
한국문예창작학회, 2023.

주창윤, 「텔레비전 드라마의 미학적 성격」, 『한국극예술연구』 23, 한국극예술학
회, 2006.

______, 「〈미스터 션샤인〉, 역사의 소환과 재현방식」, 『한국언론학보』 63(1), 한
    국언론학회, 2019.
한상윤, 「여성향 연애 시뮬레이션 게임의 다중 서사적 특징과 그 효과 - 체리츠
    사의 〈네임리스〉(2013)를 중심으로」, 『대중서사연구』 46, 대중서사학회,
    2018.
황낙건, 「OTT 플랫폼의 썸네일 서비스 유형이 지속이용의도에 미치는 영향: 유
    튜브 이용자를 중심으로」, 『한국엔터테인먼트산업학회논문지』 16(3), 한
    국엔터테인먼트산업학회, 2022.
Downing, Taylor, "Bringing the past to the small screen", David Cannadine
    (ed.), *History and the media*, Basingstoke: Palgrave Macmillan, 2007.
Oh, David C. & LeiLani Nishime, "Imag(in)ing the postnational television
    fan: Counter-flows and hybrid ambivalence in Dramaworld", *International
    Communication Gazette* Vol. 81(2), UK:SAGE Publications Ltd., 2018.
Stilwell, Robynn, "The Fantastical Gap between Diegetic and Nondiegetic",
    In Beyond the Soundtrack: Representing Music in Cinema, edited by Daniel
    Goldmark, Lawrence Kramer, and Richard Leppert, Berkeley: University
    of California Press. 2007.

4. 기타 자료

강명석, 〈'미스터 션샤인', 결국 김은숙의 드라마〉, 『아이즈ize』, 2018.7.25.
    https://www.ize.co.kr/articleView.html?no=2018072423047218533
김 균·전규찬, 「〈부록〉 방송사별 다큐멘터리 프로그램: KBS, MBC, SBS, EBS」,
    『다큐멘터리와 역사: 한국 TV다큐멘터리의 형성』, 한울, 2003.
김종철, 「'사랑이 뭐길래'와 '땡노'」, 『한겨레』 1992.2.15.
김헌주, 〈미스터 션샤인 (1): 계급과 민족의 교차로를 넘나드는 21세기형 신소설
    서사〉, 『한국역사연구회-영상으로 보는 역사』, 2018.9.17.
______, 〈미스터 션샤인 (2): 애국 서사로의 귀결〉, 『한국역사연구회-영상으로
    보는 역사』, 2018.10.14. http://www.koreanhistory.org/6795
남미리, 「김수현 드라마...현실 속 삶 묘사 탁월」, 『문학뉴스』,
    https://www.munhaknews.com/news/articleView.html?idxno=
    53394, 2021.9.17.
민동기, 「이 땅에서 '어른'으로 산다는 것」, 『고발뉴스』, 2018.5.21.

박성수, 「「고개숙인 남자」지나친 펑크족 묘사 또 물의」, 『경향신문』, 1991.4.19.

박신연, 「타타타」증후군 中年 여성들에 급속확산」, 『경향신문』, 1992.2.11.

박아름, 「김국환 "'사랑이 뭐길래' 김혜자 덕 무명시절 끝나"(화밤)」, 『뉴스엔』,
　　　https://www.newsen.com/news_view.php?uid=20220830104408191
　　　0, 2022.8.30

방송비평모임, 변재란 정리, 「MBC '여명의 눈동자'」, 『한겨레』, 1992.1.7.

서병기, 「'나의 아저씨'이선균의 삶, 지겨움과 성실함」, 『헤럴드경제』, 2018.4.1.

신상일, 「리얼리티와 인간 본질의 추구-김수현 드라마 현상과 가치에 대하여」,
　　　『문학의 오늘』 40호, 예옥, 2021.8.

양근애, 「낭만이라는 정념과 역사의 변주」, 『호모 쿨투랄리스』, 한양대학교 평화
　　　연구소, 2019.1.10.
　　　http://peaceinstitute.hanyang.ac.kr/bbs/board.php?bo_table=col-
　　　umn&wr_id=51&page=2

엄지혜, 「김수현이 뭐길래, 지금도 '최고 드라마작가'」, 웹진 『채널 예스』,
　　　https://ch.yes24.com/Article/View/21574, 2013.2.28.

이행선, 「애환의 블루스에서 희망의 블루스로」, 『2022 좋은 방송을 위한 시민의
　　　비평상 수상집』, 한울엠플러스, 2022.

임학송, 「제작과 연출, 연기의 농도론: TV드라마의 여명기를 맞이하여」, 한국방
　　　송개발원, 『제3회 프로그램연구토론보고서: 여명의 눈동자』, 1992.

전영선, 「〈주말 포커스〉 '국민 드라마' 사라지나」, 『문화일보』,
　　　https://entertain.naver.com/read?oid=021&aid=0000186424,
　　　2007.3.24.

정서경, 「'작은 아씨들' 대담② 서로 다른 취향을 가진 전문가들이 각자의 역할을
　　　충실히」, http://m.cine21.com/news/view/?mag_id=101713, 2022.12.23.

＿＿＿, 「내 모든 이야기에 동화가 있다, 〈작은 아씨들〉의 정서경」,
　　　https://h21.hani.co.kr/arti/culture/culture/53521.html, 2023.3.17.

조민준·유선주, 「단독 인터뷰 ②: 〈밀회〉 안판석 PD "최고의 리얼리티가 최고의
　　　판타지를 만든다."」, 『맥스무비』, 2014.5.20.

최성민, 「"드라마 주인공 이미지따라 투표 – '사랑이 뭐길래' 이순재씨 당선에
　　　영향"」, 『한겨레』, 1992.8.19.

최윤경, 「조각난 화음들의 모자이크: tvN 〈우리들의 블루스〉가 발산하는 삶의
　　　빛깔에 대한 소고」, 『2022 좋은 방송을 위한 시민의 비평상 수상집』, 한울
　　　엠플러스, 2022.

최지은, 「〈밀회〉③ 정성주, 위험한 세계의 창조자」, 『아이즈 ize』, 2014.4.8. https://www.ize.co.kr/news/articleView.html?idxno=30902.

허 윤, 「그런 남자는 없다 서문」, 『그런 남자는 없다』, 오월의 봄, 2017.

「드라마 '째즈' 또 경고」, 『한겨레』, 1995.10.30.

「'미스터 션샤인' 보는 역사학자 "안타깝다"」, 『노컷뉴스』, 2018.7.11. https://www.nocutnews.co.kr/news/4998610

「방송위 〈여명의 눈동자〉에 주의조치」, 『동아일보』, 1991.10.26.

「'석호필' 밀러, '온에어' 드림팀 차기작 주인공 물망」, 『아시아경제』, 2008.5.16. http://cm.asiae.co.kr/ampview.htm?no=2008051522221324515

「여명의 눈동자 드라마 기법에 새 지평」, 『경향신문』, 1992.1.29.

「여명의 눈동자 숱한 화제 속 대단원」, 『경향신문』, 1992.2.8.

「여성단체협, '사랑이 뭐길래' 문제점 지적, 『연합뉴스』, 1992.2.6. https://n.news.naver.com/mnews/article/001/0003591285?sid=103

「〈방송〉 KBS-2 주말극 '첫사랑' 최고시청률 기록」, 『연합뉴스』, https://n.news.naver.com/mnews/article/001/0004276348?sid=103, 1997.4.21.

「'째즈' 음악만은 최고」, 『한겨레』, 1995.10.20.

「한민족의 뿌리를 찾는다」, 『경향신문』, 1988.6.16.

「K-TV 다큐드라마 〈잃어버린 왕국〉」, 『경향신문』, 1988.8.8.

「MBC 제2공화국 '다큐드라마' 새 지평 열었다」, 『한겨레』, 1989.9.28.

「SBS 「째즈」 세트디자인 이철호 씨 "세트 구성 따라 분위기 큰 변화"」, 『동아일보』, 1995.09.27.

「SBS 수목드라마 「째즈」 환락·방탕의 젊음 '과장된 표현' 분노」, 『경향신문』, 1995.9.16.

「SBS 「째즈」 시청자평가 두갈래」, 『조선일보』, 1995.09.24.

Annette Lee, 'K-Dramaddiction', The Ann & Ben Show Episode 1, Annette Lee 유튜브 채널, 2021.8.19.(https://www.youtube.com/watch?v=y9EzXkmrWJM, 최종검색일 2023.12.6.)

미주

관계의 회복을 지향하는 일상의 공유: 〈우리들의 블루스〉

1   tvN 홈페이지 〈우리들의 블루스〉 기획 의도(https://tvn.cjenm.com/ko/ourblues/about/)

2   이행선, 「애환의 블루스에서 희망의 블루스로」, 『2022 좋은 방송을 위한 시민의 비평상 수상집』, 한울엠플러스, 2022, 17면.

3   김광요 편저, 『드라마사전』, 문예림, 2010, 271면.

4   작가는 각 에피소드를 이끌어 나가는 중심인물들의 관계가 조금씩 엮이는 독특한 옴니버스식 구성을 취한 것을 하나의 새로운 시도로 밝히기도 했는데, 이는 "몰입력이 높은 단막의 장점과 매 회차 궁금증을 가지고 전개되는 미니시리즈의 장점을 어떻게 하면 섞을 수 있을까"하는 고민에서 출발한 것이라고 말했다. (노희경, 『노희경 대본집: 우리들의 블루스 1』, 북로그컴퍼니, 2022, 6면.)

5   첫 회 오프닝 시퀀스에도 해당 에피소드의 주요 내용인 한수와 은희의 이야기와는 무관한 서사의 파편이 일부 들어가 있다. 영옥의 성격이나 명확히 밝혀지지 않은 과거사에 대해 궁금증을 유발하는 장면이 그러하다. 즉, 영옥은 자신들을 데리러 늦게 온 해녀들에게 타박을 받아도 웃음을 잃지 않고 챙겨온 멀미약을 건넬 정도로 밝고 명랑한 성격으로 그려지는 한편, 혜자로부터 "하는 말마다 거짓말 같은 육지것"이라는 말을 듣고 물질하러 바다에 들어갈 때도 비닐에 휴대폰을 싸 테왁에 꽂아두는 등 숨겨둔 이야기를 가진 인물이라는 인상을 준다. 영옥의 윙크를 받은 정준이 동생 기준에게 영옥과 사귀면 어떠냐고 묻자, 기준이 반대하며 "헤프다"고 한 것도 영옥의 이러한 특성과 연관이 있다.

6   노희경, 앞의 책, 94~95면.

7   '옥동과 동석'과 관련된 서사는 2회 오프닝 시퀀스뿐 아니라 다른 중심인물들과 관련된 이 작품의 개별 에피소드가 진행되는 중간중간에 심심찮게 부분적으로 드러나고는 한다.

8   양승국, 「일상성의 미학에 이르는 길: 홍상수의 영화와 노희경의 텔레비전 드라마를 중심으로」, 『관악어문연구』 34, 서울대학교 국어국문학과, 2018, 48면.

9   최윤경, 「조각난 화음들의 모자이크: tvN 〈우리들의 블루스〉가 발산하는 삶의 빛깔에 대한 소고」, 『2022 좋은 방송을 위한 시민의 비평상 수상집』, 한울엠플러스, 2022, 32~33면.

10   노희경, 앞의 책, 99면.

11   최윤경, 앞의 글, 33면.

12 대표적으로 '옥동과 동석 1'(18회) 에피소드를 주목할 수 있다. 옥동이 병이 깊어 얼마 살지 못할 거라는 사실을 은희가 알게 되고 이를 인권, 호식, 정준 등도 공유한다. 이들은 여전히 그 사실도 모르고 옥동과 절연하고 있는 동석을 영옥의 가게로 끌고 가 술상을 앞에 놓고 달래기도 하며 다그치기도 한다. 동석과 옥동의 냉냉한 관계와 그 이유를 유추할 수 있는 장면은 이 작품 초반부터 다른 인물들의 에피소드에도 순간순간 드러나고 있다. 그러나 영옥의 가게에서 동석이 중재에 나선 은희, 인권, 호식 등에게 자신을 이해하지 못할 거라고 소리치는 장면 이후, 동석은 처음으로 선아에게 과거에 옥동과 어떠한 일이 있었는지 구체적으로 말하고 지금까지의 갈등을 어떠한 방식으로든 풀어가려 한다.

13 이 장면에서 춘희의 이어지는 대사는 "너 정체가 뭐꼬?"이다.

'엿듣기'를 통한 치유와 성장: 〈나의 아저씨〉

1 John L. Locke, *Eavesdropping: An Intimate History*, Oxford University Press, 2010, pp.1-3; Ann Gaylin, *Eavesdropping in the Novel from Austen to Proust*, Cambridge University Press, 2003, p.1. 참고.

2 Ann Gaylin, 앞의 책, 7면.

3 위의 책, 177면.

4 Jonathan Sterne, 윤원화 옮김, 『청취의 과거』, 현실문화연구, 2010.

5 위의 책, 22-27면.

6 김공숙, 「드라마 〈나의 아저씨〉에 나타난 중년 남성의 개성화 과정」, 『영상문화콘텐츠연구』 24, 동국대학교 영상문화콘텐츠연구소, 2021.

7 김세준, 「공동체적 윤리에 대한 초월적 상상력 고찰」, 『스토리앤이미지텔링』, 21, 건국대학교 스토리앤이미지텔링연구소, 2021.

8 권두현, 「'관계론적 존재론'의 정동학」, 『한국극예술연구』 66, 한국극예술학회, 2019, 89-90면; 김세준, 앞의 글, 108-109면; 김공숙, 앞의 글. 267면.

9 Jon Allen, 권정혜 외 옮김, 『트라우마의 치유』, 학지사, 2010, 43면.

10 Peter Levine, 서주희 옮김, 『몸과 마음을 잇는 트라우마 치유』, 학지사, 2014, 49-51면 참조.

11 Jon Allen, 앞의 책, 25면.

12 본 논문에서 〈나의 아저씨〉 텍스트는 박해영의 대본집(『나의 아저씨』 1,2, 세계사콘텐츠그룹, 2022)에 기반하며, 직접인용의 경우 본문 중에 큰따옴표로 표시한다.

13 이러한 '인지적 재구성'에 대해서는 Jon Allen, 앞의 책, 154면 및 396면 참조.

14 이것은 기독교에서 청중의 복음 청취 과정을 일종의 '엿듣기'로 설명하는 크래독의 관점에서 가져왔다. *Overhearing the Gospel* 이라는 책에서 그는 복음이 무엇인지

직접적으로 설명하는 것보다 청중을 복음에 노출시켜 그들이 주체적으로 복음을 경험하게 하는 방식이 더 효과적이라고 본다. 즉 설교자는 자신의 성서 해석을 청중에게 들려주고, 이것을 거리를 두고 엿들은 청중이 자율적 주체로서 말씀을 해석, 수용하게 된다는 것이다. 이러한 설교 방식에 작용하는 중요한 요소가 바로 '거리'와 '참여'(주체성)이다. (정재웅, 「설교에서 거리 문제」, 『신학논단』 104, 연세대학교 신과대학, 2021, 269-279면 참조.)

15 김세준은 지안이 동훈의 회복을 위해 설정된 '과잉'이라고 해석했다(앞의 글, 110면). 이 말은 옳다. 그러나 지안이 동훈에게 '과잉'이라면 마찬가지로 동훈도 지안에게 '과잉'이라는 사실도 지적될 필요가 있다. 그들이 서로에게 '과잉'인 것은 그래야만 그들의 상처가 서로를 통해 치유받을 수 있기 때문이다.

16 L. G. Calhoun & R. G. Tedeshi, 강영신 외 옮김, 『외상후성장』, 학지사, 2015, 187-88면.

17 Jon Allen, 앞의 책, 87-89면 및 130면; Marc Brackett, 임지연 옮김, 『감정의 발견』, 북라이프, 2020, 159면 참고.

18 김세준, 앞의 글, 116면 참조.

19 대표적인 것이 8화 동훈 어머니인 요순의 생일 모임이다. 삼형제는 물론 상훈과 별거 중인 큰며느리, 윤희까지 모이고, 그곳에서 가족의 왁자지껄한 행복한 소리를 듣는다. 그런가 하면 모임이 끝난 후 정희네에서 2차를 가지며 아들에게 보내는 아빠 특기 영상을 찍으며 후계동 친구들과 한껏 고양된 시간을 갖는다. 그러나 모든 것이 끝나면 동훈이 혼자 집으로 돌아가며 힘겨운 숨소리를 내는 것까지, 하루 안에 기쁨, 행복, 흥분, 슬픔, 외로움 등 실로 다양한 정서가 녹아있다.

20 Jon Allen, 앞의 책, 53면 참조. 지안은 엿듣기가 발각된 후 동훈에게 "아저씨 소리… 다 좋았어요. 아저씨 말…생각…발소리…다…"라고 하며 "사람이 뭔지…처음 본 거 같앴어요…"라고 말하는데(15화), 이때 동훈의 '말과 생각, 발소리'는 동훈을 둘러싼 모든 것을 함께 의미한다고 할 때, '사람과 사람살이'에 대해 알게 되었다는 말로 해석이 가능하다.

21 위의 책, 65-68면.

22 위의 책, 166-181면.

23 Don Ihde, 박종문 옮김, 『소리의 현상학』, 예전사, 2006, 172-191면 참조.

24 Walter Ong, 임명진 옮김, 『구술문화와 문자문화』, 문예출판사, 1995, 74면, 117면.

25 Jon Allen, 앞의 책, 68면.

26 위의 책, 162-66면.

27 김세준, 앞의 글, 104-108면.

28 민동기, 「이 땅에서 '어른'으로 산다는 것」, 『고발뉴스』, 2018.5.21 ; 서병기, 「'나의 아저씨' 이선균의 삶, 지겨움과 성실함」, 『헤럴드경제』, 2018.4.1.

29 Pat Ogden 외, 김명권 외 옮김, 『트라우마와 몸』, 학지사, 2019, 152-159면.

30 Jon Allen, 앞의 책, 388-392면 참조.

31 외상후성장을 촉진시키는 데 매우 중요한 마지막 요소는 트라우마 경험이 통합적으로 담겨 있어서 트라우마 후의 긍정적인 변화들을 확인할 수 있는 내러티브를 도출하는 것이다. 그리고 여기에는 외상후성장 척도 5가지-개인적인 힘, 타인과의 관계, 삶의 새로운 가능성, 삶에 대한 감사, 영적 변화- 중 적어도 한 가지 이상이 포함되는바, 지안의 경우 '삶에 대한 감사'와 '삶의 새로운 가능성'이 부각되어 있다(L.G.Calhoun & R.G.Tedeshi, 앞의 책, 223-253면 참조).

32 Ann Gaylin, 앞의 책, 177면.

33 이동후, 『월터 옹』, 커뮤니케이션북스, 2018, 68-69면; Walter Ong, 앞의 책, 205면.

34 양승국, 『일상성의 미학에 이르는 길: 텔레비전 드라마 연구 방법론』, 박이정, 2019, 266-274면; 오명환, 『텔레비전 드라마 예술론』, 나남출판, 1994, 53-75면 참조.

35 김만수, 「김수현 극본의 대중성」, 『한국학연구』 16, 인하대학교 한국학연구소, 2007, 195면 및 E. Hobsbawn, 이용우 옮김, 『극단의 시대: 20세기 역사』, 까치글방, 1997, 279면 참조.

트라우마를 통한 현실 세계의 구축: 〈작은 아씨들〉

1 박찬욱·정서경, 『친절한 금자씨 각본』, 그책, 2016, 8면.

2 위의 책, 같은 면.

3 황낙건, 「OTT 플랫폼의 썸네일 서비스 유형이 지속이용의도에 미치는 영향 : 유튜브 이용자를 중심으로」, 『한국엔터테인먼트산업학회논문지』 16(3), 한국엔터테인먼트산업학회, 2022, 24면.

4 김민영, 「플랫폼의 확장과 좀비 서사의 구현 연구-넷플릭스 오리지널 드라마 〈킹덤〉 시즌1을 중심으로」, 『현대문학이론연구』 77, 현대문학이론학회, 2019, 80면.

5 박찬효, 「'몰아보기(binge viewing)'를 위한 OTT드라마의 스토리텔링 전략 연구: 〈킹덤〉 1,2를 중심으로」, 『인문콘텐츠』 60, 인문콘텐츠학회, 2021, 49-50면.

6 백경선, 「OTT 시대 드라마 변화 양상」, 『한국극예술연구』 78, 한국극예술학회, 2023, 148면.

7 조형래, 「포스트 시네마의 가상 극장과 비선형의 서사」, 『한국문예창작』 22(1), 한국문예창작학회, 2023, 231면.

8 정서경, 「'작은 아씨들' 대담② 서로 다른 취향을 가진 전문가들이 각자의 역할을 충실히」, http://m.cine21.com/news/view/?mag_id=101713, 2022.12.23.

9 정서경, 「내 모든 이야기에 동화가 있다, 〈작은 아씨들〉의 정서경」, https:// h21. hani.co.kr/arti/culture/culture/53521.html, 2023.3.17.

10 위의 글.

11 양승국, 앞의 책.

12 위의 책, 216-218면.

13 에드문트 후설, 이종훈 옮김, 『경험과 판단』, 민음사, 2009, 70면.

14 같은 면.

15 위의 책, 237면.

16 이남인, 『현상학과 해석학』, 서울대학교출판부, 2004, 423면.

17 랄프 스티븐슨·장 R. 데브릭스, 송도익 옮김, 『예술로서의 영화』, 열화당, 1982, 31면.

18 위의 책, 23면.

19 양승국, 앞의 책, 58-59면.

20 이언정, 「배우의 얼굴을 통한 내면의 표현: 벨라 발라즈 이론을 중심으로, 〈오징어
    게임〉 얼굴에 대한 미학적 고찰」, 『한국엔터테인먼트산업학회논문지』 16(4), 한국엔
    터테인먼트산업학회, 2022, 63면.

21 조미숙, 「〈미스터 션샤인〉의 인물유형과 이미지텔링」, 『한국엔터테인먼트산업학회
    논문지』 14(5), 한국엔터테인먼트산업학회, 2020, 82면.

22 양승국, 앞의 책, 124면.

23 이남인, 앞의 책, 165면.

24 마르틴 하이데거, 전양범 옮김, 『존재와 시간』, 동서문화사, 2015, 156면.

25 위의 책, 162면.

26 에드문트 후설, 이종훈 옮김, 『시간의식』, 한길사, 2018, 96-102면.

27 양승국, 앞의 책, 59면.

28 질 포코니에·마크 터너, 김동환·최영호 옮김, 『우리는 어떻게 생각하는가』, 지호,
    2009, 153-155면.

29 양승국, 앞의 책, 122-127면.

30 위의 책, 65면.

31 에노모토 히로아키, 김지선 옮김, 『인정욕구』, FIKA, 2023, 18-21면.

32 위르겐 하버마스, 이강수 옮김, 『커뮤니케이션 행위이론 1』, 나남출판, 1994, 211면.

33 양승국, 앞의 책, 58면.

34 위의 책, 221면.

결핍된 일상과 '죽음을 향한 존재'의 미학: 〈디어 마이 프렌즈〉

1   蘇珊·桑塔格, 『疾病的隱喩』, 程巍譯, 上海譯文出版社, 2003, 第86頁.

2 邱鴻鐘主編, 『藝術心理評估與繪畫治療』, 廣東高等教育出版社, 2014.

3 셸리 케이건, 박세연 옮김, 『죽음이란 무엇인가』, 엘도라도, 2012, 291면.

4 양승국, 앞의 책, 59면.

5 위의 책, 307면.

6 김석, 「한국 사회 이념 갈등의 심리적 근원분석」, 『철학연구』 48, 고려대학교 철학연구소, 2013, 232면.

7 양승국, 앞의 책, 307면.

8 마르틴 하이데거, 이기상 옮김, 『존재와 시간』, 까치, 1998, 331면.

낯설지만 익숙하고 싶은 세계: 〈청춘의 덫〉, 〈불꽃〉, 〈내 남자의 여자〉

1 엄지혜, 「김수현이 뭐길래, 지금도 '최고 드라마작가' 80년대 인기 있었던 TV드라마 BEST10 원미경, 이미숙, 정애리… 방송사들 여배우 스카우트 전쟁 치열」, 『월간 채널 예스』 (http://ch.yes24.com/Article/View/21574)

2 이영미, 「드라마의 리얼리티와 균형감」, 『황해문화』 79, 새얼문화재단, 2013, 313면.

3 백경선은 가족드라마를 중심으로 김수현 드라마를 분석하면서 김수현 드라마의 경향을 개괄한 바 있다. 〈새엄마〉(1972~1973) 등 가족드라마가 주를 이룬 1970년대, 〈사랑과 야망〉 등 멜로드라마가 주를 이룬 1980년대 이후 1990년대와 현재에 이르기까지는 멜로드라마와 가족드라마를 교차하며 작품 활동을 해왔다.(백경선, 「김수현 가족드라마의 가족 담론 고찰-〈엄마가 뿔났다〉, 〈인생은 아름다워〉, 〈무자식 상팔자〉를 중심으로-」. 『한국극예술연구』 50, 한국극예술학회, 2015.)

4 신주진, 「김수현 vs 김정수 가부장체제의 안과 밖」, 『29인의 드라마 작가를 말하다』, 밈, 2009, 17면.

5 〈The Story Ⅳ〉, 김수현 드라마 닷컴, http://kshdrama.com/ 2021.7.15.

6 김수현 드라마, 특히 가족 드라마는 가부장제에 대한 옹호와 전복의 차원에서 연구사 속에서 그 보수성과 진보성을 점검 받아왔다.(백경선, 앞의 글, 287면.)

7 김수현 대본집은 『사랑과 진실』, 『단막극선』과 『천일의 약속』 등이 출간된 바 있다. 2021년 여름(솔출판사) 『김수현 단막극』 『청춘의 덫』, 『불꽃』, 『완전한 사랑』, 『내 남자의 여자』, 『천일의 약속』, 『세 번 결혼하는 여자』가 '김수현 드라마 전집'의 기획 하에 16권으로 출간되었다.

8 신주진, 앞의 글, 23면.

9 각 작품의 연보 및 방영 횟수는 다음과 같다.
〈청춘의 덫〉: 1978년 MBC 주말 연속극/1999년 SBS 리메이크, 24부작
〈불꽃〉: 2000년 SBS 주간 드라마, 32부작
〈내 남자의 여자〉: 2007년 SBS 미니시리즈, 24부작

〈세 번 결혼하는 여자〉: 2013~2014년 SBS 주말 연속극, 40부작

이후 작품을 인용할 때 "〈작품명〉 회차, (솔출판사본을 기준으로 한) 면수"의 형식으로 표기한다.

10 신주진, 앞의 글, 41면.

11 최근의 애정 소재 드라마들에서 가족의 경계는 이전 시기 멜로드라마의 지평에서 상당히 멀어진 모습을 보여준다.

12 이엔 왕, 박지훈 옮김, 『댈러스 보기의 즐거움』, 나남, 2018, 114면.

13 윤석진은 막장드라마의 심의 사례를 극예술의 관점에서 분석하면서 방송심의위원회의 막장드라마 심의의 문제가 "윤리의식과 건전한 정서"의 문제로 환원될 수 있음을 문제삼은 바 있다. "자극적인 소재, 비윤리적, 폭력적, 선정적 장면들"을 기준으로 하는 막장드라마에 대한 방송심의 차원의 판단과 개입이 개별 작품의 장르적 특성과 드라마 효과에 대한 전문적인 이해를 기반으로 충실한 고려 속에 이루어지지 않으면 오히려 드라마의 질적 발전을 저해하는 차원으로 전락할 수 있음을 지적했다. (윤석진·정현경·박상완, 「텔레비전 드라마의 "막장" 논란에 대한 고찰」, 『한국언어문화』 59, 한국언어문화학회, 2016.)

14 이엔 왕, 앞의 책, 88면.

15 J.G.카웰티, 「도식성과 현실도피와 문화」, 박성봉 편역, 『대중예술의 이론들』, 동연, 1994, 84면(윤석진 외, 앞의 논문 384면에서 재인용).

16 알랭 바디우, 『사랑 예찬』, 길, 2010, 53면.

17 이영미, 앞의 글, 313면.

18 알랭 바디우, 앞의 책, 71면.

19 위의 책, 81면.

20 이 글에서 다루지 않았지만 불치병을 소재로 한 〈천일의 약속〉과 〈완전한 사랑〉은 사랑의 문제를 더욱 극한 방식으로 밀어붙여 사유한다. 두 작품은 사랑의 대상과 사랑으로 구축된 세계, 언어와 자기 인식과 존재의 관계, 헌신과 돌봄의 과정에서 발생하는 감정적인 얽힘이 잘 드러난 텍스트이다.

21 양승국, 앞의 책, 63면.

22 위의 책, 44면.

23 신주진, 앞의 책, 18면.

1990년대 중산층 가족 형상의 변화와 재생성: 〈사랑이 뭐길래〉

1 양승국, 『일상성의 미학에 이르는 길』, 박이정, 2019, 38-39면.

2 김종철, 「'사랑이 뭐길래'와 '땡노'」, 『한겨레』 1992.2.15.

3 엄지혜, 「김수현이 뭐길래, 지금도 '최고 드라마작가'」, 웹진 『채널 예스』, 2013.2.
28. https://ch.yes24.com/Article/View/21574.

4 연합, 「〈방송〉 KBS-2 주말극 '첫사랑' 최고시청률 기록」, 『연합뉴스』, 1997.4.21.
https://n.news.naver.com/mnews/article/001/0004276348?sid=103.

5 전영선, 「〈주말 포커스〉 '국민 드라마' 사라지나」, 『문화일보』, 2007.3.24.
https://entertain.naver.com/read?oid=021&aid=0000186424.

6 이상민, 「한류 드라마의 특성과 경쟁력 -〈사랑이 뭐길래〉, 〈겨울연가〉, 〈대장금〉을
중심으로-」, 『비교한국학』 20, 국제비교한국학회, 2012; 오세정, 「한류 드라마의 흐
름과 성공 요인 재고 - 〈사랑이 뭐길래〉, 〈겨울연가〉, 〈대장금〉, 〈별에서 온 그대〉를
대상으로」, 『개신어문 연구』 41, 개신어문학회, 2016.

7 작가 연보, 『김수현드라마아트홀』 홈페이지, https://kimsoohyundrama.org/arthall/
contents.do?key=87 참조.
1991년 11월부터 1992년 5월까지 방송된 주말극 〈사랑이 뭐길래〉는 코믹 홈드라마
라는 새로운 장르를 개척함과 동시에 TV 드라마의 수준과 흥미를 한 단계 높였다는
평가를 받았다. 기왕의 수식어인 '언어의 연금술사'에 이어 TV 드라마에 관한 한
드디어 '신(神)의 경지'에 이르렀다는 극찬을 세상 사람들과 언론으로부터 들었다.

8 박아름, 「김국환 "'사랑이 뭐길래' 김혜자 덕 무명시절 끝나"(화밤)」, 『뉴스엔』, 2022.
8.30. https://www.newsen.com/news_view.php?uid=202208301044081910.

9 박신연, 「「타타타」 증후군 中年(중년)여성들에 급속확산」, 『경향신문』, 1992.2.11.

10 최성민, 「"드라마 주인공 이미지따라 투표 〈사랑이 뭐길래〉 이순재씨 당선에 영향"」,
『한겨레』, 1992.8.19.

11 연합, 「여성단체협, '사랑이 뭐길래' 문제점 지적」, 『연합뉴스』, 1992.2.6.
https://n.news.naver.com/mnews/article/001/0003591285?sid=103.

12 신상일, 「리얼리티와 인간 본질의 추구-김수현 드라마 현상과 가치에 대하여」, 『문학
의 오늘』 40호, 예옥, 2021. 8.
남미리, 「김수현 드라마…현실 속 삶 묘사 탁월」, 『문학뉴스』, 2021.9.17.
https://www.munhaknews.com/news/articleView.html?idxno=53394.

13 이철우, 「『사랑이 뭐길래』에 나타난 가족의 의미」, 『한국학연구』 22집, 고려대학교
한국학연구소, 2005.6. 87-114면.

14 위의 글, 91면.

15 이지인, 「1990년대 초반 희곡의 남녀 인물 형상화 연구 - 중산층 가정극을 중심으로 -」,
서울대학교 석사학위논문, 2023, 24-25면.

16 김수현, 『글로 읽는 인기드라마: 사랑이 뭐길래』 1, 제삼기획, 1992, 9-10면.

17 위의 책, 50면.

18 위의 책, 69면.

19 위의 책, 34면.

20 위의 책, 31면.

21 위의 책, 32면.

22 부천경찰서 성고문 사건을 비롯하여 '성폭력'이란 개념이 도입되어 여성의 인권 문제
가 대두되던 시점이었고, 군부독재가 막을 내리고 국민들의 삶에 대한 기준치가 높아
져 '중산층의 패션'이 당연하게 받아들여진 시기기에 이러한 사고의 변화가 가능해진
것이다. (이지인, 앞의 글, 80면.)

23 김수현, 『글로 읽는 인기드라마: 사랑이 뭐길래』 2, 제삼기획, 1992, 352면.

24 김수현, 『글로 읽는 인기드라마: 사랑이 뭐길래』 3, 제삼기획, 1992, 11면.

25 김수현, 『글로 읽는 인기드라마: 사랑이 뭐길래』 3 제삼기획, 1992, 331면.

26 김수현, 『글로 읽는 인기드라마: 사랑이 뭐길래』 4, 제삼기획, 1992, 247면.

27 '고개숙인 남자'라는 표현은 당대 유행하던 표현으로 동명의 드라마도 존재할 정도로
히트한 표현이다. 〈고개숙인남자〉는 1991년 1월 5일 ~ 1991년 5월 5일까지 방영된
MBC 주말연속극이다. (박성수, 「『고개숙인 남자』 지나친 펑크족 묘사 또 물의」, 『경
향신문』, 1991.4.19.)

28 R.W.Connell, 『남성성/들』, 안상욱·현민 옮김, 이매진, 2013, 116-130면 참조.

29 허윤, 「그런 남자는 없다 서문」, 『그런 남자는 없다』, 오월의 봄, 2017, 15면.

30 이지인, 앞의 글. 55-57면.

31 김수현, 『글로 읽는 인기드라마: 사랑이 뭐길래』 2, 제삼기획, 1992, 154-155면.

32 김수현, 『글로 읽는 인기드라마: 사랑이 뭐길래』 5, 제삼기획, 1992, 168-169면.

33 위의 책, 171면.

34 위의 책, 166면.

35 백래시(Backlash)는 사회·정치적 변화에 대해 나타나는 반발 심리 및 행동을 이르는
말로, 주로 진보적인 사회 변화에 따라 기득권층의 영향력이 약해질 때 그에 대한
반발로 나타난다. 미국의 1980년대 신보수주의 흐름 아래 일어난 반(反)페미니즘 공
격도 백래시의 일종으로 여겨진다. 수전 팔루디에 의하면 페미니즘에 대한 반격은
여성들이 완전한 평등을 달성했을 때가 아니라 그럴 가능성이 커졌을 때 터져 나왔으
며, 이는 여성들이 결승선에 도착하기 한참 전에 여성들을 멈춰 세우는 선제공격이다.
(Susan Faludi, 황성원 역, 손희정 해제, 『백래시: 누가 페미니즘을 두려워하는가?』,
아르테, 2017, 10면.)

36 김수현, 『글로 읽는 인기드라마: 사랑이 뭐길래』 5, 제삼기획, 1992, 9-10면.

37 위의 책, 173-174면.

38 최성민, 앞의 글.

39 송재희 외, 『신세대: 네멋대로 해라: 더이상 탄원은 없다. 돌파하라!』 현실문화연구,
1993.

40 양승국, 앞의 책, 38-39면.

공생하는 시청자와 유희하는 웹: 〈스토브리그〉

1   주창윤, 「텔레비전 드라마의 미학적 성격」, 『한국극예술연구』 23, 한국극예술학회,
    2006.
2   박노현, 『드라마, 시학을 만나다』, 휴머니스트, 2009, 219-231면.
3   양승국, 앞의 책, 40면.
4   위의 책, 177-178면.
5   페르디낭 드 소쉬르, 김현권 옮김, 『일반언어학 강의』, 커뮤니케이션북스, 2012,
    138-141면.
6   조지 레이코프, 마크 존슨, 노양진, 나익주 옮김, 『삶으로서의 은유』, 박이정, 2006,
    24면.
7   〈스토브리그〉. 12회, 54씬. (이신화, 『스토브리그』 1,2, 김영사, 2020.)
8   롤랑 바르뜨, 김웅권 옮김, 『밝은 방: 사진에 관한 노트』, 동문선, 2006, 40-41면.
9   〈스토브리그〉, 12회, 60씬.
10 롤랑 바르뜨, 앞의 책, 142면.

환상과 반전이 만들어내는 공감과 위로: 〈눈이 부시게〉

1   JTBC 홈페이지에서는 〈눈이 부시게〉를 "주어진 시간을 다 써보지도 못하고 잃어버
    린 여자와 누구보다 찬란한 순간을 스스로 내던지고 무기력한 삶을 사는 남자, 같은
    시간 속에 있지만 서로 다른 시간을 살아가는 두 남녀의 시간이탈 로맨스"라고 소개
    하고 있다.
2   이 작품의 핵심을 '시간 이동' 서사로 파악하고 분석한 연구로는 조미영, 「시간여행
    의 이중 서사가 갖는 의미 양상 연구-드라마 「눈이 부시게」를 중심으로」, 『배달말』
    65, 배달말학회, 2019와 강목련, 「타임슬립을 활용한 드라마의 서사구조와 함축 의
    미-드라마 〈눈이 부시게〉에 대한 기호학적 분석〉, 성균관대학교 석사학위논문,
    2019를 들 수 있다.
3   양문군, 「한·중 타임 슬립 드라마의 비교 분석 - 보보경심, 옥탑방 왕세자를 중심으
    로」, 건국대학교 석사학위논문, 2018, 5면.
4   아리스토텔레스는 『시학』에서 반전(反轉, peripeteia)을 필연적인 혹은 개연적인 인
    과관계 속에서 사태가 반대 방향으로 변하는 것이라 규정한다. 반전은 새로운 사실을
    알게 되는 발견과 연결되는데, 아리스토텔레스는 〈오이디푸스 왕〉에서처럼 발견이
    반전을 수반할 때 가장 훌륭하게 작용한다고 지적한다.(아리스토텔레스, 천병희 옮
    김, 『시학』, 문예출판사, 2002, 69면.)
5   양승국, 앞의 책, 37-38면.

6 위의 책, 58-62면.

7 박노현, 「젊은 노인의 환상, 늙은 청년의 현실-JTBC 미니시리즈 〈눈이 부시게〉를 중심으로」, 『상허학보』 57, 상허학회, 2019, 390면.

8 위의 글, 401면.

9 이경희, 「사진에서 시간의 의미」, 부산대학교 석사학위논문, 2011, 4면.

10 라캉의 언어에 대한 논의 및 욕망에 대한 논의는 김석, 『(프로이트&라깡) 무의식에로의 초대』, 김영사, 2010, 128-136면 참조.

11 위의 책, 45-55면.

12 서곡숙, 「시간여행 영화의 쾌락: 시간, 죽음, 두려움으로부터의 해방」, 『영상연구』 18, 영상예술학회, 2011, 89면.

13 김강원, 「TV드라마 〈눈이 부시게〉의 중첩적 의미구조」, 『리터러시연구』 10(4), 한국리터러시학회, 2019, 639면.

추억이 되지 못한 기억이 빚어낸 비극: 〈도깨비〉

1 텔레비전 드라마는 텔레비전이라는 매체와 드라마라는 장르의 결합(박노현, 『드라마, 시학을 만나다』, 휴머니스트, 2009, 47면)으로, 이 중에서 텔레비전이라는 매체가 전면에 드러나며 텔레비전 드라마의 특성에도 영향을 준다. "또 하나의 가족"(노명우, 『텔레비전, 또 하나의 가족』, 프로네시스, 2008, 33면) "사적인 가정에 있는 평범한 일상적 가구의 일부"(S.Moores, 임종수·김영한 옮김, 『미디어와 일상』, 커뮤니케이션북스, 2008, 20면)라는 말처럼, 우리는 집에 들어가면 항상 거실 한가운데 놓여 있는 텔레비전을 만나게 된다. 저녁에 집에 와서 텔레비전을 시청하는 것이 현대인의 중요한 일상이 되었다(물론 OTT 플랫폼의 발달로 휴대폰을 통해 텔레비전 프로그램을 시청하는 일이 많아졌지만, 이는 10~30대에 거의 국한된다. 아직은 대부분의 시청자들이 텔레비전을 통해 많은 프로그램을 접한다).

2 박노현, 앞의 책, 32면.

3 위의 책, 62면.

4 S. Moores, 앞의 책, 20면.

5 양승국, 앞의 책, 109~110면.

6 위의 책, 113면.

7 물론 여기에는 호감도 높은 배우들의 연기력도 한몫한다. 로버트 맥기는 등장인물은 호감의 대상이 될 수도 있고 비호감의 대상이 될 수도 있지만 반드시 감정이입의 대상이 되어야 한다고 말한다(R.Mackee, 고영범·이승민 옮김, 『시나리오 어떻게 쓸 것인가』, 황금가지, 2002, 216면). 감정이입은 '동일시' 현상을 불러오는데, '동일시'는 미디어의 등장인물에게 일어나는 일이 마치 자신에게 일어난 것처럼 내면에서부

터 감정 이입되어 나타나는 심리를 말하는 것으로, 등장인물과 더 강하게 동일시할수록 시청자는 그 인물과 더 강하게 공감하며 감정 이입한다. 우리가 드라마를 보면서 등장인물과 함께 기뻐하고 분노하며, 이야기의 전개를 예측하기도 하고, 나중의 결말을 궁금해하며 지속적으로 시청하고 싶어하는 것은 등장인물에게 동일시하기 때문이다(나은영, 『미디어 심리학』, 한나래, 2010, 57~64면). 등장인물과 시청자의 동일화는 시청자로 하여금 텔레비전에 몰입하게 하는 요인 중의 하나(박웅기, 「좋아하는 텔레비전 등장인물들의 특성에 대한 시청자들의 반응」, 『한국언론학보』 47, 한국언론학회, 2003, 168면.)이다. 관객이 작품에 정서적으로 개입하기 위해서 반드시 충족되어야 할 원칙 중에서 제일가는 원칙이 실제의 삶 속에서 우리가 가지는 욕망을 대신해서 추구해 가는 존재인 주인공과 자기 동일시가 이루어져야 하는 것이기 때문이다. 시청자는 주인공과의 동일시라는 접착제에 의해 드라마에 정서적으로 개입한다(R.Mackee, 앞의 책, 217면). 드라마 속 인물과 상호작용하는 것처럼 느끼는 의사 사회적 상호 작용은 드라마를 즐기는 데 중요한 역할을 한다(김승현·나은영·임인재, 「판타지 드라마 주인공의 초현실적 능력과 몰입」, 『언론정보연구』 56, 서울대학교 언론정보연구소 2019, 292면).

8 본고에서 다루고자 하는 〈쓸쓸하고 찬란하神 도깨비〉(김은숙 극본·이응복 연출)는 tvN(2016.12.02.~2017.01.21.)에서 16부작으로 방영된 드라마로서 역시나 평균 시청률 20.5%라는 종편에서는 보기 힘든 시청률을 기록한 드라마이다. 이 작품을 이후에는 축약하여 〈도깨비〉라고 부른다.

9 이다운, 「김은숙 텔레비전 드라마의 대중 전략 연구」, 『한국언어문화』 65, 한국언어문화학회, 2018, 202면.

10 양승국, 앞의 책, 107면.

11 P. Pütz, 조상용 옮김, 『드라마 속의 시간 −극적 긴장 조성의 기법−』, 들불, 1994, 227면.

12 위의 책, 121면.

13 E. Steiger, 오현일·이유영 옮김, 『시학의 근본 개념』, 삼중당, 1978, 236면.

14 P. Pütz, 앞의 책, 13면.

15 E. Steiger, 앞의 책, 236면.

16 퓌츠는 연극을 대상으로 이 책을 썼기 때문에 '관객'이라는 표현을 사용하고 있다. 그러나 극예술에 대한 이론은 희곡, 시나리오, 텔레비전 드라마 극본에 모두 공통적으로 적용된다. 이들은 관극의 형태나 지각의 방식 등에서 다른 길을 걸어왔음에도 '극성'의 측면에서는 같은 형태를 갖고 있기 때문이다. 따라서 이후에는 관객을 모두 '시청자'로 바꾸어서 사용하고자 한다. 로버트 맥기의 책 역시 '관객'이라는 용어를 사용하고 있으나 마찬가지이다.

17 P. Pütz, 앞의 책, 14~19면.

18 양승국, 앞의 책, 97면. 양승국은 주체의 동일성을 담보하는 것이 기억의 기능이라고

말한다.

19 P. Pütz, 앞의 책, 92면.

20 위의 책, 137면.

21 위의 책, 83~84면.

22 드라마의 OST는 꼭 '누구의 테마'로 이름 붙일 수 있는 곡들로 되어 있다. 저승사자
와 써니가 만날 때는 항상 같은 노래가 흘러나온다. "바라보면 자꾸 눈물이 나는
건 왠지 몰라도/ 돌고 돌아 내게 오고 있었나요/ 피해지지 않는 그 사랑/ I love
you love you 인연인 걸 느꼈죠 난/ and I miss you miss you 나의 운명인 사람~"
(소유, 〈I miss you〉)

23 T. Todorov, 최애영 옮김, 『환상문학 서설』, 필로소픽, 2022, 44면.

24 윤석진, 「TV 드라마의 현실성(reality) 확보 방식 고찰」, 한국극예술학회, 『한국극예
술연구』 21, 2005, 323면.

25 T. Todorov, 앞의 책, 53면.

26 R. Mackee, 앞의 책, 274면.

27 양승국, 앞의 책, 215~216면.

28 박노현, 「한국 텔레비전 드라마의 환상성」, 인하대학교 한국학연구소, 『한국학연구』
35, 2014, 328면.

29 사람들은 외부적 현실성과 서사적 현실성이라는 두 가지의 현실성을 지각하며 드라
마를 시청하는데(Busselle, R. & Bilandzic, H., "Fictionality and perceived real-
ism in experiencing stories: a model of narrative comprehension and en-
gagement", *Communication Theory* 18, 2008(김승현·나은영·임인재, 앞의 글, 296
면에서 재인용)), 외부적 현실성은 '드라마 내용이 실제 세계와 어느 정도 일치하느
냐'와 관련된 것으로 시청자들이 드라마 속 세계가 현실과 유사하다고 인식할수록
외부적 현실성은 증가한다(Shapiro, M. A. & Chock, T. M., "Psychological proc-
esses in perceiving reality", *Media Psychology* 5, 2003(김승현·나은영·임인재, 위
의 글, 296면에서 재인용)).

30 위의 글, 296면.

31 양승국, 앞의 책, 37~38면.

32 텔레비전 멜로드라마의 여성 관극성과 즐거움은 상당 부분 남성 주인공에 의존하는
데, 원래 역사적으로 멜로드라마 속 남성 주인공은 재벌 2·3세들, 또 다른 하나는
멜로드라마와 전문직 드라마가 결합된 장르에 등장하는 능력 있는 전문직 종사자들,
이렇게 두 가지로 나타났다. 그런데 2010년대 이후 텔레비전 멜로드라마는 재벌 2·
3세나 능력 있는 전문직 종사자를 뛰어넘는 더욱 완벽하고 이상적인 남성 주인공을
소환한다. 멜로드라마 속 남성 주인공은 점점 더 과감하게 현실과 상식을 뛰어넘어
'판타지'와 결합한 것이다. 멜로드라마는 그저 환상극장이라는 인식이 이미 여성 시
청자들의 마음에 내장되어 있기 때문에 여성 시청자들은 멜로드라마 속 남성 주인공

(과 같은 남성)을 만나 사랑할 수 있다는 헛된 기대는 하지 않는다. 이렇게 여성 시청자들이 실현 가능성에 대한 기대를 버리고 환상을 통한 대리만족을 원할수록, 멜로드라마의 남성 주인공은 더욱더 멋지고 완벽하고 특별하게 그려져야 했는데 그들은 욕망이 상승된 여성 시청자들에게 선택받기 위해 초능력자가 되었다. 결국 멜로드라마의 남성 주인공에게 부여된 초능력이란 판타지는 캐릭터의 진화보다는 캐릭터의 변주 및 확장, 나아가 멜로드라마의 확장과 관계한다(백경선, 「멜로드라마 남성 주인공, 초능력을 캐스팅하다」, 텔레비전 드라마 연구회 편, 『텔레비전 드라마, 판타지를 환유하다』, 소명, 2020, 60~61면).

33 이다운, 앞의 글, 209면. 그러나 이다운의 의견과 달리, 김은숙 작가는 최근 드라마로 올수록 인생에 대한 의미 있는 성찰을 주고자 한다. 〈상속자들: 왕관을 쓰려는 자, 그 무게를 견뎌라〉에서 단지 제목에 주제 의식에 담겨 있다면, 〈태양의 후예〉 마지막 편에서 와서는 강모연의 내레이션 속에서 직접적으로 전달된다. 그러나, 〈도깨비〉, 〈미스터 선샤인〉, 〈더 글로리〉 등으로 올수록 작가는 표면적인 서사의 이면에 숨겨서 자신이 하고 싶은 이야기를 표현한다.

34 박노현, 「悲劇으로서의 텔레비전 드라마」, 『한국문학연구』 36, 동국대 한국문학연구소, 2009, 461~462면.

역사드라마는 왜 로맨스를 필요로 하는가: 〈미스터 션샤인〉

1 David Cannadine (ed.), *History and the media*, Basingstoke: Palgrave Macmillan, 2007.

2 Taylor Downing, "Bringing the past to the small screen", Ibid., pp.9-10. 특히 전쟁을 다룬 역사물에서 이와 같은 경향이 두드러진다.

3 제롬 드 그루트, 이윤정 옮김, 『역사를 소비하다』, 한울아카데미, 2014, 22면.

4 '가능성으로서의 역사'는 필자가 〈대장금〉에 관한 논문에서 처음으로 쓴 용어이다. 이후 많은 논자들이 인용 없이 이 표현을 쓰고 있는데, 문제는 미시사에서 부각되는 '가능성으로서의 역사'라는 개념을 있었음직한 일을 허구적으로 그려낸 역사로 잘못 쓰고 있는 경우이다. '가능성으로서의 역사'는 사료에 분명히 기록되어 있지만, 구체적으로 내용이 드러나지 않은 역사적 사실을 두텁게 읽어내고 다르게 읽어내면서 역사성을 획득하는 방식을 일컫는다. 〈대장금〉이 중종실록의 기록을 토대로 '실마리 찾기'를 하는 부분을 분석한 것은 이 때문이다. (양근애, 「TV 드라마 〈대장금〉에 나타난 '가능성으로서의 역사' 구현 방식」, 『한국극예술연구』 28, 한국극예술학회, 2008.)

5 윤석진, 「2000년대 한국 텔레비전 역사드라마의 장르 변화 양상 고찰 1」, 『한국극예술연구』 38, 한국극예술학회, 2012; 윤석진, 「2000년대 한국 텔레비전 역사드라마

의 장르 변화 양상 고찰 2」, 『비평문학』 48, 한국비평문학회, 2013.

6 김은숙 작, 이응복 연출, 〈미스터 션샤인〉, tvN 공식 홈페이지.
http://program.tving.com/tvn/mrsunshine/2/Contents/Html

7 주창윤, 「〈미스터 션샤인〉, 역사의 소환과 재현방식」, 『한국언론학보』 63(1), 한국언론학회, 2019.

8 이영미, 「〈미스터션샤인〉 맥락 잡기」, 『황해문화』 101, 새얼문화재단, 2018, 274면.

9 위의 글, 275면.

10 이다운, 「김은숙 텔레비전 드라마의 대중 전략 연구」, 『한국언어문화』 65, 한국언어문화학회, 2018.

11 정혜경, 「2010년대 멜로드라마에 나타나는 국가와 개인의 감정구조」, 『대중서사연구』 25(1), 대중서사학회, 2019, 123-161면.

12 에바 일루즈, 김정아 옮김, 『감정 자본주의』, 돌베개, 2010.

13 니클라스 루만, 정성훈·권기돈·조형준 옮김, 『열정으로서의 사랑』, 새물결, 2009, 21면.

14 이정옥, 「멜로드라마, 도덕규범과 감정을 조율하는 근대적 상상력의 역설」, 『대중서사연구』 25(1), 대중서사학회, 2019, 15면.

15 오사와 마사치, 송태욱 옮김, 『연애의 불가능성에 대하여』, 그린비, 2005, 15면.

16 위의 책, 25-26면.

17 〈'석호필' 밀러, '온에어' 드림팀 차기작 주인공 물망〉, 『아시아경제』, 2008.5.16.
http://cm.asiae.co.kr/ampview.htm?no=2008051522221324515

18 역사드라마에서 역사는 결과로 주어지지 않는다. 그보다 실제 역사적 사건의 결과를 가능하게 한 제반 요소들이 무엇이고 이들이 어떻게 상호 작용했느냐를 탐색하는 과정에서 즐거움을 얻는다. (양승국, 앞의 책, 197-198면.)

19 주창윤, 앞의 글, 243면.

20 강명석, 〈'미스터 션샤인', 결국 김은숙의 드라마〉, 『아이즈ize』, 2018.7.25.
https://www.ize.co.kr/articleView.html?no=2018072423047218533

21 16화에는 대낮에 일어난 일식 현상을 보고 "완익이 궁에 들어 흉한 징조다"라고 불길해하는 고종의 대사가 등장한다. 문명과 야만, 계몽과 봉건의 논리를 담아내는 이 드라마의 (무)의식 역시 근대초기의 심상지리와 관련하여 비판할 지점이 있다.

22 「'미스터 션샤인' 보는 역사학자 "안타깝다"」, 『노컷뉴스』, 2018.7.11.
https://www.nocutnews.co.kr/news/4998610

23 김헌주, 「미스터 션샤인 (1): 계급과 민족의 교차로를 넘나드는 21세기형 신소설 서사」, 『한국역사연구회-영상으로 보는 역사』, 2018.9.17.
http://www.koreanhistory.org/6726

24 양근애, 「낭만이라는 정념과 역사의 변주」, 『호모 쿨투랄리스』, 한양대학교 평화연구

소, 2019.1.10. http://peaceinstitute.hanyang.ac.kr/bbs/board.php?bo_ta-ble=column&wr_id=51&page=2

25 김헌주, 〈미스터 션샤인 (2): 애국 서사로의 귀결〉, 『한국역사연구회-영상으로 보는 역사』, 2018.10.14. http://www.koreanhistory.org/6795

26 이상일, 「정념의 도덕적 속성에 관한 연구」, 『철학논총』 86, 새한철학회, 2016.

27 제롬 드 그루트, 앞의 책, 365면.

'악'은 어떻게 구현되는가: 〈손, The Guest〉

1 서병창, 「토마스 아퀴나스의 악의 문제」, 『중세철학』 19, 한국중세철학학회, 2013, 35-73면.

2 강영안, 「악에 대한 형이상학적 성찰」, 한국정신문화연구원, 『악이란 무엇인가』, 도서출판 창, 1992, 36면.

3 선이 악을 제압하는 방식, 그리고 그 결과에 집중하는 오컬트 장르는 악이 인간에게 어떻게 영향을 미치는지, 악과 인간은 어떤 관계에 놓여 있는지를 설명할 수 없다. 오컬트 장르에서 부마자, 즉 악령이 깃든 자가 어떠한 이유나 경로로 악의 조종에 희생당해야 하는지가 설명되지 않는 것은 이 때문일 것이다. 오컬트 장르에서 집중하는 것은 이렇게 고통에 빠진 이들을 구원하는 선을 긍정하는 것이기에 악마에 희생된 이들은 고립된 공간에서 점점 기괴한 존재로 변해가는 것으로 역할을 다 한다.

4 로타르 미코스, 정민영·김종대·김형래 옮김, 『영화와 텔레비전 분석 교과서』, 커뮤니케이션북스, 2015, 154면.

5 위의 책, 158-160면.

6 이때의 이미지 혹은 상상력은 일종의 의식작용으로 특정 장르에 따라 시청자가 어떠한 의식작용을 통해 이해하고 몰입하는가의 문제는 각각의 매체성과 관계한다는 양승국의 논의를 따른 것이다. 양승국은 이미지를 시·청각 혹은 심적 이미지와 같이 일반적인 이미지의 구분으로는 문학이나 드라마 등을 통합할 수 있는 이미지론이 불가능하다고 본다. 이에 이미지를 동사적 의미로 상상하는 의식작용으로 규정, 우리의 의식 자체가 곧 상상작용이라 보았던 사르트르의 이미지론과 이와 연결된 인지 의미론 등을 통해 통합적인 이미지론을 설명하고자 했다. 양승국은 각 예술에 따른 이미지의 구분은 문학과 독자, 혹은 드라마와 수용자 사이의 구체적인 지각장의 구성에 따라 성립하는 것으로 설명하면서, 특히 드라마의 경우 연극·영화·텔레비전 드라마는 각각의 매체성에 따라 수용자와 관계 맺는 방식이 달라짐으로 각 장르의 매체성이 어떻게 수용자의 상상력을 자극하는가에 대해 사유해야 한다고 주장한다. (양승국, 앞의 책, 박이정, 2019 참조.)

7 노엘 캐롤에 따르면 두 개의 사물이 겹쳐서 하나의 공간 속에서 통합되는 동공간성을

갖는 두 개의 사물은 은유 관계가 된다. (최민성, 『손에 잡히는 영화 영상』, 한신대출판부, 2012, 34면.)

8 호객행위를 하던 여성이 살인을 저지를 때에 깔리는 내레이션 전체의 내용은 다음과 같다. "그것은 사람에게 씐다. 사람의 어두운 마음, 약한 마음에 파고들어 사람에게 빙의된다. 그것에 씐 사람은 더 이상 사람이 아니다. 사람의 죽음에 기뻐하고 사람을 기만하고 비웃는다. 손은 동쪽의 바다에서 온다."

9 내재음과 외재음, 내재음 내에서 다시 인 사운드와 오프 사운드로 나뉘는 각 개념에 대해서는 목혜정, 『영화 사운드의 이해』, 아무르문디, 2021, 35면 참조.

10 제틀, 금동호·박덕춘 옮김, 『영상미학』, 삼경, 1998, 372면.

11 텔레비전 드라마는 이러한 플롯의 구성을 반복함으로써 시청자와의 소통과 익숙함을 이끌어 낸다. 양승국은 영화에 비해 평면적인 시각적 이미지를 부여받는 텔레비전 드라마가 화면에 깊이를 줄 수 있는 방법은 시청자의 심리적 시점에 의지하는 것으로 본다. 시청자에게 일관되고 친숙한 이미지를 부여하거나 반복되는 주제가의 노출 등을 통해 시청자의 감정 이입을 배가시켜 시청자의 기억 속에 정신공간을 형성하고 이 공간이 다시 등장인물의 정신공간과 관계 맺는다는 것이다. (양승국, 앞의 책, 60-61면.)

12 테리 이글턴, 오수원 옮김, 『악: 우리 시대의 악과 악한 존재들』, 이매진, 2015, 15면.

13 특히 〈손〉에서의 박일도는 범죄를 벌이는 이들이 '원해서' 자신이 왔다는 말을 지속적으로 반복하기에 더욱 그렇다. 이 부분에 대해서는 이후 상세히 서술할 것이다.

14 임홍빈, 『수치심과 죄책감』, 바다출판사, 2016, 27-49면 참조.

15 죄책감은 다양한 개별적 감정들로 구성된 도덕 감정 중 하나로, 이 도덕 감정 중 하나의 속성이 강조되는 것은 상황적 맥락, 즉 특수한 상황으로 인해 도덕 감정의 한 측면이 지배적으로 드러나며 발현하는 것이라 할 수 있다. (위의 책, 141-142면.)

16 지각과 감정 사이의 긴밀한 관계를 긍정하는 입장에서는 외적 자극에 의해 현재 지각하고 있던 것과는 전혀 다른 방향으로의 게슈탈트 전환이 일어난다고 설명한다. 특히 특정한 상황의 지각들은 도덕적 특징을 결정하기 위해 사용되는 정신적 과정에서 중요한 역할을 한다고 주장한다. (래리 메이·매럴린 프리드먼·앤디 클라크, 송영민 옮김, 『마음과 도덕』, 울력, 2013, 174-190면.)

17 초점에 관한 자세한 내용은 이종승, 『미장센』, 아모르문디, 2023, 37-40면 참조.

18 최민성, 앞의 책, 63-64면.

19 자연색과 별개로 상징과 알레고리를 내포하는 색채들은 영화의 인공성을 강조하면서 리얼리티의 강박에서 탈피한다. (이종승, 앞의 책, 51면.)

20 밝은 곳과 어두운 곳이 선명하게 대비되는 조명의 영상을 키아로스쿠로 조명(chiaroscuro lighting)이라고 한다. 이는 삶의 굴곡이 많고 음모가 도사리고 있거나 비장한 최후가 기다릴 것 같은 분위기를 연출하고 어둡고 장엄하며 비극적인 인상을 준다. (최민성, 앞의 책, 65면.)

21 환각은 질서를 형성하지 못하고, 일관성 있는 변화를 일으키지 못하며, 감각들 간의 경험 역시 일치시키지 못한다. 이 상황에서 중요한 것은 실제로 존재하는 어떤 것에 대한 경험이 아니라 경험과 다른 경험 사이의 관계일 뿐이다. (황설중, 『인식론』, 민음인, 2009, 54면.)

22 사전암시(Vorausdeutung)는 극적 긴장감을 주기 위해 앞으로의 전개를 예감할 수 있게 하는 극적 수법이다. (B. 아스무트, 송전 옮김, 『드라마 분석론』, 서문당, 2000, 198-199면.)

23 윤은 박일도를 끝까지 퇴치해야 한다는 생각으로 자신이 부마자들로부터 들었던 이야기나 현재 겪고 있는 불안한 현상들, 그리고 구마의식을 계속 한다면 죽음에 이를 수도 있다는 이야기 등을 화평과 길영에게 숨긴다. 결국 가장 많은 정보를 가지고 윤에게 이입할 수 있는 이들은 시청자이다..

24 우리는 대상과 그것에 대해 포착한 내용이 일치할 때 무엇에 대해 안다고 말할 수 있다. 이것이 바로 앎, 진리이며, 이것은 누구에게나 성립하고 그 누구라도 시인할 수 있게 하는 힘을 가진다. (요한네스 헨센, 이강조 옮김, 『인식론』, 서광사, 1986, 36면.)

25 칸트는 외적으로 악한 행위나 그러한 행위자에게 관심을 가지기보다 겉으로는 선한 것처럼 보이는 행위의 이면을 분석함으로써 도덕적으로 선한 행위를 엄격하게 구분하는 데 집중한다. 칸트에 따르면 이 교묘한 악, 즉 외적으로만 선하고 의도 면에서는 악한 행위야말로 모든 인간이 피해 갈 수 없는 근본적인 악성이라 할 수 있다. (김소형, 「모든 인간은 본성상 도덕적이다-칸트의 근본악과 선택의지의 자유를 중심으로」, 『철학논총』 109, 새한철학회, 2022, 121-140면 참조.)

26 이처럼 범죄자를 마치 피해자인 양 설정하는 것은 상당한 위험이 있다. 이런 측면에서 〈손〉은 어느 정도 이 문제를 의식하여 부마자의 처벌 수위를 조절한 것으로 보인다. 부마자들의 범죄는 위험 수위를 넘나들지만 실제로 살인까지 이어지지 않거나 혹은 살인이 이어진 경우 피해자는 뺑소니 등의 숨겨진 죄가 있는 경우이다. 범죄 관련 에피소드 중 최민상 에피소드에서의 부마자가 유일하게 박일도에 의해 자살에 이르는데, 이 부마자는 일면식도 없는 이들을 상대로 다수의 살인을 저지른 자였다. 그리고 이러한 조절은 텔레비전 드라마의 특징 때문이기도 하다. 이에 대해서는 후술할 것이다.

내러티브를 추동하는 음악의 힘: 〈밀회〉

1 최지은, 「〈밀회〉 ③ 정성주, 위험한 세계의 창조자」, 『아이즈 ize』, 2014.4.8. (https://www.ize.co.kr/news/articleView.html?idxno=30902)

2 Claudia Gorbman, *Unheard Melodis: narrative film music*, Bloomington: Indiana

University Press, 1987, pp.22-26.

3 이런 드라마 음악의 특성은, 영화음악과 내러티브를 연구한 대표 학자 고브먼 (Claudia Gorbman)의 책 제목 *Unheard Melody*에 잘 반영되어 있다. 즉 존재하되 들리지 않는 선율이다. 관객은 음악을 듣기 위해서 드라마를 보는 것이 아니다. 때로는 음악을 인식하기도 하지만, 내러티브 상 중요한 변화가 발생하는 순간, 음악을 따라가던 인식의 끈을 놓아버리고 곧바로 시각적 이미지에 주목하게 된다. (*Ibid.*, pp.12-13.)

4 *Ibid.*, p.22.

5 Robynn Stilwell, "The Fantastical Gap between Diegetic and Nondiegetic." *In Beyond the Soundtrack: Representing Music in Cinema*, edited by Daniel Goldmark, Lawrence Kramer, and Richard Leppert, Berkeley: University of California Press. 2007, p.200.

6 애런 코플랜드는 이야기 중심의 영화에서 음악의 역할을 다섯 가지로 설명한다. 그중 하나가 "인물의 내부 심리, 상황의 숨겨진 의미를 창출하는 기능"이다. (한상준, 『영화 음악의 이해』, 한나래, 2000, 144면.)

7 재벌가 인물 중에서 예외적으로 음악을 동반하는 이는 서영우의 남편인 김인겸이다. 김인겸은 극의 후반인 12회에서 처음 등장한다. 그리고 등장 시점부터 매우 강력하게 오혜원을 위협한다. 뒤늦게 등장한 적대적 인물에 존재감을 부여하기 위해서 음악이 동반된다. 김인겸이 처음 등장하는 장면과 그가 혜원을 옥죄는 계략을 설명하는 장면 등에서 예외적으로 서 회장의 집에서도 음악이 쓰인다. 그러나 이때 배경이 되는 음악은, 매우 불안정한 화음이 해결 없이 이어지는 비음악적 사운드이다.

8 해당 작품을 위해 새롭게 작곡한 연주 음악.

9 그러나 이 음악은 이선재를 위한 인물 테마 음악이 아니라, 『리흐테르』라는 책을 중심으로 한 에피소드를 연상시키는 테마 음악이기 때문에, 오혜원의 관점에서 사용되기도 한다.

10 조민준·유선주, 「단독 인터뷰 ②: 〈밀회〉 안판석 PD "최고의 리얼리티가 최고의 판타지를 만든다."」, 『맥스무비』, 2014.5.20. https://www.maxmovie.com/ news/ 127962?/ (2023.12.04)

11 열정적으로 연주하는 이선재를 응시하는 것으로 오혜원의 욕망이 드러나며, 이중주의 클라이맥스에서 오혜원이 육체적 절정에 도달한 표정을 짓는 등, 두 사람의 성적 욕망은 피아노 연주나 그에 관한 대화로 표현한다. 반면 실제 정사 장면은 신체 노출 없이 두 사람의 대화와 잔잔한 외재 음악을 통해 청각적 요소로만 구성함으로써, 불륜 서사의 과잉된 섹슈얼리티를 극도로 자제한다. 이에 따라 오혜원의 욕망은 단순한 성애적 욕망이 아니라 잃어버린 자신의 청춘과, 음악에 대한 좌절된 꿈을 되찾으려는 욕망임을 보여주고자 한다. (김미라, 「멜로드라마 〈밀회〉의 코드파괴(code-breaking)와 그 함의」, 『한국극예술연구』 45, 한국극예술학회, 2014. 319면.)

12 기억은 텔레비전 드라마에서 매우 중요한 서사의 핵심이며, 따라서 텔레비전 드라마
는 다양한 방식으로 기억의 장치를 마련한다. 서정적 음악을 동반하는 회상 장면도
그런 기억 장치 중 하나이다. 이에 대해서는, 양승국, 앞의 책을 참조.

13 위의 책, 121면.

14 최지은, 「〈밀회〉라는 프리즘: ③ 정성주, 위험한 세계의 창조자」, 『아이즈 ize』, 2014.
4.8. https://www.ize.co.kr/news/articleView.html?idxno=30902 (2023.12.4)

15 미셸 시옹은 영상을 보고난 후 어떤 정보나 표현이 '자연스럽게; 발생하여 영상 자체
에 이미 내포되었던 것처럼 믿게하는 소리의 효과를 '부가된 가치'라고 불렀다. 인물
의 대사뿐 아니라 음악도 이런 식으로 내러티브적 의미를 지시할 수 있다. (미셸 시
옹, 윤경진 옮김, 『오디오-비전: 영화의 소리와 영상』, 한나래, 2003, 16-24면.)

16 민학장은 이선재의 연주에서 오혜원의 젊은 시절을 간파해낸다.
"들어보니까 오실장 연주 관두기 직전에, 한창 물이 올랐을 때 그 거친 느낌, 그런
점에서 매칭이 썩 좋겠다 싶어서야."(9회)

17 특히 첼로과 장시은은 지도교수인 김인주의 횡포로 어려움을 겪고 있다. 김인주는
악기가 싸구려라 소리가 나지 않는다면서 장시은을 구박하고 악기를 바꾸도록 종용
한다. 그러나 김인주가 소개해준 브로커는 장시은에게 비싼 값에 나쁜 악기를 팔고,
여기에는 김인주와 브로커 사이에 모종의 거래 혹은 협력관계가 있다고 여겨진다.
장시은은 결국 전공을 바꾸기로 한다. 다른 이들의 상황은 정확히 알 수 없지만, 엇비
슷한 이유로, 즉 음악계 기득권과 돈 앞에서 자리를 잡지 못하고 밀려나는 처지에 있는
인물들임을 짐작할 수 있다. 이 팀은 앙상블 수업에서 함께 할 피아니스트를 구하지
못해 시험에서 낙제할 위기에 처하는데, 이선재가 흔쾌히 함께하겠다고 나선다.

추리드라마 속 '믿을 수 없는 화자': 〈째즈〉

1 일반적으로, 단편의 경우는 에드거 앨런 포의 〈모르그 가의 살인〉(1841년)이, 장편의
경우는 에밀 가보리오의 〈르루주 사건〉(1866년)이 최초의 추리소설이라고 알려져
있다.

2 드라마 〈째즈〉는 SBS 홈페이지 VOD에서 전회 시청할 수 있다.
http://allvod.sbs.co.kr/allvod/vodFreeProgramDetail.do?type=legend&pgmId=
00000223812&listOrder=vodCntAsc.

3 드라마의 삽입곡들은 오리지널 사운드 트랙으로 만들어졌다. 색소폰 이정식, 피아노
김광민, 트럼펫 이주한, 기타 한상원, 베이스 김병찬, 서영도, 보컬 장창순 등 당대의
일급 연주자들이 함께 녹음했다. (「'째즈' 음악만은 최고」, 『한겨레』, 1995.10.20.)

4 양승국, 앞의 책, 55면.

5 후나하시 가즈오는 시나리오의 작법을 설명하면서, 영화에 비해 드라마는 반드시

영상적일 필요가 없고, 1대 1로 말하는 것처럼 써야 하며, 내레이션이 잘 어울리는 장르이자 경우에 따라서는 오히려 많이 쓰는 것이 좋다고 단언한다. (후나하시 가즈오, 황왕수 옮김, 『시나리오 작법 48장』, 다보문화, 1998, 8-9면.)

6 양승국, 앞의 책, 53면.

7 「SBS 「째즈」 세트디자인 이철호 씨 "세트 구성 따라 분위기 큰 변화"」, 『동아일보』, 1995.9.27.

8 山岸俊男, 「信頼」, 『社会心理学 アジアからのアプローチ』, 東京大学出版会, 2003, 142-143면.

9 이곡은 원래 희극 〈평민귀족〉을 위해 작곡되었으나 실제로 쓰이지 못했다. 〈평민귀족〉은 귀족이 되려고 안달하는 어느 벼락부자의 이야기이고, 〈시칠리엔느〉는 1893년에 작곡된, 가브리엘 포레의 78번째 작품이다.

10 「SBS 수목드라마 「째즈」 환락·방탕의 젊음 '과장된 표현' 분노」, 『경향신문』, 1995.9.16

11 「드라마 '째즈' 또 경고」, 『한겨레』, 1995.10.30.

12 「SBS 「째즈」 시청자평가 두갈래」, 『조선일보』, 1995.09.24.

민주화 이행기 텔레비전 드라마와 분단의 재현: 〈여명의 눈동자〉

1 〈여명의 눈동자〉는 1991년 10월 7일부터 월요일부터 목요일 저녁 9시, 1시간 분량으로 연속 4부가 방영되었고, 5부부터 수목드라마로 방영되었다. 최종회(36부)는 1시간 30분으로 확대 편성되었다. (임학송, 「제작과 연출, 연기의 농도론: TV드라마의 여명기를 맞이하여」, 한국방송개발원, 『제3회 프로그램연구토론보고서: 여명의 눈동자』, 1992, 59면.)

2 「여명의 눈동자 숱한 화제 속 대단원」, 『경향신문』, 1992.2.8.

3 〈여명의 눈동자〉에 대한 기존 텔레비전 드라마사의 논의에서는 사회비판적 주제의식과 함께 제작 스케일이 텍스트의 완성도를 보증하는 지표로서 "한 편당 제작비가 1억원을 상회"(김환표, 『드라마, 한국을 말하다』, 인물과사상사, 2012, 190면)한 '대규모 스케일'의 드라마로 기술된다. 동시에 '선정성'과 '폭력성'에 대한 당대 논란을 기계적으로 서술하는 지점에서 그친다. (김승현·한진만, 『한국 사회와 텔레비전 드라마』, 방송문화진흥회, 2001; 정영희, 『한국 사회의 변화와 텔레비전 드라마』, 커뮤니케이션 북스, 2005; 김환표, 『드라마, 한국을 말하다』, 인물과사상사, 2012.; 신상일·정중헌·오명환, 『한국 TV드라마 50년사』, 한국방송실연자협회, 2014)

4 "그러나 〈여명의 눈동자〉는 역사에 대한 판단은 유보하고 있다. 윤여옥을 축으로 좌우를 대표하는 두 등장인물은 모두 '그럴 수밖에 없었다'는 논리 속에서 역사를 살아가고 있기 때문이다. 곧 이 드라마에서 주인공들은 역사를 창조하기보다 역사의 소용

돌이 속에서 수동적으로 이에 빠져들고 있는 인물들로 묘사되고 있다. 주인공들의 '의지'는 어디에서도 찾아볼 수 없는 것이다."(방송비평모임, 변재란 정리, 「MBC '여명의 눈동자'」, 『한겨례』, 1992.1.7.) "〈여명의 눈동자〉는 4·3항쟁을 재조명하는 등 왜곡된 현대사를 바로잡는 역할을 하기도 했지만, 역사에 대한 허무주의적 태도, 이념 자체에 대한 극도의 혐오감 등을 불러일으켰다는 진보 진영의 비판에 직면했다. 비판은 우익 진영에서도 나왔다. 〈여명의 눈동자〉가 '좌익의 영웅화'에 앞장섰다는 게 비판의 골자였다."(김환표, 앞의 책, 191-192면.)

5 텔레비전은 경험계 내에 공존하는 나와 세계를 연결하는 창문으로, 시청하는 '나'의 경험과 이해 안에서 형성된 도식(scheme)을 통해서이다. 이 과정에서 텔레비전이라는 그릇(container) 안에 들어온 대상은 은유 또는 환유의 프레임 안에서 이해된다. 요컨대 텔레비전 드라마는 텔레비전이라는 괄호 안에 이야기(narrative), 영상 이미지(visual image), 연기(acting)라는 요소에 의해 시청자들에 의해 전달되는 매체로, 개별적인 요소들은 분리되지 않고 시청자의 인지적 틀과 경험의 영역과 연관되어 하나의 지식 덩어리로 시청자들에게 인지된다. 이 과정에서 극서사의 은유/환유 구조, 전경(foreground) 중심의 사건 전개 구조, 시청자에게 제공되는 심리적 사건 진행의 관계, '기억'과 '회상' 장치의 활용은 텔레비전 드라마의 중요한 분석요목으로 제기한다. (양승국, 앞의 책, 32-39/56-65/69-74/108-113면.) 이러한 관점에서 개별 텔레비전 드라마의 서사구조를 인지적 관점에서 은유의 구조를 중심으로 분석하는 데에 유용한 방법으로, 세 요소의 유기적인 결합에 의해 반복적으로 재현된 은유/환유의 방식을 규명하는 것이 중요하다.

6 레이몬드 윌리엄스는 텔레비전의 흐름을 1. 편성이나 프로그램 목록 등 프로그램 구성에서 나타나는 흐름(long-range flow) 2. 프로그램 내에서 끼어드는 시퀀스(항목)와 단위들의 흐름(medium-range flow) 3. 시퀀스와 단위 내에서 이미지와 언어의 흐름(close-range flow)로 나눈다. (레이몬드 윌리엄스, 박효숙 옮김, 『텔레비전론』, 현대미학사, 1996, 155-156면. 이 번역본에서는 '시퀀스'의 번역을 '항목'으로 표기하였는데, 시퀀스는 영상구성단위를 지칭하기에 수정하여 표기한다.)

7 1989년 MBC의 프로그램 개편에 대해서는 정순일·장한성, 『한국 TV 40년의 발자취』, 한울, 2000, 182-183면을 참조. "문화방송의 1988년은 '방송민주화'란 대전제 아래 MBC 노동조합을 구심체로 공영방송 위상 정립을 위한 민주화 열기가 뜨거웠던 한 해였다. (…) 문화방송의 위상은 대 내외의 비상한 관심 속에서 12월 17일 국회를 통과한 방송문화진흥회법에 의해 공익적 민영방송의 체제로 정립되어졌다. / 한마디로 1988년의 문화방송은 '민주화' '자율화'라는 물결 속에서 이에 부응하는 가시적 변화를 창출해야 한다는 데 가장 무거운 부담을 안고 진통과 시련을 겪으며 변신과 변화를 거듭한 해였다."(『문화방송연지: 1989년판』, 1990, 109면.)

8 조항제, 앞의 책, 66면.

9 예를 들어, KBS의 다큐멘터리 〈좌경세력의 실상〉(KBS, 1987.2.5-3.5, 4부작)에서는 "미국, 유럽, 일본의 좌경세력의 성장과 활동, 소멸을 면밀히 취재함으로써 그 실상

을 전달하고 우리 체제가 거기에 대응할 수 있는 능력을 가지도록 함”이라는 제작의 도를 내세우고 있었다. (김균·전규찬, 「〈부록〉 방송사별 다큐멘터리 프로그램: KBS, MBC, SBS, EBS」, 『다큐멘터리와 역사: 한국 TV다큐멘터리의 형성』, 한울, 2003, 201-202면.)

10 다큐멘터리 〈어머니의 노래〉는 방송민주화의 상징적인 사건으로, 노조의 강경 투쟁에 힘입어 방영되어 당대 시청률 44%를 기록하였다. (위의 책, 160면.)

11 1980년대 MBC 드라마, 다큐멘터리에 대한 정보는 문화방송, 「1980년대 문화방송 종합 일지: 1980-1989년」, 『문화방송 연지: 1990년판』, 1990 참조.

12 이러한 시도는 주로 문학작품이 각색된 텔레비전 특집극에서 이루어졌다. 이문열 원작의 〈영웅시대〉(MBC, 1985.6.24-28.), 한무숙 원작 〈생인손〉(MBC, 1985.8.16.-17.) 등이 대표적이다.

13 드라마 〈여명의 눈동자〉는 김성종의 원작소설에 731부대, 사이판 서사, 4·3사건 서사 등 장면이 추가되어 원작과는 달리 근현대사 해석에 대한 연출가·작가의 텍스트 재해석이 각색과정에서 적극적으로 반영되어 있다.

14 “가정을 기반으로 하는 도덕과 정치 사이의 연계는 우리가 ‘무엇이 국가인가’를 개념화할 때 ‘국가는 곧 가정’이라고 개념화하게 되는 가장 보편적인 방식으로부터 비롯된다. 그것은 엄한 아버지 도덕으로부터 현대 보수주의가 나오고, 자애로운 부모 도덕으로부터 현대 진보주의가 나온다는 사실이다. 보편적이고 무의식적이며, 가정으로서의 국가(Nation-as-Family)라는 자동적인 비유이다.” (조지 레이코프, 손대오 옮김, 『도덕, 정치를 말하다』, 김영사, 2010, 27면.)

15 장하림은 731부대의 담당자이자 사이판에서 세균무기를 사용하고자 획책하였던 미다 대위(김홍기 분)가, 최대치에게는 조선인 병사들에게 갖은 폭력을 가하는 일본군 오장 오오에(장항선 분)가 이러한 적대자로 등장한다.

16 이는 원작소설에서 기회주의자로 묘사되는 것과 다르다. 김기문 역을 맡았던 배우 이정길 역시 1980년대 인기 드라마 〈암행어사〉(MBC, 1981-1984) 등에서 의로운 영웅 배역을 주로 맡았던 배우로, 이는 시청자의 극서사 이해와 관련하여 이 역할을 ‘악역’의 구도로 이해하기 힘들게 조직되어 있었다.

17 “작품의 도처에서 기회만 있으면 주장하는 것이 이들 세 주인공은 애국심이라거나 민족애 또는 이데올로기 따위의 거창한 동기를 가진 인물들이 아니라 오직 생존의 욕망과 기껏해야 막연한 인간애(휴머니즘)를 지닌 인물들로 설정되었다는 것이다. (...) 일제시대를 살아온 우리 동포들의 대다수가 독립운동가들이 아니며 빨갱이는 다 흉악한 야수들이 아니라는 사실을 알고 있는 시청자들에게 이같은 인물구현의 태도는 이 작품의 공감도를 높이는데 기여한 것이 사실이다. (다만 좌우익을 균형있게 그리고자 한 것이 자칫 위에 언급했듯이 대치의 美化를 통하여 공산주의 자체는 유해한 것이 아니다라는 또다른 환상을 심어줄 약간의 우려를 남기기는 했으나)” (정진수, 「왜 재미를 두려워하는가?: 〈여명의 눈동자〉를 보고」, 한국방송개발원, 앞의 책, 46면.)

18 〈여명의 눈동자〉의 1부 첫 시퀀스는 정신대로 끌려간 여옥이 일본군 장교에게 성적 학대를 당한 이야기로부터 시작한다. 〈여명의 눈동자〉는 방송 초기에 방송위원회의 주의조치를 받았다. (「방송위 〈여명의 눈동자〉에 주의조치」, 『동아일보』, 1991.10. 26.)

19 텔레비전 드라마의 과거회상과 청각적 이미지는 드라마 속의 의미 기억(semantic memory)이 시청자의 일화 기억(episodic memory)을 자극하는 구조이다. (양승국, 앞의 책, 63-64/111-113면.) 과거회상과 청각적 이미지는 자주 결합되어, 회상 장면에서는 주로 서정적인 음악과 함께 재현되며 시청자들에게 사건의 집중에서 벗어난 이완의 시간을 부여한다. 플래시백의 사건배치는 인물의 현재를 설명하기 위한 과거의 중요 사건을 짧은 플래시백으로 전달하거나, 선형적으로 배치하는 경우가 다수이다.

20 12회의 대치의 대화 과정에서의 플래시백, 13회의 대치의 꿈-플래시백 역시 물결 모양으로 움직이는 구성의 플래시백을 활용하였다.

21 서브리미널 편집('잠재의식적 편집'으로도 번역됨)은 캐릭터의 잠재의식을 보여주기 위해 아주 빠른 컷을 삽입하는 기법이다. 이는 등장인물의 과거와 미래, 불안과 공포를 표현하는 데에 쓰인다. (게일 챈들러, 민경원 옮김, 『장면으로 직접 보는 위대한 영화의 편집 기술』, 커뮤니케이션 북스, 2013, 128-130면.) 예를 들어 시드니 루멧(Sidney Lumet)의 영화 〈전당포〉(1964)에서는 시간의 순서대로 연결하기보다 주제에 따라 나란히 병렬하는 방식으로 편집하여, 초당 몇 분의 1의 단위로 짧게 쇼트를 배치하여 나치 강제수용소에서 살아남은 중년 유태인의 기억이 떠오르는 장면을 표현하였다. 이는 비정통적인 편집기법으로 1960년대까지만 하더라도 널리 사용되지는 않았다. (루이스 자네티, 김진해 옮김, 『영화의 이해』, 7판, 현암사, 1999, 158-160면.)

22 이러한 낯선 구성 덕에 〈여명의 눈동자〉의 당대 비평에서는 드라마의 감정이입의 측면에 문제가 있었다고 지적하는 부분을 쉽게 발견할 수 있다. (「여명의 눈동자 드라마 기법에 새 지평」, 『경향신문』, 1992.1.29.)

23 〈잃어버린 왕국〉(「K-TV 다큐드라마 〈잃어버린 왕국〉」, 『경향신문』, 1988.8.8.), 〈동방의 북소리〉(「한민족의 뿌리를 찾는다」, 『경향신문』, 1988.6.16. 등 다큐멘터리 촬영에 드라마적 재현을 추가한 드라마가 제작되고 있었다.

24 「MBC 제2공화국 '다큐드라마' 새 지평 열었다」, 『한겨레』, 1989.9.28.

25 ① 남성 성우의 내레이션을 가미한 전쟁 실사필름의 사용(1·6부) ② 음악과 내레이션의 복합적 활용(2·3· 5·9부) ③ 731부대의 생체실험에 대한 다수의 내용자막을 배치하여("마루타", "관통실험" 의 설명자막 등) 극서사 진행 가운데 자막을 삽입하는 장면(4부). 실사영상과 성우 내레이션, 내용자막으로 이루어진 이 장면들은 주로 일제 말기의 전황과 일본군의 만행을 고발하는 내용을 담으며, 극서사의 해석을 정향하는 디에게시스(diegesis) 장치로 사용되었다.

26 〈여명의 눈동자〉 10부는 하림과 대치가 아얄티와 김기문을 '아버지'로서 처음 만나는 장면이라는 점에서, 극적 몰입이 중요한 회차였다. 이 회차에서 다큐멘터리 영상은 삽입되지 않았다.

27 한편으로 이는 텔레비전 매체가 지닌 특징과 부합하기도 한다. 텔레비전은 방대한 정보를 수집할 수 있으며, "이같은 매체에 의하여 제공된 정보다 어렵지 않은 균질화되고 공통된 정보라면, 그 결과 정치적·문화적 효과들을 볼 수" 있다. 그러나 이 정보가 텔레비전에 의해 전달되기 위해서는 "어려운 표현"이거나, "사람들을 분류하고 배제할 수 있는 모든 것을 더 버려야 하고, 말하자면 아무도 '기분' 나쁘지 않도록 더 신경을 써야 하며, 전혀 문제를 일으키지 말고 단지 골치 아프지 않은 문제만 다루어야" 한다. 이 작업은 균질화, 통속화되고 '순응적'이고 '탈정치화'되는 과정을 따른다. (피에르 부르디외, 현택수 옮김, 『텔레비전에 대하여』, 동문선, 1998, 76-77면.)

28 순애: 근데 우리 하르방 모사죽인 그 경찰이 이젠 경찰서장이우다. 무삼지 알아치구까 (…) 아직 독립 안 돼 그런 거 아니우까.(28부)

웹드라마의 세계에서 K드라마 팬픽션 만들기: 〈드라마월드〉

1 Annette Lee, 'K-Dramaddiction', The Ann & Ben Show Episode 1, Annette Lee 유튜브 채널, 2021.8.19. (https://www.youtube.com/watch?v=y9EzXkmrWJM, 최종검색일 2023.12.6.)

2 김수철·강정수, 「케이팝에서의 트랜스미디어 전략에 대한 고찰 - 〈강남스타일〉 사례를 중심으로」, 『언론정보연구』 50, 서울대학교 언론정보연구소, 2013, 84-120면.

3 헨리 젠킨스, 정현진 옮김, 『팬, 블로거, 게이머 - 참여문화에 대한 탐색』, 비즈앤비즈, 2006, 203-231면.

4 아즈마 히로키, 장이지 옮김, 『게임적 리얼리즘의 탄생 - 오타쿠, 게임, 라이트노벨』, 현실문화, 2012, 30-40면.

5 비키에서 서비스되는 작품들은 '서포터즈'라고 지칭되는 팬들의 자발적인 번역을 통해 자막이 제공되는데, 〈드라마월드〉는 2016년 8월 기준 41개 언어의 자막이 제공되었다.

6 박노현, 「케이드라마 인 더 트랩 - 삼국 합작 웹드라마 〈드라마월드(Dramaworld)〉를 중심으로」, 『한국문학연구』 52, 동국대학교 한국문학연구소, 2016; 강수환, 「뉴미디어로 재편되는 세계 간의 접속 - 웹드라마 〈드라마월드〉를 중심으로」, 『탈경계 인문학』 27, 이화여자대학교 이화인문과학원, 2017; 송치혁, 「유동하는 웹, 확장하는 드라마」, 『대중서사연구』 41, 대중서사학회, 2017; 고선희, 「웹드라마 클리셰에 대한 문화론적 탐구 - 글로벌 웹드라마 〈드라마 월드〉를 중심으로」, 『코기토』 84, 부산대학교 인문학연구소, 2018.

7 David C. Oh & LeiLani Nishime, "Imag(in)ing the postnational television fan: Counter-flows and hybrid ambivalence in Dramaworld", *International Communication Gazette* Vol. 81(2), UK:SAGE Publications Ltd., 2018.

8 유인혁, 「한국 웹소설 판타지의 형식적 갱신과 사회적 성찰: 책빙의물을 중심으로」, 『대중서사연구』 53, 대중서사학회, 2020, 79-80면.

9 안상원, 「한국 웹소설의 '책빙의물'의 특성 연구 - 로맨스판타지 장르를 중심으로」, 『대중서사연구』 55, 대중서사학회, 2020, 102면.

10 김유나, 「팬픽션의 생성 구조 연구 - 〈스타트렉〉을 중심으로」, 이화여자대학교 박사학위논문, 2017, 45면.

11 송치혁, 앞의 글, 13면.

12 김유나, 앞의 글, 48면.

13 위의 글, 70면.

14 〈드라마월드〉 시즌1, 에피소드 2 대사 인용. 영어 대사에 제공된 한국어 자막을 인용했다.

15 이하 이 글에서 웹드라마 작품 〈드라마월드〉는 홑화살괄호(〈〉)로, 〈드라마월드〉 내에서 K드라마의 세계 전체를 가리키기 위해 쓰이는 통칭인 '드라마월드'는 작은따옴표('')로 표시하여 구분한다.

16 강수환, 앞의 글, 40면.

17 Gérard Genette, *Paratexts: Thresholds of Interpretation* (Jane E. Lewin, Trans.), Cambridge: Cambridge University Press, 1997, pp.1-2.

18 마크 피셔, 안현주 옮김, 『기이한 것과 으스스한 것』, 구픽, 2019, 42면.

19 송치혁, 앞의 글.

20 김유나, 앞의 글, 21면.

21 양승국, 앞의 책, 2019, 232-233면.

22 위의 책, 247면.

23 이진, 「숏폼 동영상 콘텐츠의 유형 연구」, 『인문콘텐츠』 58, 인문콘텐츠학회, 2020, 124면.

24 유인혁, 앞의 글, 79면.

25 손혜민, 「OTT 서비스와 '여성 취향'의 진화 - 드라마 〈킬링이브〉를 중심으로」, 『여성문학연구』 51, 한국여성문학학회, 2020.

26 한상윤, 「여성향 연애 시뮬레이션 게임의 다중 서사적 특징과 그 효과 - 체리츠 사의 〈네임리스〉(2013)를 중심으로」, 『대중서사연구』 46, 대중서사학회, 2018.

27 고선희, 앞의 글.

28 김유나, 앞의 글, 140면.

원글 출처*

조보라미, 「텔레비전 드라마에 나타난 '엿듣기'의 의미와 효과: 〈나의 아저씨〉를 중심으로」, 『겨레어문학』 71, 겨레어문학회, 2023.

이영석, 「트라우마를 통한 현실 세계의 구축-〈작은 아씨들〉」, 『한국엔터테인먼트산업학회논문지』 17(8), 한국엔터테인먼트산업학회, 2023.

박상은, 「낯설지만 익숙하고 싶은 세계 - 드라마작가 김수현의 작품세계와 후속 세대에게 부여된 상상의 책임」, 『문학의오늘』 40, 솔, 2021년 가을.

이광욱, 「〈스토브리그〉에 나타난 자기반영성과 시청자의 존재론」, 『한국극예술연구』 80, 한국극예술학회, 2023.

박미란, 「TV드라마 〈눈이 부시게〉에 나타난 반전의 구조와 위로의 방식」, 『한국극예술연구』 68, 한국극예술학회, 2020.

양근애, 「역사드라마는 왜 로맨스를 필요로 하는가 - 〈미스터 션샤인〉(2018)을 중심으로」, 『대중서사연구』 26(2), 대중서사학회, 2020.

이진주, 「텔레비전 드라마 〈밀회〉의 음악 중심적 내러티브 고찰」, 『철학·사상·문화』 44, 동국대학교 동서사상연구소, 2024.

백두산, 「민주화 이행기 텔레비전 드라마의 분단 재현 방식」, 『스토리&이미지텔링』 15, 건국대학교 스토리앤이미지텔링연구소, 2018.

조서연, 「이세계로서의 K드라마와 팬픽션적 확장 - 웹드라마 〈드라마월드〉의 재현 전략과 젠더화 양상을 중심으로」, 『한국극예술연구』 75, 한국극예술학회, 2022.

* 이 책에 실린 글은 아래 밝힌 원글을 수정 및 보완한 것이다.